MINERVA
人文・社会科学叢書
216

トヨタ研究からみえてくる福祉国家スウェーデンの社会政策

猿田正機 著

ミネルヴァ書房

は　し　が　き

　トヨタ研究で忙しかった筆者が，スウェーデンに興味を持ち始めたのは1990年頃のことである。最初のスウェーデン訪問は，家族旅行であった。その頃に，中京大学でスウェーデン研究会を立ち上げ，スウェーデンを研究している多くの方をお招きして勉強を続けた。留学から帰ってしばらくした2003年に拙著『福祉国家・スウェーデンの労使関係』（ミネルヴァ書房）を，また，2005年には共同研究の成果として『日本におけるスウェーデン研究』（ミネルヴァ書房）を公にした。その時取り上げたテーマは，参加者の専門や興味を尊重したこともあり，次のようであった。

　序　章　スウェーデン研究の今日的意義（猿田正機）
　第1章　教育（杉山　直）
　第2章　生産システム（浅野和也）
　第3章　労働行政（平松　晃）
　第4章　ジェンダー平等（竹田昌次）
　第5章　移民（猿田淑子）
　第6章　居住福祉（岡本祥浩）
　第7章　労使関係（猿田正機）
　第8章　スウェーデン・モデル（山下東彦）

　一見して，ここにはスウェーデン研究では当然取り上げるべき項目の多くが欠落しており，メンバーもそれは自覚していた。しかし，スウェーデン研究をプロパーとする人がいないなかでは仕方のないことであった。
　スウェーデン研究会を続けていた時期に，東海大学の永山泰彦さんが名古屋の中京大学へ来られた。今度，学会をつくりたいので協力していただけないか，ということであった。2002年11月に北ヨーロッパ学会が設立され，研究会メン

バーの多くが学会に加入した。それ以来,北ヨーロッパを愛する多くの研究者と知り合いになり,学ばせていただいたことは数知れず,今の私の貴重な知的財産となっている。

2014年3月に中京大学を退職し,その後,オープンカレッジでスウェーデンの講座を担当した。春秋,各14回の講義である。取り上げたテーマは政治,地方自治,オンブズマン,経済,経営,企業,生産,労働,雇用,労働時間・労働密度,賃金,家族,ジェンダー,財政・税制,子育て,教育,身障者福祉,高齢者福祉,文学（児玉千晶）,性教育（神谷麻由）,環境,外交・防衛など広範囲にわたっている。本書では,その一部を取り上げ今後の日本におけるスウェーデン研究に役立つことを願い,それを目的とした。もっとも注意したのは,福祉国家・スウェーデンという国をホリスティックに捉え,それを絶えず企業社会・日本,具体例としてのトヨタ・豊田市と比較することであった。これは同時に,筆者が長年もっとも興味を持ち続けた日本研究,トヨタ研究とスウェーデン研究を統合する試みでもある。

本書が対象としたのは,主として「人間」に関わるテーマである。ジェンダー,家族,子育て,教育,高齢者,障がい者,年金,難民,そして経営・労働,モチベーションである。今回扱った,「平等家族」モデル（共稼ぎ＋社会福祉）としてのスウェーデンにおける人間生活の枠組みは,図1のようになっている。（　）の部分は,今回は扱っていない。ほとんどの矢印が家族の外へ向かっているのは社会福祉が普遍主義的で公的責任とされていることによる。ジェンダー平等の影響が家族形成に大きな影響を与えている。

日本（トヨタ）は,依然として「男性稼ぎ主」家族モデルの域を脱しておらず,男性の長時間労働と女性のパート・専業主婦のセットがメインとなっている。また,矢印がみな「世帯家族」へ向かっているのは,主として「自己責任」を意味している。しかも,ジェンダー不平等が日本の世帯家族に大きな影響を与え続けている（図2）。

これを書き終えて,改めてスウェーデンと日本の全体的な比較の重要性を再認識した。どんな社会を選択するのかについて全体像のない今の日本にとって,広い視野からの全体的認識こそが重要であり必要だという強い思いである。

筆者は,スウェーデンに興味を持って25年になるが,現在でもスウェーデン

はしがき

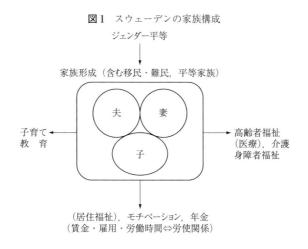

図1 スウェーデンの家族構成

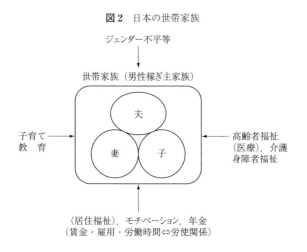

図2 日本の世帯家族

研究者という意識は薄い。本書をトヨタ労働研究者によるスウェーデン研究の書として読んでいただければ幸いである。それだけに，できるだけ一般の人も読みやすいように心がけたつもりである。

　私は長年，トヨタ生産方式の調査・研究を続けてきた。その延長線上で，アメリカ，イタリア，スウェーデンやドイツなどの自動車産業の工場調査を行った。その際，もっとも私の心に残ったのは，生産システムというよりは，そこ

で働く労働者の働き方や生活の仕方であった。戦後、ほぼ一貫して高度成長を遂げてきたといってよいトヨタで働く労働者の生活が、スウェーデンなどと比較してどうしてこうも余裕がないのか。トヨタやトヨタ関連企業では、なぜ、過労死や過労自死、さらには労災・うつ病などがひっきりなしに起こるのか、それはどうしたらなくなるのかというのが、筆者の素直な気持ちであった。

トヨタ生産システムを世界に発信し、世界中から称賛されるなかで、トヨタの労働・生活実態の世界への発信は余りにも少ない。これをどう克服したらよいのか。言葉の問題やトヨタの秘密主義ということもあるが、日本国内にトヨタの労働・生活の実態を正面から明らかにしようとする研究者の数が、余りにも少ないのもその原因であろう。

トヨタの欠点を批判することはそう難しいことではないが、建設的な批判をするとなるとそう容易ではない。そこで筆者は、ボルボ研究とともにスウェーデンという「福祉国家・社会」について、主として、日本などでの研究を現時点で可能な限り吸収することによって、トヨタへの建設的な批判の目を養うよう心がけた。そういうわけで、「福祉社会・スウェーデン」と比較してみた場合、「企業中心社会・日本」のなかで高蓄積を続ける代表的な企業であるトヨタはどう見えるのであろうかというのが、トヨタ研究での私の基本的な分析視角になっている。

日本は民主主義の成熟度、環境、ジェンダー、少子高齢化、そして国・自治体の借金、どれをとっても先進国とは言い難い水準である。では、企業社会の中心地域は本当に豊かになっているのであろうか。豊かになっているとしたらどういう点が豊かになっているのか。また、これまでに、数多くの「企業社会」批判の書が出版されたが、ではどういう社会を目指すべきなのか、という肝心の方向性が欠けていたように思う。

本書の表題は、書き始めた当初は、「実験国家・スウェーデンと実験企業・トヨタ」にする予定であった。その際、筆者が注目していた両者に共通するキーワードは「実験」であった。その理由は次のようなものである。

一つは、トヨタが日本企業のなかでも、いわゆる「トヨタ生産方式」に見られるように、世界的に見ても絶えず、先進的な実験的試みを繰り返して、長期的に高収益を上げ続けてきた企業であり、結果として、日本の「企業中心社

会」づくりに貢献してきたことである。現在では，安倍政権の下で，競争・選別の格差社会づくりに寄与し続けている。

　もう一つは，スウェーデンが国づくりにおいて，世界的に見ても絶えず，先進的・実験的な試みを繰り返して，長期的に国民のための「福祉国家・社会」づくりを続けてきた国であるということである。ただし，最近は「ヨーロッパのごく普通の国へ」変身を遂げようとしていると，岡澤憲芙は最近の著書のなかで次のように述べている。

　「煌めくような輝きは50年代から70年代までの約30年間。80年代以後は，ヨーロッパのごく当たり前の国への変身過程にある。1995年のEU加盟はその頂点。国家そのもののノーマリセーリングを急いでいる。今はEUのごく普通の国が抱えるのと同じ絶望・不安・病理・挫折に直面している。……200年も戦争を回避してきた≪政治上手のしたたかな国≫である。モデルにはなりにくい。だが，未来政策の選択に悩む国には，参考国として有益な情報源にはなろう。北欧のユニークな国からヨーロッパの普通の国に変身した。しかもごく短期間に。グローバル化の怒涛の中で，ダイバーシティ・ウエルフェア・マネジメントの時代の苦悩に立ち向かおうとしている。長期平和が蓄積した社会資本は枯渇しようとしている。……コリもせず飽きもせず試行錯誤を繰り返す我慢強い実験国家である。観察の興味は尽きない」（岡澤憲芙・斉藤弥生編著，2016，p. 13）。

　しかし，最終的には，内容に沿って，本書の表題を「トヨタ研究からみえてくる福祉国家スウェーデンの社会政策」とした。

　本書のほとんどは書下ろしである。第Ⅱ部の「『国民の家』をめざしたスウェーデン社会」はすべて書下ろしである。ただし，膨大な難民を受け入れ苦闘しているスウェーデンの移民・難民問題については，日本にいる筆者には把握困難なため，現在，難民児童施設で働いているヨンソン鈴木真紀子さんの全面的なご協力をいただいたことをお断りしておきたい。第Ⅰ部で再利用した部分の初出原稿の出所は下記のとおりである。

1. 序章の一部は，「第1章　トヨタの躍進と労務管理」「おわりに」筆者編著『トヨタの躍進と人事労務管理―「日本的経営」とその限界―』税務

経理協会，2016年。
2．第1章は，「トヨタ生産システムと人事管理・労使関係─労働者支配の仕組み─」日本寄せ場学会『寄せ場　NO.24』れんが書房新社，2011年。
3．第2章は，「北欧と企業経営─スウェーデンを素材として─」岡澤憲芙編著『北欧学のフロンティア─その成果と可能性─』ミネルヴァ書房，2015年。

　序章，第1章，第2章は，これらを下敷きとし修正・加筆をしてなったものである。
　長年，トヨタ研究を続けてきて痛感したことは，日本が経済成長，とりわけ大企業の成長を一番に考えた政治を行ってきたこと，そして，その対極として，スウェーデンは，国民の生活を一番に考えて政治・経済を運営してきたということである。
　現在では，北欧諸国はお互いが刺激し合うように政治・社会の改革に取り組んでいるが，以前はスウェーデンが先進的に社会改革に取り組んでいた。たとえば，1987年に行われた第18回北欧精神遅滞連盟会議（NFPU）の際に，フィンランドの人が次のように語ったという。
　「1986年7月1日にスウェーデンで新援護法（精神発達遅滞者等特別援護法）が施行されたが，この法律の内容は，否が応でも，他の北欧諸国に波及しようとしている。過去何百年・何十年と，スウェーデンが北欧の中心であり，その力を他の4カ国に対して誇ってきたからだけではなく，日頃から，素晴らしい社会福祉制度をつくり出してきたスウェーデンに追い着き，追い越せという使命を私たちは担わされているからである……」（河東田博，1992，p.105）。
　スウェーデンは長年，企業の成長ではなく国民全体としての安心・安全な国（「国民の家」）づくりを中心に国づくりを心がけてきたことはよく知られている。
　他方，日本の場合には，「企業中心社会」と言われるように，大企業中心の国づくりを行ってきたが，その代表が企業の城下町であり，たとえば，ここで挙げているトヨタ・豊田市である。トヨタについては，利益を追求し続ける企業としては最優良企業と言ってよいだろう。その実行力は見事というほかはない。『ザ・トヨタウェイ』を書いたジェフリー・K・ライカーが序文で書いて

いることであるが，彼は次のように張社長（当時）に質問したという。「トヨタの驚くべき成功の特徴は何であるか」。張社長の答えは，とても簡潔だった。「トヨタウェイの秘訣とトヨタがなぜ業界の中で高い業績を上げられるのかという理由は，別々の要因ではありません……。重要なことは，すべての要素がシステムとして存在することです。これらを集中して実行するのではなく，毎日着実に実行しなければなりません」（ジェフリー・K・ライカー，2004, p.18）。

　また，この本の本文の書き出しが張富士夫・トヨタ自動車社長（2002年）の言葉で始まっている。次のような内容である。「わが社では，実際にやってみること，行動を起こすことを最も重視しています。世の中にはよく分からないことが多いから，分からないんだったらやってみたらどうかと言います。そうすると自分の無知に気づき，失敗の原因を考えてまたやる。二回目でも別の失敗をしたりして，もうちょっと改善できるところが見つかるので，またやってみる。そうやって絶え間ない改善，まずやってみる改善で自分のレベルや知識をどんどんあげることができます」（ジェフリー・K・ライカー，2004, p.43）。

　張社長の言葉には，トヨタではすべてがシステムとして存在していることと絶えざる挑戦と改善の重要性が語られている。これはスウェーデンが「国民の家」を普遍的なシステムづくりとして取り組んできたこと，いわゆる「スウェーデン・モデル」が一国のシステムとして存在して，挑戦と改善を繰り返してきたこととよく似ている。その違いは，トヨタシステムが一企業中心のモデルであるのに対して，「スウェーデン・モデル」が一国中心のシステムである点である。

　そこで本書の内容は，専門の経営システムや生産システム，さらには人事管理や労使関係というよりは，ジェンダー，家族，子育て，教育や身障者福祉や高齢者福祉，さらには移民・難民問題など，直接ヒトに関わるテーマとなっている。政治，経済，税・財政，環境，平和などぜひ触れたかったテーマも多いが次の機会に譲りたい。それらを論ずるなかで，スウェーデン人の日常生活に少しでも接近できるように心がけた。日本社会の将来の具体的なあり方について，読者が少しでも考える素材を提供できれば幸いである。

【参考文献】

岡澤憲芙・斉藤弥生編著（2016）『スウェーデン・モデル―グローバリゼーション・揺らぎ・挑戦―』彩流社。

河東田博（1992）『スウェーデンの知的しょうがい者とノーマライゼーション―当事者参加・参画の論理―』現代書館。

ジェフリー・K・ライカー（稲垣公夫訳）（2004）『ザ・トヨタウェイ （上）』日経BP社。

2017年2月28日

猿田正機

トヨタ研究からみえてくる福祉国家スウェーデンの社会政策

目　次

はしがき

序　章　個人単位社会と世帯単位社会：スウェーデンと日本……… 1
　　は じ め に…………………………………………………………… 1
　　1　スウェーデンとはどういう国か…………………………………… 2
　　2　トヨタとはどういう企業か………………………………………… 3
　　3　スウェーデン・モデルと日本モデル……………………………… 4
　　4　日本とスウェーデンの違いを考えるためのキーワード
　　　：企業中心社会,「ID カード」,「就職と就社」………………… 7

第 I 部　「日本的経営」と「スウェーデン的経営」

第1章　トヨタシステムと労働者・市民の生活………………………… 15
　　は じ め に…………………………………………………………… 15
　　1　トヨタシステム……………………………………………………… 16
　　2　トヨタシステムと労働者への影響………………………………… 39
　　3　トヨタシステムと市民への影響
　　　：愛知・西三河地域への「管理教育」の拡大・浸透…………… 46
　　4　豊田市民の生活……………………………………………………… 49
　　お わ り に…………………………………………………………… 50

第2章　スウェーデン的経営・労働……………………………………… 54
　　は じ め に…………………………………………………………… 54
　　1　「日本的経営」と「スウェーデン的経営」……………………… 56
　　2　生産方式, 労働組織………………………………………………… 61
　　3　人的資源管理………………………………………………………… 61
　　4　雇用・労働時間・賃金管理………………………………………… 63
　　5　労 使 関 係…………………………………………………………… 63
　　6　スウェーデン企業の経営戦略……………………………………… 64
　　お わ り に：企業経営の行方……………………………………… 72

目　次

第3章　教育・労働とモチベーション……………………………76
　　はじめに……………………………76
　1　スウェーデン福祉国家と教育・労働……………………………76
　2　「福祉国家・スウェーデン」とモチベーション……………………………81
　3　「企業社会・日本」とモチベーション……………………………88
　4　「人間らしい働き方」とモチベーション，インセンティブ……………………………90
　　おわりに：モチベーションの行方……………………………93

第Ⅱ部　「国民の家」をめざしたスウェーデン社会

第4章　ジェンダー平等：女性が活躍できる国……………………………99
　　はじめに……………………………99
　1　女性の労働市場への進出……………………………100
　2　教育・労働・生活環境の整備……………………………100
　3　女性環境整備の背景理由……………………………102
　4　男女平等政策：農業社会から工業社会へ……………………………104
　5　女性解放の歴史……………………………107
　6　ワーク・ライフ・バランス……………………………112
　7　労働における女性と男性……………………………115
　　おわりに……………………………118

第5章　家族：さまざまなあり方と政策の変遷……………………………122
　　はじめに……………………………122
　1　個人単位社会と家族……………………………123
　2　スウェーデン家族の変遷……………………………131
　3　家族関係……………………………132
　4　家族政策……………………………136
　5　高齢者と「家族介護」……………………………138
　6　ワーク・ライフ・バランスとワーク・ファミリー・バランス……………………………140
　7　スウェーデン・モデルは家族を解体したのか……………………………144
　　おわりに……………………………145

第6章　子育て・保育：子どもの最善の利益 …………………… 149
　　はじめに……………………………………………………………… 149
　　　1　子どもの家庭福祉……………………………………………… 151
　　　2　切れ目のない普遍的・包括的な支援………………………… 152
　　　3　子育てしやすい労働・社会環境……………………………… 153
　　　4　父親の育児参加………………………………………………… 158
　　　5　選択肢が多い「保育サービス」……………………………… 159
　　　6　乳幼児や障がい児への医療保障……………………………… 163
　　　7　スウェーデンのいじめ対策…………………………………… 165
　　　8　保育から就学前教育へ………………………………………… 169
　　　9　「児童保護」のモデル………………………………………… 170
　　おわりに……………………………………………………………… 173

第7章　生涯教育：公共の責任として …………………………… 178
　　はじめに……………………………………………………………… 178
　　　1　教育は公共の責任……………………………………………… 180
　　　2　学生生活の保障：学費無料，奨学金………………………… 214
　　　3　職業と教育の間を行き来する：リカレント教育…………… 215
　　　4　スタンドイン（リリーフマン）制度………………………… 217
　　　5　教育理念………………………………………………………… 217
　　おわりに……………………………………………………………… 219

第8章　高齢者福祉：基本理念と政策改革 ……………………… 224
　　はじめに……………………………………………………………… 224
　　　1　スウェーデンにおける高齢者福祉の基本的な考え方……… 227
　　　2　高齢者の現状…………………………………………………… 228
　　　3　高齢者福祉の歴史……………………………………………… 237
　　　4　在宅ケアとエーデル改革……………………………………… 246
　　　5　福祉システム：スウェーデンと日本の比較………………… 249
　　　6　民営化…………………………………………………………… 254

7	介護労働者の就労実態と就労意識	254
8	ダイバーシティ・ウェルフェア・マネジメント	256

おわりに……………………………………………………………258

第9章 障がい者政策：人権の確立と生活・労働 …………… 264
はじめに……………………………………………………………264
1　施設収容の「黄金時代」…………………………………… 266
2　地域サービスと施設解体…………………………………… 269
3　障がい者政策・雇用対策…………………………………… 270
4　障がい者の基本的人権の確立……………………………… 278
5　生活水準研究………………………………………………… 286
6　自　己　決　定……………………………………………… 288
おわりに……………………………………………………………291

第10章 新年金制度：改革の背景と特徴 ……………………… 296
はじめに……………………………………………………………296
1　年金制度改革の背景………………………………………… 298
2　新年金制度の基本方針……………………………………… 299
3　新年金制度の沿革と特徴…………………………………… 300
4　年金構造改革の特徴………………………………………… 305
5　育児期間中の年金権………………………………………… 308
6　マックス・タクサとリザーブドアマウント……………… 310
7　新年金制度の特徴・注目点………………………………… 312
おわりに……………………………………………………………315

第11章 スウェーデン社会と難民 ……………………………… 318
はじめに……………………………………………………………318
1　統計から見る難民…………………………………………… 318
2　難民受け入れ対策と傾向…………………………………… 320
3　難民受け入れの表面化……………………………………… 321

4　保護者を同伴しない難民児童（Ensamkommande flyktingbarn）… 324
    5　難民児童受け入れ，滞在施設での生活…………………………… 334

あ と が き……345
人 名 索 引……349
事 項 索 引……352

序　章
個人単位社会と世帯単位社会：スウェーデンと日本

はじめに

　日本とスウェーデンを比較するきっかけになったのはトヨタ研究である。トヨタの生産・労働・組織研究をしていて、もっとも気になったのは生産システムの違いもさることながら、世界第2位のGNPを誇る日本と小国のスウェーデンの一人あたりのGNPはほとんど変わらないにもかかわらず、どうしてこうも国民の「豊かさ」を追求するシステムが異なるのかということであった。日本の「豊かさ」とスウェーデンの「豊かさ」の違いを、分かりやすく一言で言うと、「過労死・過労自死のある国とない国」の違いであり、別の表現をすると『寝たきり老人のいる国、いない国』（大熊由紀子，1990）である。

　日本の場合、特別養護老人ホームや有料老人ホーム、無認可老人ホームなどさまざまであるが、近年、ベッドに縛りつけられ続けている老人の増加がニュースで報道されている。それでも日本の場合には、自己責任ということで大事になることはない。スウェーデンの場合には大騒ぎになる。

　大学で長年、教師をしてきたものとして、どうしても気になったのは「教育」である。スウェーデンでのヒアリング調査を通じて、「安心して教育が受けられる国、受けられない国」の違いを痛感させられた。また、安倍政権による憲法九条の形骸化への策動は「戦争をしない国、する国」の違いを際立たさせつつある。東日本大震災以降の状況は、日本の環境への取り組みをも大幅に後退させている。

　トヨタ・ボルボ研究をしつつこのような現実を知るにつけどうしても比較してみたい欲求にかられた。トヨタ研究で人生を終えてはならないという強い気持であった。そして、スウェーデン留学が実現したのは2000年であった。

トヨタは「実験企業」で，スウェーデンは「実験国家」と言われる。「企業中心社会」をつくり上げた日本の代表企業・トヨタと「福祉国家」を建設した国・スウェーデンでは，同じ工業国ではあるが，自然環境や人口，年齢構成などが異なることは当然であるが，それ以上に興味深いのは，教育，環境対策，農産物自給率，女性の就業率，合計特殊出生率，難民・移民対策などの違いであった。
　経済・企業の成長を第一に考え，その結果として，国民の豊かさを追求し続けている日本の政治と国民の生活を重視してきたスウェーデンでは，現時点で見て，何が違い何が似ているのか。それを総合的に比較し明らかにしたいというのが本書執筆の動機である。

1　スウェーデンとはどういう国か

　では，スウェーデンとはどういう国なのか。岡澤憲芙がしばしば前置きとして触れられることではあるが，筆者なりに記すと，実験国家，福祉国家，生涯教育の国，平和国家，ジェンダー平等の国，組織の国，人を見捨てない国，寝たきり老人のいない国，平等社会，環境先進国と言うことができよう。少なくとも，それらをはっきりと目指してきた国と言えよう。
　北ヨーロッパに位置し，面積は日本の1.2倍，人口は約950万人である。平均寿命（2010年）は女性83.2歳，男性79.1歳と高く，高齢化率は65歳以上18.5％，80歳以上5.4％である。民族的には北方ゲルマン人が多く，北方ゲルマン語（スウェーデン語）を母国語とする。
　国民の極度の貧困やアメリカへの大量移住を経験して，1930年代に成立した社会民主党政権の初代党首ハンセン（Per Albin Hansson, 1932-1946）は，「国民の家（Folkhemmet）」構想を打ち出す。1928年1月18日の国会第2院で，ハンセンは国民の家について次のように述べている。「国民の家とは，揺りかごから墓場までの人生のあらゆる段階で，国家が『良き父親』として人々のニーズを包括的に調整する役割を担う社会である。国民の家では，階級闘争ではなく，人々が助け合って生きるのであり，協調の精神によってすべての人々に生活の安全と安心が保障される」。これが，その後，世界に「中道の道」，「第3の道」，

「スウェーデン・モデル」「福祉国家」として知られるようになる。スウェーデンは，現在でも，人間や自然にやさしい福祉国家として有名な国である。

2　トヨタとはどういう企業か

　では，トヨタとはどういう企業なのか。世界的な多国籍企業，実験企業，トヨタ生産システム（ジャスト・イン・タイム，自働化），トヨタウェイ（人間性尊重，継続的改善），QC サークル，5S，「労使一体的労使関係」として世界的にも有名である。トヨタ生産システムは，現在ではリーン生産システムとして世界を席巻している。

　日本国内でトヨタが一躍脚光を浴びたのは1973年末のオイルショック後である。石油危機後の不況期にもかかわらず，高収益を上げ続けるトヨタに注目が集まり，それは大野耐一の『トヨタ生産方式』（ダイヤモンド社，1978年）が出版されるに及び研究者からも注目されるようになった。また，それ以前に出版されていた，鎌田慧の『自動車絶望工場』（講談社，1973年）はトヨタの労働者の過酷な労働実態を扱ったものであり，一般にも注目されていた。トヨタはその後も急成長を続け，トヨタ生産システムは世界的にも注目されることとなる。

　また，トヨタは愛知県西三河地域に，日本でも代表的な豊田市を中心とする企業城下町を築き，そこを土壌として発展してきた。西三河地域は，いわゆる「企業中心社会」である。ただし，トヨタ本体の従業員数は 6～7 万人とあまり変わらないが，関連下請企業を含むトヨタグループとしては35万人を擁する巨大企業となっている。その結果，豊田市は財政力の潤沢な企業社会のモデル都市となっている。

　では，「企業社会」とは一般的に，どういう社会なのか。木本喜美子は「企業中心社会」を次のように特徴づけている。「大企業中心的編成の日本社会はしたがって，利益（業績）と経済的効率性の最大追求と暮らしの再生産を担う家族，地域そして教育の場にも浸透した社会として特徴づけることができる」（木本喜美子稿，1999，p.184）。

　渡辺治は企業社会は1960年代の高度成長期に成立し，70年代の第 1 次オイル

ショック不況を画期に確立した（渡辺治，1990）とし，森岡孝二は，「70年代後半を企業社会の成立期，80年代を確立期，90年代を変容期，そして21世紀の今日を崩壊期」（森岡孝二，2012，p.25）と捉えている。森岡は次のように述べている。「70年代後半は，男性の超長時間労働者が急増し過労死が多発し始めた点でも，女性の短時間労働者が急増し始め，男女の労働時間が大きく開いた点でも，企業社会の成立期であった」（森岡，2012，p.32）。

　企業社会が確立するなかで，賃金格差をはじめとする性別格差が拡大し日本の女性の地位が著しく低下したことが毎年報道されているが，労働時間についてもそれは例外ではない。いわゆる「過労死」は企業社会の代名詞ともなった。

　森岡は，男女の労働時間の差が急激に開いていった様子を次のように述べている。「1950年代後半には男女の差は100時間に満たなかったが，60年代前半に100時間を超え，60年代後半から70年代前半にかけては200時間台に拡がった。しかし，それでも，70年代半ば以降に比べると労働時間の性別開差はまだしも小さかった。1970年代半ば以降における開差の著しい拡大を，実数を補いながら説明すれば，75年に281時間であった開差が，76年に307時間，81年に411時間，90年に541時間を記録した」（森岡，2012，p.31）。日本の労働者は，「エコノミック・アニマル」と言われつつも，ひたすら経済大国を目指して働き続けてきた。これはトヨタや豊田市においても例外ではない。トヨタで働く夫を持つ女性は，いわゆる「男性稼ぎ主モデル」を家庭において長い間，支え続けてきたのである。

　トヨタは，現在でも，世界有数の成功企業として有名であり，高収益企業として知られている。しかし，経済大国・日本の面影は，中国の急成長もあって，ほとんどなくなっている。しかし，トヨタの名声は未だに，高まることはあっても落ちることはない。では，そこで働くトヨタやトヨタ関連の労働者の労働や生活はどうなっているのであろうか。また，豊田市の市民の生活環境は上がり続けているのであろうか。本書で，広い視野から分析してみたい。

3　スウェーデン・モデルと日本モデル

　かつて「スウェーデン・モデル」の柱とされていたのが**表序-1**である。こ

表序-1　スウェーデン・モデルの柱

Ⅰ　完全雇用を最優先とし，経済成長を志向する経済政策
Ⅱ　社会のあらゆる面での平等の重視
Ⅲ　社会民主党とスウェーデン最大の組織である労働組合（LO）との「双子の兄弟」と言われる緊密な連携
Ⅳ　普遍主義的な制度に立脚し，公的セクターに独占されたサービス供給体制を特色とする高福祉
Ⅴ　外交における中立政策

表序-2　日本・モデルの柱

Ⅰ　大企業の収益を最優先とし，経済成長を志向する経済政策
Ⅱ　社会のあらゆる面での競争・選別の重視
Ⅲ　自民党と経団連の緊密な連携
Ⅳ　自己責任原則に立脚し，民営化によるサービス供給体制を特色とする中福祉
Ⅴ　外交における対米従属政策

れに倣って日本をモデル化すると**表序-2**のようになる。

　さらに，スウェーデンと日本のモデルを，システムとして筆者なりに具体化したのが**図序-1**と**図序-2**である。この図表を，最初に公にしたのは2003年のことである。それ以来，何度か追加・修正して現在のようになっているが，基本的枠組みに大きな変化はない。

　スウェーデンと日本の違いをごく簡単に表すと**図序-3**のようになる。ここで特に指摘しておきたいことは，教育と労働時間そして「平和」についてである。

　スウェーデンは約200年，日本は戦後約70年，平和に守られて経済成長を遂げてきたことは確認しておきたい。そのうえで，両国は教育を重視してきた。スウェーデンは，国民の教育を「社会的責任」とし，就学前教育から大学院に至るまですべての教育を無料とし，受験競争もなく，「民主主義と連帯」，「自己決定権と自立」を重視してきた。これに対して，日本は教育を主に「自己責任」とし，受験競争による競争・選別を重視し，「落ちこぼし」を容認してきた。これは就職競争においても貫かれている。

　その結果として，社会保障・福祉においても，スウェーデンが「普遍主義」を取っているのに対して，日本は「残余・選別主義」を選択し続けている。たとえば，介護の責任をスウェーデンは自治体や社会的企業が担っているのに対して，日本は依然として，家族・市場・企業が中心となっている。

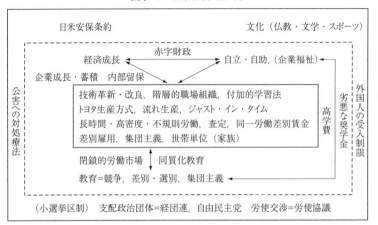

図序-1 企業社会（日本）

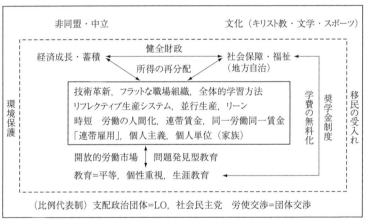

図序-2 福祉社会（スウェーデン）

（注）EU加盟，オゾン層の改善，右翼・民主党の躍進。

　人間の成長には自由な時間の確保は欠かせない。この点で，両国に決定的な違いがある。スウェーデンは年間労働時間が短いだけではなく，480日間の両親休暇（有給育児休暇，賃金の80％補償），12歳までの年間60日間の有給介護休暇や年間60日間の近親者有給介護休暇などがある。両国では，ワーク・ライフ・バランスやワーク・ファミリー・バランスへの労働・生活時間の配慮が大きく異なっている。

序　章　個人単位社会と世帯単位社会：スウェーデンと日本

図序-3　日本とスウェーデンの違い

日　本	スウェーデン
残余・選別主義 競争・選別 戦　争 　「平和国家・自衛隊」 格差社会 　社会保険・貯蓄 自己責任	普遍主義 平　等 平　和 　平和国家・軍隊 貧困を予防する普遍 主義的所得再分配 （税方式） 公共責任

4　日本とスウェーデンの違いを考えるためのキーワード：企業中心社会，「IDカード」，「就職と就社」

　本章で指摘したいことは，トヨタのように日本の独占的大企業が多国籍企業化し，いかに長期間にわたって高蓄積を遂げようとも，現在の日本のシステムでは，日本をスウェーデンなど北欧のような普遍主義的な福祉国家・社会へ近づける力にはならないということである。

　詳細な議論は後の章に譲るとして，ここでは，スウェーデンと比較しつつ日本を考えるうえでのキー概念として，一点だけ触れておきたい。それは「福祉国家・社会」と「企業社会」を分ける分岐点としての「個人と集団」についてである。スウェーデンとトヨタの違いを考えるキーワードは「個人と集団」（「IDカードとマイ・ナンバー」，「就職と就社」）である（図序-4）。

　トヨタの場合には，すべてが「企業」中心で，それを「労働組合」と「家族」，「地域（教育）」がサポートするシステムになっている。それらの主体となるのがトヨタマンと言われるトヨタ社員である。トヨタの従業員は，日本の大企業一般に見られるように，いわゆる「就社（メンバーシップ型）」雇用で，採用されることによってトヨタの社員（メンバー）となり「終身雇用」が目指される。決して特定の職種によって採用されたわけではなく，また，スウェーデンのように失業・離職しても生活は安心というわけではなく，転職した場合，むしろ経済生活としては下降するケースが多い。トヨタの従業員は，企業の配置への要望には柔軟に応える使い勝手の良い労働力として社内では尊ばれ，家

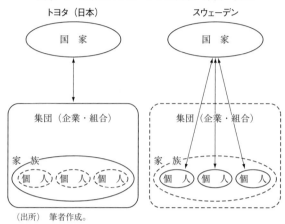

図序-4　日本とスウェーデンの国家・集団・個人

(出所)　筆者作成。

庭にあっては，いわゆる伝統的な「男性稼ぎ主モデル」を依然として堅固に維持し，不在の多い「主人」として一定の「権威」を維持し続けている。

　日本でも，いわゆる「マイナンバー」制度が開始されたが，この呼び名にも日本的特徴が見られ，公務員や大企業などでは企業が一括して手続きをし，ナンバーを管理する可能性が高くなっている。トヨタの場合には，以前から従業員番号による管理が行われていた。

　スウェーデンは「個人単位社会」と言われるように，非常に個人＝個性を大切にしている。それだけに選挙の際にも，日本のような1票の格差は認められず，ずっと以前から比例代表制を取り入れ，可能な限り国民全体の個々人の意見が国会に平等に反映するようなシステムづくりがなされている。それが「国民の合意と納得をベースとする政治」を支え，「見える政治」「分かりやすい政治」を生み出している。それがあってはじめて，①自由，②平等，③機会均等，④平和，⑤安全，⑥安心感，⑦連帯感・協同，⑧公正を目指す政治が行えると言えよう。

　スウェーデンで本格的な個人認証番号が導入されたのは1947年で，1966年には，記録のコンピューター化が開始され，1991年には住民登録事務の所管が教会から国税庁に移管され，現在に至っている。その後，経済・社会における不可欠の生活・社会インフラとして定着・機能している。

日本は，やっと全国的な国民番号制が導入されるが，その名称が「マイナンバー制」である。スウェーデンのパーソナル・ナンバーと日本のマイナンバーの大きな違いは，ナンバーに含まれる情報量と利用範囲の確定の程度である。スウェーデンの場合には，①税務面（プレプリントによる確定申告，徴収庁による効率的な徴収）や，②社会保障面（年金のオレンジ・レター，医療関連サービス），③一般行政サービス（引越ポータルによるワンストップの住所変更手続き），④統計への利用など，きわめて効率的に利用されている。この時に，日本で特に問題となるのが，「個人情報」といわゆる「プライバシー情報」の違いをどうするかである。スウェーデンの場合には，「プライバシー情報」とは，次のようなものである。

1　個人の私生活上の事実に関する情報（私事性）。
2　一般の人に知られていない情報（非公知性）。
3　一般人の感受性を基準にして，通常公開を欲しないと考えられる情報。
　ただし，本人が自ら公開している場合はプライバシー情報とはならない。

日本で「プライバシー」として，特に問題となる所得や病歴などはスウェーデンでは個人情報として扱われている。個人情報の透明性，「見える化」について，たとえば，湯元健治は「所得情報」について次のように述べている。「スウェーデンでは，プライバシー情報は守られるべきだが，個人情報の提供は，国民の義務であると同時に，権利を正当に行使するための手段でもあり，自己の正当な権利を守るために情報提供が必要であるという感覚である。所得情報は，自己の社会保障給付の権利を得るために，また適切な納税などの義務を果たすために必要かつ重要な個人情報であり，プライバシー情報ではないと認識されている」（湯元健治，2012，p.175）。

日本において所得が「プライバシー情報」となる原因としては，企業で支払われる賃金の決定基準が主として「査定」による，ということが挙げられる。スウェーデンの場合は，賃金は基本的には，産業別・職種別に同一価値労働同一賃金の原則に基づいて決定され，その水準は公にされている。ウェイジドリフトについてもその多くは日本よりはるかに公的なものである。ほとんどの労

働者にとって，所得を隠さなければという意識は日本と比べるとはるかに薄い。医療サービスに使われている「病歴」についても同様である。その根底には政治に対する信頼と個人の尊重があるといってよいだろう。

　スウェーデンと比較すると日本の社会環境はまったくと言ってよいほど異なっている。まず第1に，政府への信頼感が欠如している。第2に，企業の査定への不信である。自分が会社からどう評価されているのか，を知られたくないという労働者の意識も根強い。経営者の人事管理による労働者間競争と差別・選別による労働者の分断・統合策が職場では貫徹しているということである。雇用・配置についても，日本の「就社」の場合には，入社後どこに配属されるか分からず，その後のルートも不確かである。すべてが企業の査定による格差や選別に反映され，恣意的な面も強い。労働者のみならず企業にとっても所得の公表は，その実態が明らかになることから望まない可能性が大きい。

　日本では高所得者による所得隠しが日常化しており，彼らは所得を「プライバシー」として公開することを拒否する傾向がきわめて強い。それだけに「マイナンバー」カードにどれだけの情報が含まれ公開されることになるのか，それらが政府や企業などによって悪用されるのではなく，国民の生活を守るうえでどう役立つことになるのか，今後注目されるところである。

【参考文献】
遠藤公嗣（2014）『これからの賃金』旬報社。
大熊由紀子（1990）『寝たきり老人のいる国，いない国』ぶどう社。
大沢真理（1993）『企業中心社会を超えて』時事通信社。
大野耐一（1978）『トヨタ生産方式』ダイヤモンド社。
鎌田慧氏（1973）『自動車絶望工場』徳間書店。
基礎経済科学研究所編（1992）『日本型企業社会の構造』労働旬報社。
木下武男（1999）『日本人の賃金』平凡社新書。
木本喜美子稿（1999）『福祉社会事典』弘文堂。
鈴木良始（1994）『日本的生産システムと企業社会』北海道大学図書刊行会。
本間照光（1997）『団体定期保険と企業社会』日本経済評論社。
森岡孝二（2012）「企業社会の行き着いた果てに―貧困社会ニッポンの出現―」（森岡編『貧困社会ニッポンの断層』桜井書店）。
湯元健治（2012）「北欧諸国の税・財政システム」（翁百合・西沢和彦・山田久・湯元健治

『北欧モデル』日本経済新聞出版社)。
渡辺治(1990)『「豊かな社会」日本の構造』旬報社。

第Ⅰ部

「日本的経営」と「スウェーデン的経営」

第1章
トヨタシステムと労働者・市民の生活

はじめに

　本章は，トヨタ生産方式と人事管理・労使関係及びそこで働く労働者の労働・生活実態を明らかにすることを目的とする。まず第1に，トヨタ生産方式とトヨタウェイについて触れ，第2に，トヨタで働く労働者がどこから採用されているのか，そして離職した多くの労働者がどこへ流れていくのか，という点である。第3に，トヨタシステムの要とも言えるトヨタの人事管理と「人づくり」について，そして第4に，それを許しているトヨタの労使関係について論ずる。第5に，トヨタ生産方式・人事管理・労使関係の結果として余儀なくされるトヨタ及び関連企業労働者の働かされ過ぎのメカニズム，「動機づけ管理」について明らかにする。そして第6に，トヨタ生産方式と下請労働者管理の重要性について論ずる。

　これらを明らかにしたうえで，トヨタシステムと労働者・市民への影響について触れたい。第7が，トヨタの働かせ方，とりわけ長時間過密労働と健康問題についてである。労働者の健康破壊，人命軽視の風潮については本文で「過労死」などの事例を挙げ，少し詳しく触れた。第8に，トヨタシステムがもたらす雇用・生活不安について取り上げたい。市民への影響という点については，第9として，トヨタの「人づくり」を容易にしている社会的条件としての地域の「管理教育」について触れたい。これは筆者が「教育」をその社会を考えるうえでの基本と意識しているからである。第10には，トヨタ「企業城下町」・豊田市の市民生活について簡単に見ておきたい。

第Ⅰ部 「日本的経営」と「スウェーデン的経営」

1 トヨタシステム

（1） トヨタ生産システム（TPS）と人事管理・労使関係
①トヨタの何が注目されるのか

　トヨタシステムとして世界的に注目されているものを筆者なりに整理すると次の三つのレベルに分けて考えることができる。第1には，言うまでもなく，トヨタ生産方式である。第2が，労働の柔軟性やQCサークルなどを含むトヨタの人事管理である。そして第3に，トヨタの労使関係を挙げることができる。

　自動車産業の生産方式としては戦前以来，アメリカのフォードが開発したベルトコンベアを使った流れ生産方式が世界を席巻していた。フォードは一時期T型車の一車種大量生産の下で，「高賃金・低労務費・低価格」によって世界市場を制覇したのである。この生産方式は世界の自動車企業に採用された。

　しかし，フォードの市場支配は長く続かず1930年代になるとGMに追い越されることになる。一車種大量生産にこだわるフォードの間隙をぬってGMはフォード生産システムを採用しつつも，変化する市場に柔軟に対応する経営政策で対抗した。当時，GMが取った6車種体制の確立やフル・ライン（シャシー・レベルの製品差別化）及びワイド・セレクション（車体レベルの製品差別化）政策の実現，さらにはフル・モデル・チェンジとアニュアル・モデル・チェンジによる計画的陳腐化政策の展開がスローンによる組織改革とともに展開された（猿田正機編著，1998）。かくしてGMはその後，世界一の座に君臨することになる。

　ところが1970年代後半頃からGMなどのいわゆる「アメリカ・ビッグ3」は日系自動車企業の追い上げを受け急速にその地位を低下させることになる。その際に，注目されたのが「日本的経営」，とりわけ第1の「トヨタ生産方式」であった。石油危機をものともせずに躍進を続けるトヨタに世界の注目が集まることになった。その視線は主として「生産方式」に注がれた。同じ流れ生産とはいえ，一つのラインで「多品種少量生産」を行い，倉庫を持たない無在庫方式によるジャスト・イン・タイム生産や，検査工程をほとんど不要にしたいわゆるニンベンのついた「自働化」は世界を驚かせた。「主査制度」や下請サ

プライヤーによる部品供給の「承認図方式」や「貸与図方式」などの駆使も注目された。これらの方式がトヨタ躍進の秘密と考えられたからである。

第2の人事管理については，TPS下での労働者の働き方が注目されることとなった。フォード・システムの場合には，分業を徹底し，テーラーの科学的管理を応用した構想と実行の分離に基づく人事管理方式が支配していた。F. W. テーラーは課業（task）の決定手続きとしてのストップウォッチをつかった時間・動作研究による作業分析を行い，機械・工具の標準化を進め，また計画と執行を分離するため企画部制度や旧熟練親方にかわる職能的な職長制度をつくり，作業指図票制度，差別的出来高給による能率賃金制度など，これまでの経験的な労働管理の諸施策の「科学化」を進めたのである。さらには「精神的態度の革命」を主張した。「科学的管理」に対して，労働組合側からは①生産における人間的要素の無視，労働者の機械視，②産業独裁制の提唱，③所得の不公平な分配，④労働組合の否定などを理由に反対運動が繰り広げられた。

フォードは「ベルト・コンベア・システム＝流れ生産方式」を取り入れるとともに「科学的管理」の手法を採用した。「高賃金・低価格」での大量消費，公衆奉仕を謳い徹底した「生産の標準化」を推し進めた。製品をできるだけ単純化する「単一製品の原則」を貫き，最終的にはT型車に特化することになる。部品の規格化を進め「互換性部品の製造」を実施し，そのための工場・職場の専門化と品種別加工ラインをつくった。加工ラインでは単一目的機械すなわち専用機械の採用によって特質づけられ工具の単一目的への単一化が図られた。製品の単純化・部品の規格化のための機械及び工具の特殊化である。そこでの労働は徹底して細分化・断片化され，構想と実行は完全に分離されることになった。労働の単純化の下で労働者の「単能工」化が図られ職務分析と職務評価による職務給が取り入れられた。フォードが労働力として主として採用したのは極端に細分化された「単純肉体労働」の担い手としての「単能工」であった。

それに対して，トヨタの人事管理は柔軟な配置の下で，多工程をこなす，いわゆる「多能工」を基本としたのである。しかも，職場では組などを単位とするQCサークル＝小集団（チーム，グループ）で生産や品質を担うこととし，個人や集団による創意くふう提案を奨励したのである。欧米各国の企業とは異なるこれらの制度が「日本的経営」や「トヨタ的経営」の秘密として注目され

各国で導入されたのである。

　第3のトヨタの労使関係は、現在も韓国企業などから大いに注目され続けている。欧米と日本では資本の原始的蓄積期が異なり、たとえばヨーロッパでは貧困化した農村から一家を挙げて町へ出る、いわゆる「挙家離村」が一般的で、賃金も家族を養うには十分ではないにしても、工場では賃金＝労働力の価値＝家族賃金として形成された。また、同じ仕事をする者には同じ賃金をという同一労働同一賃金がルールとしてつくられ産業別労働組合も職務・職種給を要求してきた。これに対して、日本の場合には農家の次男・三男や子女などが紡績・製糸などの繊維産業や造船・鉄工業などへ、口減らしとして若年単身で流出した。その結果、若者が一人で生活するのにギリギリの低い水準を出発点とするいわゆる「年功賃金」が「終身雇用」「企業内教育」と相まって形成され、これを「企業別組合」が支えるシステムが確立された。この日本的労働組合といわれる「企業別組合」の一典型としての「トヨタ労働組合」がTPSを支える労使関係として注目されることになったのである。

　②トヨタ生産方式とトヨタウェイ

　TPSやトヨタウェイというのは、トヨタ的な「人間性尊重」を容認し、企業のために継続的な改善・学習を続ける「人づくり」（「トヨタマン」づくり）のための人事管理（5回のナゼ、5S、ムダの排除など）と経営者と共通の価値観を持ち、「相互信頼・相互責任」で企業のために尽くす労働者・労働組合によって支えられている。

　本項では、トヨタが海外へ広げようとしている「トヨタウェイ」とは何か、それとTPSの関係について触れたい。トヨタは「トヨタウェイ」を労働者一人ひとりに理解させることを「競争力の基盤」と考えており、それを浸透させるために多大の労力を注ぐことを厭わないことを宣言している。

　では今なぜ「トヨタウェイ」なのか。その点は、ジェフリー・K・ライカー『ザ・トヨタウェイ　上』（2004）が明らかにしている。アメリカのほとんどすべてのリーン企業は4段階のCレベル（図1-1）であり、トヨタなど日本企業から学んだとされるフォードやGMですら、経営危機に陥った。それはなぜなのか。リーン企業としてのレベルを上げるためには「トヨタウェイ」の経営者の理解と労働者への浸透が欠かせないことをライカーは指摘している。

第1章 トヨタシステムと労働者・市民の生活

図1-1 4Pモデルと大半の企業がいる場所

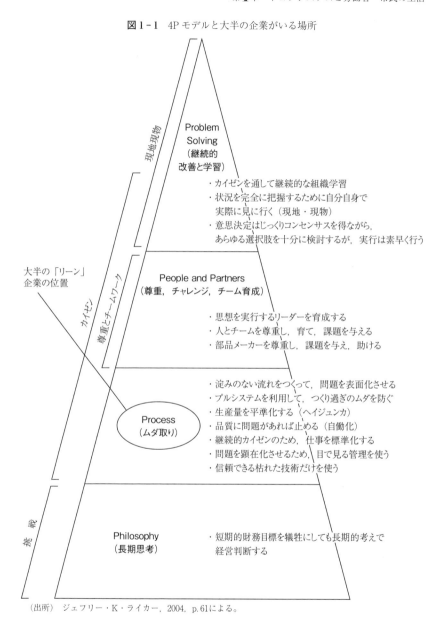

(出所) ジェフリー・K・ライカー,2004, p.61による。

第 I 部 「日本的経営」と「スウェーデン的経営」

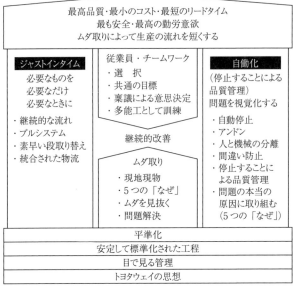

図1-2 TPSの家(張)

(出所) ジェフリー・K・ライカー, 2004, p.93による。

　トヨタの「トヨタウェイ2001」のなかで,張富士夫社長(当時)は次のように述べている。トヨタは創業以来,独自の経営上の信念や価値観,また経営管理や実務遂行上の手法を編みだし,「トヨタの競争力の源泉として伝承」してきた。「今回,『暗黙知』としてトヨタの中に受け継がれている経営上の信念・価値観を,誰の目にも見え,体系だって理解できるよう,『トヨタウェイ2001』として整理・集約」した。これは,「トヨタに働く我々の,行動原則となる」ものである。グローバル化の下で,「経営上の信念・価値観を共有することがグローバルトヨタとしてのアイデンティティを確保していく上で必要不可欠」であり,これを「維持・伝承・進化」させていくことが,これからのトヨタの発展にとって非常に重要である。張はTPSの「家」を図1-2のように描き,そこでは「トヨタウェイの思想」をその土台としている。この点は,トヨタの企業内高校である「トヨタ工業学園」の「学園生版トヨタウェイ」には次のように書かれている。「『トヨタウェイ2001』とはトヨタで働く人がどのような価値観を共有し,どのような行動をとったらよいか,またとるべきかを示したも

のであり，トヨタで仕事をしていく上での基本的な考え方」(p.3)である。トヨタウェイの二本の柱が「知恵と改善」(Respect, Teamwork)と「人間性尊重」(Challenge, Kaizen, Genchi Genbutsu)である。

　トヨタは「トヨタウェイ2001」でトヨタの価値観をはっきりと明示し，徹底的なコミュニケーションをもとに，すべての労働者に浸透を図ろうとしている。これが，TPSによる「高品質・低コスト」「高い生産性と高収益」を支えていることを強く自覚している。「トヨタウェイ2001」はトヨタの海外工場で働く現地労働者にトヨタの考え方を理解してもらうことを意図するものであるが，同時に海外に赴任する日本人リーダーにトヨタの価値観をより良く理解してもらうためのものでもある。最近，公にされている『トヨタの概況　2009年』版などでは「人間性尊重」は，「あらゆるステークホールダーを尊重し，従業員の成長を会社の成果に結びつけることを意味して」おり，また「知恵と改善」は，「常に現状に満足することなく，より高い付加価値を求めて知恵を絞り続けること」(p.6)と説明されている。

　「トヨタウェイ」というのはトヨタの「人づくり」そのものであり，そのための教育システムづくりである。それはトヨタの人事管理のみならず労使関係全般にわたる広範かつ緻密なシステムを含んでいる。「トヨタウェイ」というのは，筆者なりに言うと，「トヨタ生産方式を支えるために，トヨタで働く労働者一人ひとりにトヨタの価値観や理念を徹底的に理解してもらうこと，そして，それを浸透させるためのシステムを人事管理や労使関係のなかに組み込むこと」である。そのための支柱として，トヨタはトヨタウェイの理解度を人事考課の尺度にすることを明らかにしている（図1-3）。

（2）　トヨタの雇用管理：労働力の吸引・反発と矛盾の他地域への拡散

　トヨタは，高度成長期以降，主に地元東海三県や九州各県から従業員を採用し，季節工・期間工は九州や東北・北海道などから採用してきた。また，トヨタや関連下請企業は好景気の時代にはいつも多数の季節工・期間工やパートなど非正規労働者を利用してきた。新規学卒者を正規社員として採用した場合にも，多い時には1年で2～3割程度退職という時期もあった。入社してすぐ止める労働者を筆者らは「流動的労働者群」と呼び，残って耐えて働き続け昇

図1-3 評価制度の狙いと概要

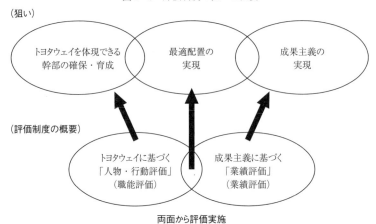

(出所)「（事例3 トヨタ自動車）経営哲学「トヨタウェイ」を軸に世界的な配置，育成，評価制度を構築」（『賃金実務 No.903』2002年5月1日号）p.24による。

格・昇進していく労働者を「中核的労働者群」と名づけた。そういう点では，2～3割の非正規などの未熟練な不安定労働者というのはトヨタや関連企業にとってはそう異常なことではない。しかし，トヨタにとって従来と異なったのは非正規労働者が歴史的に見ても量的にピークの状態にあったことと，とりわけ下請企業を含めた派遣労働者の異常な増大であり，その任期切れが「100年に1度」と言われる急速な経済・経営危機，さらには「リコール事件」と重なったことであった。これまでトヨタは1973年末の石油危機も，1990年代のいわゆる「失われた10年」も，赤字を出すことなく無難に乗り越えて高収益を上げ続けてきた。当時の有効求人倍率は**表1-1**のごとくであり，2004年以降は2倍を超えていた。愛知県内を除く県外からの豊田職安による「受入数」(**表1-2**)は，2000年以降は常用，季節，中卒者，高卒者を合わせると6000人から9000人に上っていた。このほか，特にデンソー以下のトヨタ関連下請企業は民間の求人誌などにより沖縄，九州，北海道など雇用情勢の厳しい県から多くの派遣労働者を受け入れていたのである。金融危機の影響が及ぶまではトヨタは期間従業員の選考会を，たとえば杉山直の整理によれば，2008年3月3日から18日の16日間に，全国で795回，一日平均53回行っている（杉山直，2008）。その上，事業協同組合を利用して中国やベトナムなどの研修生・実習生を無権利

表1-1 有効求人倍率

年度別	有効求人倍率
1990	3.48
95	0.45
96	1.02
97	0.94
98	0.56
99	0.54
2000	0.95
01	1.04
02	1.16
03	1.59
04	2.05
05	2.13
06	2.09
07	2.14
08	1.08
09, 3月	0.36

(出所) 豊田公共職業安定所『業務年報』各年度版による。

表1-2 受入数(愛知県を除く)

受入数年度別	常用	季節	中学	高校
1990	1,284	5,254	159	2,723
95	69	279	96	585
96	228	2,228	97	868
97	2,094	2,585	89	1,431
98	241	732	84	1,374
99	1,292	458	44	747
2000	4,702	1,938	45	734
01	6,295	2,510	40	856
02	3,385	2,380	6	632
03	3,519	1,614	0	656
04	3,316	1,362	45	736
05	3,682	1,016	36	981

(出所) 豊田公共職業安定所『業務年報』(各年度版)による。

の低賃金労働力として長時間酷使していた(博松佐一,2008)。これらからも明らかなごとくアメリカの金融危機以前は,本工の採用を極力抑え,非正規労働者の雇用を拡大したが離職者は後を絶たず,期間工を募集しても募集しても足りない状況であった。そのため,労働力の豊富な九州や東北・北海道への工場進出を図り「国内三極体制」の確立を狙うことになったのである。

西三河地域や豊田市にはトヨタを頂点とする階層的労働市場が形成されているが,それに沿った賃金・労働条件の格差構造(**表1-3**)をトヨタは長い間利用してきた。その底辺では,最近の労働力不足時には日系ブラジル人などを中心に多くの外国人労働力が利用されてきた。そのため**表1-4**に見られるごとく,豊田市内の外国人は年々増加し,2008年度で総数1万6800人にのぼり,その内7917人がブラジル人であった。それが金融・経済危機以降は一転して,後に述べるごとく,トヨタや関連企業は期間工や派遣労働者の「雇い止め」「派遣切り」に先頭切って突っ走ることになるのである。これまでもトヨタは離退職者の多くを出身地や名古屋などの他地域へ排出してきている。外国人,たとえば日系ブラジル人の場合には,帰国できない,あるいはしない人々は豊田市

第Ⅰ部 「日本的経営」と「スウェーデン的経営」

表1-3 平均年収の格差

	平均年収	格差（円）	指　数
トヨタ	8,222,000	―	100.00
500～999人	5,829,612	−2,392,388	70.90
300～499人	5,949,934	−2,272,066	72.37
200～299人	5,025,081	−3,196,919	61.12
100～199人	5,129,993	−3,092,007	62.39
50～99人	3,982,791	−4,239,209	48.44
30～49人	3,742,680	−4,479,320	45.52
20～29人	3,372,637	−4,849,363	41.02
10～19人	3,480,681	−4,741,319	42.33
4～9人	3,095,262	−5,126,738	37.65
1～3人	3,255,254	−4,966,746	39.59

（原資料）　1．トヨタの年収は2004年度の「有価証券報告書」による。
　　　　　　2．豊田市のデータは豊田市「豊田市統計書　平成17年度版」から作成した。
（出所）　杉山直「トヨタ関連企業の賃金格差」（猿田編著『トヨタ企業集団と格差社会』ミネルヴァ書房，p.157）による。

表1-4 外国人国籍別人口・世帯数

年度別	総　数	うちブラジル	韓国・朝鮮	中　国	フィリピン	世帯数
1996	7,219	3,806	1,940	462	259	3,721
1997	8,535	4,976	1,942	547	300	4,201
1998	8,774	4,972	1,887	587	338	4,262
1999	8,561	4,613	1,847	611	455	4,167
2000	9,190	5,074	1,786	695	502	4,513
2001	10,581	5,883	1,794	875	597	5,310
2002	11,162	6,065	1,790	974	659	5,656
2003	11,789	6,270	1,735	1,118	797	6,157
2004	12,717	6,497	1,663	1,410	963	6,878
2005	14,458	7,006	1,675	1,741	1,161	7,984
2008	16,800	7,917	1,567	3,092	1,158	9,269

（注）　2005年4月1日に藤岡町などと合併。
（出所）　『豊田市統計書』による。

内の保見団地や知立団地，西尾市県営住宅などに多数滞留している。
　保見団地には，2009年6月1日現在で4306人（49.2％）の外国人（≒日系ブラジル人）が居住している。企業は外国人労働者を非正規雇用で雇い，景気の調整弁として利用してきたため，この不況で雇用問題が劇的な形で顕在化した

という。その多くが職を奪われ，収入がないため，NPO「保見ケ丘ラテンアメリカセンター」は「緊急食糧支援」「一日派遣村」などさまざまな活動を行っている。失職して寮の退去を求められ友人・知人宅に身を寄せた人も少なくない。空き部屋があるにもかかわらず県営住宅などは外国人の入居を制限している。また，外国人の児童・生徒が学校教育から排除されている深刻な実態もある。

　また，知立市の知立団地には2009年4月1日現在で2445世帯，4891人が住み，うち1257世帯2634人（53.9%）が外国人登録者で，そのほとんどが日系ブラジル人である。支援者たちは4月26日に「派遣村」を実施したが，その際「一番心配したのは相談者の数」だったという。「岡崎の相談会には2日間で128名の相談者が来た」という。知立では「異常な混乱が予想されたので，相談は団地住民のみとし，受付も10時からの相談なのに9時から2時間のみとしたうえ，宣伝もほとんどせず，チラシを各階段の掲示板に張っただけ」と自粛したという。結果として，相談に来た人は66人で，全員が団地在住のブラジル人と少数のペルー人であった。

　ふとしたことから救助に立ち上った「知立派遣村実行委員会代表」の高須優子は「派遣村から見えたこと」として，次のように述べている。「私たちが支援したのは，偶然，外国人労働者であり，そのほとんどが，車の部品工場で働く派遣労働者でした。正直言って，派遣村を開き直接そうした人々と話をして初めて，ミルクを買うお金もなく1週間も食べていないという人たちが，自分のすぐ隣に住んでいることに気が付きました。……派遣村でこうした人々と接することによって，企業も国も，日系の人々や派遣労働者を安く上がる労働力としてしか見ていないということを，嫌というほど知らされました。彼らは人間であることを忘れられていたのです。……しかし彼らは要らなくなったからと簡単に職を奪われ，文字通り荷物を放り出されて社員寮を追われ，1週間も食べることすらかなわず，子どもたちにきちんとした教育を受けさせることも出来ない。いいえ，多くの派遣切りの労働者は結婚することすらままならないのです」（高須優子「トヨタ城下町知立団地での派遣村」2009年9月22日）。現在，日本やトヨタなどは派遣労働者などの非正規労働者や外国人労働者の処遇や対策が「人間的観点」から真に問われているのである。

図1-4 意欲あるトヨタマンの育成の体系

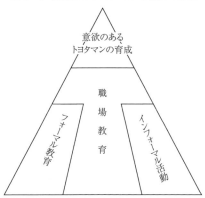

（出所）坪井珍彦「トヨタ自動車工業の『PT運動をはじめとする諸活動』」（中山三郎編『全員参画経営の考え方と実際』日経連所収）p.76による。

（3） トヨタの人事管理と「人づくり」

この生産システムをスムーズに運行するにはトヨタが重視してやまないトヨタ的な「人づくり」が必要になる。家庭生活などを犠牲にしても、トヨタのために日々、継続的な改善を続け生産性向上に邁進する「トヨタマン」の育成が課題となる。そのためにはトヨタでは徹底した人事管理がなされ、「人間性尊重」という概念の意味すらトヨタ的に歪めて使用されている。

トヨタの「人間性尊重」の意味は門田安弘の次の言葉が端的に表現している。「トヨタでは、人間性の尊重とは、ムダな作業を排して、人間のエネルギーを意義ある有効な作業に結びつけることにほかならない、と位置づけられている。もし作業者が自分の職務は重要であり、自分の作業には確かな価値があると感じるなら、その作業者の職場士気（モラール）は高まる。逆に、自分の時間は無意味な職務に費やされていると感じれば、その作業者の職場士気は損なわれるだろうし、職務の遂行も不十分なものになろう」（門田安弘、1985、pp.250-251）。このような「人間性尊重」と「継続的改善」、つまり「トヨタウェイ」の体得がトヨタマンになるには不可欠とされている。そのためのさまざまな手法が人事管理システムとして用意されている。その一つを紹介したい。

人事管理の重要な一環としての企業内教育はトヨタの高蓄積を支えてきた主要な要因である。トヨタでは教育訓練の分野を単に職能教育のみに限定せず、いわゆる「インフォーマル教育」をつうじて労働者個々人の生活分野にまで拡大している。トヨタの教育理念は、「やる気を引き出す」ことを核心としており、その体系は**図1-4**に見るごとく「職場教育」を中心とし、これを「フォーマル教育」と「インフォーマル活動」が側面から支えることによって成り立っている。この教育体系によってトヨタは「意欲あるトヨタマンの育成」に成功してきたのである。

トヨタの人事管理の中心をなしているのは「能力開発主義」である。この「能力開発主義」というのは「企業活動の担い手である『人の能力』を企業目標に結集していくために，長期的な見通しにたって，人材の確保・育成を図り，その能力を最大限に発揮させることを重点とした人事諸施策である」。トヨタの伝統精神，社風を体現していく人材の育成が能力開発の基本的なねらいとなっており，それは次の三つにまとめられている。⑴「考える人間」づくり，⑵「根性と実行力のある人間」づくり，⑶「企業人意識」の醸成＝「自分の会社意識」の醸成である。

　第1の「考える人間」づくりについては次のように言われている。「時代の変化を先取りして，顧客に喜んでもらえる商品を市場に提供していくためには従業員一人一人が自ら考えて創造していくことが必要です。魅力ある商品を開発して原価を低減し，品質の向上をはかるには，それぞれの仕事に従事する者が知恵を出して改善を進めていくことが必要です」（『創造と実践』トヨタ自動車，p.3）。そのためにトヨタでは「『自らがアイディアを持ち考える力』を養うことを能力開発の大きなねらい」とされているのである。その実践手段の一つに「5回のなぜ」（5Why）の徹底指導がある。トヨタではある問題が発生した時，「なぜそうなったか」を5回繰り返して真の原因を追究することが求められている。また，トヨタは「創意くふう提案活動，QCサークル活動なども考える人間づくりに大いに役立っている」と評価している。

　第2の「根性と実行力のある人間」づくりには，労働者の人間性を無視したトヨタにとっての「人間づくり」の非人間性がはっきりと前面に謳われている。独創的な新しいアイディアを出すだけでは駄目で，それを「実践していく実行力・根性・粘り」が必要だとし，「あくまで積極的にやりぬく『ど根性と実行力』を身につけさせることを大きなねらい」としている。『創造と実践』では続けて次のようにはっきりと書かれている。「業務上の目標は必要に応じてズバリ決め，それにむかって，あらゆる知力・体力等をふりしぼってもらうような仕事の与え方が，結局は根性と実行力のある人間づくりに結びつく」。もちろん，ここで言われている「人間づくり」とはヒューマニズム溢れる人間づくり，社会性を持った人間味溢れる人づくりとは異質のトヨタにとっての「企業人間＝トヨタマン」づくりであることは言うまでもない。そのための集合教育

としては，たとえば，新入社員に対する工場ラインでの作業実習，販売店でのセールス実習などの体験実習や若年層に対する選抜教育である「トヨタ技能専修コース」でのアンケート実習などがある。

　最後の「企業人意識」の醸成。「自分の会社意識」の醸成については十一真敏教育部次長（当時）が明瞭に次のように述べている。「昭和25年の労働争議という貴重な体験以来，労使間に培われてきた労使相互信頼の考え方を基本に，自分の会社を愛するという気持ちだけでなく，『自分の会社は自分たちで守る』という意識の醸成をめざす。」「従業員1人ひとりが，『自分の会社』と思うことにより，みんながムダをみつけ，改善・原価低減に努める。この積み重ねが，会社の発展につながるという仕組みの理解が重要です」（『TOYOTA MANAGEMENT』1981年9月）。『創造と実践』においても，「企業人意識の醸成」(p.4) が強調されている。以上からもトヨタの経営者が50年の大争議から経営者なりに学び，従業員が労働者階級意識を持つことを極力警戒し，「自分の会社意識」を持つ人材の育成にいかに力を注いでいるかが明らかであろう。細部にわたる従業員の「しつけ」教育は現在も日常化している。

　「能力開発」の日常化・全般化を職場の末端まで浸透させるためにトヨタは職場ローテーション，部門間ローテーションや多能工化計画の推進などに加え，QCサークルなどの小集団活動や創意くふう提案制度などを積極的に利用してきた。これらOJT方式による教育訓練やQCサークル，創意くふう提案制度などは，日常的で連続的であり，一面ではモラール向上，人間関係の改善，「参画意識」の高揚などの教育機能をも果たしているのに反して，「中堅技能者特別訓練」（猿田正機，2007）などの階層別教育＝集合教育では階層ごとに各自に特別の自覚を強要され，階層ごとの仲間意識とともに他の階層との差別意識を植えつける場となる。このようなフォーマル教育と職場教育，インフォーマル活動が一体となって，いわゆる「意欲あるトヨタマンの育成」に成功してきたと見ることができる。

　トヨタは労働者像として，いわゆる「トヨタマン」を描いている。トヨタウェイを身につけた労働者ということだが，「T字型人材」とか「プロ人材」，「L字型人材」とかさまざまな言い方がされてきた。たとえば，現場では「T字型人材」と呼び，これは色々な仕事が出来て，そのうえ，一つの仕事に精通

している，なおかつグローバルであれと教育している。単純に考えても，仕事に必要な技術教育はともかく，人間の成長を経営者に任せるというのは，本来おかしいことだ。外国人から，「なぜ経営者が人づくりをするのか」と笑って質問されるが，トヨタの場合は本当に，労働者の私生活を含めて何にでも口出しするのが特徴である。その際，一番邪魔になるのが，異質の価値観を持った労働者の存在である。それが集団としての労働組合として存在することをトヨタはもっとも嫌っている。これは，現在も闘われているフィリピン・トヨタの労働組合つぶしのための大量解雇に顕著に現れている。

(4) トヨタ生産方式と下請労働者管理
①下請企業管理

トヨタは車生産の7割以上を関連企業に依存している。各種部品生産を関連下請企業に依存していることは言うまでもないが，トヨタ車の組立もトヨタ九州や豊田自動織機，トヨタ自動車東日本などの子会社や関連企業で行っている。トヨタは関連企業で協力会＝「協豊会」(**表1-5**)を組織しており，また，トヨタ・グループ企業は各企業が独自に協力会(**表1-6**)を組織している。トヨタ系の主な企業は企業別労働組合を組織しているが，それらを束ねているのが全トヨタ労働組合連合会であり，その主導的位置にあるのがトヨタ労働組合である。

トヨタ生産方式は下請企業（サプライヤー）の全面的な協力なくしては成立しえないシステムである。トヨタは徹底した下請企業管理（品質，コスト，納期）を通じてトヨタ生産方式を遂行し，長年にわたって高蓄積を上げることに成功してきた。下請企業を支配する手段としては，①株式の相互持ち合いなどの資本関係，②下請企業への技術教育や品質管理・不良品対策（変化点管理）の指導，③管理職などの出向・転籍などによる人間関係の強化が挙げ得る。このような強固な結びつきを利用して支配を拡大し，高品質の確保，度重なるコスト削減，そして，ジャスト・イン・タイム（無在庫，ムダの排除）に成功してきたのである。たとえば，具体的には，QCサークル活動の関連下請企業への指導，デザイン・インなど企業間の協力・「すり合わせ」なくして高品質の実現は難しいと言える。この度の，金融危機下では，愛労連の調査（「仕事量・

第Ⅰ部 「日本的経営」と「スウェーデン的経営」

表1-5 協力会組織

	部会名	所属企業数		部会名	所属社数
協豊会	ユニット部品部会	109社	栄豊会	ボデー設備部会	20社
				ユニット設備部会	48社
	ボデー部品部会	94社		施設部会	32社
				物流部会	23社
	合　計	203社		合　計	123社

(出所)『トヨタ自動車グループの実態 2004年版』アイアールシー，2004年，p.177より作成した。

表1-6 トヨタ・グループ直系9企業の協力会組織加盟企業数

	協力会名	企業数
豊田自動織機	豊永会	69
愛知製鋼	豊鋼会	128
豊田工機	豊工協力会	90
トヨタ車体	協和会	106
アイシン精機	アイシン協力会	86
デンソー	飛翔会	85
トヨタ紡織	不明	不明
関東自動車	NEXT	139
豊田合成	協和会	72

(出所)『トヨタ自動車グループの実態 2004年版』アイアールシー，2004年より作成した。

単価に関する中小企業アンケート」2010年）によると，平均すると「仕事量はピーク時の半分以下」で，6割の事業所で「この1年間に単価の引き下げがあった」という。

　この下請企業管理には，往々にしてトヨタの「傲慢さ」が垣間見える。『中日新聞』「結いの心」でその実態の一部が報道されたが，それに対してトヨタは即座に広告費カットで応えたと，担当記者から直接聞いた。また，気に食わない報道をしたマスコミに対して，当時，経団連会長であった奥田碩（トヨタ取締役相談役）が「マスコミに報復してやろうか」（「厚生労働行政の在り方に関する懇談会」にて，『朝日新聞』2008年11月13日）と発言したことは有名である。トヨタの要求に忠実に応えていくことが下請企業であり続けるための必須の条件である。

30

②下請労働者管理

　2010年に頻発した中国の日系企業（トヨタ系など）でのストを見るまでもなく，下請部品企業の労働者の反乱は直接，生産に支障をきたす。そのためトヨタは，下請関連企業の労働者管理に絶えず気を配っている。先に指摘した出向，転籍のみではなく，雇用調整としての応受援や，最近では，不要になった期間工への再就職先として紹介までしている。もちろん，「紹介」されたからといって再就職ができるわけではない。

　高品質の要求とジャスト・イン・タイム納品の要請は下請企業労働者にも強いプレッシャーとなって圧し掛かることになる。グローバル競争の激化を理由にした部品単価の度重なる引き下げは，当然，労働コストの削減，賃金の引き下げとなって労働者を苦しめている。

　トヨタは企業集団として雇用・労働力のポートフォリオを利用してきたと言ってよいだろう。正規従業員と非正規従業員のさまざまな組み合わせ，たとえば，本工，差別的な雇用の女性本工，期間工，パート，派遣，請負，外国人非正規労働者，実習生・研修生などをその時期に合わせて採用・利用してきたと言える。金融・経済危機以降，トヨタや関連企業の「雇い止め」「派遣切り」は，その一部は保見団地や中区笹島，西尾，知立などの派遣村となって現象したのである。

（5）労働者支配を支えるトヨタの労使関係

　このようなTPSやトヨタウェイ，人事管理を許容しているのが図1-5に見られるようなトヨタの労使関係である。トヨタは労働者・労働組合に共通の価値観を強要し，あるいは異質の価値観を持った労働組合を極力排除しようとする。トヨタは1950年の解雇争議を教訓として労使関係をきわめて重視していると強調しているが，労使関係を重視する理由はそれだけではない。むしろそれ以上に，現在ではTPSの実践にとって，トヨタが誇る「健全な」労使関係は不可欠なものであると自覚しているからである。

　トヨタの労使関係の性格は，いわゆる「労使宣言」に典型的に表現されている。トヨタでは1962年に「労使宣言」を結び，会社と労働組合は，「労使関係」は「相互信頼」を基盤とすること，生産性の向上をつうじて企業の繁栄と労働

第Ⅰ部 「日本的経営」と「スウェーデン的経営」

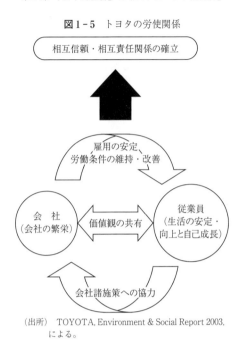

図1-5 トヨタの労使関係

（出所） TOYOTA, Environment & Social Report 2003, による。

条件の維持・改善を図ること，などを誓った。そして1974年になって労働協約が締結され，労使協議中心の「労使協調的」労使関係が確立することになる。労組役員選挙も執行部推薦候補以外は立候補が困難なように「推薦制」をとり，少数派が立候補しにくくなっている。

かくして，現在ではトヨタの労使は一歩進んで，1996年のいわゆる「新労使宣言」や新「トヨタ基本理念」（1997年）に沿って，労使で「価値観を共有」し「相互信頼・相互責任」でトヨタの発展に尽すことを約束するまでになっている。このような「労使一体的」労使関係の下で日本国内のTPSは全面的に展開することができていると言える。このトヨタ生産方式を「進化」させる力になっているのが，労働者に企業の利益のための「継続的改善」を強制することを受容させる人事管理・労使関係である。

トヨタ的労使関係の成立の事情に詳しい，50年争議当時，人事課長であった山本恵明は，トヨタ的労使関係をつくるうえで努力した点として次の3点を挙げている。①「ノーワーク・ノーペイ」，②「話し合いの原則」，③「労職一体の組合づくり」，である。「ノーワーク・ノーペイ」は現在では「相対的高賃金」政策となって継続しており，「話し合いの原則」はその後，トヨタの緻密な労使協議会体制として整備されてきた。なかでも「労職一体の企業別組合づくり」には，その後も最大の配慮がなされ，これがユニオンショップ制による全員加盟の「企業別組合」に道を開いたとされている。当時，トヨタ的労使関係をつくるうえで積極的役割を果たしたと言われている養成工とその出身者でつくる「豊養会」は，今でも重要な役割を果たしており，歴代の組合委員長に

は養成工出身者が多く就いている。組合役員はトヨタの「昇格・昇進・昇給管理」の下での昇進ルートともなっており，女性が組合役員になることはほとんどない。また，トヨタ労組を中心とする全トヨタ労連は，長い間，下請企業や非正規労働者への格差・差別を容認してきた。

　トヨタ生産方式はトヨタ的な労働者支配の仕組みがなければなかなかうまく機能しない。JITによる無在庫方式を追及し続けるトヨタにとっては，トヨタのみならず下請企業の労働者の抵抗（ストライキなど）は最大の障害となる。トヨタ労組はその障害を取り除く役割を果たしてきた。また，かつては地域組織「ゆたか会」をつくり地域に影響力を行使してきた。最近，自公政権から民主党中心の政権へ，さらに自公の安倍政権へ交代がなされたが，民主党の支持母体である連合，自動車総連やその単組であるトヨタ労働組合がどう動くのか興味あるところである。

（6）　モラール・モチベーション管理

　日本の労働者の「働きすぎ」については，熊沢誠の「強制された自発性」という用語が社会的に認知され一般に広く使用されるようになっている。詳しく論ずる余裕はないが，それによると労働者は「働きすぎ」にもかかわらず，そこに「生きがい」すら見出しているという。湯浅誠は『働きすぎに斃（たお）れて』（岩波新書，2010年）の書評のなかで，「社会の中において，『強制的自発性』が暴走しだしているということじたい，その社会の末期的状況を示しているのではなかろうか？」と述べている。熊沢の指摘は社会学的には正鵠を得ていると言ってよいが，人事管理・労使関係という視点からは，それで充分というわけにはいかない。とりわけ人事管理面からは，その具体的な中身を明らかにしなければ，問題の回答にはならないからである。

　また，アメリカの学者からは「ストレスによる管理（MBS）」が，労働者に「やる気をおこさせる」と指摘され，日本の多くの研究者に影響を与えている。マイク・パーカー，ジェイン・スローター編著の『米国自動車工場の変貌—「ストレスによる管理」と労働者—』（緑風出版，1995年）では，次のように指摘されている。

　「MBSは伝統的なアメリカ経営者の通念に反している。常識に反していると

もいうべきか。起こりうる停止や故障に対する保護として，部品を備蓄したり，欠勤者の穴を埋めるための予備の労働者を雇う方が理にかなっているのではないか。ところが，MBSは，系統的にそうした保護がどこにあるかをつきとめ，むしろそれをなくそうとしている。このシステムは人間の諸要素を含めて，恒常的な緊張の状態で動いている。システムを緊張のあるものにすることで，弱いところと同時に強すぎるところをつきとめていく。緊張が過度になると弱いところは停止してしまう。それで資源の補強が必要だと分かる。同じく重要なことは，全く停止しないところは資源が多すぎる，つまりは無駄づかいだと見なされる，ということである」(pp.89-90)。「このMBSの生産システムでは，プレッシャーこそが労働者にやる気をおこさせる，と想定されている」(p.94)。

「経営者の指令というよりはそうしたストレスが，生産システムのいろいろな部分を調整していくメカニズムになっており，このシステムをマネジメントの目的に向けて『自己規制』しているのである。つまり，トップマネジメントは達成すべき生産量に関して若干の重要な決定をするだけでよい。そうすればこのシステムが自動的に動いていく。トップマネジメントは，各種ごとの生産スケジュールの詳細をつねに監視している必要はない。

だが，このシステムが動いていくためには，材料補給係，供給課，部材供給会社などすべてが，万難を排してJITで部材を届ける，という態勢が不可欠である。この態勢を長期にわたって維持するために，失敗に対するペナルティがある」(p.94)。

「ここにもストレスがこのシステムを動かしている仕掛けがある。誰かが欠勤すると，そのしわ寄せはそのチームの同僚なり直属の監督にいく。人事課から欠勤補充要員を回してもらえるような仕組みになっていないのである。そういう予算は立てられていない。そこで迷惑を被るのは欠勤者のチームの同僚だということになる。穴埋めに入った人が欠勤者の職務をうまくこなせないと，他の人々の職務のペースも乱されてくる。その結果，チーム・メンバーは欠勤者に反発するようになる。こういうシステムのもとで，チーム・リーダーが欠勤者にあまり同情しなくなることは，ある意味では当然である。MBSの工場では誰もがすでに激しく働いているので，欠勤者に対しては同僚から大変な圧力がかかるのである。NUMMIで面接した労働者は，欠勤が多すぎる人は自

分たちのグループから追い出したいくらいだ，と言っていた。

　こうした同僚からの圧力は，職場では強い力となりうる。われわれの多くは，われわれが仲間と思っている人々に受け入れられ，重んじられたい，というニーズを持っている。労働者の疎外感や無力感が増している組立てラインなどでは，仲間からの受容や尊敬を失う恐ろしさは大変なものである。仕事がきつければきついほど，労働者は些細でインフォーマルな協力に頼りあう。ちょっとした気ばらし，ユーモア，心理的な助け，等々。経営者は，仲間の圧力の強さをよく理解しており，それを利用する」(p.102)。

　マイク・パーカーなどの指摘は，リーン（トヨタ）生産システムでは，「プレッシャーこそが労働者にやる気をおこさせる」と想定されており，「同僚からの圧力」が「職場では強い力」となると認識し，経営者はそれをうまく利用しているとする。この指摘にも筆者は賛同するが，日本の労働者に対する「強制力」の分析としては不十分であろう。

　これらの指摘を前提としつつも，筆者は，トヨタのブルーカラーの「動機づけ管理」のポイントは人事管理の側面から見ると，次の三つからなっていると考えている（図1-6）(猿田正機・杉山直編著，2011）。第1は，「日本的経営」でもっとも重視されてきた年功賃金や「終身雇用」などの経済的刺激による動機づけである。つまり，より良い生活のために一生懸命働くようなシステムづくりをするということである。これまで支配的であった，これらの集団主義的管理は，そのためのシステムとして有効に機能してきたと言うことができる。これは従来，日本ではモラール（士気）管理と呼ばれてきたものである。トヨタの場合にも，これまでは「終身雇用」の下での年功的な職能資格制度（図1-7）を柱とした「昇格・昇進・昇給」競争によりトヨタで働き続けることを選択した労働者からヤル気を引き出すことができた。ホワイトカラー労働者の場合には，成果主義の導入により大幅な賃金格差のつく刺激策が取られている。

　第2に，トヨタが労働者のヤル気を引き出し続けるために導入したシステムが，いわゆるTPSのなかに組み込まれている「少人化」であり，小集団管理としてのQCサークルや創意くふう提案制度であった。これらを手段とした徹底した要員管理によってトヨタはTPSの二本の柱である「JITと自働化」を最少の人員で稼動し続けることに成功したのである。この要員管理のポイント

第Ⅰ部 「日本的経営」と「スウェーデン的経営」

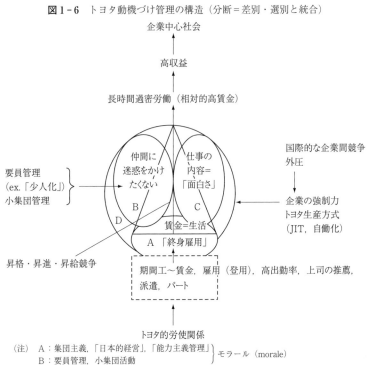

図1-6 トヨタ動機づけ管理の構造（分断＝差別・選別と統合）

(注) A：集団主義，「日本的経営」，「能力主義管理」
B：要員管理，小集団活動 ｝モラール（morale）
C：日本的働き方＋行動科学的手法〜モチベーション（motivation）
D：いわゆる「管理教育」に代表される愛知県西三河地域の超保守的な社会環境。現在では日本全体が西三河化しつつある。

は，徹底した労働時間管理・出勤率管理の下で，職場に組や班という小集団をつくり，そこでのQCサークル・提案制度や懇親会などを利用して，休んだりサボったり，ミスしたりしてサークルや組の「仲間に迷惑をかけたくない」という雰囲気（相互監視体制）を意識的につくり出したことである。

第3が，従来，いわゆる「日本的経営」なり「日本的労務管理」の特徴とされてきた労働の柔軟性である。日本的労務管理は従来から配転，ローテーションや職務拡大，職務充実などの内容を含んでいたが，トヨタはそれを行動科学的労務管理の導入によって一層整備する。充実した企業内教育システムを整備しつつトヨタは，「昇格・昇進・昇給」管理の下で，労働者の異動や仕事の範囲や権限の付与を労働者のヤル気を引き出し続ける手段として有効に活用した

図1-7 資格体系と賃金等級

【旧資格】	【新資格】	【賃金等級】	【職位】
CX級 (30)	CX級 (30)	技能1等級	C L　C X
SX級 (50)	SX級 (50)	技能2等級	G L　S X
EX1級 (60)	EX級 (60)	技能3等級	E X
EX2級 (7A)		技能4等級	
指導職 (7B)	中堅技能職 (70)	技能5等級	
準指導職 (80)		技能6等級	
一般職1級 (9A)	初級技能職 (90)	技能7等級	
一般職2級 (9B)		技能8等級	
一般職3級 (9C)	基礎技能職 (FO)	技能9等級	

(出所)「技術系新人事制度」トヨタ・人材開発部,1999年3月,p.8による。

のである。この点は,いわゆる「フォード・システム」の下での,徹底した分業による労働の細分化によって無内容な労働を労働者に強制し忌避されたのとはかなり異なっている。これら三つがトヨタ労働者を,現在でも相対的高賃金下での長時間過密労働へ追いやる手段として機能し続けている。

また,最近,その多くが「雇い止め」にあったが,傾向的には増え続けてき

た，雇用調整弁としての期間工の「動機づけ」について簡単に触れておきたい。

期間工の多くは，求人も少なく就職困難な九州・沖縄や北海道・東北などから働く場所を求めてやって来る。その時の基本的な要求は，安心して働ける場の確保と生活しうる賃金である。採用の際に重視されるのは，「健康診断」と「協調性」である。運よく採用されると未経験者でも月収約25万円が約束されている。これは基本給，深夜手当，時間帯手当，残業手当を含んだ合計である。その他，満了慰労金や満了報奨金などを加えると年収約400万円が期待できる。在職年数が増えると日給や基本給は少しずつ増額される。安心して働けるように生活のため全員に寮が用意されている。これらが当面の期間工の「満足管理」の中味である。

トヨタが期間工にもっとも期待するのは，黙々と休まずに一所懸命に働いてくれることである。そのための仕組みが賃金システムの随所に組み込まれている。その最重要視されている手段が満了慰労金と満了報奨金である。満了慰労金は期間満了者に，契約期間に応じて出勤日数分が支払われる。これは期間満了後に一括して支払われ，途中退社の場合には支払われないことになっている。また，欠勤，遅刻，生理休暇や休日出勤日は支給の対象外となっている。満了報奨金は契約期間満了者に出勤状況に応じて支払われる。欠勤，遅刻，早退のない月のみ，1日あたり1000円を当月の出勤日数分が支払われるという厳しいものである。また，この満了報奨金も欠勤，遅刻，生理休暇や休日出勤日は支給の対象外となっている。

トヨタ労組は期間従業員の組合員化の決定などを行ったが，金融不況で非正規労働者の多くが解雇され，最近一部が再雇用されているが，期間工の労働実態は未組織時代とまったく変わっていない。この間，好況期・不況期に応じて，2年11か月まで雇用できる「シニア期間工」制の採用，契約解除・再雇用，登用数の調整，再就職紹介など種々の取り組みがなされているが，これらの施策が期間工の雇用・生活の安定につながっているかは疑問である。期間工の「動機づけ」としては，雇用・生活不安を利用した経済的・社会的「動機づけ」施策が主流といえる。

これらの「モラール・モチベーション管理」を有効に機能させるうえで，後に述べる，いわゆる西三河地域の「管理教育」を無視することはできない。

2　トヨタシステムと労働者への影響

　しかし，このような性格を持つトヨタシステムは，結果として高蓄積・高収益を生み出しただけではなく，労働者や市民へ与える影響も大きかった。それを，筆者の経験などをもとに以下で見ておきたい。

（1）　トヨタシステムと安全・健康問題
　トヨタの「長時間・高密度・不規則労働」が安全・健康問題に与える影響は肉体的にも精神的にも深刻なものがある。筆者が1979年に中京大学へ赴任し，トヨタ調査を始めた時に驚かされたことは多い。

　トヨタ調査を始めて間もなく豊田市内のお寺で行われたトヨタ労働者との集まりで，ある労働者が「身体の弱い労働者はまだ良い。身体がおかしくなったら働けなくなるので，精神的におかしくなることはない。健康が回復したら再度戻ってくることもできる。しかし，頑健な人は大変だ。肉体的に頑強な人ほど精神的におかしくなるまで頑張って働くので，一度おかしくなったら二度と回復しない」。これを聞いて大変なショックを受けたことを覚えている。

　また，当時ベストセラーであった鎌田慧『自動車絶望工場』をゼミのテキストに採用したところ，教え子の学生が親（トヨタマン）から「なんでこんなもの（本）を読んでいるんだ」と怒られたという話を聞いて，これまたショックを受けた。これは大変な所へ来たなという思いであった。

　県の労働部に委託されたME化調査でトヨタ関連下請企業を訪問した際に，過労死について質問すると経営者が「うちみたいな企業は死ぬ前に退職するので過労死はない」と答えたので仰天したのを今でも思い出される。並行して愛知の「管理教育」の調査を始めていたのだが，これも北海道の山育ちの筆者には驚嘆することばかりで，よほど覚悟しなければと思ったものである。

　トヨタ研究を続けて10年を経過して間もなく，豊田法律事務所の弁護士が突然，私の研究室へ訪れてきた。1992年8月27日に起こったトヨタマンよる「妻子（4人）殺人事件」の証言の依頼であった。一瞬「私が何で殺人者のために証言しなければならないのか？」と思ったが，詳しく話を聞いていると，私の

第Ⅰ部　「日本的経営」と「スウェーデン的経営」

当時の研究テーマとピッタリと一致している事例であることが分かってきた。豊田市内の中学校を卒業し，そのままトヨタ工業高等学園に入学し，卒業後トヨタで働き始めて25歳の時に，妻のお腹にいる子を含めて妻子4人を殺害し山中に捨てたという悲惨な事件であった。彼は上郷工場第一機械部保全課に勤務する「模範的なトヨタマン」であった。QC活動などで多くの賞をもらっていた。この事件について，私がトヨタ労働者による殺人事件と事前に気がつかなかったのは，新聞は「豊田の夫，会社員を逮捕」と報道していたからであった。

　弁護士は私に労務管理研究者としてトヨタの労務管理について証言してほしいという依頼であったので，弁護は抜きでトヨタの調査研究から言えることを証言しようということで，依頼を受けることにした。この時は，二度証言に立ったがこの間の経緯は青木慧の『トヨタ人間管理方式』や当時の雑誌のルポに少し詳しく掲載されている。この時の傍聴席には殺された妻の母親など2人と殺した夫の母親と新聞記者が2人の5人がいるだけで，ほとんど社会から注目されることはなかった。

　次は，「過労自死」裁判である。この裁判は結審まで長い時間がかかった。1988年8月26日に，家族を愛していた若き35歳のトヨタマンが自ら命を絶った。その当時は，シャシー設計部第1車輌設計課第1係長であった。旭丘高校を出て東工大・大学院を修了し，トヨタへ入社したエリートであった。ただでさえ忙しい仕事に加えて海外出張や，いわゆる「自主活動」，職制会の役員，労働組合の職場委員の仕事が押し付けられ，真面目な彼はあまりにも多い仕事がこなせず責任を感じて自殺の道を選んだのである。悲劇というほかはない。

　もっとも有名な事件は，最近結審した，いわゆる「内野過労死裁判」である。歴史的に見ても実名を挙げてトヨタと対峙した「過労死裁判」はこれ以外にはない。2002年2月9日，堤工場車体部品質物流課でEX（班長クラス）として働く30歳の真面目なトヨタマンが突然倒れて病院へ着く前に亡くなった。「夫があれだけトヨタに尽くしたのに，ほんとうに死ぬまで働いたのに，職場で死んだら一顧だにされない」というトヨタの仕打ちに，妻が怒りを感じたとしても不思議ではない。「夫の労働をなぜ認めてもらえないのか」という奥さんの訴えは聞く者の心を揺さぶらずにはおかなかった。この裁判は勝利しただけではなく，「自主活動」とされている「QCサークル」を「業務」と認定した点

で日本の裁判史上，画期的なものとなった（猿田正機，2007）。

　最近の事件としてはデンソー・トヨタ「うつ病」裁判がある。2000年8月末，デンソー・ディーゼル噴射技術部で働く労働者がトヨタ本社第4開発センター第3機能設計室へ長期出張を繰り返すなか，長時間にわたる，あまりにも過酷な労働やパワーハラスメントにより，さらには「業績・成果主義」による差別的処遇により「うつ病」になり訴えた事件である。この事件は，グローバル競争が激化するなかで，その最前線で働く設計労働者の過酷な実態を如実に示している。この裁判も2008年10月，名古屋地裁はトヨタとデンソーの「安全配慮義務違反」を認める判決を下し結審した（猿田正機編著，2009）。

　これ以外にも，期間工の「突然死」や関連下請企業で働く外国人労働者の過労死・労働災害や研修生・実習生の低賃金労働や人権無視など枚挙にいとまがない。女性技能員（出身・鹿児島）の退職後の「自殺」や関連企業・関東自動車の派遣労働者による秋葉原無差別殺人事件なども忘れ難い事件である。

　このようななかで注目すべきは，2006年1月2日に「カムリ」のハイブリッドの開発責任者が「過労死」した事件である。これは，2008年6月30日，豊田労働基準監督署が早期に労災と認定して決着がついた。これはこれまでの運動の成果とも言えよう。しかし，このように公になる事例はまさに氷山の一角である。以上のようなことも影響して，たとえば，警察庁の「自殺統計原簿2008年」をもとにした東大大学院の澤田康幸の整理によると，豊田警察署管内の「被雇用者」（93人）や「管理者」（5人）「無職」（139人）「学生生徒」（11人）の自殺者数はすべて全国1位である。また岡崎警察署管内が「管理者」（5人）の自殺が豊田と同数の全国1位で，「被雇用者」（67人）と「学生生徒」（9人）が2位，「自営業者」（18人）が全国3位，「無職」（101人）は6位となっている。

（2）　トヨタシステムと雇用・生活不安：賃金・労働市場の階層構造

　TPSは労働者のスピーディな吸引や反発を前提としたシステムである。これまでも多数の季節工・期間工を採用・解雇し，また関連下請企業などへの応受援によって雇用調整を行ってきた。このような雇用管理は一方では，本工労働者の雇用の安定に寄与したが，他方では，非正規労働者や下請企業労働者の雇用・生活を脅かすものであった。それは最近の「派遣切り」，「雇い止め」，

外国人労働者の解雇などに顕著に現れている。

①雇用・生活不安

　ここでは，金融危機・経済危機下で激変するトヨタや関連企業の労働者の雇用・生活実態を見ておきたい。トヨタシステムが抱える矛盾，好況期における相対的高賃金と長時間・高密度・不規則労働から不況期に特徴的な低賃金と雇用・生活不安へ一気に落ち込む様子がこの時ほど明瞭になったことはない。

　グローバル競争の激化の下では，「過労死・過労自死」問題や「うつ病」問題がトヨタや関連企業労働者を脅かしていたが，今回の経済・経営危機は自動車産業の多くの期間工や派遣労働者などを，仕事と住居を同時に失う失業者・生活難民へと一気に転落させた。その背景にはアメリカの金融危機があるとはいえ，日本の自動車産業において非正規労働者の解雇・失業問題が短期間に深刻化した原因は第1には，日本の自動車企業に浸透しているTPSやいわゆる「人間かんばん方式」で有名なトヨタ的な人事・労使関係がある。第2に，トヨタ出身の奥田碩元経団連会長と小泉純一郎元首相によって進められた労働者派遣法の改悪がある。この両者の負の側面がこの経済危機によってもろに露呈することになったのである。

　この危機に遭遇してトヨタは，販売減への対応として減産態勢を強化し，最高時には1万1000人ほど抱えていた期間従業員を2009年3月までに3000人へと大幅に削減すると発表した。また，設備投資を削減し，工場新設や能力増強の実施時期も延期し，生産規模を縮小した。2008年11月には社内に「緊急収益改善委員会」を立ち上げ交際費，交通費，広告費の「3K」などあらゆる項目にメスを入れるコスト削減を急ピッチで進めた。

　雇用管理面での対応としては，派遣契約の解除や期間工の任期切れ解雇，そのほかに残業の規制や田原工場などの一部ラインの二直制から一直制へ切り替え，さらには，年末の休日を2日増やしたり，2009年1月の金曜日を休日としたり，トヨタカレンダーで出勤を予定されていた土曜日を休日にするなどして，販売の縮小に対応した。

　また，関連下請企業の経営も深刻である。トヨタが2008年末から取引のある部品メーカーの資金繰りについて緊急調査を実施したところ，トヨタの減産を受けて部品会社の財務状況は急速に悪化していることが明らかになった。トヨ

タの減産規模は2，3月と月を追うごとに拡大し，3月に入ると二次下請企業の「日本高周波」が名古屋地裁支部に自己破産を申し立てた。トヨタの増産に対応しようとして新工場を建てたところ，トヨタの急減産に直面し資金繰りに窮したのである。販売不振によるトヨタの減産は，すでに2008年9月時点でトヨタグループ各社の雇用に深刻な影響を与えていた。各社のなかでもっとも多く期間従業員を抱えるデンソーは，580人削減，220人を正社員化，そして10月上旬に新規採用を停止している。豊田自動織機は期間従業員と派遣社員を合わせて516人削減，アイシン精機は7月末から期間従業員の新規採用を中止するとともに266人の削減，関東自動車工業も8月以降，東富士工場で生産するカローラの輸出減を見込み，派遣社員を約300人から約200人に減らしている。これ以降も，非正規従業員の削減は続いている。トヨタ車体でも2008年12月に派遣や期間工の雇い止めの通告がなされている。注目すべきは，トヨタ九州の社員がトヨタ車体に出向し，玉突き的に長年トヨタ車体に貢献してきた派遣や期間工が解雇されたことである。

　トヨタや関連下請企業は「中国に負けるな」とばかりに，期間工や派遣労働者を最大限に低賃金で徹底的に利用した挙句の果てに，ここへきて一気に不要労働力とばかりに解雇したのである。このような状況にもかかわらず，技術系の職場などでは相変わらず残業が行われている。

　ところで，トヨタは2009年9月，1300人程度まで減少した期間従業員を10月に約800人採用すると発表した。世界的な新車販売の急減と生産台数の落ち込みを受けて昨年6月末以降，採用を中止していたが，エコカーの受注好調などで生産が回復，人手が足りなくなっているため1年4か月ぶりに採用を再開することになった。ハイブリッド車「プリウス」を生産する堤工場など愛知県内の工場に配置したという。今回採用するのは過去に契約の切れた期間従業員が主な対象となった。

　最近では，トヨタの複数の工場で休日出勤や残業を実施しているほか，堤工場には関連企業などから応援要員を送り込んで生産増に対応している。トヨタ系の日野自動車も国内3工場で900人規模の期間従業員の採用を再開した。

　当時，解雇された労働者は，近隣から流れ込む人も含めて，名古屋市中村区役所などに殺到した。**表1-7**からも明らかなように，年明け以降，中村区役

表1-7 2009年1月の,中村区役所における「住居のない方」の相談状況

	1月5日	6日	7日	8日	9日	13日	14日	15日	16日	19日	20日	21日	22日	合計
相談者数(人)	86	107	121	78	100	131	107	100	98	99	113	100	103	1,343

(出所) 名古屋市中村区役所資料による。

所に連日100人を超える相談者が押し寄せた。この数は,2008年4〜12月の相談者の平均(26.6人)の約4倍という異常な事態である。相談者の過半数は名古屋市外からの流入者であり,しかも,増加傾向が見られる。「派遣切り」で来ている人では,実にその4分の3(76％)が市外からの流入者であった。

トヨタの「期間工」が雇い止めでホームレスとなった事例やトヨタ系企業を「派遣切り」になり,ネットカフェに暮らし,年明けに東京の「年越し派遣村」を頼って上京した男性もいた。厚労省の発表では,08年10月から09年3月までに職を失う非正社員は全国で12万4802人に上る見込みと報道された。なかでも愛知県が2万113人と突出しており,愛知・岐阜・三重の三県で約3万人という多さである。この予測数字は,その後も増加している。

②雇用・生活不安と労働組合

このような状況の下でトヨタ労組は,経営側の2008年冬の管理職一時金(賞与)の1割カット,2009年度年間賞与の22％削減に続き,組合員の年間一時金の要求額を基準内賃金の5か月プラス20万円(組合員平均で200万円弱)とする方針を固めている。これは2008年の要求・回答と比べて約53万円の減額となる。また,春闘でトヨタ労組は期間従業員の賃上げ・雇用確保を会社側に求めるとしたが,あまりにも反応が鈍く遅すぎ,本気でやる気があるのかどうか疑われても仕方がないだろう。

一部では非正規労働者の組織化が進み,トヨタ車体やフタバ産業などではJMIU(現JMITU)愛知の支部が結成された。JMIUには短期間に300人以上の加入者があり,それも主として日系ブラジル人などの外国人であることから喜び・驚き・困惑している。トヨタ関連企業の光精工では2008年12月,組合つぶしも狙ってすべての外国人労働者を対象に希望退職の募集を行った。組合員65名のうち約3分の1がこれに応じたが,拒否した組合員は団結して闘った。2009年1月末時点では,大量退職の結果,人手不足となり管理職も現場に応援に入ってフル稼働で働く有様となった。

トヨタでは一時期，勤続2年以上の期間工2200人が準組合員になったというが，その後も期間工は減少を続けており今後も，彼らの雇用が守られるかどうかの保障はない。少数派組合である全トヨタ労組の結成を追うように2007年4月から期間従業員の組織化に走ったトヨタ労組が，準組合員の雇用を守るために何をなしうるか，今回の事態はトヨタ労組の性格を判断する良い材料となるだろう。トヨタ労組の幹部が，期間工を大量に解雇した後でよかったと胸を撫で下ろしているという声も聞こえてきた。全期間工を組織化していたら，トヨタ労組はもっと深刻な問題に直面することになっていただろう。
　今回の経済危機で世界一企業・トヨタが本当に困っているかというと必ずしもそうではない。営業収益の赤字にショックを受けたことは確かであるが，この機をチャンスと捉えていることは間違いない。13兆円超という膨大な内部留保を抱え自前で立ち直るだけの余裕を充分に持っているトヨタが，この危機にただ怯えているとは思えない。このような時に，トヨタが何時もやることは危機を煽り，従業員に徹底的に危機意識やトヨタウェイを植えつけることである。今回の場合に，その象徴的な意味を持ったのが創業家・豊田一族である豊田章男が2008年6月末に社長に就任するというニュースであろう。「豊田」の旗の下で，拡大偏重主義の元凶となった世界基本計画「グローバルマスタープラン」を破棄し，「マーケットビジョン」という新計画を準備している。大量の「期間工」の解雇は，残った本工の結束力を強める作用を果たすことにもなろう。また，一方でトヨタ九州などのように，2009年4月以降減産終了ということもあり，残っている約1000人の派遣労働者全員を正社員か期間従業員として直接雇用する方針を打ち出した工場もある。
　危機のなかにあってもトヨタ生産方式やトヨタウェイは依然として健在である。また，トヨタの環境への対応もハイブリッド車など世界的に見ても最先端を行っている。しかし，下請企業や非正規労働者に蓄積されていた技術や熟練の喪失は再び躍進する場合のネックとなる可能性はある。
　トヨタ生産システム，トヨタ的人事管理・労使関係というのは，本来，トヨタが勝ち残るためのトヨタ的な「ムダ」のない生産のためには正規労働者や下請労働者・非正規労働者をどれだけ犠牲にしても，それをむしろ「人間性尊重，継続的改善」として「評価」するシステムである。それだけに今回のような世

界的な危機の場合には，期間工や下請企業やその労働者には残酷な運命が待っている。とりわけ悲惨なのは日系ブラジル人などの派遣労働者やベトナム人や中国人の研修生・実習生である。解雇されたり，また長時間低賃金で人権無視の労働を強いられたりしている。帰国した人，帰国したくても帰国できないでいる外国人なども悲惨な現実に直面している。

　このような雇用・生活危機に直面して注目されるのは「労使関係」の動向である。ジェイテクト（旧光洋精工）田中解雇撤回裁判や「愛知製鋼／三築・偽装請負事件」など次々と問題が顕在化しており，労働市場の現状は，非正規労働者はいくらでも組織できる状態にあるが，それを受け止める日本の労働組合の非力さが顕著になっている。トヨタ労組をはじめとする大企業労働組合がどこまで労働者全体の立場に立って経営側に要求を突きつけていくことができるのか，また，JMITU（日本金属製造情報通信労働組合）や全トヨタ労働組合などの少数派労働組合がどこまで成長していくのか注目される点である。

3　トヨタシステムと市民への影響
：愛知・西三河地域への「管理教育」の拡大・浸透

　ここでは，トヨタシステムの愛知・西三河地域への，いわゆる「管理教育」の拡大・浸透について触れたい。愛知の新設公立高校・東郷高校が発祥の地とされる，いわゆる「管理教育」はその後，短期間に県内に普及した。トヨタグループ企業の管理職が公立高校（鶴城丘高校）校長に就任し，教育へのトヨタ方式の導入が試みられたりもしている。また，一部短大や大学でのトヨタ的教育の導入や多くの大学でのトヨタ講座やトヨタ生産システム教育の拡大・浸透は著しい。トヨタ立中高一貫校とも言われている全寮制の「海陽学園」が設立され全国から志望者を集め注目されている。ここでは「管理教育」とトヨタの労務管理の同質性・類似性に焦点を当て簡単に触れたい。

（1）「管理教育」と生徒管理
　トヨタ企業城下町では「管理教育」と労務管理の網の目が市民・労働者を支配している。愛知教育の「能力主義」・「序列主義」を特徴づけているのが，公

立高校が採用している大学区制下の「複合選抜入試制度」(管理された競争)である。この制度の導入によって受験競争は一層激化し,「複数受験」と「輪切り入試」は学校間格差の拡大・「序列化」を著しく進めた。また,推薦入試も含めた受験期間の長期化・強制的な志願調整により,生徒も親も教師も大変な苦痛を強いられている。子どもたちは「主体的な選択だ」と,「納得・受容」させられて就職あるいは高校・大学へ進学することになる。その過程で,子どもたちは差別・選別意識,「勝ち組」「負け組」意識を植えつけられることになる。

「能力主義」に彩られた学校は,他面ではどうしても管理主義的な教育活動・組織が必要となる。そのための手段として利用されているのが「校則」や「成績表」「内申書」や「体罰」であり,学校はこれらを使って,子どもたちの自由な思考と行動を徹底的に規制することになる。この点は,後に見るスウェーデンの教育とは全く異なっている。

学校は非行防止・安全対策と称して,こと細かく校則を定めて生徒を管理しているが,その具体的内容について項目を挙げれば,たとえば,次のごとくである。①規則づくめの指導による生徒の自主性の実質的否定,②郊外生活の極端な制限,③学習指導要領に基づく詰め込み＝落ちこぼし教育,④進学率・公私比率の操作と内申書による徹底した進路指導,⑤「人づくり」の手段としての「特色ある学校づくり推進校」「研究委嘱校」引受けにより増大する教師・生徒への負担,⑥部活などを含む学校への長時間拘束と宿題づけによる自由時間の剥奪,⑦生徒間の相互監視システム,⑧集団訓練,集団責任による集団主義教育,である。そして,もし逸脱するような者が現われてきた時には容赦なく,⑨「罰則」を適用した教師の懲罰・体罰であり,⑩場合によっては学校という場から放逐することによって,学校の秩序維持を図ろうとする。このように「管理教育」は異質な者の存在を基本的には容認せず,また,「弱者」への「いじめ」を生みやすい教育システムということができる。

「管理教育」とトヨタの人事管理の主な共通点を挙げると次のようである。第1は,受験競争に代表される差別・選別の「能力主義的」な競争である。これが「管理教育の質」を規定する。第2は,「管理教育」による自由時間の喪失(量的側面)である。0時限7時限や部活さらには塾などで子どもの自由な

時間は極端に制限されている。第3に,「管理教育」とフレキシビリティの拡大・深化である。大学区制を取ることによって子どもたちの通学距離は大幅に長くなっている。しかも,自動車社会にあって公共交通機関がきわめて不便に出来ているため,その被害は直接子どもたちに及ぶことになる。これらは企業・学校・地域によるトヨタ的「人づくり」政策が一体的に行われている当然の結果であり,家庭生活の「空洞化」を招くもととなっている。

　具体的な類似の管理手法としては校歌・君が代・社歌,頭髪・制服,5S,1分間スピーチ・反省,QCサークル・グループ活動,集団責任,交通安全運動,集団訓練,教科書検定・情報操作などがある。これらが過密労働・教育と長時間労働・拘束を懸命に担いながら雇用・入学の柔軟性におびえている生徒・教員や労働者の管理の手段として利用されているのである。全体を貫く管理の支柱は「学力」「能力」という一元的価値観に基づく差別・選別的な人事考課・査定である。このような「管理教育」と「トヨタ的労務管理」が西三河地域にもたらしているものは,「能力主義」という名の差別・選別であり,長時間拘束による自由時間の喪失,通勤・通学時間の増大による地域社会からの遊離である。

(2) 「管理教育」を支える教員管理

　いわゆる「管理教育」を実践するのは現場の教師たちである。トヨタや文部科学省・教育委員会が学校教育を思い通りに動かすためには,教職員の掌握は不可欠である。教職員管理の第1の柱は昇進管理（**図1-8**）である。教員は初任者研修に始まる昇進ルートを各種主任,教頭,校長まで上り詰めるにはそれなりの勤務評定を得なければならない。また,一般の公務員より高くされている賃金も教員対策と言える。第2に,教員の長時間・過密労働を挙げうる。これは教員の研究時間や自由時間の喪失をもたらしている。この問題は,最近（2016年）,名古屋市内の中学校へ新規に採用されたほとんどの教員が100時間前後の残業を無給でやっていることが明らかとなりニュースとなったが,社会問題化することもなく続けられている。第3が,教員配置のフレキシビリティである。新学期直前に配転が報道されるため,それまで転校先が分からない場合も少なくない。これが多くの教員を不安に追い込んでいる。また,年々臨時

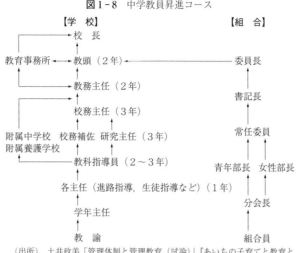

図1-8 中学教員昇進コース

(出所) 土井政美「管理体制と管理教育（試論）」『あいちの子育てと教育と文化96』あいち県民教育研究所，1996年5月20日，p.23による。

教員が増大し職場を不安定化している。かくして，校長・教頭・主任の専制体制の下で「職員会議」の空洞化が進んでいる。一方では，昇進差別や不当配転などによる活動家攻撃も後を絶たない。

4　豊田市民の生活

　トヨタ「企業城下町」・豊田市の市民生活の状態について簡単に見ておきたい。豊田市には，トヨタ生産方式の二本の柱の一つと言われている「ジャスト・イン・タイム」生産に支配された地域のリズムがある。これに「トヨタカレンダー」による1年間の時間管理を加えることもできるであろう。このような労働・生活時間管理の下で，日本一企業・トヨタの「企業城下町」の市民は豊かな生活を送っているのであろうか。

　トヨタは元気と言われながらも，豊田市民には豊かさの実感は薄い。そればかりか市民の暮らしは貧困層の増大で，生活の質は悪化しているという。所得格差は大きく，4人に1人は年収200万円以下である。全国から，さらにはブラジルなどから仕事を求めて豊田市へ来る人は多い。トヨタ関連下請企業では

請負,派遣などの外国人労働者,中国・ベトナムなどの研修・実習生など非正規労働者が著しく増大している。意図的につくられた賃金・労働条件の格差構造の下で,お互いに競争させられ低賃金で酷使されている。非正規社員が増えれば,年金の保険料を払えない人が増え,年金制度も不安定になる。また,躁うつ病にかかっている人も1996年には169人であったものが,2004年には511人(「豊田市保健福祉レポート」)と短期間に激増しており,先に述べたごとく,自殺者も大幅に増えている。

市民生活では給与所得者の低所得者が増加し,生活保護世帯数(『豊田市統計書』)も1997年の約500世帯が2004年には700世帯超へ,さらに2013年には1639世帯(2424人)へと大幅に増えている。また,1人親世帯数が2000年から2010年の10年間に,1552人から2086人に増え,とりわけ母子世帯の増加が著しい。さらに目立つのは,身体障がい者手帳,療育手帳および精神障がい者保健福祉手帳の,いわゆる「障がい者手帳」所持者が増えていることである。2007年から2013年の6年間に1万4645人から1万7895人へと3250人も増えている。なかでも,精神障がい者保健福祉手帳所持者が1233人から2148人へと1.7倍も増えている。介護が必要となる要支援・要介護認定者数も年々増加しており,2008年の8742人から2012年の1万1408人へと4年間に30%ほど増えている。

好況期の2004年度でも市営住宅の入居待ちが300世帯,特別養護老人ホームの入居待ちが300人もいて,日本一豊かな財政を誇ってきた自治体の市民生活としては決して豊かとは言えない。高齢者の年金,医療,税負担の増大や公共交通機関の不備などで,現在,多数の市民が不安を持っている。また,トヨタ退職後,経済的には何ら困っていない人でも自由になった時間をどう使ってよいか分からず,結局,トヨタへの退職者再雇用やパートなどで働きに出る人が多いという報告もある。

おわりに

「日本的経営」の崩壊下でトヨタの労働者管理・支配はどうなるか。第1には,トヨタは国内では愛知,九州,東北の三極体制を築いており,また,国外での生産拡大も加速させている。その結果,トヨタにとっての愛知の比重の低

下は避けられず，それだけに仮に景気が回復しても雇用吸収力の拡大は限られたものになるであろうことが予想しうる。愛知における雇用・失業問題の長期的な深刻化である。

第2に，トヨタは労働者像として，いわゆる「トヨタマン」を描いている。トヨタが「人づくり」をするうえで一番邪魔になるのが，先に指摘したごとく，異質の価値観を持った労働者の存在である。それが集団としての労働組合として存在することをトヨタはもっとも嫌っている。トヨタの労働者支配に対抗する少数派組合＝全トヨタ労働組合の運動の意義を一言で言えば，トヨタのもっとも嫌う，「異質の価値観を持った労働者・労働組合の存在」ということであろう。しかし，情報化・グローバル化が急速に進展するなかで「異質の価値観」を認めない企業・社会は存在することが難しくなるだろう。その意味で，全ト労組は閉鎖的な企業風土に一石を投じたことになろう。また，フィリピン・トヨタ争議は，トヨタが「異質の価値観」を持った労働者をどう扱うかの試金石とも言えよう。

現在，われわれは「トヨタマン」に変わるどんな労働者像が描けるか，また，「トヨタ労働組合」に変わるどんな組合を構築できるのか。さらには，「企業社会」に変わる真の「福祉国家」をどう実現していくのか，が問われているのである。

【参考文献】

愛知労働問題研究所編（1990）『トヨタ・グループの新戦略』新日本出版社。
愛知労働問題研究所編（1994）『変貌する世界企業トヨタ』新日本出版社。
青木慧（1978）『トヨタその実像』汐文社。
青木慧（1993）『トヨタ人間管理方式』イースト・プレス。
浅生卯一・猿田正機・野原光・藤田栄史・山下東彦（1999）『社会環境の変化と自動車生産システム』法律文化社。
伊藤欽次（2005）『あなたの知らないトヨタ』学習の友社。
伊原亮司（2003）『トヨタの労働現場』桜井書店。
伊原亮司（2015）『私たちはどのように働かされるのか』こぶし書房。
伊原亮司（2016）『トヨタと日産にみる〈場〉に生きる力』桜井書店。
江口英一・西岡幸泰・加藤佑治編著（1979）『山谷─失業の現代的意味─』未來社。
江口英一（1979，80，80）『現代の「低所得層」（上）（中）（下）』未來社。

第Ⅰ部　「日本的経営」と「スウェーデン的経営」

大木一訓／愛知労働問題研究会（1986）『大企業労働組合の役員選挙』大月書店。
大野耐一（1978）『トヨタ生産方式』ダイヤモンド社。
加藤佑治（1980, 82）『現代日本における不安定就業労働者　（上）（下）』御茶の水書房。
鎌田　慧（1973）『自動車絶望工場―ある季節工の日記―』徳間書店。
博松佐一（2008）『トヨタの足元で―ベトナム研修生・奪われた人権―』風媒社。
黒川俊雄（1964）『日本の低賃金構造』大月書店。
伍賀一道（1988）『現代資本主義と不安定就業問題』御茶の水書房。
伍賀一道（2014）『「非正規大国」日本の雇用と労働』新日本出版社。
小山陽一編（1985）『巨大企業体制と労働者―トヨタの事例―』御茶の水書房。
猿田正機（1995）『トヨタシステムと労務管理』税務経理協会。
猿田正機（1998）「GMの組織改革と労務管理・労使関係」（平尾武久他編著『アメリカ大企業と労働者』北海道大学図書刊行会）。
猿田正機（2007）『トヨタウェイと人事管理・労使関係』税務経理協会。
猿田正機編著（2008）『トヨタ企業集団と格差社会』ミネルヴァ書房。
猿田正機編著（2009）『トヨタの労使関係』税務経理協会。
猿田正機（2009a）「金融・経済危機と日本の自動車産業」（『経済科学通信　No.119』）。
猿田正機（2009b）「トヨタと地域社会」（『東海社会学会年報　第1号』）。
猿田正機・杉山直編著（2011）『トヨタの雇用・労働・健康』税務経理協会。
猿田正機・杉山直・浅野和也・宋艶苓・桜井善行（2012）『日本におけるトヨタ労働研究』文眞堂。
猿田正機編著（2014）『逆流する日本資本主義とトヨタ』税務経理協会。
猿田正機編著（2016）『トヨタの躍進と人事労務管理』税務経理協会。
ジェフリー・K・ライカー（2004）『ザ・トヨタウェイ　（上）』日経BP社。
ジェームズ・P・ウォマック他（1990）『リーン生産方式が，世界の自動車産業をこう変える。―最強の日本車メーカーを欧米が追い越す日―』経済界。
杉山直（2008）「トヨタはどのようにして期間従業員を確保しているのか」『所報第139号』愛知労働問題研究所。
田村豊（2003）『ボルボ生産システムの発展と転換』多賀出版。
丹野清人（2007）『越境する雇用システムと外国人労働者』東京大学出版会。
丹野清人（2009）「官製雇用不安と外国人労働者―外国人から見えてくる非正規雇用に今突きつけられている問題―」（『寄せ場　NO.22』れんが書房新社）。
都丸泰助・窪田暁子・遠藤宏一編（1987）『トヨタと地域社会』大月書店。
豊田市（2001）『豊田市内産業及び地域社会における国際化進展の影響調査報告書』。
丹辺宣彦・岡村哲也・山口博史編著（2014）『豊田とトヨタ―産業グローバル化先進地域の現在―』東信堂。
野原光（2006）『現代の分業と標準化』高菅出版。
野原光・藤田栄史編（1988）『自動車産業と労働者』法律文化社。

野村正實（1993）『トヨティズム』ミネルヴァ書房。
バンジャマン・コリア（1992）『逆転の思考』藤原書店。
マイク・パーカー，ジェイン・スローター編著（1995）『米国自動車工場の変貌』緑風出版。
門田安弘（1985）『トヨタシステム』講談社。
横田一・佐高信（2006）『トヨタの正体』金曜日。

第2章
スウェーデン的経営・労働

はじめに

　長い間，いわゆる「日本的経営」が日本企業を，しいては日本経済の高度成長を牽引してきた。ところが，その「日本的経営」にほころびが目立って久しい。「年功賃金」は，今は昔となり，「終身雇用」は官公庁・学校や一部の大企業などに残存するのみとなっている。就職活動では，一流企業として評判の高い銀行も定年まで同じ企業で働いている人は少ない。ほとんどが他企業へ転出せざるを得なくなっている。依然として変わらないのが，大企業の「企業別労働組合」「企業別労使関係」である。いわゆる，この「三種の神器」は，労働者階級や一般的な市民の労働や生活を守る制度としては，ほとんど機能していない。

　この「日本的経営」は，いわゆる「男性稼ぎ主」モデルを土壌としており，これは性差別や年齢差別を容認するシステムである。これが過労死や過労自殺を生み出し続けており，ブラック企業やブラックバイトを生み出す温床でもある。

　最近は，これに輪をかけるがごとき現象が起こっている。安倍政権の「総活躍社会」である。春闘の賃上げ闘争や最低賃金の引き上げ闘争，さらには男女差別撤廃闘争も安倍首相主導で「官制化」している。驚くことに，同一労働同一賃金や非正規雇用の消滅すら声高に主張している。もちろん，この主張がヨーロッパ的な同一価値労働同一賃金を制度として確立することを狙っているわけでも，全員を正規雇用にすることを狙っているわけでもないことは明白である。それは労使の議論を無視した形で叫ばれていることからも分かる。物事を決める場合には，スウェーデンでは，当事者の参加や意見の聴収は当たり前で

第**2**章　スウェーデン的経営・労働

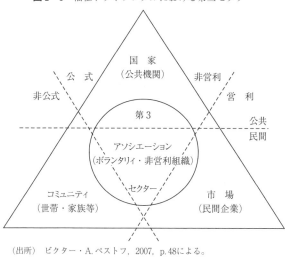

図 2-1　福祉トライアングルにおける第三セクター

（出所）　ビクター・A.ペストフ，2007，p.48による。

あるが，日本の現状は，それが決定的に欠けている。まさに「日本的経営」の
やり方そのものである。

　保育園や学童問題にしても，企業内保育園や企業立学童保育園が今だに強調
されたりしている。企業福祉の充実は日本の「福祉社会」化には何の力にもな
らないであろう。長時間・過密労働をなくさなければ，両性平等な家庭は築け
ないし，豊かな家庭生活も送ることはできない。女性の社会進出が難しいだけ
でなく，ノーマライゼーションの実現も難しく，身体障害者の社会進出も困難
となろう。また，「企業福祉」の重視は社会福祉の発達を遅らせるだけでなく，
普遍的な社会福祉の発達の障害となる可能性が高い。

　スウェーデンの経済は多国籍企業・大企業や中小企業，そしてパブリック・
セクターによって支えられている。社会的企業としては生協，労働者協同組合，
NPOなどが大きな役割を果たしている。基本的には，自由主義的な資本主義
でもなく，社会主義でもない「第三の道」＝「福祉国家」（大きな政府）を選択
し，企業は輸出重視で早くからグローバルな経営戦略を取ってきている（**図
2-1**）。

　日本の場合には，「新自由主義」経済下で，赤字財政を放置したままで，公
共（建設）投資に力を入れ，輸出依存型の経済を維持し続けている。その中心

55

は，トヨタのような多国籍企業や大企業であり，中小零細企業の数は，1986年以降長期にわたって減少傾向にある。公企業の民営化は進み公務員も減少を続けている。NPOの活躍もごく限られている。

スウェーデンは，政治的民主主義は無論のこと，早くから経済民主主義や企業レベルでの産業民主主義を採り入れてきた。経済民主主義政策としては「主として所得分配および財産の不平等をできるだけ減ずることを目標」とし，「所得の再分配」を重視してきた。また，産業民主主義というのは，「賃金生活者がその雇用されている事業所の経営管理について発言権その他の勢力を増大することを意味する」。その政策の中心は「政策機関への参加」「労使中央交渉による協定」である（社会主義研究会議産業民主主義研究委員会編，1963，p. 151）。

日本でスウェーデンの企業経営が取り上げられることはきわめて稀である。これまでに企業経営に関して，一時期もっとも注目されたのは，ボルボのカルマル工場やウデバラ工場の生産方式であり，1978年にVOLVO社社長 P. G. ユーレンハンマーの『人間主義の経営』（ダイヤモンド社）が出版されことも大きかった。しかし，両工場が閉鎖されたこともあり，今ではほとんど注目されなくなっている。それは経済大国・日本の「日本的経営」や「トヨタ生産方式」が世界的に注目されたことが原因している。

スウェーデンの企業経営が産業や経済を支え福祉国家・社会を支える経済的基盤をつくり上げてきた。本章では，産業構造や企業構造・形態など多くの点で日本と異なるスウェーデンの「経営」，とりわけ人事戦略についてここでは見ておきたい。

1 「日本的経営」と「スウェーデン的経営」

これまでの日本の北欧研究において企業経営は比較的軽視されてきた。スウェーデン的経営の特徴としては，高生産性，柔軟性，高品質そして労働の人間化（嶺学，1983，91，95，奥林康司，1991）を挙げることができる。1990年初めのバブル崩壊以降，LOのGood Workへの取り組みが後退したとはいえ，労働の人間化やディーセント・ワークへの取り組みには注目すべきものが多い。

いわゆる「日本的経営」と「スウェーデン的経営」を対比して決定的に異な

るのは，「日本的経営」の柱とされてきた「年功賃金，終身雇用，企業別労働組合」である。これに倣って，「スウェーデン的経営」を定義すると，「連帯賃金，積極的労働力政策・先任権制度，産業別労働組合」となろう。しかし，スウェーデンの場合には，日本と違って一企業内でシステムは完結せず，賃金・雇用・労働時間などすべての面で全国的な産業別視点が不可欠である。日本企業の小集団活動や「ストなし」の労使協議制とスウェーデンの自律的作業集団，「ストなし」の労使関係など一見すると日本とスウェーデンの人事管理・労使関係が類似しているかに見えるがその内実はまったく異なっている。一言で言うと，労働者の自由や民主主義のレベルがまったく違っている。

ここでは「福祉国家」建設のキーポイントとなる賃金について少し詳しく触れたい。賃金の決め方は労働者や国民の生活と大きく関わっている。それを日本とスウェーデンを事例として見てみることにしたい。

木下武男は，一般論としてであるが，かつて次のように述べている（木下武男，1999，pp.171-172）。「年齢別賃金カーブがフラットであっても生活できる社会システムをつくることが仕事給では不可欠です。そのために必要なことは三つあると思われます。

一つは，労働組合が仕事給に対応する新しい最低基準や各段階の賃金水準を含めて，賃金のアップを求める運動を産業別にまた全国的にも展開することです。それは個別企業に影響を与えるでしょう。

二つには，それぞれの家計の維持は，家族を形成している場合には，共働きが前提になります。男性が，これまでのように妻の扶養分を稼ぐということもないし，子どもの養育費を一人で担うということもありません。そのため，雇用・賃金における男女平等，そして両性の家族責任が不可欠になります。

三つには，社会保障・社会政策の充実です。図2-2でイメージを示しましたが，ヨーロッパでは，一方では社会保障，社会政策によって加齢にともなう生計費の上昇を押さえ，他方では児童手当などによって国が援助するしくみがあります。住宅・教育・老後など加齢にともなう個人の経費と，子どもの養育費など次世代の再生産の費用を社会制度によって支えること，総じて，日本の企業社会・企業国家を新しい福祉国家に転換することが，年功賃金から仕事給への移行にとって，決定的なモメントになるでしょう」。

図2-2 職種別賃金と福祉国家との関係

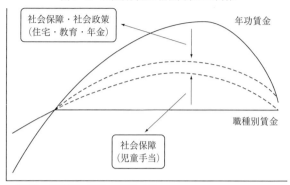

(出所) 木下武男，1999，p.171による。

図2-3 スウェーデンと日本の賃金

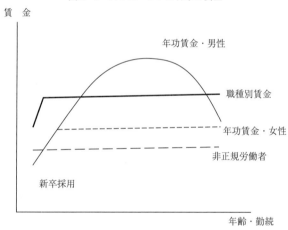

　筆者は前著『福祉国家・スウェーデンの労使関係』で，スウェーデンの賃金・所得の社会化について触れたが，木下を参考にスウェーデンと日本の賃金と社会保障・福祉を比較してみたい。

　両国の賃金を単純化すると**図2-3**のようになる。太字の職種別賃金がスウェーデンである。この賃金カーブは，一時点を取ったものであり，スウェーデンの労働者が年齢・勤続を経ても賃金はまったく上がらないことを意味するものではない。個人を時系列で見ると，毎年のようにベースアップがあり，日本以上に賃金は上昇している。日本は，ここ2，3年を別とするとベースアップ

はほとんどゼロである。定昇ストップという企業すら見られた。

　日本の場合には，以前から年功賃金・終身雇用が雇用慣行としては支配的であった。賃金の決め方は，総合決定給という名の査定給であった。年齢や勤続が賃金決定の大きな要素ではあったが，その際，人事考課が行われ，同一年齢，同一勤続でも賃金に差は見られた。たとえば，中途採用者の場合には評価は低くなっていた。とりわけ女性の場合には，年功給は適用されず，35歳を過ぎる頃には賃金水準は横ばいとなっていた。退職金の格差もきわめて大きく，そこには，いわゆる「男性稼ぎ主」モデルと言われる性差別が歴然としていた。また，非正規雇用者の賃金は低水準で固定され，同一労働差別賃金が支配的であった。

　その結果，女性や非正規労働者がしっかり働いても安心して生活できる条件はいまだ存在せず，ひとりで生活する場合には貧困苦に喘ぎ，結婚もできず，老後も国民年金で，低年金・無年金の恐怖にさらされることになる。それは，若い頃にはいくら働いても賃金は安く，年をとっても，男性・正社員なら期待できる高賃金がまったく望めないからである。一生涯，安心できる住宅の確保や充分な教育・医療・介護を受けるための資金は夢のまた夢である。最悪の場合には，生活保護に頼らざるを得ない。厚生労働省の発表によると，2016年7月時点の生活保護受給者は世帯数で163.5万世帯，受給者数で214.5万人となっている。

　仮に，正社員であっても親が倒れて介護が必要になっても，適当な施設が見つからない場合には，介護離職せざるを得ない場合も少なくない。親が健在な場合には，親の年金と子どもの蓄えで何とか凌げるにしても，親が亡くなると年金収入がなくなるうえに，再就職しようにも適当な就職先を見つけるのは困難で，生活困難に直結することになる。中年のフリーターや非正規労働者の場合にはなおさらである。いわゆる「老後親子破産」が現実化する。老夫婦の場合には，生き延びるために離婚するという事例も出てきている。さもなければ生活保護が受けられないからである。シングルマザーの子どもたちの「貧困の再生産」は，早急に解決しなければならない喫緊の課題である。

　スウェーデンの場合には賃金・福祉システムは非常に分かりやすく単純である。賃金は同一価値労働同一賃金の原則に則っており，国民の安心・安全を保

障する福祉も，日本のように自己責任とか企業福祉はほとんど問題とならず，基本的に社会保障や社会福祉の充実と取り組んでいる。それは基本的に，普遍主義が原則となっているからである。すべての子どもも，高齢者も，身しょう者もさらには移民・難民も同じ社会政策によって守られているのである。日本の社会保障や福祉のように国民がバラバラに分断され，格差づけられ，差別されているというような事態は生じていない。

　また，いわゆる「終身雇用」という制度が，仮に，実態を伴わない企業にあっても，正社員の場合には企業への忠誠を要求され，その結果，長時間労働を余儀なくされる。育児や介護のために定時であるいは早退というようなことはほとんど不可能であった。この制度自体が，女性の職場進出を阻害していたと言ってよいだろう。それは結婚や出産による退社に明瞭に表れている。

　男性・非正規労働者は，経済的に見て，なかなか結婚できない。女性の場合には，正社員を続けることも難しいが，仮に，結婚しても，離婚した場合，ほとんど生活できない。そのためハラスメントがあってもなかなか離婚できないのが実態であろう。シングルマザーの場合には，非正規雇用で再就職しても子育ては難しい。全体的に見て，日本人の欲求水準のレベルはマズローの欲求5段階説で言う「経済的欲求」や「安心・安全欲求」，せいぜい「社会的欲求」のレベルを抜け出せないでいる。

　スウェーデンの労働者には，たとえば「トヨタマン」のような企業意識は希薄である。それを側面から支えているのが社会福祉であるが，これは個人責任や企業福祉を強調する日本とはまったく異なっている。日本では企業帰属意識と企業レベルでの生活の安定やインセンティブが中心となり，「雇用・生活」が保障されているスウェーデンの場合には個々人へのモチベーションが主となる。そして，その手段として，積極的労働市場政策での職業教育訓練やリカレント教育，そして国民連帯によるジェンダー平等やワーク・ライフ・バランスの追求により人的資源の活かし方や効率的な働き方，人間的な働き方・生き方が追求されてきたと言える。それは新年金制度にも表れている。そして，それらは結果として，産業・国レベルの生産性・効率性を高めることになっている。

　また，企業内教育を重視してきた日本と違って，普遍主義的教育や積極的労働市場政策下での職業教育訓練・能力開発主義と就労インセンティブを高める

所得比例の社会保障制度という具合に,システム自体が企業の枠組みをはるかに超えている。さらに,スウェーデン環境法典下での「環境経営」の重視はサスティナブル社会の追求を重視したものである(長岡延孝編著,2010, 長岡延孝,2014)。

2 生産方式,労働組織

かつて『トヨタ生産方式』(ダイヤモンド社,1978年)を書いた大野耐一氏は,欧米のように「職能別組合」があるところでは,トヨタ生産システムの導入は難しいと述べた。それは特に,いわゆる「多能工」化ができないからという指摘であった。しかし現在,欧米でも,またスウェーデンでもトヨタ生産方式の研究が進み,導入も試みられている。これをどう考えたらよいのか。フォードシステムからトヨタシステムそしてボルボのカルマルやウデバラ生産システムへと続く生産・労働システム研究が今後,どう展開するのか(田村豊,2003,野原光,2006, Åke Sandberg (ed.), 1995),特にウデバラシステムからはパラレル・フローライン(Parallel Flow Line)や長いサイクルタイム労働,ナチュラルワーク(Natural Work),ホリスティック・ラーニング(Holistic Learning)など実に教えられる点が多いだけに,今後どうなっていくのかは興味ある点である。しかし,ウデバラ工場の閉鎖後スウェーデン国内でもライン生産の再導入,サイクルタイムの短縮,労働コストの削減,ストレスの増大なども指摘されており,今後,生産システムや労働組織がどうなっていくのか注目される(Åke Sandberg (ed.), 2013b)。

3 人的資源管理

スウェーデンを研究するようになって,もっとも痛感するのは「日本的経営」や産業・経済構造が果たして人的資源を有効に活用しているのか,という点についての疑問である。本来は,企業や国のためではなく,国民のため,人のための経営であるはずである。企業経営を支える中心は「ヒト」である。その「ヒト」づくりが両国では,まったく異質である。また,日本では,「トヨ

第Ⅰ部 「日本的経営」と「スウェーデン的経営」

タマン」づくりに見られるように,大企業は「会社人間」づくりに励み,大企業労働組合は労働者や市民の批判を受け止める防波堤という役割を果たしているのに対して,スウェーデンなどの場合には,労働組合は労働者・市民の生活を守る防波堤を形づくっている。

　スウェーデンの労働市場の特徴のなかで企業経営との関わりで注目したいのは,高い女性の労働市場参加率と産業構造の変動に即応して,質の高い労働を供給できるような教育システムの整備,である。岡澤憲芙は,スウェーデンは労使協調によって,「産業構造の変化を柔軟に吸収し,新しい産業に軟着陸できる教育システムを作り上げてきた」国と指摘し,「その政策の一環を担うのが労働市場訓練プログラム政策と大学での吸収政策」であると述べている(岡澤憲芙,2004,p.253)。

　また,岡澤は「普遍主義型福祉は個人に自由と安心感を提供し,同時に,《社会的連帯意識》を作り出す社民党の発想である」と述べ,「生産技術と交通・通信技術の飛躍的発展は,社会の活力を維持するためにも,ますます普遍主義的福祉システムを要請すること」になり,生産過程や労働市場の変化を吸収し,迅速に対応するためには,「効率的な労働資源周流策が不可欠」であると指摘する。「経営者福祉負担金が高くても,既存労働力の技術向上の経費を提供し,退出・新戦力導入,の速度を高めた方が競争力を維持できる」ということである。さらに,「効率性の追求は,社民政治の大きな特徴であり,伝統でもある。ニュー・パブリック・マネジメントという名は与えられていなかったけれども,NPMが登場する前からの伝統」(岡澤憲芙,2009,p.184)であり,「どの政党が政権を取ろうとも,政府の政策の目標は,労働年齢にあるできるだけ多くの人が,労働生活に残り,労働生活に戻れるようにすること」,そして「健全な環境を持ちながら,社会福祉と経済成長を組み合わせる可能性を追求することは,持続可能な発展に関するスウェーデン・ビジョンの核である」(岡澤,2009,p.191)と指摘する。

　教育の無料化・奨学金制度の充実や起業家教育,そして女性の教育・労働・生活環境の改善などにより,人的資源を有効に活用するシステムづくりは現在の日本にこそ必要であろう。

4　雇用・労働時間・賃金管理

　日本の大企業の「終身雇用制」は，膨大な非正規労働者の存在があって成り立っているシステムである。先のトヨタの事例で述べたように，その矛盾は2008年秋の金融危機の際には一気に表面化した。多数の期間工や派遣社員などが短期間に契約を打ち切られいわゆる「派遣村」として誰の目にも明らかになったからである。この際，トヨタなど大企業労組はまったく機能しなかった。

　スウェーデンでは，2009年に，たとえばIF Metallと経営者団体が1年間の「危機協定」を締結した。これは従来からある3年協定（2007〜10年）を補完するものとされた。地域の交渉では，労働時間は20％短縮され，月給もそれに応じて減額された。ただし，時間給には影響はなかった。労使による労働時間の短縮と月給の減額によって対応した（Åke Sandberg (ed.), 2013b, p.148）。この危機への対応からも「日本的経営」と「スウェーデン的経営」の違いが浮き彫りになる。

　スウェーデンでは1950年頃から「連帯賃金制」が採用され，「同一価値労働同一賃金制」が確立した。また，「連帯雇用」（猿田正機，2003）ともいうべき雇用問題への取り組みや安全委員の役割，時短やタイムバンク制，ワーク・ライフ・バランスを考えた労働・生活時間，賃金の社会的部分の増大と生活の脱商品化などが進められてきた。

5　労　使　関　係

　スウェーデンの企業経営研究を進めていて，もっとも歯がゆく思うことは，日本のマスコミが，スウェーデン社会を建設するうえで大きな役割を果たしてきた社会民主党政治やLO・TCOなどの労働運動の役割を正面から取り上げることがないことである。しかし，スウェーデンの実態を見ていると日本の労働組合の自主性・民主性・大衆性・階級性をもっともっと強める必要があること，また，働く者の側に立った中道左派政権を樹立することの大切さを教えられるが，それはまったく無視されている（猿田正機，2013，Birger Viklund,

2008-13)。

　両国の労使関係を比較すると，スウェーデンの場合には「歴史的妥協」の下での連帯賃金制，積極的労働力政策そして経済成長戦略などの視点が産業・国レベルにあり，日本の場合には，労使関係は企業レベルが中心ということもあり，たとえば，トヨタに見られるように「労使宣言」の下での，正規従業員の「長期安定賃金」と「企業の成長」というごとく視点が企業・正規従業員にあり，視野が極端に狭くなっていることが分かる。また，全国に浸透しているトヨタ生産方式にとって，労使関係の安定は必須の条件であるが，それを熟知するトヨタは，労使関係の「安定」に最大限の注意を払っている。スウェーデンの場合にも，最近，労使交渉の分権化にエンジニアリング経営者団体が譲歩しなければならなかった背景には，労使関係の混乱を恐れる多くの経営者の思いがあったと言ってよいだろう（Åke Sandberg (ed.), 2013b）。

　いわゆる「日本的経営」は若者，女性，外国人を差別し続けてきたシステムである。しかし，スウェーデンと比較しつつ，より広い意味で考えた場合，果たしてそれで，有効な人的資源の活用ができるのか，北欧的な平等主義的な「福祉国家」はできるのか，当然疑問になる。

　また，日本の大企業労働組合は個人（組合員）が窮状を訴えても「個人の問題」は取り扱わないと，訴えを聞き入れてくれることはなく，「少子高齢化」問題を論ずる場合にも，労使関係について触れることはほとんどない。しかし，北欧の労働運動を見ていると，不安定な雇用や長時間・過密労働，劣悪な賃金決定基準・水準・格差を放置したままで「少子化」問題が解決できるとはとても思えないのである。

6　スウェーデン企業の経営戦略

　戦後の高度成長期の過程で，スウェーデンでは，「伝統的な家族」の崩壊が始まった。その崩壊を経て，スウェーデン人は，個性が強く，精神的に自立心の強い国民へと変わっていった。また，精神的な自立心の強さは，生活者としての意識の高さにもつながる。個性の強さ，生活者としての意識の高さが，今日のスウェーデン人の国民性を形づくっていると言えよう。

戦後のスウェーデンを築きあげてきた社会民主党が掲げる「国民の家」とは，自由と平等と共生（あるいは連帯）の社会である。自由と平等と共生の社会は，言い換えれば，互いの個性の違いを尊重しあう社会だ。ここで，個性の相違とは，性別，人種，年令，出身，職業などの外面的な違いのみならず，思想，宗教，性格，選好（preference）などの内面的な違いをも意味する。個性が尊重される社会においてこそ，人は平等であることを実感する。そして，そこから他者との共生が生まれる。

北岡孝義は，「企業がスウェーデンで成功するためには，顧客の個性を尊重し，顧客の生活意識の高さに応える企業戦略を展開しなければならない。」（北岡孝義，2010，p.80）と述べている。さらに次のように言う。

「スウェーデン国民の個性の強さと生活者としての意識の高さ，そして，社会民主党政権の自由と平等と共生の理念からくる個性の尊重。これらを踏まえて，スウェーデン企業特有の企業戦略が生まれる。すなわち，国民一人ひとりの個性を尊重する商品展開を行ない，すべての国民を顧客とする企業戦略である。裏を返せば，特定の層のみをターゲットとするような商品戦略はとらず，また，個性を無視した画一的な商品をつくらないということである」。「低価格と多様性のバランスをはかりながら，すべての国民を顧客にしていく。それがスウェーデン企業の戦略である」（北岡，p.81）。

つまり，「すべての国民が顧客」で，「すべての国民が購入可能な低価格の商品」をつくることによって，「顧客の個性の違いを尊重するということ＝商品の多様化」である。

(1) イケア・ファミリー（IKEA）：「国民の家」の実践

イケアは現在では世界的な多国籍企業として有名であるが，その企業理念はかつての社会民主党党首・ハンソンが主張した「国民の家」構想の企業における実践と言える。ハンソンは，スウェーデンを「国民の家」とする国家建設の理念を唱え，イケアのイングヴァル・カンプラード元社長は，自らの会社を「国民の家」と捉える。その場合の国民は，イケアに関わるすべての人々である。「イケアという『国民の家』の国民である顧客，従業員，関連企業の人たちすべての幸せを考えて，イケアの経営者は経営に当たらなければならない。

ここに創業者の理念がある」（北岡，pp. 102-103）。

　このイケアが1970年代に日本進出を試み失敗する。この失敗事例は，当時のスウェーデン国民と日本国民の社会環境や意識の違いを反映していて面白い。北岡は次のように述べている。

　「イケアの日本進出は，1974年に，千葉の船橋に第1号店をオープンしたのが最初である。第2号店は神戸である。しかし，この時の進出は失敗し，1986年に撤退する。これは，当時の日本では DIY（Do It Yourself の略。自分で家具などを組み立てること）の販売方法が受け入れられなかったことが原因である。」「イケアは顧客に代わって配送・設置・組み立てをするということに消極的なのである。顧客みずからが持ち帰り，設置・組み立てをすることに価値があると考える。そうした考えが日本になかったのが，失敗の原因である。この失敗の事実は，スウェーデン人と日本人の国民性の違いを物語る。みずからが好むデザインの家具を選び組み立てることに，スウェーデン人は楽しさを感じ，日本人は煩わしさを感じる。これは，暮らしのなかで個性を主張する，あるいは表現することに，日本人は慣れていなかったということだろう。ホームファニッシングの考えは，当時の日本では時期尚早だったのである」（pp. 103-104）。

　高度経済成長から低成長へ移る時期には，日本国民は低賃金・長時間・過密労働の日々を過ごしており，新居を構えても，家具を持ち帰り，設置・組み立てをする「考えがなかった」というより，その時間的余裕がなかったという方が正確であろう。その意味で，北岡の言う「煩わしさ」を感じていたと言える。その結果，イケアは日本から撤退せざるを得なかったのである。

　イケアの創業者カンプラードは良質で廉価な製品づくりで「国民の家」づくりに貢献した。イケアの人事理念は，「真摯で前向きな方にプロフェッショナルとして人間として成長する機会を提供すること，そして社員全員が協力してお客様はもちろん自分たちのためにもより快適な毎日を作り出すこと」（p. 57）である。そして，「イケアバリュー」は，次のものから成る。「①自らが手本となる，②常に刷新を求める，③連帯感と熱意，④コスト意識を持つ，⑤現実を直視する，⑥謙虚さと意志力，⑦違うやりかたでやってみる，⑧責任を担い，委任する，⑨簡潔，⑩いつでも「目標へと続く道の途上」（イケア・ホームペー

ジより)」(北岡, p.58)

　今井希は,「『イケアバリュー』のポイントは, 各項目の普通さにあるといえる」(加護野忠男他編著, 2015, p.59) と述べている。国際競争が激化する下では, 今後, ますます人的資源が重要になってくることは間違いがない。そこで注目しておきたいのは, グローバル時代の人事管理としての「オープンイケア＝社内公募制」についてである。

　イケアの「日本法人だけにある新卒採用制度は日本の労働市場に適応したものだ。だが, 日本法人でも社員の自主性が重んじられており, 従業員の6割を占めるパート従業員が会議で発言を求められ, 販売戦略の立案に加わっている」。

　「イケアには定期的な異動はなく,『オープンイケア』(Open IKEA) と呼ばれる社内公募制度で職場を選べる。このシステムでは, フルタイム, パートタイムを問わず応募できる。さまざまなポジションの求人が社内公募され, 正社員のコワーカー (従業員) は上司のマネジャーと相談していつでも応募し, システムを通したキャリア形成ができる。パートタイムで入社したコワーカーも,『オープンイケア』を通じてフルタイムのポジションにつくことができるのだ」(加護野他編著, p.208)。

　さらに, マネジャー候補者を対象とした研修制度である「バックパッカー制度」やエグゼクティブや有望な若手の登用にも配慮した人事政策を行い, パートタイムの位置づけなども日本とは大きく異なった制度となっている。

(2) クォリティとCSR：安心と安全の提供

　スウェーデンの社民党政権と日本の自民党政権との違いがハッキリするのは, 企業の経営姿勢である。社会民主党は企業を, 単なる利益追求の集団ではなく, 自由と平等と共生の社会を実現するための重要な担い手として位置づけている。社会民主党政権は, スウェーデンの企業に社会的責任を求めてきた。社会的責任とは, 厳格な品質管理と生産工程の監視, 企業の説明責任と透明性, 被雇用者の労働環境の整備, 地球環境に対する配慮などである。こうした社会的責任を果たすことにより, スウェーデン企業は国民に対する安心と安全を提供する。「現在では, スウェーデン企業の多くが, 社会的責任を果たすことに熱心であ

る。社会的責任を果たすことこそが商品のクォリティを高めことであると認識している」(北岡, p.82)。

「スウェーデン企業は,社会的責任を社会的活動の制約だとは考えない。むしろ,商品のクォリティを高め,商品の競争力を高める戦略の一つだと捉える。こうした認識のもとで,スウェーデン企業はCSRを積極的に企業戦略に採り入れている。現在,企業のCSRは当たり前のようにいわれているが,スウェーデン企業は何十年も前からCSRを実践してきた」(北岡, pp.82-83)。

現在では,スウェーデン企業のCSR,環境,社会の持続可能性などでの世界的な評価はきわめて高い。

(3) スウェーデンの理念を実践するH&M

H&Mのファッション・コンセプトは,まさしくスウェーデンの個性尊重の理念を実践したものと言える。個性の尊重によって,自由と平等が保障され,共生の社会が実現する。一人ひとりの個性を大事にすることは,いかなる人も排除せず,すべての人々を顧客とするということである。北岡孝義は述べている。

「H&Mの企業戦略のもとでは,ファッションに興味を持つすべての人が顧客となる。けっして一部の金持ち層にのみ受け入れられるようなセレブ志向の商品展開は行なわない。セレブのファッションは,彼らの頭のなかにはない。すべての人に受け入れられることが彼らの目標なのである。

H&Mは,世界中で事業展開を行っている。そのなかには,自由や人権の尊重が十分でない国々もある。H&Mは,そうした国々において,ファッションを通じて,個性の尊重による自由と平等,そして共生の実現に寄与しているといえる。

スウェーデンは個性重視が徹底している国である。H&Mは,そのスウェーデンのマーケットで鍛えられた企業である。H&Mが顧客の"個性発揮"をファッション・コンセプトにしているのは当然だといえよう」(北岡, pp.86-87)。

「低価格の追求とデザインの多様性はトレードオフの関係にある。顧客のニーズをつかみながら,価格とデザインの多様性の絶妙なバランスをはかるのがH&Mである。H&Mはそのために,商品構成の企画,仕入生産,物流・配送,店舗のアレンジメント,エネルギー消費などなどのさまざまなところで独自の

工夫を行ない，コスト削減を実行している。」

また，H&Mは独自のクォリティを追求している。「事業コンセプトにあるように，H&Mは商品の品質のよさを重視する。H&Mがいう品質とは，高い素材のものを使って高級仕様の商品をつくることではない。H&Mが強調する品質をクォリティとよぶことにすると，クォリティは，商品の安全性を徹底させ，顧客に安心を提供することである。厳しい品質管理と正しい生産工程の構築のみならず，広くは環境への配慮も，商品のクォリティを高める」（北岡，p. 88）。

「また，労働者の権利が守られているかどうかも重要である。コスト削減のしわ寄せが，けっして働く人にいかないよう配慮している。労働者に余裕をもって働いてもらう環境づくりも心がけている。こうした点も，商品のクォリティを高めるうえで重要であると認識している（H&M Sustainability Report, 2008）」（北岡，p. 89）。このような認識は，ほとんどのスウェーデン企業に共通していると言える。

（4） 日本市場におけるH&Mとイケア

「H&Mやイケアの企業戦略の根底に見られるのは，徹底した個性の尊重である。外見だけでなく，内面的にも，人間は一人ひとり同じでなく，異なる価値観，美意識，習慣などをもっている。それらの違いを総称して個性と定義すれば，個性を尊重することは，人間を平等に扱うことを意味する。こうした考えが，スウェーデンの企業，H&Mやイケアの企業戦略の根底にある。

個性の尊重による自由と平等と共生の社会の実現は，戦後，社会民主党政権のもとでスウェーデンが行ってきたことである。また，そうした長い歴史を経て，個性的で自立心の強いスウェーデンの国民性が形づくられてきたのである。H&Mやイケアは，そうした国民性をもつスウェーデンの人々を顧客として成長してきた企業である。」（p.106）そのような精神の下に，H&Mは世界共通仕様の商品を販売している。ただし，日本市場では過去の失敗に学び，「イケアも商品は世界共通仕様だが，1度目の日本進出の失敗の経験から，現在では，フラット・パックの配送サービスや組み立て・設置のサービスを充実させている。イケアは，顧客がみずから家具を組み立てるところに価値があると考える。

しかし，その考えは，欧米の顧客には通用しても，日本の顧客にはなかなか通用しないようだ。イケアは，『家具をみずからがつくりあげ，生活空間を演出することの楽しさ』，『インテリアを創造することの面白さ』を体感できるイベント，セミナーなどを開催し，日本の顧客に，家具やインテリアを通じて個性を主張することの楽しさを啓発している」(pp. 106-107)。

（5） IFS

IT業界のIFSはITという変化の激しい業界において，「『人』に優しくかつグローバルな競争力を維持し続けている」(加護野他編著，p. 26) という。IFSジャパン代表で在日スウェーデン商工会議所の会頭を務めるステファン・グスタフソンは，次のように述べている。

「何事もなるべくシンプルに考え，シンプルに実行し，インフォーマルなコミュニケーションを大切にして，何でもオープンに話し合い，その結果として市場でのアジリティが実現できています。IFSのカルチャーの強さは，全体のオーナーシップがずっと変わっていないこと。本国の主要なボードメンバーは20年間変わっていません。長い間，同じ価値観を持ち続けることが全社への浸透に繋がります。また，コミットメントを非常に重視しています。顧客にも社内にも，自分が約束したことは守る風土が根付いているのです」。

「チェンジが常にあることを前提としています。変わっていくためには物事を簡単にしないといけない。日本の会社は，組織文化の継続性には目を見張るものの組織の構造的に意思決定が複雑でチェンジするのが難しいのではないでしょうか。IFSにはあまりヒエラルキーがない。相手がたとえ社長であっても言いたいことを言う。一人ひとりの自律性を尊重していて，誰もが一人前で責任を持って仕事をしていくという意識が強い」(加護野他編著，pp. 29-30)。

（6） アトラスコプコ

アトラスコプコにも，インターナル・ジョブ・マーケットという，グローバルなレベルで職場の移動を伴うユニークな人材育成のシステムがある。良い人材を引き留めるために社内でキャリア形成の機会 (internal opportunity) を提供し，社員が自ら申請してキャリアパスを選択できる点に特徴がある。「自分

でキャリアを決める」のだ。会社に認められた社員がグローバルに職場を移動するのは，コアバリューを浸透させ，組織への知識・経験の蓄積に有効である。人事部は社員のキャリア形成のサポートや指導を通じ，インターナル・ジョブ・マーケットシステムの定着を図っている（加護野他編著, p.95）。

インターナショナル・マーケットは次の3つのカテゴリー（pp.96-97）からなる。このなかから自分で選択し，自己のキャリアを形成していくのである。

① インターナショナルカテゴリー

戦略的な意思決定能力を求められるシニアマネジメント（事業部長級）レベルでの移動。

② ナショナルカテゴリー

国を特定したローカルレベルでの採用扱い。応募自体はグローバルなレベルで可能。たとえば，中国での管理職ポストに日本などから応募することも可能である。

③ プロジェクトカテゴリー

1年半任期のグローバル・ヒューマンリソース・プロジェクトのように期間限定での採用。終了後は元のポジションに戻る選択肢もあるが，他のプロジェクトにも応募できる。将来性のある社員に経験を積ませるために上司が推薦することも多い。

(7) ボルボ

自家用車部門を売却したボルボは，トラック生産の日産車体を買収・統合し，UDトラックスへと社名を変えた。この「ボルボグループは，『開かれた仲間企業』と称することができる。積極的なM&Aからもわかるように，ボルボは自己完結的に閉じられた組織ではなく，外部に開かれた組織である。それと同時に，組織を階層（ヒエラルキー）と考えて，親会社がグループ全体を中央集権的に支配しているわけではなく，どちらかというと組織を仲間と見なしていることがうかがえる。M&Aによって，グループ内に取り込んだ企業であっても，仲間と見なして分け隔てなくオープンでフェアな組織に組み込んでいく。ひとによって，グループ全体の統一性とグループ内の子会社や海外拠点の自律性のバランスをとろうとしている」（加護野他編著, p.147）。

UDトラックスを工場見学で訪問した際に，日産車体時代から働いている管理職に，以前と何が変わりましたか，と聞いたところ，①女性の採用を増やしたということと，②人間を信じない，何時どんな事故やミスが起こるかわからないので可能な限り機械で安全対策をしておくと答えてくれたのが，トヨタとのきわだった違いとして印象的であった。

（8）スウェーデンの企業戦略が世界標準？：アメリカ型・格差社会型か北欧型・平等型か

　H&Mとイケアに代表されるスウェーデンの企業戦略は，現在の世界企業のスタンダードではない。むしろ，スウェーデンの企業戦略は，株主至上主義の企業経営からすれば異端である。しかし，現在の先進国では，安心で安全な商品を追求することや，さまざまなレベルで企業の社会的責任を果たすことが，企業利益の増大につながるとの認識が広まりつつある。そうしたなかで，H&Mやイケアのようなスウェーデン企業の戦略が注目されているといえよう。北岡は述べている。

　「世界の企業がH&Mやイケアの企業戦略を参考にするとしても，それは一過性に終わるかもしれない。スウェーデンの企業戦略は，個性の強い顧客とそれを尊重する社会においてこそ成功する戦略である。

　はたして，H&Mやイケアが，日本や韓国のような個性のあまり強くない国民性の国々で，いま以上に成長できるかはわからない。しかし，今後，世界の人々がますます個性的になり，個性を尊重する社会になっていけば，スウェーデンの企業戦略が世界標準になる可能性も出てくるだろう」（北岡，pp. 107-108）。

おわりに：企業経営の行方

　スウェーデンが福祉国家・社会づくりに取り組んでいた時期に，日本は経済大国と企業社会づくりに勤しんでいたことになる。つまり経済の高度成長期にスウェーデンは社会・福祉システムの整備を行い，日本は経済・経営システムの整備を推し進めていたのである。つまり，経済での護送船団方式であり，経

営での，いわゆる「日本的経営」システムやトヨタシステムの構築である。このシステムは，1980年代には小集団管理や提案制度を含めて日本の高度成長の秘密と称えられたのである。より具体的には，賃金面での職能資格制度を柱とする日本的職能給の導入，雇用面では，臨時工やパート・季節工の利用，1985年には労働者派遣法が成立し，派遣労働者利用の端緒が切り開かれた。

さらにバブル崩壊後の1995年には，いわゆる「新日本的経営」が日経連によって推奨され，成果・業績給の導入や派遣などの非正規労働者の利用が一気に拡大した。

「日本的経営」が崩壊しつつあると言われて久しいが，メンバーシップ型採用方式をはじめ，「年功賃金，終身雇用，企業別組合」のどれひとつ取ってみても，一企業だけで根本的に変革することは困難だろう。しかし，この制度が残存する限り増大する非正規労働者や中小零細企業やサービス産業労働者，とりわけ女性労働者は劣悪な環境のまま放置され続けることになる。

「競争・差別」の容認と「平等・連帯」のどちらが国民のための国づくりに良いのか，効率的で人間的な企業経営のあり方はどうあるべきか，「企業社会・日本」の今後を考えるうえで避けて通れない課題であろう。EU加盟や国際競争の激化の下で，今後，スウェーデンの経営や生産システムさらには働き方がどうなっていくのか，注目される。

【参考文献】

穴見明（2010）『スウェーデンの構造改革―ポスト・フォード主義の地域政策―』未來社。
石原俊時（2008）「企業から見たスウェーデン・モデル(1)―ボルボ企業委員会―」（『経済学論集　第74巻第3号』2008年10月）。
石原俊時（2009.1）「企業から見たスウェーデン・モデル(2)―ボルボ企業委員会―」（『経済学論集　第74巻第4号』2009年1月）。
石原俊時（2009.4）「企業から見たスウェーデン・モデル(3)―ボルボ企業委員会―」（『経済学論集　第75巻第1号』2009年4月）。
石原俊時（2009.7）「企業から見たスウェーデン・モデル(4)―ボルボ企業委員会―」（『経済学論集　第75巻第2号』2009年7月）。
伊藤正純（1996）「曲がり角に立つスウェーデンのリカレント教育」（黒沢惟昭・佐久間孝正編著『苦悩する先進国の生涯学習』社会評論社）。
井上誠一（2003）『高福祉・高負担国家　スウェーデンの分析』中央法規。

第Ⅰ部 「日本的経営」と「スウェーデン的経営」

今村寛治（2002）『〈労働の人間化〉への視座』ミネルヴァ書房。
ヴィクトール・ペストフ（2007）「スウェーデン社会的経済の発展と未来」（A. エバース，J.-L. ラヴィル編『欧州サードセクター』日本経済評論社）。
岡澤憲芙（2004）『ストックホルムストーリー』早大出版。
岡澤憲芙（2009）『スウェーデンの政治—実験国家の合意形成型政治—』東大出版。
翁百合・西沢和彦・山田久・湯元健治（2012）『北欧モデル—何が政策イノベーションを生み出すのか—』日本経済新聞社。
沖野俊則（2012）『それでもイケアから学べない日本のジレンマ』ノルディック出版。
奥林康司（1991）『増補 労働の人間化 その世界的動向』有斐閣。
オッレ・ヘドクヴィスト，可児鈴一郎（2004）『ノルディック・サプライズ』清流出版。
加護野忠男・山田幸三・長本英杜編著（2015）『スウェーデン流グローバル成長戦略—「分かち合い」の精神に学ぶ—』中央経済社。
北岡孝義（2010）『スウェーデンはなぜ強いのか』PHP新書。
木下武男（1999）『日本人の賃金』平凡社新書。
サーラ・クリストッフェション（太田美幸訳）（2015）『イケアとスウェーデン—福祉国家イメージの文化史—』新評論。
里深文彦（2002）『人間的な産業の復活』丸善ライブラリー。
猿田正機（2003）『福祉国家・スウェーデンの労使関係』ミネルヴァ書房。
猿田正機編著（2005）『日本におけるスウェーデン研究』ミネルヴァ書房。
猿田正機（2013）『日本的労使関係と「福祉国家」』税務経理協会。
猿田正機（2015）「北欧の企業経営—スウェーデンを素材として—」（岡澤憲芙編著『北欧学のフロンティア—その成果と可能性—』ミネルヴァ書房）。
篠田武司編著（2001）『スウェーデンの労働と産業』学文社。
社会主義研究会議産業民主主義研究委員会編（1963）『産業民主主義—現代の労使関係—』ダイヤモンド社。
スウェーデン経営者連盟（SAF）編著（1977）『スウェーデンにおける経営組織の革新』日本能率協会。
全国農業協同組合中央会国際部（1989）『スウェーデンの協同組合—協同組合の発展と新たな波—』。
高須祐三・丸尾直美・坪井珍彦編著（1976）『職場組織の改善と能率』ダイヤモンド社。
田村豊（2003）『ボルボ生産システムの発展と転換—フォードからウッデヴァラへ—』多賀出版。
富沢賢治（1990）「スウェーデンにおける協同組合セクターの動向」（『経済研究第41巻第4号』1990年10月）。
内藤栄憲（1990）「スウェーデン小売業および生協運動の現状」（『生活協同組合研究』1990年5月号）。
長岡延孝編著（2010）『サステナビリティの政策と経営』晃洋書房。

長岡延孝（2014）『「緑の成長」の社会的ガバナンス』ミネルヴァ書房。
野原光（2006）『現代の分業と標準化―フォード・システムから新トヨタ・システムとボルボ・システムへ―』高菅出版。
バッティル・トーレクル（楠野透子訳）（2008）『イケアの挑戦―創業者は語る―』ノルディック出版。
P. G. ユーレンハンマー（1978）『人間主義の経営』ダイヤモンド社。
ビクター・A. ペストフ（2007）『福祉社会と市民民主主義』日本経済評論社。
法政大学国際交流センター編（1979）『団体交渉と産業民主制』木鐸社。
丸尾直美（1992）『スウェーデンの経済と福祉』中央経済社。
嶺学（1983）『労働の人間化と労使関係』日本労働協会。
嶺学（1991）「スウェーデンにおける労働の人間化の展開（上）（下）」（『社会労働研究第37巻第4号，第38巻第1号』）。
嶺学（1995）『労働の人間化の展開過程』御茶の水書房。
宮本太郎（1997）「協同組合運動」（『スウェーデンハンドブック』早大出版）。
民社会主義研究会議産業民主主義研究委員会編『産業民主主義―現代の労使関係―』ダイヤモンド社。
湯元健治・佐藤吉宗（2010）『スウェーデン・パラドックス―高福祉・高競争力経済の真実―』日本経済新聞出版社。
リュディガー・ユングブルート（浦野文教訳）（2007）『IKEA 超巨大小売業，成功の秘訣』日本経済新聞出版社。
レナルト・ニルソン（2001）「組立労働のオルターナティブとその学習戦略」（『労働法律旬報 No. 1510～』2001年8月～）。
Åke Sandberg (ed.) (1995) *Enriching Production; Perspective on Volvo's Uddevalla plant an alternative to lean production*, Avebury.
Åke Sandberg (ed.) (2013a) *Contested Nordic Models of Work and Employment*, Volvo Uddevalla and Welfare Capitalisms, arenaidé.
Åke Sandberg (ed.) (2013b) *NORDIC LIGHTS work*, management and Welfare in Scandinavia, SNS FÖRLAG.
Pestoff, Victor (1998) *Beyond the Market and State: Social Enterprises and Civil Democracy in a Welfare Society*, Aldershot, UK; Ashgate.（ビクター・A・ペストフ，藤田暁男・川口清史・石塚秀雄・北島健一・的場信樹訳［2000.10, 2007.5］『福祉社会と市民民主主義―協同組合と社会的企業の役割―』日本経済評論社）。
Birger Viklund（2008～13）（猿田正機訳）「スウェーデン」（『世界の労働者のたたかい 第14～19集』全国労働組合総連合）。
JACQUES DEFOURNY, LARS HULÅRD, VICTOR PESTOFF (2014) *SOCIAL ENTERPRISE and the THIRD SECTOR*, Routledge.
Philip Whyman (2003) "*Sweden and the 'Third Way'*," ASHGATE.

第3章
教育・労働とモチベーション

はじめに

　本章で意識しているのは，知識社会において，現時点で考え得る人間の能力を最大限生かす社会システムとはどのようなものなのか，という点である。それは言うまでもなく，男性のみならず女性も，若者も高齢者も，さらには移民・難民や外国人労働者の能力も含めてという意味である。ここでそれを全面的に論ずることはできないが，日本との違いを意識して，論じてみたい。

1　スウェーデン福祉国家と教育・労働

（1）　福祉国家と教育

　日本の教育については，神野直彦が詳しく論じており共感できる。スウェーデンと比較するうえでの前提となるので，少し長くなるが引用しておきたい。
　「学力は進学に大きな役割を果たしていない。……学力の向上が労働能力に寄与し，生産性が上昇して経済成長がもたらされるというわけではない。……学力は学校教育の二つの使命を果たすために導入されているといってよい。それは非人間的労働に耐える服従，従順，勤勉などを教え込むために，学力競争の勉強へ駆り立てるためであり，さらに，市場における格差がメリトクラシーにもとづいていることを学校教育として正当化するためである。」とし，「学校教育では学力で生徒を序列づける。つまり，生まれとは無関係に学力で序列づけられると信じられている。生まれとは無関係に進学が決まる。さらに受けた学校教育によって，所得と階層が決定される。それ故に，メリトクラシーにもとづく市場の所得格差は正しいとされ，貧しい者は能力がないのだとしてあき

らめなければならない。この『あきらめ』も，学校教育により序列づけられる過程で身につけていくものである。つまり，市場社会に組み込まれている実質的不平等を形式的平等で糊塗することこそが，学校教育の使命なのである」。

新自由主義にとっての学校教育の危機とは，「学校教育が市場経済における競争の結果を正当化できなくなること」にあるとし，そのため「学校教育に競争原理を導入し，学力を重視する学校教育の差異は，生まれではなく学力競争の結果として正当化」していると見ている。

「学力は競争を煽る手段にすぎない。それは国際的に学力が何位になったかを競うコンテストに及ぶ。そのコンテストに勝利することが，経済成長をもたらすわけでもないし，人間的能力を高めて幸福をもたらすわけでもない。しかし，競争心を植えつけ，競争の結果には従順に服従するという態度を身につけるのには役に立つのである」（神野直彦，2007，pp.130-131）。さらに悪いことには，日本の職場（教育）では人事考課（査定）によって，従業員を同一の判断基準で序列づけていることである。

学校教育は市場社会になって登場するが，「市場社会における学校教育の使命は，人間が人間として成長していくという欲求を充足することではない。むしろそれを抑圧することだといってもよい。

社会システムで必要な生活能力は，社会システムでの生活行為を通して学ぶことができる。学校教育の使命は政治システムにおける支配・被支配関係と，経済システムにおける部分労働への服従を身につけさせることである。

市場社会の経済システムでは，人間の労働は機械と同じ生産要素として取り扱われる。つまり，人間としてではなく，機械と同じ生産要素として要素市場で取り引きされる。人間は生産要素として服従しなければならないのである。

しかし，市場社会における学校教育の使命は，人間的欲求を抑圧して忠誠を調達することだけではない。市場社会における実質的不平等を，形式的平等によって正当化することも使命となる。それは政治システムにおける支配・被支配関係を正当化することになるといってよい。

つまり，学校教育を初等教育，中等教育，高等教育というように階層化し，『教養』のある者への参政権を正当化する。もっとも，大衆民主主義が実現すれば，こうした学校教育の使命は失われる。とはいえ，実質的には階層を形成

する『分類機能』を，学校教育が担うことになる」（神野，pp. 184-185）。

「『学び』は人間対人間の関係で営まれる行為である。ところが，日本の教育改革は『飴と鞭』によって，抑圧的な学校教育へ駆り立てようとしている。学校教育は市場で購入するものと考えられている。つまり，学校教育を受ける者は『消費者』と見做されている。消費者とは人間対物の関係で人間を位置づける人間観である。それ故，日本の教育改革では，人間は社会システムのなかの生活者と見做されることはないし，社会システムの協力原理のもとに，人間対人間の関係として『学び合う』という発想も出てこない。しかも，消費者には学校教育の内容と形式を決定する権利はない。消費者の行動する市場では，気に入らなければ退出すると言う権利しかない。

人間は『学びの人』である。低次の欲求が安定的に充足されれば，『学びの欲求』が頭を持ち上げる。競争原理は人間が『学びの人』ではないという前提に立っている。『飴と鞭』で気品のない競争を煽る以外に，学ばないと思っている。

しかし，人間には誰にも『学びの欲求』がある。それにもかかわらず人間を生来，怠惰だと見做して，『飴と鞭』で強制するからこそ，『学びからの逃走』が生ずるのである。誰もが『学びの欲求』を抱き，自己が人間として成長していると実感できていると感じられることが，『学び』への動機づけとなる。後期人間関係論からいっても，他者から評価され，『飴と鞭』で刺激しようとすれば，勤労意欲は失われてしまう」（神野，pp. 186-187）。

大瀧雅之は次のように言い切っている。「子供たちが社会全体から温かい眼で見守られ，勤勉で好奇心にあふれ社会性に富んだ大人に育つことができれば，彼ら自身でおのずと解決できる問題は，実は多いのである。そうした筆者の知見からすれば，われわれ大人にとって次世代のためになすことができる『産業政策』とは，社会的共通資本としての教育の充実のみである」（大瀧雅之，2011，p. 160）。

トヨタが立地する愛知県西三河地域の，いわゆる「管理教育」については，すでに拙著（猿田，1995，2007）で具体的に詳しく触れたので，興味のある方はそちらを参照していただきたい。スウェーデンの教育制度については第6章で触れるが，その制度の下では，みんなが安心して生活ができ，経済的負担を

考えずに教育が受けられる。そして，社会への貢献を含めて，「自己実現」ができ，人間的にも成長できる教育・労働システムが目指されている。日本のように受験のための塾通いや，同質的な基準での成績評価で人間を評価するシステムはもう限界にきているのではないかと感じさせる。スウェーデンでは塾もなく，大学受験もなく，授業料も就学前学校・小学校から大学院まですべて無料である。教育をやっている人間としては羨ましいようなシステムが整えられている。マルクスが「人間の全面的な発達」ということでどういう社会を描いていたのかは分からないが，スウェーデンはそのような方向へ一歩近づいているのではないかとも感じている。

（2） 福祉国家と労働

　日本の教育や企業の人事管理の最大の欠点は，ヒトを人間として活かしきれないシステムをつくりだしたことである。たとえば，日本では新卒者が珍重され，中途採用者は一部を除いて正規での再就職は困難を極めることになる。一方，スウェーデンの場合には，再就職者だからといって差別されることはない。スウェーデン人と結婚しスウェーデンに40年以上住んでいるレグランド塚口淑子は次のように述べている。

　「こういう中途採用制度はとてもいい。もともと『中途採用』という言葉はここでは通用しない。『新規採用』は一級クラスで，その他は二級という慣行や常識はこの国にはないからだ。どのポストも職能で決定され，一つのポストが空くとそれに最適の学歴，職歴をもつ人が採用される。新卒生を大量に一括採用するシステムはない。また，国籍，肌の色や性別も，採用時の選考の対象にすることは禁じられている」（レグランド塚口，2012，pp. 18-19）。

　必要な教育を受け，必要な経験を積んだ人が会社の募集に応募しても，日本のように新卒じゃないからといって差別されることはないという。

　スウェーデンも第2次世界大戦前は日本と同じ男性中心社会であった。「1930年代頃から近郊に一戸建ちや集合住宅が建てられるようになり，子沢山の労働者は，街中から広いアパートに引っ越していった。1940年代に建設のわたしも一時住んでいた近郊にあるアパートに新築時から住んでいる人の話だと，当時，6人ぐらいの子持ちはざらだったそうだ。そして女性は主婦として家に

いた。

　住宅事情をみてもわかるように、当時の労働者階級の生活は決して豊かなものではなかった。市民の生活水準の向上にあたり、スウェーデンの福祉は、まず男性の賃金を初めとする労働条件の改善から始まった。当時は男性が家族の扶養者であることが前提であり、家族が福祉の単位であった」。

　しかし、戦後、社民党政権下で、「女性の労働市場参画が進むにつれ、職場における男女平等がとりあげられ、『男は外で賃労働、女は内で家事労働』の性別役割分業のイデオロギーのうえにたつカップル単位の課税制度から、個人別制度に改革されたのは1971年で、この改革のもつ意味は大きい。女性は配偶者の収入を前提として就業することの損得をソロバンではじきだす必要がなくなった。そして自己収入の確保は、各種保険、病気の際の保障や附加年金受給の権利など女性の福祉資格、条件の改良につながった」（レグランド塚口、2012, pp. 67-68）。

　「福祉の単位も家族から個人へと移行した。農村時代は、村民の福祉は村単位で、村の共同責任であった。つぎに単位は家族となり、そして最終的に単位は個人となったのである。

　福祉の単位が家族から個人に移行すると、子供も大人の付属物ではなく、独立した社会の一員と見なされるようになった。いまや、教師といえども子供に体罰を加えることは禁止されている。子供の人格尊重のためである。なぐることは暴力であり、愛情の表現とは解釈されないので、教師が子供に手を出そうものなら警察に訴えられる」（レグランド塚口、2012, p. 69）。

　さらに、子どもが自立・自律できるだけでなく、高齢者も子どもの世話にならずに独立した生活ができると、レグラント塚口淑子は次のように言う。

　「また、高齢者全員には生活が可能な額の年金があり、ホームヘルパーの派遣もあるので、子どもの世話にならずに独立した生活ができる。高齢者の生活と意見についての調査が時々行なわれるが、一様に高齢者の多くが子供や親戚にたよらず独立して生活出来ることに満足しており、子供との同居はしたくないとの結果が出ている。

　各個人の自立した生活権の保障を目的に福祉の充実が進み、元来、私事とされてきた育児や高齢者介護などが社会化された現在、経済的な理由などで誰も

家族との同居を強制されない。家庭もしくは家族は、お互いの面倒をみあうのが第一目的ではなくなっているのだ。現在は、好きな相手と一緒に生活を楽しむためにあるのが理想の家族である」（レグランド塚口，2012, p.92）。

このような個人単位の生活を支えているのが、第5章で詳しく触れる両性平等を重視した「ワーク・ライフ・バランス」や「ワーク・ファミリー・バランス」である。日本へこの制度を導入する場合には、保育所の完備にとどまらず、代替要員の確保、人事評価制度の見直しや職場復帰の容易さなど、解決しなければならない課題は多い。このように教育や労働の制度が整っていなければ、女性は仕事に就き、安心して働き続けることもできないであろう。日本の場合には、仕事のモチベーション以前の問題が深刻である。

このように教育、ジェンダーや家族と労働・モチベーションは密接な関係がある。いわゆる「男性稼ぎ主」モデルを維持しつつも、現在、そのモデルがほとんど崩壊しつつある日本において、国民は、絶えず経済的不安に苛まれており、当然、経済的欲求が高まらざるを得ない。経済的に自立し、人間としても自律している国民の多いスウェーデンとは、当然、モチベーションの質が異ならざるを得なくなっている。

2　「福祉国家・スウェーデン」とモチベーション

スウェーデン人は、なぜ主体的・積極的に働くのか。それにはさまざまな要因が関係しているが、ここでは人的資源管理研究をもとに整理してみたい。

モチベーションに入る前に、スウェーデン人の「労働観」について、少し触れておきたい。それは労働観の違いが、スウェーデンと日本のモチベーションの違いにも影響していると思うからである。「労働観」については、イリス・ヘルリッツが興味ある指摘をしているので、それを引用したい（イリス・ヘルリッツ，2005, pp.184-194）。

ヘルリッツは、スウェーデン人は、日本人のように「生きるために働く」のではなくて、「働くために生きている」と述べ「この二つのセリフの間には、その根底にある人生の価値観を比べれば雲泥の差異が存在」するという。

社会福祉が保障されているスウェーデンでは、「失業を理由にした自殺」が

起こるという。それは、「賃金労働それ自体が生きる価値を提供している」からだという。「生きる価値のないところで、人は生きていくことができないのです」。「多くのスウェーデン人には、仕事を自分に結びつけて考える意識が実に強烈に存在」するという。「最も重要なことは、自分が何を生業としているか」である。「仕事は、生活のそのほかの関心事よりもはるかに上位に位置」し、「まず、何はともあれ『仕事』なのです。そのあとで初めて、人は交際やそのほかの大切な事柄の計画を練ります」。

「肝心なことは、自らが選択した仕事にその本人が熟達しているということ」で、それが、「理想と仰ぐ状態」となり、その人の「信望」となる。

「1800年代の終盤から、スウェーデン人の慣習のなかに、労働時間と自由時間とをきわめて截然と区別するという文化が入ってきました。……仕事と自由時間には、それぞれ異なる内容が予想され」ており、「厳格なルター主義の視点では仕事はきわめて強制的なもので、喜びがそこにあるとは思ってはなら」ず、「仕事における喜びというのは、必要不可欠なものではない」という。「もし、仕事を楽しんですることができるならそれはとても結構なことですが、楽しいから仕事をするというべきではありません。仕事とは奮闘努力です。それに対して、楽しみ事は自由な時間のほうに属します」。

「仕事中のスウェーデン人は原則として、あまりにべたべたした私的な接触を同僚とはもたない。……仕事に従事していて、社交上の人間関係と仕事の課題との両方に気を配るということはスウェーデン人の間にあっては尋常なことではありません。……仕事は仕事、自由時間は自由時間で、この二つは混同されるべきものではありません！」とヘルリッツは強調している。

「働くということは、単なる義務としてのほかに人間としての権利とも見なされ、それゆえ、失業問題は絶対的な最重要政治課題の一つ」になる。「他人に後ろ指をさされないような人生を送るために働こうとするスウェーデン人の考え方」が、いわゆる「保護雇用」を受けている「ワークショップ、サムハル、身体障害者のリハビリセンターなどは、たとえ重度の人でも、自分は人生において何事か意義あることをしていると感じてよい権利をもっているのだ、ということを発想の出発点として設けられ」ているという。それは、「自分は働いている、自分は社会に貢献している、と感じられる権利」でもあるのだ。

職場には，一般に，民主主義の精神が息づいているが，「たいていの職場では，従業員はよいアイデアを出すこと，話し合い決定の場に立ち会うこと，創造的に考えてイエスマンでないことなどが奨励」される。「資格・能力の査定法」にしても，アフリカやアジアの国々では，形式的な学歴と職歴における地位に大きな比重が置かれる。「私は，そうした資格・能力の査定法を『狭量』だと思いましたが，それは私がスウェーデン人で，そんな方法よりも明らかに形式にとらわれない資格・能力の査定法に慣れているからです。『高校での経済科目の履修か，そのほかの方法で取得したそれに相当する学科の……』というのが，スウェーデンで見られるきわめてありふれた求人広告です。『あなたが過去に何をしてきたかということも重要ですが，もっと重要なことは，あなたが今どんな人間かということです。私と話にいらっしゃい。そうすれば，あなたが私のところにふさわしいかどうかがわかるので……』という言い方も同じことで，長い間を経て培われてきた，形にとらわれない資格・能力の査定法です」。

「職場において，また仕事をもって生きていくうえでも，各個人は責任と自発的行動力が求められます。さらに，どんな場合でも他人に頼らず働けることが求められます。私が申し上げたいことは，こうしたさまざまな要素が渾然一体となって，スウェーデン人が仕事を持って生きていくうえでの職業倫理に形となるものを与えているということです。自発的能力，独立性，責任感などの観念が，……そのほかの資格証明査定法と一緒になって，マネジメント哲学や仕事の組織化などのための重要な諸基盤を形成しているのもまた当然です」。

「結論としては，たいていの場合，スウェーデンではほとんど清教徒的と言ってもよい職業意識が支配的であると強調しても差し支えないでしょう。……仕事は，スウェーデン人の生活と文化には重要な部分なのです」。

このように日本とスウェーデンでは，まず第1に，「労働観」がかなり異なることが想定し得る。次に，第2に，たとえば，マズローの欲求5段階説をもとにスウェーデンと日本を分析すると次のような違いが浮き彫りになる。

人間の欲求段階には，まず第1に，「生理的欲求」がある。衣食住など「飢餓からの自由」をもとめる欲求である。第2に，「安心・安全欲求」そして第3に，「社会的欲求」がある。これは友人や仲間が欲しいなどの欲求である。

出世したいなどは第4の「自我欲求」に入る。最上位が，いわゆる「自己実現欲求」であるが，これは「自己の可能性の追求」ということで「成長欲求」と言われている。スウェーデンの場合には，「福祉社会」の下で，中・長期的にも安全・安心して生活できる経済・社会システムができており，職場や地域には仲間ができやすい環境がつくられている。また，「平等社会」ということで出世に対してあまり重きを置かない風土がある。その結果，「自己実現の欲求」が全面に出てくるようになっていると見ることができる。仕事・労働はお金ではなく，自分でやりたい仕事・労働を人生のなかで発見し，自分の能力を発達させていくことに喜びがあるということである。そのような「自己実現」の喜びが多くのスウェーデン人の動機づけになっていると見ることができる。

　日本の場合は，就社（メンバーシップ型）に始まり，すべてが同質的な出世やお金に還元されてしまうので，意識として多くの人は，どうしても「生理的欲求」，「安全・安定欲求」，せいぜい「自我欲求」段階で終わってしまい，いつまでたっても「自己実現欲求」を追求する生き方が出来難いと見ることができよう。それには日本の教育システムや会社システムが大いに影響している。日本は，社会に出るとき「就職」ではなく「就社」で，企業に入ってから何をやらされるか分からないので学習，とりわけ職業教育への動機づけが弱くなりがちである。入社後のいわゆる「目標管理」にしても企業によってヤル気を引き出す手段として利用されているというのが実態であろう。

　しかし，長い人生においては，社会に出て働いてから，自分が何をしたいか，すべきかに気づくことも多いのが実情である。しかし，日本にはスウェーデンのように「やり直し」しようにも，それを可能にする「受け皿」が用意されていない。スウェーデンに30年以上も生活しストックホルム大学で学んだ訓覇法子は次のように述べている。再入学の際には，「入学すれば，目標は明確であり，扶養の心配もなく，学業に集中できる。学習への動機付けがあれば，人は驚くほどの速さで学び，成長できる」（訓覇法子，2011）。「やり直し」のできない社会は，人的資源をムダに使っていると言ってよいだろう。大学に入学しても何をしてよいのか分からず，アルバイトと遊びで時間を浪費するのはムダ以外の何ものでもない。しかも，最近は，親の仕送りも大幅に減り，アルバイトと奨学金でなんとか大学生活を送っても，その後，高率の奨学ローンの返済に

追われ四苦八苦している現実がある。

　この点については，スウェーデンに40年近く住んでいるレグランド塚口淑子の次の指摘も参考になる。「わたしは，福祉社会は個人を解放し，自分の生きたい人生を生きる，つまり自己実現を可能にする社会制度だと確信するに至っている。さまざまな社会保障制度により，生活の不安感が軽減されるので自分の人生を思い切って生きることができることだと考える。それにまた，スウェーデンでは社会も個人も理想主義的で，あくことなくよりよい社会と人生づくりを目指すという意思にかられて動いているようにみえる」（レグランド塚口，2012, p. 4）。

　北欧福祉国家の批判として日本では，よく「高い税率」を挙げる人がいるが，税率が高いと国民のモチベーションが下がるという批判は誤りである。所得の再分配による国民生活の安心・安全の保障，むしろ人間の能力を開花させる条件として有効であると言うべきであろう。また，日本についても，伍賀一道などは次のように述べている。「高率の累進課税を実施すると勤労意欲が失われる，という主張には根拠がない。高所得者は勤労によって所得を得ていないからである。累進課税で総合所得に課税すると，おのずと不労所得課税が実現される」（伍賀一道他編著，2011, p. 194）。

　ライフサイクルのなかで，保育・教育・老後の保障など生活の安心が保障されている場合には，人生の選択可能性，つまり自由度は著しく高まる。やり直しのきく社会と言われるスウェーデンの場合には，教育がその手段として大いに利用されている。

　まず第1に，就学前教育から高校までの間に，個性を尊重された家庭生活や学校教育の下で自立・自律した若者として成人する。当然，18歳選挙権だけでなく被選挙権も与えられる。政治への関心も高くなる。

　第2に，高校や大学進学への目的意識が明確である。これは，教えられる学生にとっては無論だが，教える側にとってもモチベーションは高くなる。

　そして第3に，人生のやり直しが容易なことだ。これが人々が生きていくうえで，モチベーションを高めることは容易に想像できる。初職で失敗しても，やり直しによる転職・昇給が比較的容易だからである。高校や大学教育あるいは職業教育訓練を受け直し転職することがマイナスにはならず，受け取る年金

額の増加にもつながることになる。仮に，希望の学部に入れなかった場合にも，コンブックスでの復活戦が可能なシステムになっている。やる気があれば，大学入学，再入学，そして転職，さらにはパートから正規従業員やグローバル人材への挑戦も可能である。

スウェーデンでは，教育と職業（社会）とが直結している。スウェーデンの大学はきわめて実務的で，たとえば，弁護士，会計士，医師なども，特別な国家試験ではなく，大学卒業資格が職業資格につながっている。そのため，大学に入る時点で，卒業後の職業はほぼ決まっているわけで，逆に希望の職業が決まるまでは大学には入らない人も多い。したがって学生のモチベーションも高くなる。しかも，何よりも違う点は，スウェーデンの大学生は親のすねをかじらず経済的に自立していることであろう。それが精神的な自律にもつながっている。

遠山哲央は自己のスウェーデンでの生活体験をもとに，「人生を変える支援教育」という項で次のように述べている。

「スウェーデン人は人生を百八十度変えるのがけっこう簡単だ。落ちこぼれていても，日本ほど苦労せずに，医者や一流企業の幹部になれたりするケースは，本当に珍しくない。スウェーデン人がステップアップして空いた肉体労働職などは，移民が得ることが多い。

逆にステップダウンするスウェーデン人もいる。その場合は，パートナーの引っ越しや，育児などの理由が多い」（遠山哲央，2008，p.161）。

そして，その例として，作曲家が医者への転身や，パイロットの管理職の友人が忙しすぎて子どもと会う時間が少ないので平社員にしてもらった例を上げ，後者について，「彼はかなりの高給取りだったが，昇進のたびに払う税金ほど手取りは増えないので，不満顔だったし，子どもが本当に好きなので納得だ。おまけに貯金がたまるとそれにまで税金がかかる。当然ながら奥さんも働いているので，減給もさほど台所を揺らさない。というか，昇進前から家も別荘も車もあったし，ブランド高級店にも興味のない典型的なスウェーデン夫婦だ」（遠山，pp.161-162）。そのうえで，遠山は人生転換の例として次のようなケースを挙げている（pp.162-163）。

第3章 教育・労働とモチベーション

1. 高卒女：スーパーのレジ20年→子どもが中学に入る→38歳，大学入学
2. 高卒男：魚屋→タクシー運転手→35歳，AMSでコンピューターを勉強→IT企業管理職
3. 大卒女：広告代理店→32歳，大学で報道専攻→財務新聞編集5年→テレビ局財務報道部
4. 高卒男：空港貨物運び→35歳，コンピューターを勉強→45歳，大手IT企業上級管理職
5. 大卒女：自営業40年→60歳，フェミニズムと平和の動向について博士号→大学在学中
6. 看護学校卒女：看護士25年→45歳，大学で考古学専攻→考古学者
7. 高卒女：高校を2年で終え世界貧乏旅行→24歳，高校時の成績を足すために通学→25歳，中国で中国語を3年勉強→28歳，スウェーデンの大学の中国文学の修士課程→32歳，大学通信教育で経済学をやりながら香港と東京で就職→37歳，出産を機に帰国し起業

このように転職や人生転換が可能なのは，それを支援するシステムが用意されているからである。もっとも利用されているのが大学で，学費は無料で，生活費ローンも支給される。仕事を辞めて大学に通っても，お金の心配がないことが大きい。

また，日本の新聞では次のような事例が紹介されている。「スウェーデンでは『合理化』は新たな『転身』の機会でもある。大手通信機器メーカー，エリクソンのエーレブローにある工場では，会社と労働組合，政府・自治体が連携して約1500人を再就職させるプロジェクトが始まっている。解雇されても人材派遣会社に転籍後，エリクソンからの差額補助で現在の給料を12か月間保障され，その間に大学や企業での実習など新しい技術を身につける。

『企業も一緒に雇用確保や再就職のためのセーフティーネットの一端を担うべきだ』（金属労組のエリクソン支部のヤーン・ヘードルンド委員長）という声を受け入れたものだ。

一人一人の進路の希望が書かれた分厚いリストには，福祉・医療関係やマッサージの専門家，ヘリコプターの操縦士，心理学者などの『転身先』が並ぶ。

品質管理の仕事をしていたインゲラ・アンデルセンさん (39) は1年間に企業など4つの実習をする予定だ。『自分を高めるいいチャンスだと思う。何とかなるわよ。大丈夫』

　大手企業だからできる面もある。だが，これまでもスウェーデンは情報技術 (IT) 関連の戦略産業の育成やそれに合わせて IT 教育や職業訓練で国民の能力を向上させ，90年代前半の経済の停滞も乗り越えてきた。セーフティーネットの厚みが改革を進ませる原動力になっている」(『朝日新聞』2001年11月8日)。

　このように仕事を変え，人生を転換するということは，それなりに苦労を伴うものであろうが，自分の進むべき道を自分で決め，教育を受け直し，転職することはそれなりにやり甲斐のあることなのではないだろうか。それだけ生きていくうえでのモチベーションも高くなろう。スウェーデンでは，それが比較的簡単に行えるということが，新卒入社以降は，まともな職場への転職がほとんど不可能な日本の現状を見ているものとしては本当に羨ましい限りである。

3　「企業社会・日本」とモチベーション

(1)　「日本的経営」とモチベーション

　かつての日本の主要大企業においては，アメリカにおいて発展したモチベーション論研究の成果を待つまでもなく，モラールやモチベーションの問題については，ある程度良好な対処がなされてきたと見られていた。その根拠となったのは，いわゆる「日本的経営」である。すなわち集団主義や経営家族主義，運命共同体的な企業観，勤労を優先する精神的姿勢，長幼・男女の序列といった伝統的な旧い価値観によって経営社会秩序は安定的であり，勤労意欲も高い水準を維持できたとされてきた。「日本的経営」の三種の神器とされる「終身雇用，年功制，企業別組合」というシステムがそれである。また，日本経済の持続的な成長がこのシステムを支えてきたと言えよう。

　高度成長下で，「日本的経営」の下では，モラールやモチベーションの問題は特別に意図されなくてもある程度自動的に形成・維持されてきたとされた。すなわち，終身雇用を前提とした共同体意識や，集団主義による目的の一致は，モラール維持の機能を内在していると見られたのである。また，企業内教育，

配置転換，内部昇進制といったシステムは，モチベーションを誘発する機能を有していたと考えられてきた。

しかし，伝統的な「日本的経営」は，今日，大きな変化の時代を迎えつつある。現時点で見ると，そのシステムは大きな弱点を抱えていた。第1には，人間平等の価値観の軽視，とりわけジェンダー平等の価値観の軽視である。第2に，未だに，長時間過密労働が蔓延し，生活重視の価値観は無視ないし軽視されている。第3に，資本主義の発達とともに芽生えるであろう個人主義的な価値観すら軽視されている。このような根源的な課題を解決することは「日本的経営」という企業の枠内の問題として解決できる問題ではないことは，これまでの日本とスウェーデンの比較からも明らかである。

(2) トヨタのモチベーション管理

前掲の図1-6は，トヨタのモチベーションやモラールはどうなっているのかを見たものである。トヨタのモチベーション管理は経営主導で行われており，この図は，トヨタマンが長時間・高密度・不規則労働へ追い込まれざるを得ないシステムを筆者なりに整理したものである。

Aと書いた部分は，終身雇用制の下での職能資格制度を柱とした賃金制度で，上へ昇格・昇進・昇給するためには，なるべく仕事を一生懸命がんばり，仲間に迷惑をかけないように一歩ずつ資格を上がっていかなければならない。資格が上がらなければ昇進できないし，昇進しなければ賃金も上がらない。企業内教育や小集団活動＝QCサークル，創意くふう提案などはそのシステムのなかに位置づけられている。

Bは要員管理で，トヨタは徹底的に「少人化」を図っている。そして，できるだけ少ない人数でいかにチームとして最大限働かせるか，さぼったりすると仲間に迷惑がかかるので，労働者はそれがプレッシャーとなってみんな一生懸命働くというシステムになっている。

そこにもう一つCと書いた部分の「仕事の内容＝おもしろさ」という，アメリカ流に言えば行動科学的労務管理であるが，これらを利用して，なんとなく仕事がおもしろくなるように「職務拡大・充実」をし，さらに参加や権限を与えたりすることで，経営従属的労使関係に支えられて，家庭を犠牲にしてでも

働くようなシステムがトヨタのなかにできていると見てよいだろう。

このようにトヨタには長時間働いても，経営者に「従業員は満足して，喜んで働いている」と言わせるようなたいへんなシステムができている。これは先に述べた，スウェーデンの仕事と自由時間を峻別する「労働観」からすると信じがたいことであろう。これはスウェーデン人には理解し難いようだ。トヨタマンが過酷な労働を「喜んで働く」基盤には，Dとして，トヨタの労務管理と同質の「管理教育」という土壌がある。「管理教育」のシステムもトヨタから学んでいるところがあるので，子どもも含めて家族全員，違和感がないということになってしまうのである。

4　「人間らしい働き方」とモチベーション，インセンティブ

ILOは，「ディーセントワーク」（人間らしい働きがいのある仕事）を実現するためには，充分な所得と労働者の権利と社会的保護が必要であり，しかもこれらの課題にはジェンダー平等が貫かれていなければならず，さらには，こうした課題の解決には政労使の「社会対話」が不可欠と強調している。

ヨーロッパ諸国は，労働時間の短縮や男女平等を進めたうえで，ワーク・ライフ・バランスや「ディーセント・ワーク」に取り組んでいるのに対して，日本は，依然として，長時間過密労働を野放しにしたままで，過労死・過労自死やうつ病などが後を絶たない。ジェンダー平等にしても先進国中，断トツの最下位の「女性差別」大国である。このような状況下で，「人間らしい働き方」を考える場合には，スウェーデンなどのようにホリスティック（全体論的）な視点が必要である。しかし，一般的には，アメリカの影響が強く，企業内の「働き方」ばかりに目が行きがちである。

たとえば，著名な経営学者ドラッカーは，人は働きたがらないという昔からの考えは「間違い」であるとし，「人は何か，……自分の得意なことにおいて何かを成し遂げたがる。能力が働こうとする意欲の基礎となる」と述べている。そして，今日必要とされていることは「責任」だとし，「仕事において責任をもたせるための方法」として，人の正しい配置，高い基準，自己管理に必要な情報，そして参画の四つを挙げている（P.F.ドラッカー，2006）。また，人的資

源管理論では、人間関係（F. J. レスリスバーガー、1965）、欲求段階（A. H. マズロー、1987）、新しい人間観（ダグラス・マグレガー、1970）、職務充実（ハーズバーグ、1968）、職務拡大・参加（クリス・アージリス、1970）、小集団活動、フラットな組織（R. リッカート、1968）などが新しい「働き方」では重要だとされている。

　ところが、日本企業は「人間尊重」と称して、これらを経営主導で従業員を管理する手段として利用している。日本の「働き方」は、まず第一に、採用方式が、「就職」（「ジョブ型」）ではなく、「就社」（「メンバーシップ型」）である。そのため、入社後にならないと、どこに配属されるか分からない。その後も会社の都合で配置転換されたり、転勤させられたりする。仕事の基準にしても、少ない人員に対して、会社が異常に高い基準を上から強制的に押しつけてくる。自発的にやるよう仕向けてくることも多い。それが査定され、賃金にはねかえることになる。情報は会社にとって都合の良い情報しか流してこない。日本は一時期、QCサークルなどの小集団活動や創意くふう提案制度で、職場において労働者の意見を取り入れていると世界的に評価されたことがある。しかし、これも会社が無給の自主活動へ労働者を動員する手段として使われたにすぎないことが今では明らかになっている（内野さんの労災認定を支援する会、2008）。

　スウェーデンの場合には、労働組合の組織率は高く、職場、企業、産業、国の多くのレベルで積極的に政治や経営に参加している。基本的な賃金・労働条件は産業別の団体交渉で、個別企業に関わることは企業と支部の交渉で、経営に関わることは「経営参加」で、最低年間5週間の有給休暇などの制度化は国会で、とさまざまな形で発言している。職場組織もフラットで平等な人間関係が成立している。できるだけ本人の希望する職種へ「就職」し、働き続けるのが基本で、不満な場合には、職業訓練を受けたり、大学へ入り直すなりして転職への力をつけた後、転職先を探す。特に若いうちは、できるだけ自分の能力を生かせる職場をさがし続ける。それでも、年金を含めて経済的にそれほどマイナスにならないシステムになっている。これが若年層の失業率を高くしている面もある。日本のように、転職が再就職に不利になったり、経営者が勝手に労働者を配置転換したりはできない。労働内容についても、構想と実行の統合労働、労働の人間化などさまざまな実験が試みられてきている。

「人間らしい働き方」というと，日本人はすぐに企業などで働く「働き方」のみを想像しがちであるが，現在では，もう少し広い視点から見る必要がある。たとえば，自分がしている仕事が楽しく，責任もやりがいもあり，その対価としての賃金も充分高いというだけでは不十分であろう。家庭内のアンペイド・ワークをどの程度担っているかや，パートナーや他の労働者へ負担の転嫁をしていないかなどを含めて，もっと広い視野で見る必要があろう。相手や他人を思いやり協力・協同することも「人間らしい働き方」には要求されるのではないか。それが国民の家庭生活を大切にする労働時間の短縮などへの強い要求となる。さらには，自分は長い人生のなかで何をやりたいのかを主体的・自覚的に考える必要がある。特に，若い頃に。みんながそうすることによって，スウェーデンのような「やり直しのきく社会」建設の要求が労働者や市民から上がることになろう。

企業経営の発展に各方面でのイノベーションが有効であることはシュンペーターが指摘している。しかし，イノベーションを引き起こすのは人間であり，人間のモチベーションである。スウェーデンと日本ではモチベーションやインセンティブの方法がかなり異なっているのではないか。

スウェーデンのマクロ的な経済活力の確保や「成長促進効果」については井上誠一や藤井威など指摘している人は少なくないが，ミクロ的な視点からのモチベーションの確保についてはほとんど分析しているものが見当たらないのが特徴である（井上誠一，2003，pp.55-61）。また，経済発展のための「地域政策」の研究（穴見明，2010）などは見られるが，企業経営の内部要因との関わりについて触れたものはほとんどない。

スウェーデンでは，産業・企業の競争力や活力の維持・強化のための配慮が税制や予算配分の面からなされているが，それだけではなく，個人に関わる税・社会保障制度のなかにもさまざまなかたちで個々人の労働へのインセンティブを高める仕組みが埋め込まれている（翁百合他，2012）。日本企業の場合の動機づけは，「自己実現」の重要性を言いつつも，依然として企業ごとの査定による「雇用と賃金」による刺激が主流である。しかも労働の実態は低賃金・長時間・過密労働の域を抜け出ていない（猿田正機，2013）。

スウェーデンの場合には，労働者・市民の労働一般へのモチベーションであ

り，日本の場合には，「特定企業」内での労働へのインセンティブが中心になっている。社会に出て職業を経験することにより，自分に向いた職業を見つけ，教育訓練を受けて転職する方が，日本のように企業に縛りつけられ，転職する度にマイナス評価になるようなシステムよりは，個々人の生涯を考えた場合，高いモチベーションを維持できるのではないか。これは女性の社会進出とともに日本の将来を人的資源面から考えた場合に克服しなければならない課題と言えよう。

　ここでは詳しく触れていないが，スウェーデンのモチベーションで大事なのは長期のバカンス休暇である。筆者の留学中のヒアリング調査の際に，「あなたの楽しみは何か？」という問いに，多くの人が「バカンス休暇」と答えていた。早くから，今年のバカンス休暇の予定を家族や友人と話し合うのが楽しみだ，と述べていた。最低5週間の長期休暇をとることが，休暇明けの労働へのヤル気につながるということであった。

　スウェーデンのモチベーションの要因は，生活の安心・安全や仕事の幅や責任，就職・配置，転職，参加・参画や社会的対話などの面で，労働者の視点や人間尊重の視点から見ると，日本より優れていると言わざるを得ない。

おわりに：モチベーションの行方

　「日本的経営」が崩壊しつつあると言われて久しいが，トヨタの就社（「メンバーシップ型」）採用方式をはじめ，「年功賃金，終身雇用，企業別組合」は，変容しつつあるとはいえ，依然として健在である。この制度が，慣行として，あるいは多くの人の意識として残存する限り増大する非正規労働者や中小零細企業やサービス産業労働者，とりわけ女性労働者は劣悪な環境のまま放置され続けることになる。「競争・差別」の容認と「平等・連帯」のどちらが国民のための国づくりに良いのか，効率的でモチベーションをも高める人間的な企業経営や社会のあり方はどうあるべきなのか，「企業社会・日本」の今後を考えるうえで避けて通れない課題であろう。EU加盟や国際競争の激化の下で，今後，スウェーデンの経営や生産システムさらには働き方がどうなっていくのか，注目される。

第Ⅰ部　「日本的経営」と「スウェーデン的経営」

　国づくりをするうえでもっとも重要な「人づくり」、そのために必要な教育や労働へのモチベーションを欠いたままで、一国レベルで産業・企業を発展させ、「福祉国家・社会」を創造することはできるのであろうか。日本は、それが今、問われている。

【参考文献】

R. リッカート（三隅二不二訳）(1968)『組織の行動科学』ダイヤモンド社。
A. H. マズロー（小口忠彦訳）(1987)『人間性の心理学―モチベーションとパーソナリティー（改訂新版）』産業能率大学出版部。
穴見明（2010）『スウェーデンの構造改革―ポスト・フォード主義の地域政策―』未來社。
イエスタ・エスピン＝アンデルセン（大沢真理監訳）(2011)『平等と効率の福祉革命』岩波書店。
イザベラ・マレス（2007）「企業と福祉国家―経営者にとって社会政策が重要となるのはいつか、なぜか、そしてどのようにしてか―」（ピーター・A. ホール，デヴィット・ソスキス『資本主義の多様性』ナカニシヤ出版）。
井上誠一（2003）『高福祉・高負担国家　スウェーデンの分析』中央法規。
イリス・ヘルリッツ（2005）『スウェーデン人』新評論。
岩田龍子（1977）「第10章　日本的経営組織のインセンティブ・システム」（同『日本的経営の編成原理』文眞堂）。
内野さんの労災認定を支援する会（2008）『内野健一さん過労死裁判勝利報告集　夫のがんばりを認めて!!―トヨタに立ち向かった妻の記録―』。
F. ハーズバーグ（北野利信訳）(1968)『仕事と人間性―動機づけ＝衛生理論の新展開―』東洋経済新報社。
F. J. レスリスバーガー（野田一夫・川村欣也共訳）(1965)『経営と勤労意欲』ダイヤモンド社。
大沢真理（2007）『現代日本の生活保障システム―座標とゆくえ―』岩波書店。
大瀧雅之（2011）『平成不況の本質―雇用と金融から考える―』岩波新書。
翁百合・西沢和彦・山田久・湯元健治（2012）『北欧モデル―何が政策イノベーションを生み出すのか―』日本経済新聞社。
神野直彦（2007）『教育再生の条件―経済的考察―』岩波書店。
クリス・アージリス（伊吹山太郎・中村実訳）(1970)『組織とパーソナリティー（新訳)』日本能率協会。
訓覇法子稿（2011）『世界』2011年3月号。
伍賀一道・西谷敏・鷲見賢一郎・後藤道夫編著（2011）『ディーセント・ワークと新福祉国家構想』旬報社。
佐藤博樹・藤村博之・八代充史（1999）『新しい人事労務管理』有斐閣。

猿田正機（1995）『トヨタシステムと労務管理』税務経理協会。
猿田正機（2007）『トヨタウェイと人事管理・労使関係』税務経理協会。
猿田正機（2013）『日本的労使関係と「福祉国家」』税務経理協会。
DIAMONDO ハーバード・ビジネス・レビュー編集部・編・訳（2005）『動機づける力』ダイヤモンド社。
ダグラス・マグレガー（高橋達男訳）（1970）『企業の人間的側面』（新版，産業能率短期大学出版部）。
遠山哲央（2008）『北欧教育の秘密』つげ書房新社。
内閣府経済社会総合研究所編（2005）『スウェーデン企業におけるワーク・ライフ・バランス調査』。
P. F. ドラッカー（2006）『現代の経営 新版』ダイヤモンド社。
広井良典（2006）『持続可能な福祉社会―「もうひとつの日本」の構想―』ちくま新書。
森五郎編著（1955）『現代日本の人事労務管理―オープンシステム思考―』有斐閣。
レグランド塚口淑子（2012）『女たちのスウェーデン―"仕事も子供も"が可能な国に40年―』ノルディック出版。
レグランド塚口淑子編（2012）『「スウェーデン・モデル」は有効か』ノルディック出版。

第Ⅱ部

「国民の家」をめざしたスウェーデン社会

第4章
ジェンダー平等：女性が活躍できる国

はじめに

　スウェーデンのジェンダー問題については，アリス・リュツキンス（中山庸子訳）『スウェーデン女性史1～3』（学芸書林，1994年）やエレン・ケイ（小野寺信＋小野寺百合子訳）『［改訂版］　恋愛と結婚』（新評論，1997年）の翻訳書をはじめレグランド塚口淑子『新版　女たちのスウェーデン』（ノルディック出版，2006年），岡澤憲芙『男女機会均等社会への挑戦—［新版］おんなたちのスウェーデン—』（彩流社，2014年）や丸尾直美，カール・レグランド，レグランド塚口淑子編『福祉政策と労働市場』（ノルディック出版，2008年）所収関係論文など徐々に研究も蓄積されてきており，日本人にもその様子がかなり理解できるようになってきている。

　本著で，ジェンダーを第一に取り上げるのは，「福祉国家・スウェーデン」は女性の活躍を抜きに論ずることはできないと考えるからである。それは「女性差別大国・日本」の今後を考えるうえでも避けて通れない課題である。

　スウェーデンでは，1960～1970年代の経済発展期の労働力不足のなかで，女性の労働市場への参加は急速に進んだ。その後，年齢階級別女性労働力率は，日本がいわゆる「M字型曲線」を描くのに対して「逆U字型曲線」となり，ほとんどの女性が男性と同じように社会に出て働くようになっている。

　1961年のエヴァ・モベリの「家事と育児に専念する専業主婦は無能の代名詞である」に始まる「専業主婦論争」が，労働力不足を背景に，社民党の政策と相まって女性の社会への進出を加速し，「専業主婦」のいない社会の実現へと導くこととなった。ジェンダー平等は「性別役割分業」（＝性役割二元論）や「性別職務分離」克服のたたかいを通じて前進するが，それには税制改革を含

む「世帯単位社会」から「個人単位社会」への転換が大きく貢献した。

1　女性の労働市場への進出

　年齢階級別女性労働力率の各国比較は**図4-1**のごとくである。スウェーデンと日本の違いが際立っている。日本の場合には，年齢階級別に女性の労働力率を見ると，学校を卒業後いったん就職し，結婚・出産後に退職をし，子どもの手が離れるとパートなどの非正規雇用で再就職をするという，いわゆる「M字型」曲線を描いている。それに対して，スウェーデンの場合には，学校卒業後は退職年齢までずっと働き続けるという，いわゆる「逆U字型」曲線を描き，日本とは対照的である。

　スウェーデンの場合，教育，医療，介護，事務処理・管理業務などのパブリックセクターの仕事が女性の社会参加の突破口となった。家庭のなかで私的な仕事としてアンペイド・ワーク（無給労働）で働いていた仕事が社会化されペイド・ワーク（有給労働）となっていく。

　また，政治の世界が率先して女性を受け入れていく。比例代表制という選挙制度の下で，順番制度「女男交互リスト」を各政党が利用するようになり，女性議員の政界進出が急速に進んだ。その結果，政策決定過程への女性参加も著しく進むことになる。

　なかでも，女性の経済界への進出は遅れている。「経済界はいまも男性社会の論理」（岡澤憲芙，1993）と言われたが，ノルウェーが企業の管理職にクウォーター制を導入した影響も大きく，現在では，スウェーデンの女性比率も世界的にみてかなり高くなっている。

　女性の労働市場への進出が進んだ背景には，LOなどの労働組合や社民党が進めた教育・労働・生活環境や女性環境の整備がある。

2　教育・労働・生活環境の整備

　スウェーデンの場合には，ほとんどの女性が働いているため，働く環境や施設・設備の整備が，日本と比べて著しく進んでいる。たとえば，生活環境とし

第4章　ジェンダー平等：女性が活躍できる国

図4-1　年齢階級別女性労働力率

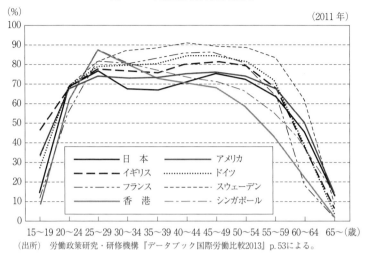

(出所)　労働政策研究・研修機構『データブック国際労働比較2013』p.53による。

ての保育所は整備されており，ほとんどの保育所は朝6時半から夕方6時半まで開いている。

　まず第1に，日本と決定的に違うのは労働環境である。労働運動の強力なサポートの下で，下記のように，労働条件が大幅に改善された。かつてのボルボのカルマル工場やウデバラ工場のように，新しいシステムの下での「労働の人間化」や「ディーセント・ワーク」が追求されてきた。

①短い労働時間
②長期の有給休暇と完全消化＝無理なく働ける環境
③両親保険（出産の喜びと苦悩の平等分担，1974年）
④妊娠中の部署移動申告制度
⑤出産・育児休暇
⑥児童看護休暇制度
⑦労働時間選択制度（育児用勤務時間短縮制度）
⑧傷病手当制度
⑨近しい人の最期を看取る休暇
⑩児童看護休暇制度

第2に，教育環境の整備が重視された。これらの教育条件はすべての国民に

共通した普遍的な制度であるが，女性の社会進出や経済・経営的な人的資源の育成の面からも奨励された。
　①教育休暇制度
　②学生ローン制度
　③労働経験大学入学制度
　④学習サークル制度
　⑤自立・自律教育
　第3に，女性環境の整備である。女性が不利にならないようにさまざまな政策的配慮がなされた。
　①出産・中絶自己決定権
　②姓の継続・選択制度
　③同棲法
　④離婚自己決定権
　⑤男女機会均等オンブズマン
　第4に，生活環境の整備である。子育てや老後の年金保障までもが整えられている。
　①保育所の設置
　②児童養育補助金
　③老齢年金
　そして，決定的に大きかったと言われている制度改革が，第5の政治・地方自治体の選挙制度改革と国による1971年の税・年金の個人単位化であった。所得税の「夫婦合算課税」から「個人別納税方式」への変更は女性の社会進出を一気に進めることになった。
　では，スウェーデンで女性環境の整備が進んだ背景には何があったのか。それを簡単に見ておきたい。

3　女性環境整備の背景理由

　女性の教育・労働・生活環境の整備は女性解放運動だけでなされたわけではない。たとえば，1960年代の経済の好況期に女性労働力を利用する政策を議会

が採用し，それを労働運動や女性解放運動がバックアップした。これらが相互に支え合って現在のスウェーデンのシステムが出来上がっていると見てよいであろう。その際，場当たり的ではなく，論理一貫した環境整備施策が必要である。

経済的背景
　①経済の好調＝労働市場が新規労働力の参加を要請
　②産業構造の変容＝女性職場の増加
政治的背景
　③議会政治の長い伝統（社民政治，選挙制度）
　④税制改革＝個人別納税制へ
労働運動の成果
　⑤労働環境の整備＝無理なく働ける労働環境
　⑥福祉環境の整備＝安心して働ける労働環境
女性解放運動
　⑦参加を求める世論の盛り上がり＝専業主婦制度の崩壊へ
　⑧意識革命＝伝統的な性役割二元論（「男性＝社会活動／女性＝家事労働）への挑戦

　ジェンダー平等の推進には教育・労働・生活環境の整備は欠かせない。スウェーデンの女性環境の整備水準はきわめて高い。その恵まれた環境が一層女性の社会参加を促進している。

　とりわけ人生を左右する教育の平等は政治に課せられた中心的な課題と言ってよいだろう。スウェーデンでは，今では日本でもよく知られているように，教育の平等・無料化が行われている。また，職業と教育の間を行き来する（リカレント教育＝教育，就職，転職・休職・再教育）ことも比較的容易である。いったん就職した場合でも，労働経験大学生制度＝「25：4ルート」により，勤務を中断しての進学は日本と比べるとはるかに容易である。スタンドイン（リリーフマン）制度がしっかりしており，フリーイヤー（サバティカル休業，2005年施行）などの実験も試みられている。

　スウェーデンでは，女性の経済的自立が重視されており，女性が自らのライフサイクルに合わせて求職・転職できる環境が整備されている。つまり，ある

程度働いた後で新たな資格や技能を身につけるために休職することを認める制度や、そのための教育プログラム（自治体の運営する「成人学校」や「職業訓練プログラム」）および奨学金制度が整備され、中途採用の受け入れ体制も整っている（レグランド塚口淑子，1988, pp. 153-159, pp. 168-177）。

　女性も子どもを産む場合、むしろ働いていなければ損なようなシステムになっている。有給の育児休暇や介護休暇、そして保育所の整備などは無論であるが、両親休暇中にパートで働いても、パート労働は同一価値労働同一賃金で時間あたり賃金は同一である。また、子どもには児童手当や住宅手当が用意されている。ワーク・ライフ・バランスやワーク・ファミリー・バランスの取り組みも、後に触れるように、日本と比べるとはるかに進んでいる。社会福祉は働く女性のセーフティネットと言える。

4　男女平等政策：農業社会から工業社会へ

　男女平等へ向けた環境整備の歴史的流れを年代順に簡単に記すと次のようであった。

【女性環境整備の歴史】
1842年　教育改革：すべての国民を対象とした6年制の初等教育の義務化
1859年　教育改革：初等教育のレベルでは女性でも教師になれる権利
1864年　職業選択の自由：女性もすべての種類の職業訓練教育を受ける権利
1870年　女性に大学進学許可
1873年　女性運動の拠点（既婚婦人権利の会，フレデリカ・ブレメル協会）結成、大学は神学、法学部などを除き、門戸開放
1903年　政治的権利の要求《女性の政治的投票権のための全国連盟》結成
1917年　国立の教育機関を少女に開放
1920年　妻の地位向上：婚姻法，実態はともかく，妻と夫の平等の法的・経済的基盤の明文化
1921年　女性の普通選挙権
1922年　最初の女性国会議員誕生（5名）

第4章　ジェンダー平等：女性が活躍できる国

1925年　女性でも国家公務員になれる権利を獲得
1927年　国立の中等学校の女子学生への開放
1931年　出産保険の導入
1935年　男女で同じ国民基礎年金の導入
1939年　婚約・結婚・妊娠・出産を理由にした解雇の禁止

　第2次世界大戦が終了した頃から，社民党政権下で，女性と社会の関係について活発な論争が展開された。その論点は，女性にとって，家庭内活動と家庭外職業活動はそれぞれどのような意味を持つのか，そして，両立させるためにはどうすればよいのか，という点であった。そして，以下に見るごとく，ジェンダー平等のための政策は戦後，急速に進展した。

1945年　環境の整備，6か月の妊娠・出産休暇，ただし休職中の所得補償なし
　　　　女性が従事できる職種が大幅に拡大
1946年　最初の女性大臣誕生，国家公務員に同一労働同一賃金を導入
1950年　父母ともに子どもの保護者となる
1954年　妊娠・育児休暇制度の改善：3か月の有給休暇制度
1960年　経営者団体SAFと労働組合LOが，5年以内の女性専用賃金の廃止決定
1961年　同一労働同一賃金に関するILO決議を採択
1969年　性の平等を公立校の教育目標として設定，アクションプログラム
1960年代後半　労働組合の積極的対応
1970年代初頭　政党の対応
1971年　所得税の夫婦合算課税から個人別納税方式へ変更
1974年　両親保険：合計12か月の出産・育児（所得補償）休暇，権利行使は8歳まで留保可能
1975年　妊娠中絶・出産決定権＝女性の権利
1976年　自家営業夫婦についても，所得合算方式→個人別納税方式
　　　　〈政府の対応・機会均等規則〉
　　　　①特定の性の過少代表の禁止

②特定の性の過剰代表の禁止
③パブリック・セクター内での機会均等政策の継続的追求（ガイドライン：40％）

1977年　SAFとLOの間で機会均等協約
　　　　労働経験大学生制度＝「25：4ルール」
1979年　多数女性の政界進出
1980年　労働生活における男女間の機会均等に関する法律。地方自治体で機会均等協約，男女雇用機会均等オンブズマン
　　　　王位継承法で性別によらず第一子が王位継承者となる
1982年　名前法。夫婦別姓を選択できるようになる
1984年　国家公務員に機会均等協約
1987年　同棲法
1988年　機会均等に関する国家行動5か年計画に関する国会決議
1992年　機会均等法（1992年1月1日施行）
1994年　機会均等の視点による統計が公式統計になる。機会均等の新国家政策に関する国会決議
1995年　育児休暇のうち1か月が父親のみ取得可能になる
1998年　機会均等法でセクシャルハラスメントに関する規定強化
2000年9月　スウェーデン労組連合LO委員長に女性就任
2001年　機会均等法で賃金の機会均等分析に関する規定強化
2002年　育児休暇の日数延長。父親のみ取得できる日数も延長
2006年　機会均等政策の新目標に関する国会決議
2009年　差別対策法。機会均等法廃止

　この歴史的流れを見ると，米ソ冷戦下で，資本主義対社会主義という対立図式で世界を見ていた日本人にとっては，短期間でのスウェーデンの女性環境の著しい整備状況には驚嘆させられるであろう。
　なかでも重視されたのは男女平等教育である。スウェーデンの男女平等教育の特徴は，「男女教育機会の実質的均等の実現を目指す教育」制度である。現在では，すでに，制度的には教育機会は完全に平等に開かれているにもかかわ

らず，なぜ男女が異なる選択をするのか，その理由が真剣に追求されている。

スウェーデンの男女平等教育から学ぶとすれば，「男女不平等とは性により個人の生き方を限定・阻止するような制度・組織・慣習・言動・意識であって，差別が歴史的に女性に圧倒的に多いということはあるが，男女双方あらゆる人間の基本的人権の問題である」(朴木佳緒留, 1999, p.41) ことを認識し，「現実の社会にある男女の格差をなくすため，暗黙のうちに女子の能力の発達を制限している日常的な教育活動全般について，組織的に見直し，子ども一人ひとりが性による制限から解放され，自己の能力を発揮できるようにすること」(朴木, p.40) であろう。

男女平等政策は，スウェーデンの家族政策・家庭政策をも大きく変えた。女性のライフスタイルについては，第5章「家族」で詳しく見るごとく，同棲，結婚，出産，育児，離婚，再婚，再々婚など日本に比べて多様である。離婚した場合には養育しない方の親（多くが父親）に養育費の支払いを国が義務づけている。払えない場合，国が「先払養育手当」を支給し，払わない親に請求することになる。子どもが同居していない方の親と会う権利が保障されているので，父母の家庭を行き来することも少なくない。このような家族のあり方は，個人単位の税制・年金や児童手当金，住宅手当金によって経済的に支えられている。

5　女性解放の歴史

(1) 1920年代までの女性環境

岡澤憲芙『男女機会均等社会への挑戦』（彩流社，2014年）の引用にも見られるように，1920年代以前には，「女性哀話」とも言うべき状況が蔓延していたことが，アリス・リュツキンスの著書からもうかがえる。それを知ることにより，スウェーデンが，現在の労働・女性環境になるまでには労働・政治運動や女性運動の貢献が，いかに大きかったかが分かるであろう。岡澤の著書の一部との重複も厭わず引用しておきたい。

「若い女性にとって結婚市場は非常に厳しい状況だったので，もし求婚者が現れたならばありがたく後見人の言うことを聞いて，お礼のお辞儀をするしか

なかった。

　結婚しない女性の価値はほとんどないも同然。結婚した女性は夫の地位，収入，階級によって価値を計られた。女性はそれ自身としての価値をもたなかった。……両親が，娘を『被害に遭わないように』監視するのも，それなりの理由はあった。当時まだ有効であった1934年法は，妻が処女でない，つまり結婚式の前に性経験をもっていたことがわかったら，男は6カ月以内ならその娘との結婚を解消する権利がある，という婚姻法の条項があった。

　聞いて驚かないでほしい。この法律，実に1919年まで通用したのである」（アリス・リュツキンス，1994，p.20）。

「一方，工場へは女性たちが仕事を求めて殺到した。おもに繊維産業であったが，そこでの給料は少なくみじめなもので，生活していくにはとうてい足りなかった。

　最悪の労働条件で給料も悪い仕事は，昔から女性でも就けた職業，つまり建築現場の作業，炭鉱・工場労働，船頭，掃除婦，居酒屋の給仕などであった。

　1840年代，ストックホルムに住む女性のうちたった四分の一しか結婚しておらず，四分の三は自活しているか，あるいは誰か他の者の厚意に頼って生きていたのである。……女性にも門戸が開かれていた職業はわずかであったので，餓死したくなければ，昔から存在した女性なら制限なく就けた職業，売春にはしるしかなく，そういう女性は非常に多かった。その結果，婚外子の数はうなぎ登りに上昇した。40年代，ストックホルムで生まれた子の実に75％が，婚外子であった。概して，子の父親から援助が届くことはなかった」（リュツキンス，p.63）。

　1900年前後に，あまりの貧困からアメリカへの大量移民が発生するが，「移民によって，人口は激減した。20世紀に入る前後には，約百万人という数字にもなったのである。そんななかでも最もしわ寄せを受けたのは，やはり女性である。未婚の男性が大挙して移住して行ったが，未婚の女性はごく少数に限られていた。したがって女性人口の過剰というアンバランスが再度生じた。1920年代になるとわが国がこれまで経験したことがない異常事態となり，かつてアンバランスが問題となった1850年代よりもさらにひどかった。地方人口の激減現象を加速したもう一つの要因は，だれもが工場のある都市へと流出していっ

たことである」(リュツキンス，p.241)．

　移民と人口の都市への流出が女性を苦境へ追い込むことになる．臨時日雇い（「土地プロレタリアート」）の苦境も詳しく記されているが，この制度が，廃止されたのは，やっと1935年になってからのことで，いわゆる「賃労働者」がそれにとって代わった．

　「工場に仕事を見つけた者は，最初，条件がいい，とよろこぶ．しかしそのうちに，洞窟のなかの地下工場にまっさかさまに落ちてはまりこんだことに思いいたる．女たちはほとんどが，生活に必要な最小限のものをまかなえるほど給料をもらっていなかった．

　工場労働は，女たちをそれまでの生活とまったく違う世界に引っ張り出すものである．その変化はあまりにも大きく，不安にさせられる．特に田舎からやってきた娘がそうであった．工場には，働くことを楽しいと思わせるなにかがまったく欠けていた．工場労働は単調で，神経に負荷がかかる．労働時間は長い．毎週5日間は，10時間から12時間も働かされた．土曜日は9時間から10時間の労働である．日曜日以外に休暇をとる，などという話はどこにもない．くる年も，くる年も，同じように，体の続くかぎり，工場労働者は機械のそばで手を動かし続けた．

　労働者はどこで働いていても奴隷状態と変わりなかった．たとえば，食事は工場の台所ですること，という労働協約があったりする．湯気がもうもうとたちこめる台所である．いやがってそこで食べない者も，食べなかったぶんの食費，粗末な食事の経費相当額を，給料からさし引かれた．

　言語道断の精神的暴力も日常茶飯事であった．こんな例もある．火災に遭った工場の女工たちが，その工場の建設現場で再建作業を手伝わされた．その仕事の給料は支払われないままである．そして，工場が完成し，ふたたび活動を開始したとき，その女工たちは二度と採用されなかった．

　奴隷的状況と変わりなかった．雇用者のあいだには互いによく連絡し合ってつくられたブラック・リストがあって，雇うには好ましからぬ失業者の名が一見してわかるようになっていた．

　朝の6時，街工場の鐘が夜の静けさを粉々にうち砕くころ，工場に向かう労働者の大群が道路を占拠する．ガス灯の光に照らされたかれらの顔は，血色が

悪い。『洞窟の地下工場』に吸いこまれていく労働者たち。女たちはショールに身をくるんでいる。子どもは震えたままとり残される。栄養失調の子どもたち。家のそばのドブや，ネズミが走りまわり汚物樽がころがるような，濡れて足場の悪い空き地だけが遊び場だ」（リュツキンス，pp. 250-251）。このような女性は，男たちが仲間に入れてくれず，労働組合からも排除されたという。

　事務系女子労働者の状態も決して良いものではなかった。

　「よさそうに見える世界も，他の社会グループと同じこと。かつて『不幸なスウェーデンの主婦』が書いたように，無防備な娘たちは，いつ捕まえられるかわからない獲物のような状態だった。

　事務系女性の搾取はいつまでも続き，しかも巧妙だった。薄給，差別，昇進の可能性ゼロ。

　事務職に対する私企業の指示書には，事務職員の服装に関する項目があって，質素で適切であるように，と書かれていた。

　30分の朝食休憩があったが，そのあいだ，仕事をほったらかしにしてはいけないことになっていた。

　たいがいの女性は，いわゆる通常学力があった。つまり，中学以上の教育を受けていた。商業学校で1年か2年，タイプを習っていたり，国語か2，3の外国語の速記を勉強していた。

　労働時間は9時から6時まで，残業しても支払われない。

　給料は家から通う，いわゆる家つき娘が基準になっていた。月に25クローナをそれほど越えることはない。上司は職を求めてやってくる者の外見，かわいいかかわいくないかをまず問題にし，成績は二の次であった。

　ちょっとでも逆らおうものなら，追い出された。今世紀初め，フレドリカ・ブレーマー協会が先導して，女性事務職者協会が設立されている。最初の頃は加盟者がたくさん集まり盛況だったが，口うるさい女性事務員はクビだということがよく起こったので，次第に尻つぼみになっていった。そのため，女性事務員は万一のときに頼れる基金をまったくもてなかったのである。結婚すれば，あるいは不幸にも妊娠したりすれば，職場を追われた。

　そのうえ，職場の照明が不備だったので，長いあいだには目を悪くした。背中を痛める姿勢になる机や椅子に座らされたので，そのうち障害が決定的にな

る。そうなると，雇用者からも国からも何の保障もないまま職場を去り，さらに貧困の淵へ落ちていくしかなかった。

　女性事務職員の働く環境は，いかにも非人間的であった」（リュツキンス，pp. 312-313）。

（2）　女性解放運動
①第 1 次女性解放運動（1900年前後）
　一般市民の参政権を要求する市民運動並びに労働組合運動の興隆期で，女性解放運動は幅広い民主化運動の一環として進められた。中心となったのは中産階級出身の女性で，男性と同等の成人権や教育，就業機会の獲得などを目的としてたたかわれた。

②第 2 次女性解放運動（1960年代終盤）
　1968年の学園紛争が契機となり，資本主義社会と家父長制社会制度の両方から二重の抑圧を受けているとし，それからの解放を目指し，女性解放運動は全国へ波及した。

　当時の典型的な革新派女性解放グループが〈グループ 8 〉で，徹底したアンチ体制派で男性の加入は禁止とされた。既存の組織機構を真似た組織づくりを避け，ヒエラルキーのない地域単位による小集団を活動の母体とした。

　女性を商品化するポルノ産業も攻撃対象とし，1974年の 3 月 8 日（国際婦人デー）の前夜は，スウェーデン，デンマーク，ノルウェーの北欧 3 か国統一アクションでポルノ広告を攻撃した。レグランド塚口淑子は次のように指摘している。「それから日がたち，気がついたら〈グループ 8 〉はいつの間にかなくなっていた。しかし，彼女たちの運動の功績が様々な形で実を結んでいる」（レグランド塚口，2006，p. 131）。それはそこでの指摘が各政党の政策として吸収されたからである。

　たとえば，1970年の〈グループ 8 〉の会としての要求項目は，①職場における平等，②専業主婦の職業訓練の機会並びに失業保険手当の支給，③成人学校で学ぶ者に対する経済的保障，④パートタイマーの法的保護，⑤保育施設の拡張，⑥中絶や分娩の権利，⑦義務教育並びに高校教育用男女平等カリキュラムの新設，⑧両親保険の導入などであった。これらのほとんどは十数年後には，

制度化されていて当たり前の事柄になっていたという。

1972年にパルメ首相が「平等委員会」を設置し，平等大臣，平等法，平等オンブズマン設置の先がけをつくる。1980年になって，男女雇用均等法が制定され，男女雇用機会のためのオンブズマンが制度化される。多くのアングロサクソン諸国に比べて，スウェーデンで男女雇用機会均等法の導入が遅れた一つの理由は，高度に組織化された労働市場の特性と，労働市場の組織自体がそのような問題は政府干渉なしに労使間で解決すべきであるという共通の見解が存在したためであろう。スウェーデン政府の主な狙いは，むしろ女性の労働力供給に影響を及ぼすことにあった。

第2次女性解放運動で一番変わったのは，直接，運動に参加しなかった一般女性と言われる。彼女たちは職場進出，経済力の獲得により離婚を怖れる必要がなくなったからである。仕事と家事育児の二重労働から自らを解放するとともに，夫の家事育児参加についての意識改革を促した。いわゆる「新民主主義時代」の到来である（レグランド塚口，2006, p.132）。

女性の自立・自律は，結果として，「二人労働」と「二人納税者」が実現し，税制の個人単位化は社会保障の充実に大きく貢献することになる。また，女性の社会進出は子育て・介護の社会化を必然的に伴うこととなった。

6　ワーク・ライフ・バランス

高橋美恵子は「スウェーデンのワーク・ライフ・バランス」について調査しているが彼女によると次のようである（高橋美恵子，2011）。

先進福祉諸国においても，ワーク・ライフ・バランス（WLB）が進んだ国として知られるスウェーデンが両立支援型の社会を構築した背景には，1970年代に入り従来の性別役割分業を基盤とする社会保障システムから夫婦共働き型へとシフトさせた経緯がある。「男性も女性も，仕事，家事，家庭，社会における活動に関して，平等の権利と義務及び可能性をもつ」という平等理念に基づき，男女とも配偶者・子どもの有無にかかわらず，家庭と仕事の両立ができるよう，労働環境が整備されてきた。女性の労働市場への参画と男性のケアワークへの参加というレトリックは，約40年にわたり，同国の家族政策と平等政策

の基軸となっている。1974年に育児休業法を男性に適用させ、世界に先駆けて父親が育児休業（父親休業）を取得できる制度を導入した。

エスピン＝アンデルセン（1990）が、労働者の「脱商品化」レベルの高低を主軸として行った福祉国家の類型化——①社会民主主義的福祉国家レジーム、②自由主義的国家レジーム、③保守主義的福祉国家——と、ジェンダーの視点により、男性稼得者イデオロギーの強弱を軸に類型化したジェンダー・レジームを基にして双方を照応させた、チャン・ジョンによる分類を参考にして高橋が作成したという**表4-1**によると、スウェーデンと日本の違いは一目瞭然である。また、両国の就労状況や生活満足度もかなり差が見られる（**表4-2**）。

女性の解放が、仕事の権利と経済的自立によりなされるのに対し、男性の解放は、積極的で公平な親としての家庭参画であった。男性の解放なしには、女性の解放も成しえない。育児休業制度における父親への割当制度、いわゆる「父親の月」の導入が、男女双方にとっての「二重の解放」であった。つまり女性はケアの担い手であると同時に働き手となることができ、男性は働き手であると同時にケアの担い手にもなることができるからである。

今日のスウェーデンが掲げるWLB施策の基本軸の一つは、子育て環境のさらなる改善を目指した両立支援である。働く親の視点からだけではなく、子どもの権利の視点から親のWLBを考えるというもので、2009年上半期にEUの議長国を務めた際も、子どもの視点に立ちWLBを議論する場を設けるなど先駆的な試みを行った。

WLBを男女平等の視点からだけではなく、子どもの視点から捉えるべき、という問題意識は、同国で育児休業制度を父親に適用するという1970年代の段階において、すでに議論されていた。つまり、子どもの視点は、男女平等の視点と併存していた、と言えよう。1995年に1か月の育児休業を父親に割り当てる、いわゆる「父親の月」が導入された際も、子どもの視点は重要な位置を占めていた。

2006年10月に政権の座についた中道右派4党連合（現在は、社民党を中心とする中道左派政権）は、育児休業の父母での分割が均等であるほど、手当てを加算する「平等ボーナス制度」（子ども1人あたりの年間最高額1万3500クローナ）と、就労せず家庭で子育てをする親を対象に、月額3000クローナ（税抜き）支

表4-1　福祉国家レジームとジェンダー・レジームによる各国の位置づけ

	社民主義・普遍主義	保守主義・組合主義	自由主義・市場指向
男性稼得者イデオロギー：弱い	スウェーデン, デンマーク ノルウェー	オランダ	アメリカ
男性稼得者イデオロギー：中庸		イギリス, フランス	韓　国
男性稼得者イデオロギー：強い	―	ドイツ	日　本

(注)　高橋美恵子，2011, p.3による。
(出所)　チャン，2007の分類に基づき，Lewis & Ostner (1994) に準拠し，筆者が一部加筆・修正して作成。

表4-2　5か国の就労状況と生活満足度

	日　本	スウェーデン	イギリス	オランダ	ドイツ
就労者1人あたりの年間平均労働時間（2009年）	1714時間	1610時間	1646時間	1378時間	1390時間
1999年の平均労働時間との差	−96時間	−55時間	−40時間	＋17時間	−102時間
3歳未満の子どものいる女性の就労率（2008年）	29.8%	71.9%	54.0%	75.0%	55.20%
勤務時間の柔軟性(裁量労働制かフレックスタイムの適用者：コアタイム有り・無しのいずれも)*	―	64.1%	49.9%	59.8%	39.10%
超過勤務時間の有給休暇への置換えが可能な者（1日単位かそれ以上の日数）**	―	46.0%	21.0%	23.0%	39.0%
組合組織率（2007年）	18.3%	70.8%	28.0%	19.8%	19.9%
失業率（2010年11月）***	5.1%	7.8%	7.8%*	4.4%	6.7%
生活への満足度の平均値(0-10のスケールで，高いほど満足)	5.9	7.5	6.8	7.6	6.5

(注)　高橋美恵子，2011, p.4による。
(出所)　OECD database（*参考資料：Fourth European Survey on Working Conditions (2005), **参考資料：Establishment Survey on Working Time, 2004-2005, ***イギリスは2010年9月の数値）。

給する「養育手当制度」を導入している。これら二つの施策は，理念上相反するように見えるが，政府は，家族の選択の自由度を高めるのが第一の目的であると指摘している。

　高橋美恵子は「スウェーデンのワーク・ライフ・バランス」調査・研究の結果を次のように述べている。「スウェーデンでは，社会と企業いずれのレベルでも『男女共同参画』が実践され，性別にかかわらず家庭との両立を想定した働き方が一つの標準と位置付けられているため，働き方の『多様性』と『柔軟性』を可能とする基盤が形成され，個人のWLBの実現度が高いことがわかる。同国の経験は，柔軟な働き方が選択できる環境において，個人の潜在能力が高

まり，自己のWLBの達成を促すというメカニズムの存在を示唆している。さらに企業へのヒアリングの結果から，スウェーデンの職場レベルでの働き方やマネジメントにおける特徴として，『責任の下での自律』と『信頼関係』という二つのキーワードが導き出された」（高橋美恵子，2011，p.1）。

7　労働における女性と男性

　カール・レグランド，レグランド塚口淑子は，「労働市場でみられるジェンダー化された就業構造は，無償の家庭労働を考慮せずして完全には理解できない。われわれは日本とスウェーデンの最も著しい相違は，有償労働と無償労働の区分の仕方，これら二つの領域内での性別分業に関係がある」（カール・レグランド，レグランド塚口淑子，2008，p.174）と仮定して両国の比較をしている。

　平均的な1週間の行動は「第一次活動」（睡眠，食事，パーソナルケアのような生理的に必要な活動），「第二次活動」（「家族または社会の一員」として実行しなければならない活動をカバー。市場労働，学業，通勤または通学，家事，看病，保育，および買い物など），「第三次活動」（「自由時間」：休憩，休息，スポーツ，趣味，社会活動，休暇旅行）からなる。レグランドは調査をもとに次のように述べている。「予想外だったことは，日本の女性もまたスウェーデンの女性よりも平均的に市場労働により『多く』の時間を費やしていることである」。「より注意深い結論は，少なくともスウェーデンの女性は，日本の女性よりも市場労働に多くの時間を費やしていないということである」（レグランド，レグランド塚口，p.177）。

　さらに性別の有償労働と無償労働についても計測結果として，次のように述べている。「われわれはまた，有償労働と無償労働の性別分業も計測した。われわれの計算によると，スウェーデンの女性は全有償労働のおよそ41％を占める一方，日本の女性の有償労働は幾分少ないが比較的大きなシェアを占め，35％である。無償労働に関しては，日本の男性はわずか8％であるのに対して，スウェーデンの男性は家事の37％を占めている。その結果，われわれの結論は，日本では有償労働が男性の分野であるという一般的な信念にもかかわらず，日本の女性もまたそのような有償労働の実質的なシェアを占めているということ

である。それに加えて、彼女は家族で無償労働のほとんどすべてをも行っている。日本の女性の二重負担、われわれのデータからかなり明白である」。

カール・レグランド、レグランド塚口淑子は、調査結果を次のように要約している。「一般に、日本人の労働（20歳から64歳）は、スウェーデン人よりも有償労働でかなり多く働いている。日本人は通勤や通学にも長時間を費やしている。他方では、スウェーデン人は家事労働に少し多くの時間を費やしている。さらに、どちらかといえば、スウェーデン人が家庭における『無償』保育に費やす時間は日本人ほど少なくない。公的に組織された保育がスウェーデンでははるかに進んでいることを考えると、これは驚きであろう」（丸尾直美他編、2008、p. 180）。

そして、結論（レグランド、レグランド塚口、pp. 191-195）として、次のように述べている。日本とスウェーデンの女性労働を比較する時の主な調査結果と議論は、ここでは、労働市場への進出、アンペイド・ワーク、労働市場の分断の三つに要約される。第1は、女性の労働市場への進出であり、第2の「アンペイド・ワーク」に関しては非常に興味深い指摘をしている。

「女性は無償の家事労働に主たる責任があり、男性は市場での有償労働に主たる責任があるという点で、両国にはかなりの程度、労働の性別分業があるが、日本ではより強く見られる。日本の女性は、家事労働や子どもと高齢者関連でかなり多くの責任を負っている。しかしながら、一般の見方とは逆に、日本の女性は家事・育児の責を負うだけではなく、市場で行われる総労働のかなりの部分も行っていることがわかった。われわれの推計に従えば、日本の女性は、家庭内での無償労働の92％に加えて、すべての有償労働の35％を行っている。それに対応するスウェーデンの女性のシェアは63％と40％である。

すなわち、有償労働と無償労働の両者の総労働負担を考えるとき、平均的に、スウェーデン人よりも日本人の大人のほうがずっと多くの時間を働いていることがわかる。この相違は、日本の男性はスウェーデンの男性よりもかなり長時間働くが、スウェーデンの女性が平均的に日本の女性ほど有償労働に多くの時間を費やしていないことは予想しなかったことである。特に子どものいる日本の既婚女性は一般的に長時間労働をしており、自由時間はほとんどない。」（p. 191）このように、「伝統的な性別役割分担の考えは、日本社会では頑迷に守ら

れている」。

　第3の「労働市場の偏向と労働収入―性別分業と収入―」については，①産業別・部門別分業，②職業的分業，③雇用上の身分，④企業規模，⑤性別賃金格差を分析したうえで，次のように述べている。

　「Brinton & Ngo は，『先進資本主義社会間における職業構造比較研究に，労働市場体系をも包含されるべき』と警告している。性別を撤廃しているようにみえる職業グループは，『基本的に異なる労働市場にいる男女を同等扱いしているために起こる現象であろう。日本の女性事務員は一般に出世街道にはないが，多くの男性事務員は出世軌道にある』」。

　「両国の労働市場には，非常に高度の性別分業がみられるが，日本とスウェーデンでの分業は異なる次元で構造化されている」（レグランド，レグランド塚口，p.194）。

　「スウェーデンの女性の確固たる労働市場への進出はスカンディナビア以外には見られないユニークなものであるが，職業，職場，産業間ではいまだに根強い性別分業がみられる。他の先進国のように，スウェーデンの典型的な女性労働は典型的な男性労働よりも低賃金であり，職場内教育訓練と賃金上昇の機会は典型的な男性労働よりも少ない。他の多くの国では女性が無償で行っている人のケアのような人的再生産に係わる職業に，他のほとんどの工業国よりもかなり多くのスウェーデンの女性は従事している。

　他の国々のように，スウェーデンの女性は低賃金で働く傾向があるけれども，観察されたスウェーデンの男女間賃金格差はいかなる他の先進諸国よりも小さい。これについての一つの合理的な説明は，スウェーデンの連帯賃金政策によって職種間の全体的な賃金分散が縮小し，それによって観察された男女の所得格差は小さくなっているということである」（丸尾他編，2008，pp.194-195）。

　賃金と労働条件の性別格差の違いについては，日本の場合には，女性はパートなどの非正規雇用が多く，雇用不安・低賃金で無権利状態で，しかもほとんどは未組織労働者であるのに対して，スウェーデンの場合には，比較的低賃金ではあるが，パブリック・セクターで医療・介護などの正規雇用者として働いており，その多くは労働組合に組織されていることが影響しているとみられる。

　そして最後に，「われわれの見解では，次元は異なるが，両国とも性別分業

は，労働市場での男女平等を達成するために解決しなければならない最も重要な問題の一つであることが，全体的な社会政策の課題である。」（レグランド，レグランド塚口，p.195）と指摘している。日本としては，この「次元の異なる」性別分業をどう解決していくのか，が問われていると言えよう。

おわりに

　かつて，川口弘はスウェーデンなどを意識して，「比例代表制に代表されるブルジョワ民主主義の確立があって，それが後の『福祉国家』展開の基礎となった」（川口弘稿『経済』1992年5月）と述べているが，政治の民主化がジェンダー問題にも甚大な影響を与え，「女性が変わると世の中が変わる」ことを実証したのである。現在では，経済・経営戦略としてもジェンダー平等論が主流となっている。日本にもその傾向は見られるが，民主主義の遅れがその動きを阻止している。

　スウェーデンのカロリンスカ大学教授のカースティン・フェーゲンフェルト（スウェーデン医学会初の女性会長）が1999年の「変わりゆく女性医療」の国際シンポジュウムに来日された際に語った言葉には，当時もハッとさせられたが，子どもへの虐待が頻繁に報道される今は，もっと深く胸に突き刺さる。「スウェーデンでは，避妊にピルが使われていますし，中絶も認められていますので，欲しくないのに子どもを生むということは，ほとんどありません。ですから子どもが生まれれば，それは，ほぼ100％望まれて生まれた子どもです。（編集部注・日本では出産の半分は予定外です）」（『暮らしの手帳78』1999年，2．3月号，p.112）性教育とその後の子育ては密接に関わっていることは間違いがなく，日本ももっと真剣に子どもの性教育に取り組むべきであろう（伊藤，1994，佐藤年明，2010）。

　スウェーデンのように慎重な配慮がなされているにもかかわらず，現在でも就業状態別人口比率は性別による大きな違いが見られる。その原因の一つとして考えられるのが，高校・大学進学の性別専攻別偏りであるが，教育・生活条件がほとんど同一であるにもかかわらずこの偏りは解消されていない。その結果，職業分野にも偏りが見られる。しかも，出産・育児の影響もあり，女性の

方がパートタイム雇用が多くなっている。また，欠勤率にも違いが見られることは否定できない。

　日本の場合には，パートタイム労働は低賃金・不安定・無権利労働の代名詞みたいになっており，また，103万円などの税障壁は依然として変わっていない。日本の女性のパートタイム労働は，税障壁によってむしろ促進されている。主婦の収入が103万円未満であれば老齢年金給付の権利が得られるので，女性たちはますます103万円以上の収入を得ようとしなくなる。さらに，妻の収入が103万円未満であれば，彼女は夫の扶養家族として定義され，さまざまな給付を受け取る女性は結婚して，稼得者としての夫の所得を補うための周辺労働力と位置づける税制と年金制度は，経済における人的資源の有効利用にも，人間間の平等と公平の原則に関しても多くの問題を孕んでいる。

　日本では，安倍首相が先頭に立って「総活躍社会」や「同一労働同一賃金」「保育所問題の解決」「働き方改革」などを声高に唱えているが，スウェーデンの歴史を見ても，女性活躍社会は，首相の中身のない掛け声だけで，そう簡単にできるものではないことが分かる。女性の「働き方」については，多くの西側先進諸国では，「女性（男性と同様に）は，キャリアへの保障を得るために外部の職業訓練を利用できる」が，日本では，「長期雇用と企業特有の訓練」が重視されるため，（レグランド，レグランド塚口，p.158）差別的な長期雇用と企業内教育訓練が日本女性の前進を阻むことになっている。トヨタの場合には，女性の採用自体がきわめて少ないだけでなく，男性と同じキャリアを保障される人は極端に少ない。

　最後に，スウェーデンでのジェンダー平等について，日本とは質的に異なるとはいえ，残された課題を指摘しておきたい。①女性の職種が特定職種に集中していること，②日本よりははるかに小さいとはいえまだ，賃金格差があること，③家事労働の不公平分担，④半参加・パートタイム職の壁，⑤会社の研修を受けることが少ないこと，⑥組合活動が十分にできないこと，⑦フルタイマーより昇格が遅いこと，⑧管理職ポストへの過少代表（政界，官界，労働組合，経済界，教育界）などである。

第Ⅱ部　「国民の家」をめざしたスウェーデン社会

【参考文献】
アリス・リュツキンス，中山庸子訳（1994）『スウェーデン女性史3』学芸書林。
伊田広行（1999a）「スウェーデンの男女平等─その歴史，制度，課題(1)─」『大阪経大論集　第50巻第1号』。
伊田広行（1999b）「スウェーデンの男女平等─その歴史，制度，課題(2)─」『大阪経大論集　第50巻第2号』。
伊藤裕子（1994）「性教育と『フリーセックス神話』」（岡澤憲芙・奥島芳孝編『スウェーデンの社会』早大出版）。
エレン・ケイ（小野寺信＋小野寺百合子訳）（1997）『［改訂版］恋愛と結婚』新評論。
大槻奈巳（2015）『職務格差─女性の活躍推進を阻む要因はなにか─』勁草書房。
岡澤憲芙（1987）『スウェーデンは，いま』早大出版。
岡澤憲芙（1991）『スウェーデンの挑戦』岩波新書。
岡澤憲芙（1993）「スウェーデンの女性環境」『賃金と社会保障　No.1098』（1993年1月下旬号）。
岡澤憲芙（1994）『おんなたちのスウェーデン』NHKブックス。
岡澤憲芙（1997）「女性環境」『スウェーデンハンドブック』早大出版。
岡澤憲芙（2009）「男女間連帯：女性環境」『スウェーデンの政治』東大出版。
岡澤憲芙（2014）『男女機会均等社会への挑戦─［新版］おんなたちのスウェーデン─』彩流社。
カール・レグランド，レグランド塚口淑子（2008）「労働における女性と労働─日本とスウェーデンの比較─」（丸尾直美，カール・レグランド，レグランド塚口淑子編『福祉政策と労働市場』ノルディック出版）。
木下淑恵「スウェーデンの女性環境」（2015）岡澤憲芙編『北欧学のフロンティア─その成果と可能性─』ミネルヴァ書房。
木下淑恵（2016）「スウェーデンの女性環境」岡澤憲芙・斉藤弥生『スウェーデン・モデル─グローバリゼーション・揺らぎ・挑戦─』彩流社。
均等待遇アクション21　EU男女均等政策調査団（2005）『EUからの風─進化しつづける男女均等政策─』。
佐藤年明（2010）『共生社会における性教育の現代的意義─スウェーデンの先進的事例に学ぶ─』（2007-2009年度科学研究費補助金交付研究（基盤研究(B)（海外学術調査）研究報告書）。
猿田正機（1992）「イコール・ライツ（両性平等）と人間の解放」（『イコール・ライツ』愛知労働問題研究所女性部会）。
三瓶恵子（1992）「女性と社会─男女平等への努力─」（スウェーデン社会研究所編『スウェーデンハンドブック』早大出版）。
三瓶恵子（1994）「女性の社会参加と家庭政策」（岡澤憲芙・奥島孝康編『スウェーデンの社会』早大出版）。

柴山恵美子編著（1993）『新・世界の女たちはいま』学陽書房。
柴山恵美子・藤井冶枝・渡辺峻編著（2000）『各国企業の働く女性たち』ミネルヴァ書房。
職場の人権（2010）「EU諸国の男女平等政策はどこまで進んでいるのか—スウェーデン・オランダ視察報告—」（『職場の人権　第63号』2010年3月号）。
スウェーデン中央統計局（福島利夫訳）（2008）『スウェーデンの女性と男性』ノルディック出版。
高橋美恵子（2011）「スウェーデンのワーク・ライフ・バランス—柔軟性と自律性のある働き方の実践—」（『RIETI Discussion Paper Series 11-J-040』経済産業研究所）。
竹田昌次（2005）「ジェンダー平等」（猿田正機編著『日本におけるスウェーデン研究』ミネルヴァ書房）。
富永静枝・橋本宏子（1993）「スウェーデンの育児支援策」『賃金と社会保障　No.1098』1993年1月下旬号。
名市短大生活文化研究センター（1993.11）「公開国際シンポジュウム　女性・労働・福祉—日本とスウェーデン—【記録】」「報告レジュメ集　公開国際フォーラム　公開国際シンポジュウム」。
ニニ・ハーグマン（1990）『性の脅威—職場のセクシャル・ハラスメント—』学陽書房。
日本労働研究機構（1998）『諸外国における男性の育児参加に関する調査研究』。
橋本宏子（1996）『シリーズ〈女・あすに生きる〉⑧　女性福祉を学ぶ』ミネルヴァ書房。
福島利夫（2012）「数字でみるスウェーデン社会とジェンダー」レグランド塚口淑子編『「スウェーデン・モデル」は有効か—持続可能な社会へむけて—』ノルディック出版。
朴木佳緒留（1999）「スウェーデンの男女平等教育に学ぶ」（『ジェンダーの視点から教育改革を考える』フォーラム・A，1999年2月）。
丸尾直美，カール・レグランド，レグランド塚口淑子編（2008）『福祉政策と労働市場』ノルディック出版，12月。
モード・ヘッグ，バルブロ・ヴェルクメステル（柳沢由美子訳）（1979）『スウェーデン—女性解放の手引き—』家政教育社。
リジェストローム他（槇村久子訳）（1987）『スウェーデン／女性解放の光と影』勁草書房。
レグランド塚口淑子（1988）『女たちのスウェーデン』勁草書房，8月。
レグランド塚口淑子「女性—労働を中心に—」（2002）『スウェーデンにみる個性重視社会—生活のセーフティネット—』桜井書店。
レグランド塚口淑子（2006）『新版　女たちのスウェーデン』ノルディック出版。

第5章
家族：さまざまなあり方と政策の変遷

はじめに

　最近の日本には，家族に関わる悲惨な事件が多い。ドメスティック・バイオレンス（DV）や家族の殺害，介護殺人，自死などである。介護のためやむを得なく離職をして，その後，生活難に陥る話も少なくない。いったい家族とは何なのか。子どもや老親の世話は家族がすべて背負わなければならないものなのか。このような疑問を，スウェーデンを参考に考えてみることにしたい。

　スウェーデンの家族に関する主な先行研究には，高島昌二『スウェーデンの家族・福祉・国家』（ミネルヴァ書房，1997年），善積京子編『スウェーデンの家族とパートナー関係』（青木書店，2004年）などがあり，レグランド塚口淑子も「家族とはなにか」「ふたたび家族について」（『新版　女たちのスウェーデン』ノルディック出版，2006年）などで部分的に家族について触れている。最近では，大岡頼光が『なぜ老人を介護するのか―スウェーデンと日本の家と死生観―』（勁草書房，2004年）で，比較・宗教社会学の視点からこの問題を正面から論じ，また，『教育を家族だけに任せない―大学進学保障を保育の無償化から―』（勁草書房，2014年）で，教育と家族の関係を論じている。なかでも非常に興味深いのは，翻訳書であるが，ユーラン・アーネ，クリスティーン・ロマーン『家族に潜む権力―スウェーデン平等社会の理想と現実―』（青木書店，2001年）である。

　高度経済成長期以来，スウェーデンの取った国家的姿勢は，平等と連帯の精神に基づき，性や出生に関わりなく各個人が尊重される社会の創出である。この場合の個人の尊重とは，精神的，社会的そして経済的な自立を自明の権利として有することを指す。また，家族関連施策の充実に当たっても個人の尊厳，

平等と連帯の理念に沿い，市民間並びに男女間の平等の促進が意図された。

社会政策の対象となる最小単位も家族から個人に移行し，市場労働においても一人ひとりの労働収入は生活賃金であることが原則とされた。各自の労働収入により各々がそれぞれの生計をたてることが前提となっており，女性労働も例外ではない。同様に結婚あるいは同居のカップルも，一組のセットとしてではなく，各々自立した個人が共同生活を営むとみられている（レグランド塚口淑子，2004，p.24）。

スウェーデンでは，新しい家族の形成は結婚でなく同棲で始まることが一般的である。結婚という形式的な手続きをせずに一緒に住んでいる人が多い。日本のように父親中心の家族＝世帯という意識はない。それでいて，「お母さんにやさしい国ランキング」は絶えず上位で，2015年は5位，日本は32位である。

日本とは違って，子どもを老後の安全弁として持つ必要のない社会では家族はどうなっているのか。将来，家族は消滅するのか。家族の持つ経済やケアの相互扶助的な機能が福祉社会へ移行すると家族はどうなるのか。家族のあり方はどう変化するのか。就労による女性の経済的自立＝自己収入で自分と子どもの生活が可能となった場合，男女関係や夫婦関係はどう変化するのか。非常に異なるスウェーデンと日本の家族を比較することによって家族の未来を考えてみたい。

1　個人単位社会と家族

（1）　家族とは

「はしがき」と序章で触れたように，スウェーデンでは，国家は「個人の集団」と定義され個人と国家の結びつきが非常に強い。それに反して，日本では，国家は「家族・企業の集団」で構成されており，個人と国家の結びつきは希薄になっている。これは日本とスウェーデンの違いを考える場合，非常に重要である。

スウェーデンの場合には法律的な結婚をする人が少ないだけでなく，結婚式も日本と比べて質素である。結婚式の形態としては，市役所や裁判所で挙げる「市民婚」と教会で挙げる「教会婚」がある。ほとんどの結婚式は，大きなお

図5-1 婚外子出生率の推移

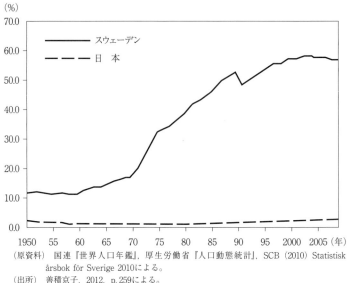

（原資料）国連『世界人口年鑑』，厚生労働省『人口動態統計』，SCB (2010) Statistisk årsbok för Sverige 2010による。
（出所）善積京子，2012, p.259による。

金はかけず，結婚資金は日本の10分の1と言ってよいだろう。

　結婚後の苗字も自由で，夫婦揃って第三の姓に改名することも可能である。子どもの苗字にしても，父親の苗字にすることも母親の苗字にすることもできる。兄弟姉妹で別の苗字を名乗っているケースも見られる。

　スウェーデンではサムボや婚外児（**図5-1**）は現在では多数派である。サムボというのは「サムボ法」によると，「登録している住所を同じくし，継続して共同生活を営み，性関係を持つカップル」をいう。日本でよく見られるような「できちゃった結婚」や「中絶」して別れるようなケースはごく稀である。それだけに，結婚，再婚，再々婚，役所に登録なしの同居，「一人家族」など家族のあり方が複雑化しており，核家族概念にも変化が見られる。

　カップルで共同生活することが本格的な家族形成の前提とされるスウェーデンでは，多様な家族形態，夫婦関係，親子関係が広範化していることもあり，日本的な「結婚」や「家族」という言葉では実態を捉えきれなくなっている。法律的な結婚届を出さずに共同生活をしている多数のカップルを含めて，訓覇法子の言うようにカップル生活という意味で「共同生活」を用い，また，結婚

の代わりに「家族形成」という言葉を使用する方が，現在のスウェーデンの家族を説明する場合には分かりやすいのではないか。

また，訓覇はカップル関係と「カップル・共同生活」が異なるところはいくつかあり，しかも重要な意味を持つ，と次のように指摘する。「ひとつには，一人暮らしは自分の好きなように形成できるが，二人暮らしはすべての面において合意が必要である。信頼とともに合意も，数時間の断片的な出会いで得られるものではない……。つまり，共有する時間の中で，お互いの信頼を構築し，合意の方法を学んでいくからである。自己の価値観やモラルが試されるのも，共有のプロセスがあってのことではないだろうか。一人の人を知るということは，やはり時間のかかる大変な作業ではないのだろうか。若い男女が共同生活を営むことは，将来の家族形成の前提として自己発達にも必要であることは間違いがないようである」（訓覇法子，2002，p.41）。このように，共同生活の基盤には独立した個人があり，共同生活による個人の成熟と継続的な自己発達が目指されている。

スウェーデンでは，女性が経済的に自立し，精神的にも自律しているだけにサムボが分かれたり，離婚というケースも多い。離婚の70％は女性側からの申し出によるという。では，離婚で子どもはどうなるのか。養育権は両親にあり，基本的には両方の親の間を行き来する。養育費も両親負担である。子どもには児童手当や住宅手当などが出る。離婚後の男女のライフスタイルとしては，再婚や再々婚などにより「複合家族」を形成する場合が多い。それは，人間としての成長にもつながっているという。

レグランド塚口淑子は述べている。「両国間での最大の相違点は社会の最小単位のあり方であろう。……スウェーデンでは個人で，日本はカップル単位である。つまり，スウェーデンでは男女の性差ではなく個人をみているが，日本では性差を強調することにより，夫婦を相互依存関係にある一組の『セット』として扱っている。2つの社会のもつジェンダー観の相違が，女性の就労ならびにライフコースを左右している。……日本のように，男女がセット扱いであるかぎり，女性が市場労働することにより，自己実現をはかり，十分な生活給を得ることは至難である」（レグランド塚口淑子，2004，p.37）。

そして，日本についての思いを述べる。「今，日本の女性が欲しているのは，

家庭も子どもも持ちながら，自己実現と経済的自立が可能な職業を一生持ち続けることであろう。家族その他，周囲の事情を優先させる手ごろな就労ではなく，自分が主体的に選択した職業を一生もち続けるのは一市民として当然の権利ではあるまいか。非婚化ならびに少子化の原因を，女性の側から考える必要性がここにあるのではないだろうか。ひとりの人間としてもつ当然の権利を行使できないところに，原因が潜んでいるのかもしれない」（レグランド塚口，p.38）。

大岡頼光はスウェーデンの共同墓と日本の家族墓を比較して，「スウェーデンの共同墓には「無縁」の考え方があるのではないか」と述べ，「このような普遍主義的な『無縁』の観念があってはじめて『家の境界』が突破でき，縁の有無にこだわらないスウェーデンのような個人を単位とする公共的な福祉サービスを作り出すことができるのではないか」（大岡，2004）と指摘している。

（2） 家族の形態
①同棲，結婚，離婚，再婚家族

家族には同棲，結婚や再婚・再再婚家族などの「複合家族」，そしてローンマザー・ファミリーやレズビアンカップルやゲイカップルなど多様な家族が見られる。高校を卒業するとほとんどの若者は生まれ育った家を出て独立し，同棲したり「一人家族」を形成するのが普通である。スウェーデンでこれが容易なのは社会の単位が個人単位になっていること，つまり，女性も男性も同様に「個人単位社会」を構成する一成員と見なされ，大学生として，あるいは労働市場において自分の生活費を得ることが可能となっているからである。レグランド塚口は言う。このように「女性が女性という属性からではなく，一個人として扱われたのは，おそらく歴史始まって以来のことではないだろうか」（レグランド塚口，p.36）。

表5-1によると，「夫婦」が減り「同棲」が大幅に増えているのが分かる。また，**表5-2**で，家族ステージ別に見ると，子どものいない若いカップルに「平等，準平等タイプ」の家族が多く，末子が9歳以上になると「伝統タイプ」や「家父長タイプ」が多くなっている。

第5章 家族:さまざまなあり方と政策の変遷

表5-1 家族形態の変化(単身世帯を除く)

(単位:10,000人)

形態\年次	夫婦(A)	(A)のうち夫婦と17歳以下の子ども	同棲(B)	(B)のうち同棲カップルの17歳以下の子ども	母親と17歳以下の子ども	父親と17歳以下の子ども	総計
1975	180.7	88.6	23.5	10.3	13.6	1.9	219.7
1980	172.1	80.3	30.4	13.6	—	—	—
1985	163.1	69.9	38.1	16.9	15.1	2.6	218.9
1990	162.9	68.1	37.0	14.9	15.8	2.7	218.4

(出所) SCB, *Statistisk Årsbok för Sverige*, 1997, sid. 44による。

表5-2 家族ステージ別に見た家族タイプの割合(女性回答)

	平等タイプ(%)	準平等タイプ(%)	伝統タイプ(%)	家父長タイプ(%)	合計(%)	実数
カップルとも35歳未満,同居の子なし	32	40	21	7	100	56
末子が8歳以下	13	25	39	23	100	321
末子が9歳以上	7	19	41	33	100	154
カップルの一方あるいは双方が35歳以上,同居の子なし	11	22	36	31	100	190
全体	13	24	36	27	100	721

(原資料) アーネ&ロマーン,2001,p.46,表2。
(出所) 善積京子,2002,p.82による。

②ローンマザー・ファミリー

ローンマザー・ファミリーについては,高橋美恵子の研究がある。男女平等先進国と言われるスウェーデンでは,ほかの先進国よりもローンマザーが貧困に陥る割合が低く,社会問題となることはほとんどない。経済的な面を見ると,スウェーデンでは性別と配偶者・子どもの有無にかかわらず,個人が経済的に自立できるように仕事と家庭を両立させるための制度が整えられているため,女性も男性と同様に就労し,経済力を有している。また社会的には,ローンマザーは,ひとり親としてではなく,子どもを持つ親として一般的に必要な援助を受けており,社会的に逸脱したグループとは見なされていない点が日本と大きく異なっている(**表5-3**)。

日本では,男性がもっぱら稼ぎ手とされ,ふたり親家族が基準とされている。日本女性の多くは,経済的に夫に依存しているために,離婚する時,経済的に自立した個人となることが非常に困難である。またローンマザーは,稼ぎ手と

第Ⅱ部 「国民の家」をめざしたスウェーデン社会

表5-3 ローンマザー・ファミリーをめぐる社会システム：スウェーデンと日本

		スウェーデン	日 本
理　念	個人役割とジェンダー	中立・平等	性別役割分業
	社会の単位	個　人	世　帯
	福祉制度	普遍的（universal）	所得制限（means tested）
家族法	非法律婚	同棲法により，非法律婚も法律婚とほぼ同等に承認	非法律婚は法律婚と同等にはみなされず，さまざまな差別が存在
	婚外子	婚内子と同等の権利をもつ	婚内子と同等の権利をもたない
	離　婚	破綻主義	有責主義（部分的に破綻主義導入）
	養育・親権	共同養育権	単独親権
社会保障給付	児童手当	所得レベルにかかわらず一律に支給	所得制限あり
	養育費	国の介入度強い：実の両親のうち子どもと別居する親が支払いの義務を負う。国の強制力あり。養育扶助制度に登録していれば，別居親の支払月額が1173クローナに達しない時，その差額を国が負担する。	国の介入度弱い：個人レベルでの取り決めがある場合のみ国が強制力をもつ。母子世帯を対象とした児童扶養手当（所得制限あり，支給期間5年以内）
	子どものいる家族に対するその他の社会保障給付	住宅手当（所得制限あり）	家族手当等が雇用主より支給

（出所）　高橋美恵子，2004，p.100による。

なる夫の欠如した女性世帯として社会福祉の対象とされ，社会的依存者と見なされる。また，社会的にも逸脱したグループと見なされる傾向にある。

　つまり日本における家族政策は，法律婚カップルからなる世帯を単位として構築されてきたのに対し，スウェーデンの家族政策は，ライフスタイルの中立性と男女平等性をその理念として掲げてきた。スウェーデンでは社会的規範（基準）とされる家族は想定されておらず，また社会制度上の単位は家族ではなく，あくまでも個人である。そのためワンペアレント・ファミリーは，母子世帯か父子世帯であるかにかかわらず，多様な家族形態の一つとして捉えられ，制度上では社会的扶助を必要としている子どものいる家族の一つであると見なされている。そのようにワンペアレント・ファミリーを特別視しない社会の土壌と，家族における個人・親の役割を性別に中立のものと見なす男女平等イデオロギーは，スウェーデンの特徴であると言える。

一方，日本では，ふたり親家族を規範とする考えが根強く残るため，ライフスタイルの多様性は制度的に認められておらず，非法律婚は社会全般ではいまだ受け入れられていない。非法律婚カップルは，法律婚カップルに比べ，税制度・社会保障・相続などにおいて差別されており，婚外子は婚内子と同等の権利を享受できていない。また父権確定制度が整っているスウェーデンとは異なり，日本の認知制度では子どもの人権より父親の意思が優先されているのが実情である（高橋美恵子，2004，pp. 102-103）。

日本では，離婚後，いまだ父母どちらかが単独親権を得るように定められており，実の両親の養育への責任の分担と平等性は追求されていない。実際，親権を得るのは約8割が母親である。離婚後の別居親（多くの場合父親）と子どもとの関わりの社会的関心は薄い。別居親と子どもの交流頻度を見ても，スウェーデンにおける状況とは大きな差がある。日本の場合には，別居親とまったく会っていない子どもが半数近くもおり，交流が定期的でない者を含めると，その割合は全体の7割にも及ぶ（高橋，p. 108）。

③レズビアンカップルやゲイカップル

スウェーデンと日本の違いは移民・難民への対応やレズビアンカップルやゲイカップルを取り巻く社会環境を見ると際立っている。ここではレズビアンとゲイを取り巻く社会環境について触れておきたい。ただし，日本におけるスウェーデンの「レズビアンカップルやゲイカップル」についての研究は少なく，釜野さおりの「レズビアンカップルとゲイカップル」が目につく程度である。釜野によると，スウェーデンは「多様なライフスタイルが尊重される個人単位の社会」であり，日本は「単一のライフスタイルが重視される家族単位の社会」である。

スウェーデンも日本も，誰もが異性愛者であるという前提で成り立っている異性愛規範主義な社会である。しかし，社会の基本単位が個人で，ライフスタイルの多様性が重視されているスウェーデンと，法律婚した男女が子どもを設ける生き方のみがよしとされ，その型に基づいた家族が基本単位とされている日本とでは，レズビアンとゲイの生活のあり方は異なってくる。

「スウェーデンにおいては，レズビアンとゲイ個人の権利は，性関係の合法化ならびに差別の禁止によって守られている。同性間の性関係は1944年に刑法

の『自然に反する行為の禁止』が廃止されて以来,合法となる」(釜野さおり,2004, p.118)。同性カップルのパートナー関係は公認され,法的権利も保障されている。

さらに,1944年に制定された「パートナーシップ登録法」によってパートナー登録をすれば,同性カップルに遺産相続権が与えられ,相手の姓への変更も可能となる。ただし,パートナー登録は,登録儀式を教会で挙げることができない点で,結婚と異なる。「同性カップルが『カップル』として子どもをもつことも,1980年代からの運動の成果で,法的に可能となってきている。……海外からの子どもを同性カップルが養子縁組することを禁じていない国は,世界でも稀である」(釜野, p.119)。

「子育て政策の面でも,同性カップルもヘテロセクシュアルカップルと同様に扱われており,登録している(同性)パートナーの子どものために,親保険による両親休暇を取得することができる。母性の異性パートナーに限らず,同性パートナー・友人・親戚が10日間の父親休暇を取得することも可能である。これは,スウェーデン社会が親役割を,婚姻関係にある男女に限っていないことを象徴している」(釜野, p.120)。

日本においては,同性間の性的関係は違法ではないが,レズビアンやゲイの権利や,同性カップルに対する法的・制度的サポートは皆無である。同性間の性関係は,1873〜1881年の期間に刑法266条の鶏姦条例で禁止されたが,それ以降の規則はない。日本には同性カップルのパートナーを保障する制度も存在しない。社会保障制度が全面的に「家族単位」を前提としている日本社会で,「家族」と見なされない同性カップルは,異性カップルには自動的に認められる多数の権利から遮断されている。

釜野さおりによると,「スウェーデンでは,多様なライフスタイルが認められ個人単位となっている社会の特徴を反映して,レズビアンやゲイは,マイノリティではあるが,生き方のひとつとしての地位を確立している。一部の人らによる差別やヘイトクライムはあるが,人権侵害ともなれば,それを社会が悪としてみなし,訴える場所や社会問題として取り上げる道が用意されている」。

日本では,同性カップルがライフスタイルとしての社会的地位を確立しておらず,個々のカップルが,現存の制度を駆使しながら努力している状況である。

家族制度に脅威を与えると見なされる同性カップルに対する否定感も強く，パートナーシップを保障する法律は存在しない。釜野は，日本には，「たとえ，表立った差別やヘイトクライムの被害は欧米に比べて少ないとしても，それはレズビアンやゲイが不可視的であることの現れであり，それこそが同性カップルの暮らしにくさに大きな影響を及ぼしている」(釜野, pp. 136-137) と述べている。

2　スウェーデン家族の変遷

スウェーデンでは，旧婚姻法が制定された1920年と現行婚姻法が制定された1987年は，家族法転換の重要なターニング・ポイントとされている。

旧婚姻法は，第1に，既婚女性の法的無能力を廃止し，妻に夫と対等な権限を与えることに主眼が置かれた。第2に，男女の性別役割分業を前提にして，夫婦間の扶養義務が規定されていた。第3に，結婚生活を父権的な支配—服従的関係のかわりに，男女平等的な関係が追求されたが，なおも父権的色彩は残っていた。たとえば，「婚姻によって妻は夫の姓を称する」とされた。

そして1960年代になると，女性運動や「専業主婦論争」が起こり，その結果，「男も女も仕事・家庭・地域に対して同等な権利と義務と可能性を持つこと」が男女平等のコンセプトになった。善積京子は次のように述べている。「専業主婦論争」では，「夫が金を稼ぎ，妻が家事と育児を担当するという近代的家族観が女性解放を阻止しているとして攻撃された。その結果，『男は仕事，女は家事・育児』という性別役割分業が否定され，『男も女も仕事・家庭・地域に対して同等な権利と義務と可能性をもつこと』が男女平等のコンセプトとなる。女性は結婚や出産後も働くことが理想とされ，男性も単にお金を稼ぐだけでなく，家庭生活や子育てに関わる権利があると考えられるようになった」(善積京子, 2012, p. 252)。

その後，それを実現するための制度改革が次々となされた。女性の就労促進のために1971年には，税金制度が夫婦合算方式から個人別納税方式に変更され，1974年には，「両親保険」が制定された。また，専業主婦の雇用促進対策として「特別教育補助金制度」が設置され，これにより専業主婦が自治体のパブリ

ック・セクターの公務員として大量に採用されることになる。

　また，同時に，婚姻法も改正された。1973年の改正では破綻主義による離婚手続きの簡素化が行われ，1974年の改正では「個人の経済的自立と夫婦の共同の家事・育児の義務」が謳われ，1982年に新姓名法が制定され現在のようになった。

　1987年制定の新婚姻法はスウェーデンの男女関係にとっても画期をなす。新婚姻法は次のような革新的な内容を含んでいた。①個人の経済的自立と夫婦共同の家事・育児の義務が謳われ，夫婦の扶養義務の規定は廃止されたこと，②別居離婚制度は廃止され，考慮期間（6か月）前提離婚制度に切り替えられた。離婚時の夫婦の共有財産は均分され，慰謝料の規定も廃止された。"未亡人"のための特別な年金制度は廃止され，"残された配偶者"のための一時的年金に変更された。スウェーデンの新婚姻法では，たとえ結婚していても，個人の経済的自立が基本とされ，性別役割分業は否定され，夫婦は共同で家事・育児に関わることが義務とされている。つまり，「おとなが経済的に自立することは，結婚の有無に関わらず必要であり，女も男も配偶者を扶養する義務はない。経済はそれぞれの責任である。妻も働くかわりに，夫も家事をするのが当然，公平とされる」（善積，2012，p.254）。

3　家族関係

（1）　変わる夫婦関係の絆

　夫婦関係の絆が法的絆や経済的絆などさまざまな面で変化した。①法的絆の面では，「破綻主義」が導入され，一方の意思のみで離婚が成立することになった。その際，6か月の再考慮期間が設けられた。また，「同棲」（事実婚）と法律婚が限りなく接近することとなった。②経済的絆については，依然として男女の間に，賃金格差はあるものの，子どもを養育している家庭への児童手当・養育費立替払い制度などの社会保障が充実し，子どもへの経済負担は軽減され，妻の夫への経済的依存度は低くなっている。③規範的絆は間接的にはその社会の宗教や文化的伝統によって影響を受けるが，自己の結婚・離婚観が大きく変わり，結婚生活維持への社会的圧力も希薄になった。

日本では，離婚による「ソーシアル・ネットワークの喪失不安」が見られるが，個人主義の発達したスウェーデンでは，離婚によるネットワークの喪失感は少ない。また，性愛的絆については，夫婦の情緒的絆＝精神的連帯（愛情と信頼関係）なくして結婚あるいは同棲生活はあり得ないと考えられている。日本では，かつてスウェーデンは，いわゆる「フリー・セックス」の国と誤解されていたが，正確には「オープン・セックス」の国と言うべきであろう（伊藤裕子，1994）。

　長年，スウェーデンに住み，結婚などを経験しているレグランド塚口淑子は家族について次のように述べている。スウェーデンの「家族は一緒に楽しく暮らすためにある」。「各個人の自立した生活権の保障を目的に福祉の充実が進み，元来，私事とされてきた育児や高齢者介護などが社会化された現在，経済的理由などで誰も家族との同居を強制されない。家庭もしくは家族は，お互いの面倒をみあうのが第一目的ではなくなっているのだ。現在は好きな相手と一緒に生活を楽しむためにあるのが理想の家族である」（レグランド塚口，2006，pp. 68-69）。

　旧い家族制度に馴染んでいる日本の男性にとっては厳しい家族環境である。レグランド塚口は言う。「端的にいって一緒に有意義な人生をおくれない男性は家族からばば抜きならぬ『じじ抜き』されてしまう可能性は強くなった。お金を家に持ってくる力はあっても，傲慢，横着で暴力をふるう男性は，家族にとってはおじゃま虫でしかない」。かくして，「男女ともに人格を磨くことが，パートナー獲得のための必須事項となったのである。見方をかえると，女性が自己収入を持つことにより，男性は人間として成長し，女性に一緒に家庭を築いてもよいと思われるような魅力的な存在に変身できうるのだ」（レグランド塚口，2006，p.231）。

　第4章「ジェンダー平等」で見たように，ほとんどが共働きカップルであるスウェーデンでは，「共同生活」における平等な家事労働分担や家計の共同性と平等性など仕事と家庭両立のための理念と実践（ワーク・ライフ・バランス）がいろいろと試みられている。

（2） 同棲（事実婚）カップルの激増

　スウェーデンでは，法的に結婚しなくても，さらには婚外で子どもを産んだとしても，社会的・経済的に不利な状況に置かれなくなった。先の図5-1は同棲カップル増加による婚姻率の低下によって，婚外子出生率が上昇していることを表している。

　スウェーデンでは，同棲関係でも共同養育権が可能で，父親は婚外子に対しても子どもが成人するまで養育の責任を負う。婚外子は遺産相続権や父親の姓の継続に関しても，婚内子と同等の権利を有している。

　なぜ同棲（「事実婚」）なのか。この点については，竹崎孜が次のように述べている。「なぜ，法律抜きでの結婚へみんなが走り出したのだろうか。実は税制度との密接な関係があった。女性たちが仕事で手にする所得からは税金を支払わねばならないが，予期した以上に税金は重く，結局，極端に少ない金額しか手元に残らなかった。

　税法では，妻の収入が夫の分と合算されるため税率は釣り上がり，女性にとっては所得の大半が税金となってしまうからであった。結婚が税金の面でいかに不利かを思い知らされた家族は，離婚届をわれもわれもと出してきたのであった。我慢の限界をよほど超えていたらしく，矛盾だらけの夫婦合算方式への抗議は誰がいうともなく全国に広まってしまった。税務署の方は，すべてが脱税をねらう偽装離婚とみなしたものの，全国で山積みされていく膨大な離婚届を目前にした時，制度の時代錯誤に気づき，法律を改正させる方を選ぶことで解決させた。1970年代の出来事であったが，これで所得分離課税方式が採用となり，法的結婚の夫婦であっても個別に所得計算がなされ，税金も各自が払うようになった。

　税金のあり方はこれで国民の希望どうりとなったが，離婚した夫婦が結婚届をもう一度提出してくるわけでもなく，結婚に思いがけなかった異変があらわれた。それは結婚証明書とは一片の紙切れであって，離婚によって両者の間にはそれが欠けていたのに不都合を感じなかったとして，結婚届けを出すよりも事実婚にそのままとどまるカップルばかりとなった。

　結婚を予定していた若い世代も，法的結婚が形骸化するのを目のあたりにして，法律にもとづくのが結婚のすべてとは決めつけず，事実婚も選択肢のひと

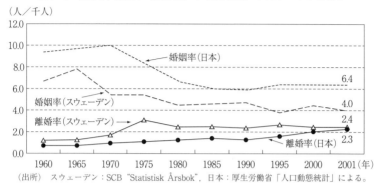

図5-2 離婚率，婚姻率（法律婚）の時系列推移：スウェーデンと日本

（出所）スウェーデン：SCB "Statistisk Årsbok"，日本：厚生労働省「人口動態統計」による。

つとして受け止め，それが若い世代のあいだで短時間に定着するようになった」（竹崎孜，2002, pp.33-34）。

(3) 家庭内権力構造の変化と離婚

スウェーデンでも日本でも，**図5-2**に見られるように，婚姻率は下がり離婚率が上昇している。スウェーデンでの離婚の原因・動機は，第1には，平等性の欠如（家事，お金）であり，第2に，夫の支配的な態度（身勝手さ，残忍さ），そして第3が，夫による身体的な暴力の行使である。ちなみに日本の場合には，「性格の不一致」を理由として「双方の合意」により離婚というケースが多い。

スウェーデンの離別や離婚について，ユーラン・アーネ，クリスティーン・ロマーンは次のように述べている。「離別や離婚の件数が多いことは，家族がひとつの制度としての役目を終えたことを意味するものではない。スウェーデンでの調査によると，若い人たちも高齢者も家族の価値をまだ高く評価している。また，離婚した人たちの多くが，まもなく新しいパートナーと同居している。離婚が増えたからといって，愛情がその役割を終えたわけではなく，むしろこれまで以上に，人々は愛情ゆえに結婚している。愛情のない結婚を続ける必要はもはやないということであろう」。

「離婚は，カップルが同居や結婚した日から一つの可能性として存在しているといえよう。こういう状況では家庭における男性の権力行使が制限されがち

である。女性から結婚を解消される危険性は常に存在しているからである。離婚という選択肢は，ある意味で，結婚生活での交渉において女性の地位を強化し，より平等な夫婦関係を発展させることに貢献している」（ユーラン・アーネ／クリスティーン・ロマーン，2001，p.206）。

スウェーデンでは女性は，有給の職業に就き収入を得ることで，日本のように，「もっぱら経済的な理由から不満足な結婚生活を続ける必要はなくなった」。現状では，「移民家族の離婚が『スウェーデン人の』家族より多い」（p.208）。

スウェーデンでは，離婚して独身になった男性は酒場へ通ったり「日曜パパ」をしたりして男の解放を味わいつつ「自分探し」をするという。一方，独身になった女性は芝居見学や各種講座などの文化活動を行い，同性の友人も多く生活に不自由はしない。ただし，一人親の苦労も少なくない。G・エスピン＝アンデルセンの言うように，「現代社会の一部は，容易に識別することができる。低技能のひとたち，若者，一人親の家族は，ほとんどのところでリスクの高いグループを構成している」（G・エスピン＝アンデルセン，2000，p.33）。そのようなリスクを補い支え合う組織としてはスウェーデンには「一人親の家族」も多く，「一人親の会」がある。また，そのような家庭生活をサポートする家族政策がしっかりしている。

日本では，「一人親家族」の「貧困率」は異常に高く，生活保護に頼らざるを得ない人も少なくない。DVに遭いながらも，生活難を恐れて離婚を止まっている人も少なくない。貧困の連鎖も社会問題化している。「一人親家族」の親子の生活・成長をどう保障するかが「福祉国家」建設の最大の課題の一つと言えよう。

4　家族政策

スウェーデンでも戦後，家族政策理念と女性の就労をめぐる環境が大きく変わった。スウェーデンの家族政策の目的と主な施策はエルマーによると，**表5-4**のごとくであり，1930年代の家族政策の目的は「人口問題」で，1940年代～50年代は「公平性」，1960年代は「効率性」と大きく変化してきた。専業主婦が労働市場に参入していったプロセスの途上には，労働市場庁による女性

第5章　家族：さまざまなあり方と政策の変遷

表5-4　スウェーデンの家族政策の目的と主な施策

家族政策の目的	導入開始	主な施策
人口問題	1930年代	人口問題審議会設置（1935年）
公平性	1940年代	児童手当（1947年）。児童福祉法制定（1960年）。妊娠・出産費無料化。出産手当・住宅手当の導入
効率性	1960年代	義務教育制度改善・中高等教育の整備と拡充・教育費の無料化
男女平等	1970年代	男女平等政策を推進：①所得税の個人別課税制度（1971年），②労働環境の整備・両親保険導入（1974年）③公的保険の整備と拡充

（資料）　Elmér et al. 2000, pp.89-91をもとに作成。
（出所）　高橋美恵子，2012，p.228による。

就労キャンペーン，学校給食の無料化，付加年金制度導入で就労による個人年金ポイント獲得へのインセンティブの向上，公共セクターの発展で女性が活用される職種の増加など，国レベルでの変動があった（高橋美恵子，2012, pp.228-229）。

1970年代になると，男女平等理念に基づいた両立支援策が全面に出てくる。「男女平等」理念の下，女性の就労を促進し，仕事と家庭が両立できるための政策・制度が導入された。女性の労働市場参入を促した主な要因としては，①税制の改正，②労働環境の整備，③公的保育の整備と拡充が挙げられよう。1974年には，世界ではじめて父親も育児休業取得の対象と定められた（「両親休業法」）。「両親保険制度」には「育児休業手当」「父親手当」「一時看護手当」「妊娠手当」「スピードプレミアム制度」「事業主による両親保険への上乗せ制度」などが含まれている。

スウェーデンの家族政策の特徴として，善積京子は次の三点を挙げている（善積京子，2002, pp.73-79）。

第1に，性別役割分業否定の男女平等政策を土台に据え，社会の諸制度の単位を「家族」でなく「個人」に置き，また子育てを社会的に位置づけ，労働生活と子育ての両立が可能なように育児休業制度や保育事業などが整えられている点にある。

第2に，同棲やホモセクシュアルなど，婚姻以外のカップル関係に対して，法的保護がされている点である。

そして第3に，父母の婚姻関係の有無が子どもの法的・社会的地位にほとん

ど影響せず，父親の確定や親の養育責任追及が法律婚の枠を超えてなされ，両親の離別後の子どもの監護・居住・交流が〈子どもの最善の利益〉の視点から考慮されていることである。

　スウェーデンでは，男女平等を基本に置き，労働生活と子育ての両立が可能なように家族政策がすすめられていることにより，性別役割意識は薄らぎ，子どものいない若い男女のカップルにおいて平等な家事分担がほぼ実現されている。ところが，子どもの誕生後も平等な家事の分担を維持しているカップルは少ないと，善積は次のように述べている。「人々の母性意識が強く，女性は育児休業を長く取得し，それが契機になって，それまでの平等な家事分担は崩れ，女性がより多くの家事や育児を負担するようになる。多くの女性はフルタイムからパートタイム就労に切り替え，そのことで，女性は経済的にも不利な立場に置かれる。男女平等が進んだ国として世界的に高く評価されているスウェーデンであるが，男女平等が家庭生活において完全に実現されているわけではない」（善積京子，2002，pp. 98-99）。この指摘からも完全な男女平等の困難さがうかがえる。

5　高齢者と「家族介護」

　子育て支援については，第6章を見ていただくとして，ここでは家族政策としての高齢者への「家族介護」について触れたい。

　一般に，扶養には，①経済的扶養，②介護扶養，③精神的（情緒的）扶養の三つの意味があるとされる。高齢者の「家族介護」についても，さまざまなケースが考えられる。

　スウェーデンでも家族が高齢者のケアをかなり行っているのは事実である。要介護度が高い高齢者や痴呆性高齢者でも，基本的には社会サービスによって独居が可能な場合が多いのも事実である。しかし，日本と異なるのは，「身体看護は基本的に介護のプロである公的介護サービスが担い，日常における家事援助や精神的サポートの面で家族が高齢者を支えているという点」（善積京子，2004，p. 92）であり，「スウェーデンの高齢者は子どもと同居している割合が非常に少ないが，別居子との交流は非常に盛んである。高齢者が子どもと家族

の介護に依存したりせずに社会サービスを利用しながら自立して生活することは，家族の負担軽減だけでなく，高齢者自身の生活の質の向上，生きがい，人間としての尊厳，家族との良好な人間関係にもつながるのではないだろうか」（善積，2004，p.92）と善積は述べている。

また，奥村芳孝によると，「スウェーデンでは子どもと同居している高齢者はほとんどいない。しかし配偶者が介護するか，近くに住んでいる娘などが親の介護に定期的に来るというのがスウェーデンの『家族介護』の実態である。高齢者自身はたいてい家族からの介護を望んでいない」（奥村芳孝，2000，p.236）。

ジェルト・スンドシュトレムは，高齢者問題を別の視点から次のように指摘している。「高齢者を援助やケアの単なる享受者だとみるのは間違いである。まず，かなりの程度，高齢者はお互いに助け合っている。スウェーデン人の世代間の関係の一つの興味深い側面は，多くの高齢者は彼らの子どもを援助していることである。事実，80歳まではその逆にみえることは普通であり，高齢者はさまざまな形で成長した子どもたちを援助している。多くの高齢者がますます子どもたちや孫に経済的援助をしている。――逆は稀にしか起こらない」（ジェルト・スンドシュトレム，1995，pp.84-85）。

また，「他の多くの点についても，成長した子どもたちは両親の援助を求めている。スウェーデンの退職者は人を魅了する財源を所有しており，多くの高齢者が自宅で成長した障害児の世話をしているのと同様に，本質的に両親であり続けることを喜び，またそれが可能であるということがおそらくその説明になるであろう。これ以前より現在の方がその傾向が強いといえよう」（スンドシュトレム，p.85）。

この指摘は，現在の日本についてもあてはまるとみてよいであろう。日本の高齢者サービスでは，高齢者が家族に依存せずに自立した生活を送れるようになっていない。2000年から導入された介護保険においても，あくまで高齢者を介護する家族の存在を前提とした仕組みとなっている。しかし，子どもたちが両親の援助を必要としていることも間違いがない。

日本では近年，独居世帯や高齢者夫婦世帯が急増しており，また，女性の就業率も上昇しているが，現在のような高齢者福祉政策では高齢者が尊厳を持っ

て自立した生活を営むことがますます困難になっている。今後，われわれがどのような方策で高齢者の生活を支えていくのか，また，お互いに支え合っていくのか，スウェーデンの高齢者福祉から学ぶ点は多いと言えるだろう。

6　ワーク・ライフ・バランスとワーク・ファミリー・バランス

　スウェーデンの家族を見る場合，男女の仕事と家庭関係だけではなく，子育てと家族や高齢者と家族という広い視点から見ることが欠かせない。

（1）　ワーク・ライフ・バランス

　スウェーデンの男女の個人単位の生活を支えているのが，両性平等を重視した「ワーク・ライフ・バランス」である。この点については，富士通総研が実態調査を行い報告書が出されていて参考になる。「福祉国家・社会」の実現のためには，両性がともに能力に応じて働き，日本人も外国人も自然に共生・共存できる社会の建設が欠かせないだろう。内閣府経済社会総合研究所が富士通総研に委託した「スウェーデン企業におけるワーク・ライフ・バランス調査報告書」（調査時期：2005年1月）によると次の5点が「主なポイント」として指摘されている。第1が，「スウェーデンの育児休業制度と取得状況」であるが，「民間企業に勤務する女性も8割以上が育児休業を取得」しており，「女性の取得日数も公的機関と大差はない」。第2に，「育児休業取得に対する職場の対応」であるが，「育児休業中は約4分の3の企業が臨時契約社員を雇用」しており，「9割近くの従業員は，育児休業を取得することについて同僚等との間で人間関係上の困難を感じたことはない」という。第3に，「育児休業中の従業員に対する対応」については，「7割の企業は育児休業中の従業員に対する人事評価は行わない」とし，「85％の企業が育児休業を取得しても昇進・昇格で差はないと考えている」という。第4に，「職場復帰後の仕事と育児の両立の見通しのたちやすさ」については，「育児休業後の配属先は元の職場である場合がほとんど」であり，「勤務時間短縮制度，フレックスタイム制度」を利用し，「テレワークの活用」や「高い有給休暇取得率」が特徴である。そして報告書は，「我が国への含意」ということで，「育児休業の取得を促進するため

には，(1)代替要員の確保による休業しやすい職場づくり，(2)人事評価，(3)職場復帰後の両立の見通しの立ちやすさという三つの面において，対応が必要と指摘している。

ワーク・ライフ・バランスやワークシェアリングは福祉社会には不可欠だが，広井良典は「人生の中のワークシェアリング」(人生全体の中での仕事と余暇の時間配分)は「今の日本社会には特に必要な発想ではないだろうか」(広井良典,2006)と述べている。この主張は，スウェーデン研究をやっている筆者には，ごく普通の主張に聞こえるが，しかし，日本社会に制度として導入するとなると決して容易ではないことを実感している。たとえば，「日本的経営」の「三種の神器」と言われてきた「年功賃金，終身雇用，企業別組合」だけ取っても，この制度が変化しつつあるとはいえ，福祉国家・社会の建設にはシステムの全面的変換や日本人の意識の全面的な転換が必要であることは想像に難くない。たとえば，遠藤公嗣は，日本の「これからの賃金」と社会的規制について，「これからめざすべきは，究極的には，『職務基準雇用慣行』と『多様な家族構造』が組み合わさった新しい社会システムだ。そして，その新しい社会システムのもとでは，究極的には，賃金制度は範囲職務給となるはずであって，それに対して，『同一価値労働同一賃金』の考え方で職務評価をおこなうという社会的規制を加えなければならない。」(遠藤公嗣，2014，p.168)と述べ，「究極的には，これ以外の選択肢はない。」(p.169)と主張しているが，これとて容易なことではないだろう。しかし，この転換なくしては教育の革新も難しいだろう。社会システム全体の転換を視野に入れた政策が必要な所以である。

「ワーク・ファミリー・バランスからみるスウェーデン・モデルの理念」について論じた篠田武司は，「ワーク・ライフ・バランスという概念には，三つのカテゴリーが含まれている」として，次の三つを挙げている(篠田武司,2012)。

第一に，家族を持つ，特に出産・育児期の男女の仕事と生活のバランスに関わることである。ここでは，特にこれを支える家族政策が課題となる。

第二に，すべての働く男女の仕事と生活のバランスに関わることである。ここでは，時間規制や，フレキシブルワーク，短時間労働者への同等な社会保障といった労働政策や社会政策が課題となる。

第三に，各人の生涯にわたるライフサイクルのなかでの仕事と生活のバランスに関わることである。ここでは，教育休暇制度やサバティカル制度，タイム・バンク制度など休業や時間に関する政策が課題となる。
　そして，篠田は，この三つのカテゴリーの区別を確認しておくことが重要であり，それは，「それぞれのカテゴリーに対してどのような政策が必要なのかが違うからである」と述べ，スウェーデンのワーク・ライフ・バランスに関する議論と政策を検討し，「少なくともスウェーデン・モデルの掲げた理念が，このワーク・ライフ・バランスを追求する政策の中に新たな形で生きている」ことを確認し，スウェーデンの「ワーク・ライフ・バランス政策の中に生きている理念とはすべての人々が等しく『選択の可能性の分配』に参加できること，そして，こうした『選択の幅の拡大』が人々の自律を促すものであるということである。そしてまた，こうした理念を支えているのがソーシャル・シティズンシップの新たな概念であるということである」（篠田武司，2012，p.199）と述べている。
　両性平等社会の実現，そのためのワーク・ライフ・バランスの実現には，篠田の言うように，家族政策，労働政策，社会政策さらには教育政策などの改革が欠かせないだろう。しかし，日本にはそういう総合的な政策はまったく欠けている。むしろ，日本的な「ワーク・ライフ・バランス」政策は，いわゆる「日本的経営」と一体となって勤労者の家庭生活を破壊している事例すら見られる。

（2）　ワーク・ファミリー・バランス社会への歩み

　スウェーデンは社会全体で子どもを育むシステムづくりを重視している。そのため，子どものいる家族への支援政策が充実している（**表5-5**）。また，子育て家族のワーク・ファミリー・バランスも重視されており，善積京子は，「父親の子育ては，男女平等の理念からのみならず，子どもの権利の視点からも子どもにとって不可欠なものという考えが，今日では規範化されている」（善積，2012，p.241）と述べている。両親の協同性と子どもの最善を考えた施策と言える。特に，子ども達が「ワーク・ファミリー・バランス」の取れた学齢期を送れるよう配慮されている。

表5-5　子どものいる家族への支援政策

	現金給付制度	経済的負担の軽減措置	その他の支援制度
1．普遍的施策 a．全ての子ども	両親保険，児童手当		妊産婦医療センターと乳幼児医療センター：無料
b．対象となる子ども	就学手当，養育扶助，子ども年金，障害児童扶養手当，一時看護時の両親保険，養子手当	小児歯科，教科書，教材：無料。小児医療，医薬品：小児割引。給食費：一部を除き無料	学校教育，就学前学級，オープン就学前学校，学校保健・医療：無料。家族・子育て相談：一部を除き無料
2．上限額設定		就学前学校，家庭保育所，余暇活動センター	オープン余暇活動センター，夏期子どもセンター
3．経済的支援 a．所得制限有り	住宅手当，就学手当加算金		
b．必要性がある場合	社会手当（生活保護）		

（資料）Elmér m. fl.（2000）Tabell 4.2をもとに加筆・修正して作成。
（出所）髙橋美恵子，2012，p.238による。

　篠田武司は「出産・育児期のワーク・ライフ・バランスは，特にワーク・ファミリー・バランスと呼ばれて，その制度化は家族政策として進められてきた。そして，その家族政策のなかで一貫して追求されたのがジェンダー平等である。」と述べ，第1期，第2期，第3期と進んだ様子を描いている（篠田，p.201）。

　そして，「家族政策と家族モデル」の関係について触れ，レイラ，A.の説を紹介している。一般に家族モデルは，レイラによれば「家族政策と深く関連する」という。育児手当といった現金給付を重視する家族政策は「男性稼ぎ手／女性ケアラー・家族モデル」に関連し，育児施設の充実を特に重視する政策は「両稼ぎ手／女性ケアラー・家族モデル」＝「女性二重負担家族モデル」に関連する。そして，両親休業制度の充実は「両稼ぎ手／両ケアラー・家族モデル」に特に関連するという。しかし，「こうしたそれぞれの家族政策が，各家族モデルに直接に関連するかどうかは，検討が必要である」（篠田，p.208）と篠田は注意を促している。

　篠田武司は，家族政策とジェンダー平等の関係に注目し，70年代以降，スウェーデンは，ジェンダー平等と子どもの自律，それを家族政策のなかに位置づ

け，制度化していった。それは福祉国家の新たな展開でもあった。そして，そうした展開を支えていたのが「ソーシアル・シティズンシップの新たな概念」であったという。親であることとはなにか，また母親であること，父親であることとはなにか，さらには，子どもとはどういう存在なのかといった原理的な問いが立てられ，それが「マーシャルのソーシアル・シティズンシップ概念の再審のなかで答えられていった」（篠田, p.213）という。

そして，スウェーデンが重視する個々人の「自律とは，人々が自分自身の人生を決めることができる『選択の可能性』をもつということである（Nyberg, 2002）。そして，この『選択の可能性』がジェンダー間に等しく配分されていること，それがジェンダー平等ということであるし，男女が豊かな人生をいきるということである」（篠田, p.216）ことを強調している。

7　スウェーデン・モデルは家族を解体したのか

長年，スウェーデンに住む，みゆきポワチャは「スウェーデン・モデルと家族の関係」について次のように述べている。興味深い発言なので，少し長くなるが引用したい。

「子をもつ親の権利と地位は，社会の中でも最強だ。まさにスウェーデンは『お子さま天国』なのだ」（みゆきポワチャ, 2012, p.337）。「スウェーデン・モデルは，確かに伝統的な親子や夫婦の役割を解体しているのかもしれない。法制度的には，家族の紐帯に関する従来からの伝統的な一切の約束ごとを，可能な限り排除しようとしているように見える。

しかしここで解体されているのは経済力や社会規範で束縛された人間関係であって，人間同士の強いられたネガティブな絆ではないのではないか。つまり，解体されているのは伝統的な家族の役割に基づいた家族関係というよりは，家族の成員それぞれを固定した役割に押し込め，縛りつける権力関係なのではないだろうか。そしてスウェーデン・モデルを攻撃する学者と政治家連が守りたいのは，自らの家父長制的信仰に基づいた男性の持つ既得権であり，攻撃するのは，それを脅かし失墜させる新しい社会改革の理念なのではないだろうか。そして，そのような抑圧制度の上に立脚している日本や米国にとって，スウェ

第5章　家族：さまざまなあり方と政策の変遷

ーデン・モデルは脅威であるといえる。

　それらの論者とは反対に，生活者の視点から見たスウェーデン・モデルにおいては，逆に家族の絆は強まっているようにも見える。

　それは家族間に限ったことではない。教師と生徒，経営者と従業員，行政機関と一般市民などあらゆる人間関係の家父長制もどきの縦型の力関係は，この国では限りなく希薄だ。

　そして，スウェーデン・モデルとは，全ての人間の間に働く権力関係を解体し，それぞれの個の尊厳を保証し，自由な人間どうしとしての関係を再構築する仕組みであると筆者は考えている」（みゆきポワチャ，2012，p. 341）。

おわりに

　カール・レグランド，レグランド塚口淑子はスウェーデンの家庭生活について次のように述べている。

　「家庭政策は，スウェーデンの福祉システムの基盤とみなすことができ，女性の労働市場参加のためにかなり重要である。Hoemによれば，スウェーデンの社会政策の背後にある基本的な考え方は，『市場力によって経済的に豊かな人々にのみ広範囲の選択肢を提供するよりも，むしろあらゆる人々に人並みの生活水準を確保することをおそらく他国以上に優先する』ということである。スウェーデンの家庭政策の一つの重要な目的は，男女平等を促進することであり，それは仕事か育児かという葛藤を緩和させることを意図している。スウェーデンでは，共働きの問題は『私的』な問題というよりもむしろ『公的』な問題として受け取られるので，共働き夫婦が制度上支援されるのである。したがって，多くの家族政策手段の背後にある基本的な考えは，女性が家族と有償労働の両方へのアクセスを可能にすることであるといえるだろう」（カール・レグランド，レグランド塚口淑子，2008，p. 162）。

　これに対して，日本では，3歳児の約40％と4〜5歳児の90％以上が，1980年代末には，保育園や幼稚園などの就学前学校に在籍していた。しかし，「就学前児童の高い保育水準は，必ずしも母親の就業を意味しないという日本の例は興味深い」（レグランド，レグランド塚口，2008，p. 164）と述べ，「スウェー

ンとは反対に，日本の保育政策では，民間の市場機構と制度がかなり大きな役割を果している。1994年の日本の総保育園数の41％は民間であった。(厚生省1996)」「日本の福祉制度の背後にある論理は，個人（実際には，親族関係あるいは女性）が高齢の両親（そして子ども）のケアを無償で行うように設計されているということである」(pp.164-165) と的確に指摘している。この傾向は現在も継続している。

　スウェーデンの家族について，レグランド塚口淑子が，次のように分かりやすく「まとめ」ている。「男女と子どもからなる核家族が主流であるが，子連れ再婚・再々婚，シングルペアレンツ家族，同性カップル，または1人住まいと，柔軟性に富む多様化が進んでいる。また，社会政策は，経済や社会的な必要性からではなく，個人の意志やライフスタイルによる家族の形成ができるように配慮されているといえる。特に，……近親者介護手当て法は友人関係を家族と同格扱いにしているのは画期的である」(レグランド塚口淑子，2006, p.256)。

【参考文献】

伊藤裕子 (1994)「性教育と『フリーセックス神話』」(岡澤憲芙・奥島孝康編『スウェーデンの社会』早大出版)。

遠藤公嗣 (2014)『これからの賃金』旬報社。

大岡頼光 (2004)『なぜ老人を介護するのか―スウェーデンと日本の家と死生観―』勁草書房。

大岡頼光 (2014)『教育を家族だけに任せない―大学進学保障を保育の無償化から―』勁草書房。

奥村芳孝 (2000)「高齢者と家族」(同著『スウェーデンの高齢者福祉最前線』筒井書房)。

カール・レグランド，レグランド塚口淑子 (2008)「労働における女性と労働」(丸尾直美，カール・レグランド，レグランド塚口淑子編『福祉政策と労働市場』ノルディック出版)。

釜野さおり (2004)「レズビアンカップルとゲイカップル」(善積京子編『スウェーデンの家族とパートナー関係』青木書店)。

訓覇法子 (2002)「家族とは何だろう？　③」『エクセレント　スウェーデン　ケアリング VOL.5』スウェーデン大使館。

訓覇法子 (2014)「家族政策・児童福祉」(『実践としての・科学としての社会福祉』法律文化社)。

第5章　家族：さまざまなあり方と政策の変遷

三瓶恵子（2013）『人を見捨てない国，スウェーデン』岩波ジュニア新書。
G・エスピン＝アンデルセン（2000）『ポスト工業経済の社会的基礎』桜井書店。
ジェルト・スンドシュトレム（1995）「高齢者と家族」「家族と国家」（同著『スウェーデンの高齢者ケア』中央法規出版）。
篠田武司（2012）「ワーク・ファミリー・バランスからみるスウェーデン・モデルの理念」（レグランド塚口淑子編『「スウェーデン・モデル」は有効か』ノルディック出版）。
スウェーデン大使館（2000）「家族とは何だろう？―子どものためには子どものためか―」（『エクセレント　スウェーデン　ケアリング　VOL.3』）。
スウェーデン大使館（2001）「家族とは何だろう？　②」（『エクセレント　スウェーデン　ケアリング　VOL.4』）。
高島昌二（1997）『スウェーデンの家族・福祉・国家』ミネルヴァ書房。
高橋美恵子（2004）「ローンマザー・ファミリー」（善積京子編『スウェーデンの家族とパートナー関係』青木書店）。
高橋美恵子（2012）「子育て家族のワーク・ファミリー・バランス」（レグランド塚口淑子編『「スウェーデン・モデル」は有効か』ノルディック出版）。
竹崎孜（2002）『スウェーデンはなぜ少子国家にならなかったのか』あけび書房。
都村敦子（1999）「家族政策・社会的扶助・住宅手当等」（丸尾直美・塩野谷祐一編『スウェーデン』東京大学出版）。
内閣府経済社会総合研究所（2004）『スウェーデンの家族と少子化対策への含意―スウェーデン家庭生活調査から―』。
内閣府経済社会総合研究所，財団法人・家計経済研究所（2005）『スウェーデンの家族生活―子育てと仕事の両立―』国立印刷局。
内閣府経済社会総合研究所（2005）『スウェーデン企業におけるワーク・ライフ・バランス調査』富士通総研。
広井良典（2006）『持続可能な福祉社会―「もうひとつの日本」の構想―』ちくま新書。
藤井威（2011）「福祉国家レジームと3類型論と各国家族政策比較」『福祉国家実現へ向けての戦略』ミネルヴァ書房。
藤岡純一（2010）「スウェーデンにおける家族・家族介護者支援とボランティア組織」（『北ヨーロッパ研究　第6巻（2009年度）』）。
星野泉（2008）『スウェーデンの高い税金と豊かな生活―ワークライフバランスの国際比較―』イマジン出版。
みゆきポワチャ（2012）「"高福祉社会は家族を解体させる"を検証する」（レグランド塚口淑子編『「スウェーデン・モデル」は有効か』ノルディック出版）。
山井和則（1993）『スウェーデン発　住んでみた高齢社会』ミネルヴァ書房。
ユーラン・アーネ／クリスティーン・ロマーン（2001）『家族に潜む権力―スウェーデン平等社会の理想と現実―』青木書店。
善積京子（2002）「家族―多様な生活の実態―」（『スウェーデンにみる個性重視社会―生

活のセーフティネット―』桜井書店).
善積京子(2004)「個人単位社会とスウェーデンの家族政策」(同編『スウェーデンの家族とパートナー関係』青木書店).
善積京子(2010)「『子どもの最善の利益』からみたスウェーデンの養育裁判」(『北ヨーロッパ研究　第6巻　2009年度』).
善積京子(2012)「スウェーデン家族の変遷―変わるパートナーと親子関係―」(レグランド塚口淑子編『「スウェーデン・モデル」は有効か』ノルディック出版).
吉田啓子(1993)「スウェーデンにおける家族政策の展開」(『社会科学論集　第56号』名古屋経済大学).
レグランド塚口淑子(2004)「女性の労働と政策」(善積京子編『スウェーデンの家族とパートナー関係』青木書店).
レグランド塚口淑子(2006)『新版　女たちのスウェーデン』ノルディック出版.
レグランド塚口淑子編(2012)『「スウェーデン・モデル」は有効か―持続可能な社会へむけて―』ノルディック出版.
労働政策研究・研修機構(2008)『ヨーロッパにおけるワークライフバランス―労働時間に関する制度の事例―』.
労働政策研究・研修機構(2009)『ヨーロッパにおけるワークライフバランス―労働時間に関する制度の事例―』.
労働政策研究・研修機構(2011)『ワークライフバランスに関する企業の自主的な取り組みを促すための支援策―フランス・ドイツ・スウェーデン・イギリス・アメリカ―』.

第6章
子育て・保育：子どもの最善の利益

はじめに

　子どもたちはその国の未来，さらには人類の未来を担う宝と言ってよい。ここで「子育て・保育」についての章を設けたのは，人間的な社会を建設するうえで教育とともに子育てや保育は，子どもを国家と家族に対して自立した一個人として捉え，社会として育てる視点は欠かせないと考えるからである。

　日本の現状を見ていると，格差社会が広範化するなかで，幼いうちにあるいは子どもの頃から，自己責任体制の下で，将来の芽を摘み取られる姿を見るのは忍びないだけでなく，日本という国の将来への危うさを感ぜざるを得ない。また，日本の大企業，たとえばトヨタが「モノづくり」は「ヒトづくり」と称して，従業員を単なる労働力として教育して，企業人（たとえば「トヨタマン」）づくりをする人事管理が称賛される実態を見ると日本の将来が不安になる。

　序章で述べたように，スウェーデンは個人を大切にする社会である。この点について，スウェーデンに長年在住している河本佳子は次のように述べている。「違いが生じる原因をいろいろ考えてみると，スウェーデンはまず個人があってその上で集団のある国で，それとは反対に，日本は集団というものが先にあって個人が存在している国というように思われる。つまり，国によって社会的価値観が根本的に違うということである」。「スウェーデンにおけるこのような考え方や価値観は，この国がつくり出した教育システムによって育まれていると私は考えている。ご存知のように，特に医療福祉のシステムにおいて顕著であるように，この世に生をもって生まれた者は，誰しもが人間的に充実した人生が送れるように，個人一人ひとりを大切にしようとする教育が幼いころから

行われ，そしてそれが机上論にとどまることなく社会生活の中に反映され徹底されている。私がここでいう『個人を大切にしようとする教育』とは，もちろん自己中心的な教育を意味しているわけではなく，自分で考える能力を養う『自己形成の教育』という意味である。自分で考え，判断し，豊富な選択肢のなかから自分に合うものを選び出して行動に移す。そして，その結果には自分自身が責任をもち，さまざまなトラブルに直面しながらも自らの人生を楽しむというものである」(河本佳子，2002，pp.1-2)。

このようにスウェーデンでは子育ての段階から「個人を大切にする教育」が行われており，それが生涯を決定づけるものになっている。河本は言う。「スウェーデンでは，自己決定をフルに活用するためには，自分で判断するという基本能力を幼いころから養う必要があるとしている。また，このことは，高齢者になっても自分のことは自分で決めるという生活スタイルは変わらず，社会システムとしても当然としてそのことを許容している」。

そしてこう付け加えている。「『個人を大切にする教育』という言葉のなかには，自分を愛するだけではなく，"他人を敬うこと"という意味も込められており，それがゆえに相互に尊重することができ，平等という基本理念が社会の基盤にすえられることになる」(河本佳子，2002，pp.2-3)。

スウェーデンには，子どもの人生のスタートは，両親と一緒に家族生活を過ごすべきだという揺るぎない理念がある。日本ともっとも異なるのは両親手当などに対する高い助成金と家族生活におけるさまざまな選択肢があることである。

子育てする両親にとって，スウェーデンの育児休業制度と，それに伴う両親手当の経済的支援，そしてさまざまな選択肢のある充実した保育制度は，特に重要である。この三つを組み合わせた施策は，さまざまな家庭の生活スタイルに合わせて柔軟性を持った対応をしている。これこそが「両親と子ども」の支援を目的としたスウェーデンの「家族政策」の大きな特徴である。

スウェーデンでは，さまざまなサポート・システムの下で，家族生活そのものが変化してきている。以下で述べるように，「まず，多彩な選択肢と自分で決める自由とを手に入れたといえるだろう。家庭の形，子ども，働き方。どの選択肢を選んでもとくに有利不利はない。税や年金は個人単位なので，どの選

択肢をとるのも自分次第である。好きな道を選んでも，不合理な不利益を被ることがない。やり直すことも十分可能である。これは，途方もなく大きな自由と可能性といえよう。

しかし，裏返せば，すべて自分で決めなければならず，しかもその結果に自分が責任をもたなければならないということである。……言い訳のきかない厳しい社会だと感じる人もいるかもしれない」（木下淑恵，2016，p.69）。

1　子どもの家庭福祉

スウェーデンも日本も国連憲章「子どもの権利に関する条約」の批准国となっている。この条約の第3条では「子どもの最善の利益」が謳われ，1項には，「児童に関するすべての措置をとるに当たっては，公的若しくは私的な社会福祉施設，裁判所，行政当局又は立法機関のいずれによって行われるものであっても，児童の最善の利益が主として考慮されるものとする」と書かれている。また，第6条（生命への権利，生存，発達の確保）では，「協約国は，児童の生存及び発達を可能な最大限の範囲において確保する」とされ，第9条（虐待・放任からの保護）では，「協約国は，児童が父母，法定保護者又は児童を監督する他の者による監護を受けている間において，あらゆる形態の身体的若しくは精神的な暴力，傷害若しくは虐待，放置若しくは怠慢な取り扱い，不当な取り扱い又は搾取（性的虐待を含む。）からその児童を保護するためのすべての適当な立法上，行政上，社会上及び教育上の措置をとる」（『ポケット版　子どもの権利ノート』子供の権利条約を進める会，1994年5月）と規定された。

1959年に，「児童権利に関する宣言」が国連総会で採択されたが，この宣言の内容は，1948年の「世界人権宣言」のなかにすでに盛り込まれていた内容であった。1979年の国際児童年にポーランドが条約にするよう提案し，10年間の準備期間を経て1989年に採択され，1990年9月2日に発効，国連憲章「子どもの権利に関する条約」として施行された。

スウェーデンは，1990年に発効と同時に条約を批准しており，日本が批准したのは1994年3月29日で，発効は5月22日であり，世界で158番目の批准国であった。

1989年に国連総会で採択された「子どもの人権条約」では、子どもを大人と同じ一つの人格のある存在と示し、「子どもの権利」を、「生きる権利」「守られる権利」「育つ権利」「参加する権利」と大きく四つの柱で表現している。「21世紀のいま、子どもをめぐる環境を考えるには『子ども（自身の育ち）』と『子育て』の両面が重要」（吉岡洋子・佐藤桃子，2016, pp.126-7）であろう。

「社会サービス法」（1982年、改正現行法は2001年施行）が施行され、子どもに対する「家庭福祉」の支出規模も日本と比較するとかなり多くなっている。また、最近は、「子どもの福祉や教育の関係は、他の分野（高齢者福祉など）より民間による供給が多く多元化が進んでいる」（吉岡・佐藤，2016, p.130）。

2　切れ目のない普遍的・包括的な支援

スウェーデンでは、すべての子どもの育ちを平等に保障するという意識が根づいている。1985年に、「すべての子どもに就学前学校を」という与党（社会民主党）議案が国会に提出された。親たちの保育ニーズに応えるだけでなく、家族の状況に関わりなくすべての子どもに子ども自身の権利として就学前学校への参加を保障すべきという内容である。吉岡・佐藤は、「この考えは、今日のスウェーデンの子ども・子育て環境の基盤的な理念を顕著に示している」（吉岡・佐藤，p.133）と述べている。

子どもの成長・発展はその国の将来、しいては人類の未来を左右するほど重要な課題である。子どもは、親の経済状態や健康状態、就労状況などから、発達や学力面でも大きな影響を受ける。そこで、スウェーデンでは、すべての子どもの育ちを平等に保障する観点から、子どもと子育て家庭に対して切れ目ない包括的な施策・支援が準備されている。人生最初の段階での質の高いケアや教育を受けることが、子どもの発達にとって、ひいては社会にとっても望ましいと考えているからである。この点が日本と決定的に異なる点である。

後に詳しく述べるように、胎内から大学院生に至るまでの母子保健・医療や保育・教育などのサービスや経済的支援などの施策・支援が整備されてきた。

子どもたちが抱えるさまざまな生きづらさや特別なニーズに対しては、「普遍主義にもとづく施策・サービスを軸としつつ、個々の子どもが、『特別なニ

ーズ』をもつ場合，必要な支援を提供して平等を達成することが目指されている。特別なニーズとは，機能障害に関わる場合や，言語の特別指導を必要とする移民，貧困状態にある子ども等もふくむ」(吉岡・佐藤，2016, p.137)。

スウェーデンの子育て支援策は少子化対策ではない。男女平等，児童福祉の推進を目標に家族政策の一環として捉えられている。スウェーデンでは「父親は仕事，母親は家事と育児」という性別による役割分担を考えず，男性も女性も「仕事と育児」を行う男女平等な社会を構築した。その支援策が「家族政策」である。高橋美恵子の整理（表5-4）によると，家族政策は，当初の「人口問題」から「公平性」，「効率性」そして「男女平等」へと変化し多様な施策が追加されている。

現在では，家族政策は出生率の向上が目的ではなく，男女平等と子どもの十分なケアが目的である。これはスウェーデン政府がもっとも大切にしている政策の一つである。家族生活で一番重要なことは，以下に述べるごとき両親手当，児童手当などの経済的支援や労働生活への時間的支援で，これによって仕事と家庭生活の柔軟性が確保されている。

3　子育てしやすい労働・社会環境

子育てには父母の労働環境や家庭環境の整備は欠かすことができない。前章で述べたごとく，スウェーデンでは，ワーク・ライフ・バランスやワーク・ファミリー・バランスの取り組みも日本と比べるとはるかに進んでおり，仕事と家庭のバランスも比較的自由に取ることができる。良好な賃金・労働条件や社会福祉は，働く女性のセーフティネットとして欠くことはできない。一般的な雇用や賃金・労働条件などの労働環境については，とりあえずは拙著『福祉国家スウェーデンの労使関係』（ミネルヴァ書房，2003年）を参照いただくとして，ここでは子育てとの関係で，両親保険など労働時間や経済面での政策的支援について見ておきたい。

まず，労働時間面での支援策としては次のようなものがある。
①両親保険
1973年の両方の親を対象とする両親手当の導入を経て，1976年に両親休暇法

が制定される。この両親保険により、男性も保険の対象となり、親として法的に育児ができることを認められたことになる。両親手当は1人の子どもにつき450日間支給される。360日間は傷病手当対象所得の80％が保障され、残りの90日間はすべての親に1日60クローネが保障額として均一給付されることになった。

1995年には、各1か月の「母親月」、「父親月」（原則的に譲渡不可能）が導入された。2002年から両親休暇は「父親月」として1か月延長され、合計480日となった。

また、480日の育休に並行して、父親だけに適用される10日間の特別休暇がある。産院への通院、各種両親講習会参加、出産時など、保障つきで父親も出産と育児に準備段階から参加できる。

②育児用勤務時間短縮制度

両親保険は育児用勤務時間短縮の権利を保障している。子どもが満8歳（国家公務員は12歳）に達するまで、両親は仕事時間を25％短縮することができる。給料のロスは保険で補うことができる。女性に常用パートタイム勤務が多いのはこの保険を利用しているからである。子どもが満8歳になるとフルタイム勤務に戻ることになる。

③一時看護休業

この制度は、12歳以下の子どもを持つ親に適用される。子どもが病気の場合、子ども1人につき年間60日、両親のうちどちらかが在宅して看護する権利の保障がある。このような配慮があってはじめて、女性の「仕事も子どもも」へのアクセスが可能となる。レグランド塚口は次のように述べている。「この制度の利用率は両親間にバランスがとれていて、男女50％位ずつと公平である。自分の周りを見ても、両親は一日交代とか、場合によっては午前と午後に看病当番を分け、仕事と育児を両立させている」（レグランド塚口、2006、p.184）。

④有給休暇

有給休暇は最低5週間が法律により保障されている。産業によってはそれ以上のところも少なくない。夏場を中心に、いわゆる「バカンス休暇」がとられる。この場合の休暇保障は経営者が行い、普段の給料にいくらかの休暇手当が加算される。頭脳労働者で重い役職に就く者には、さらに数週間の追加休暇が

第6章 子育て・保育：子どもの最善の利益

あるという。地位のほかに加齢による優遇制度もある。年長ほど休暇日数が長くなる。

レグランド塚口は次のように述べている。「なんといっても有給休暇は全市民の最大の楽しみで，誰もがきっちりと休暇を消化する。12月のクリスマスは家族の最大の祭日であるが，それが過ぎると次の目標は夏のバカンスとなる。もしこの国からバカンスがなくなれば，恐らく市民総決起で革命を起こすか，テロ行為にはしるだろう。バカンスは生活に絶対に不可欠なのだから」（レグランド塚口淑子，2006, p.186）。筆者が，年の初めに，ボルボのトーシュランダ工場へ調査に出かけた時に，「楽しみ」について質問すると，夏のバカンスの計画をたてることという返事であったのを今も思い出す。

また，さらに経済的にも，以下に見るように，児童手当，住宅手当など手厚い保護政策がなされている。

①児童養育補助金

通常，児童手当と呼ばれているが，これには2種類ある。一つは，一般的な「児童手当」で，全国すべての17歳未満の子どもの親に，毎月支給される。金額は物価指数スライド制になっている。なお，17歳を過ぎても，子どもがまだ高校などに在学中なら，児童手当は卒業まで直接，子どもに支給される仕組みになっている。もう一つの補助金は，離婚あるいは別居により養育金支払い義務のある方の親が何らかの理由で支払不可能の場合，保険局が肩代わりして支払いをする制度である。両親あるいは片方と死別の場合にも適用される。

②住宅手当

「住宅手当」は労働年齢にある低所得世帯の住居費を援助する制度として1968年に導入された。この「住宅手当」は賃貸住宅居住者及び持家居住者の住居費を援助する制度である。適用対象は労働年齢にある低所得世帯であり，子どもを養育している低所得世帯を援助することを目的とする制度でもある。ただし，子どものいない単身世帯及び18～28歳のカップル世帯の所得が非常に低い場合には，住宅手当を支給することができる（都村敦子，1999, pp.213-214）。

住居費の限度額は世帯の規模による。補助率は住居費の50～75％に児童加算を考慮した率となる。国は住宅手当最高額を設定している。最高額は世帯構成や住宅のタイプから決められるが，最高額に地域格差はない。**表6-1**は，家

第Ⅱ部 「国民の家」をめざしたスウェーデン社会

表6-1 住宅手当の最高額（1998年）

(月額クローナ)

		子どもの数		
		1人	2人	3人
最高額	家賃額	5,300	5,900	6,600
	居住面積	80 m²	100 m²	120 m²
	住宅手当額	2,500	3,175	3,900
	所得額	261,000	301,500	345,000

（資料） Svenska Institutet（1998）*The Financial Circumstances of Swedish Household: Fact Sheets on Sweden* August 1998.
（出所） 都村敦子，1999，p. 213による。

表6-2 住居費・世帯所得と住宅手当（1995年）

世帯所得年額クローナ	住宅費月額クローナ	住宅手当 月額クローナ		世帯所得に対する住宅手当の割合%	
		子ども2人	子ども3人以上	子ども2人	子ども3人以上
115,000	3,500	2,050	2,400	21.3	25.0
	4,000	2,300	2,675	23.9	27.8
	4,500	2,550	2,925	26.5	30.4
	5,000	2,800	3,175	29.1	33.0
	5,500	3,050	3,425	31.7	35.6
165,000	3,500	1,217	1,567	8.9	11.4
	4,000	1,469	1,842	10.7	13.4
	4,500	1,717	2,092	12.5	15.2
	5,000	1,967	2,342	14.3	17.0
	5,500	2,217	2,592	16.1	18.8
215,000	3,500	383	733	2.1	4.1
	4,000	633	1,088	3.5	6.1
	4,500	833	1,258	4.6	7.0
	5,000	1,133	1,508	6.3	8.4
	5,500	1,383	1,758	7.7	9.8

（資料） Svenska Institutet（1996）*Housing and Housing Policy in Sweden, Fact Sheets on Sweden*, April 1996.を用いて作成。
（出所） 都村敦子，1999，p. 213による。

賃，住宅の面積，所得，手当額について子どもの数別の最高額（1998年）を示したものである。1997年の生産部門労働者の平均年収は20万9214クローナであるから，住宅手当の所得制限額はかなり高い。そのため平均所得を上回る世帯にまで給付が及んでいる。

住宅手当を受給するためにはミーンズテスト（資産調査）が行われ，さらに住居費，所得，家族構成が条件となる。申請者は住居費の一部を補充することがもとめられ，残りの費用に対して手当が支給される。家賃額が高いほど，また子どもの数が多いほど住宅手当の支給額は高くなり，世帯の所得が多いほど手当額は低くなる（表6-2）。低所得世帯の住宅手当の対世帯所得比は，2子世帯では21〜32％，3子以上の世帯では25〜36％であり，手厚い経済的援助が行われている。

③傷病手当制度

傷病手当制度では，病気欠勤中に失う給料分の80％が保障される。通院・入院などの費用もごくわずかですみ，手術などを含めて治療経費は公費でまかなわれる。治療用薬剤にも補助金が出て，本人負担額の超過分は保健局で補うようになっている。また，出産時の入院その他費用すべてについても保険が適用される。

④寡婦年金

寡婦年金は，夫の死亡により路頭に迷うこともなく，また，生活水準を落とす必要もないようにするための，「未亡人」に対する配慮である。保険額は物価スライド制により，夫の生前の収入を基準に算出される。しかし，この制度は，1990年からはそれまでに資格を得ている者には継続して支給されるが，新規適用が停止されている。そもそもこの制度は，夫が一家の稼ぎ手で妻は無収入の主婦という性別役割分業による家族モデルを想定してできたもので，男女ともに就業が常識となった80年代には不必要と見なされ廃止に至った。男女平等政策により，女性の特典がなくなった数少ない例である。

⑤老齢年金

定年退職後の生活保障を目的とするもので，満65歳に達した居住許可を得ている市民すべてに適用される。ただし，退職は60歳から70歳の10年間のうち任意の時点で行うことができ，65歳を基準に退職時が早いほど額は少なくなり，65歳を過ぎれば逆に増額となる。近い将来，労働力の不足が予測されているため，現在では67歳まで働くことが奨励されているという。

年金額は，一生のトータル収入から算出される。以前は，生涯収入のうちから金額の多い30年が対象となり，なかでももっとも収入額が多い15年を基礎に

年金額が決定されていたが，2001年より新制度に移行している。とはいえ新法の適用開始は，1938年以降に生まれた人達からで，当分の間，旧と新の両法が並行して運用されることになる。旧保険法と異なり，新法では義務教育終了後すぐ就職して，定年までずっと働き続けるパターンが有利になった。

なお，企業によっては企業年金がでる。労使間の協定により，雇用主は労働者の給料の何パーセントかを，年金用に国に納入する。また，年金の基礎になるのは原則として労働収入であるが，失業保険，疾病保険，疾病年金なども老齢年金の対象となる。しかし，生活保護手当，住宅手当，児童養育援助金などはその対象とならない。ほかに，年金の対象となるのは，徴兵期間や大学などへの就学期間の奨学金などである。

ただし，企業などから支給される退職金制度はない。かわりに事業主も労働者もそれぞれ年金分を国に納め，退職後，国から各個人に支給される。この年金制度は特定の事業主での勤続計算ではなく，個人のトータルな生涯収入を基本にしている。そのため転職や転業などは老齢年金をはじめ，医療保険，失業保険などの各種保障には影響せず，企業年金などの特典を失わないよう，特定の企業で無理をして働き続ける必要はないようになっている。

4　父親の育児参加

スウェーデンの父親は，日本と比べると家事・育児に，はるかに多くの時間を割いている。労働時間が日本よりかなり短いだけでなく，ディーセント・ワークを実践していることもあり働き方も人間的である。それだけに家庭や子育てを大事にしている。男性の育児休業取得状況は図6-1のごとくであり，帰宅時間・家事・育児時間・家族との時間（表6-3）を見ると日本との違いが明瞭である。スウェーデンでは父親が育児休業することは子どもにとっても男性の成長にとっても大切であると認識されている。

永井暁子は述べている。「他国，特に日本の男性と比較すれば，スウェーデンの男性の子育てへの関与ははるかに強い。男性が子どものために休みを取ること，家族のために時間を大切にすることは，スウェーデン社会においては共通認識となっている。家族のための時間を大切にすることをよしとするからこ

第6章　子育て・保育：子どもの最善の利益

図6-1　育児休業の取得日数と一時看護休業の取得日数のうち男性の取得割合，1989年〜2010年

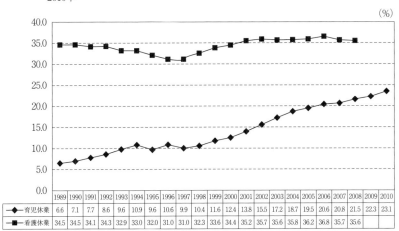

	1989	1990	1991	1992	1993	1994	1995	1996	1997	1998	1999	2000	2001	2002	2003	2004	2005	2006	2007	2008	2009	2010
育児休業	6.6	7.1	7.7	8.6	9.6	10.9	9.6	10.6	9.9	10.4	11.6	12.4	13.8	15.5	17.2	18.7	19.5	20.6	20.8	21.5	22.3	23.1
看護休業	34.5	34.5	34.1	34.3	32.9	33.0	32.0	31.0	31.0	32.3	33.6	34.4	35.2	35.7	35.6	35.8	36.2	36.8	35.7	35.6		

（注）　看護休業は2008年までの数値。
（資料）　Försåkringskassan HP. Statistik 2008. Tabell 1:1, Tabell 4:1, Pressmeddelanden 2010-01-23，同データベースをもとに作成。
（出所）　高橋美恵子，2012, p.240による。

そ，スウェーデンに住む人々は男性であれ女性であれ，家族関係を形成しようとするのである。男性が子どもを育てることに時間を使うことをよしとするからこそ，女性は安心して子どもを生めるのであろうし，男性も子育てを楽しむことができるのであろう」（永井暁子, 2005, pp.62-63）。

5　選択肢が多い「保育サービス」

スウェーデンでは幼児教育の一環としての保育がますます重要視されるようになっている。保育所は「社会性を学ぶ場所」であり，「教育」の場であるとともに「楽しく遊ぶ所」でもある。また，保育所の選択肢は多くなっている。保育施設は，社会サービス法から学校法への移行をきっかけに，就学前の保育施設は，すべて就学前学校となったが，ここでは移行以前の保育事業について述べたい（古橋エツ子, 1999）。

当時，スウェーデンの就学前の保育施設には，全日制及びパートタイム制の

表6-3 0～5歳の子どもが1日に親と共に過ごす時間：ふたり親家族の子どもの親との過ごし方別，2000・2001年（時間分）

過ごし方	母親	父親
子どもの世話	1:56	1:03
その内，援助・手助け	1:15	0:35
宿題をみる	0:01	0:00
一緒に遊ぶ	0:21	0:18
話をする	0:04	0:02
本の読み聞かせ	0:04	0:03
子どもの行事に参加	0:05	0:03
その他の世話	0:02	0:01
家事	2:06	1:08
食事	1:11	0:54
余暇活動	2:16	1:40
その内，スポーツ・アウトドア	0:19	0:11
団体活動等	0:02	0:00
娯楽・文化活動	0:03	0:03
一緒に時間を過ごす	0:35	0:25
テレビ・ラジオ	0:39	0:34
読書	0:06	0:04
趣味	0:04	0:04
その他の余暇活動	0:14	0:12
余暇活動への移動時間	0:13	0:08
合計時間	7:29	4:45

（資料）　SCB 2004. Barnens tid med föräldrana. Tabell 5.7b, 5.7c.
（出所）　高橋美恵子，2012，p.242による。

就学前学校，夜間保育所，オープン型保育所などがあり，就学後の保育施設としては，学童保育所としての学童余暇センターがある。また，これら両方の保育施設の役割を果たす保育機能として，ファミリー保育所，3家族保育所，私立保育所などがある。

　保育施設の種類や内容が多様なのは，子どもの状態，親の働き方や生活の仕方に合わせた保育ニーズに応えるためである。したがって，障がい児やひとり親家庭の子どもは保育施設に優先的に入所ができる。

　さらに，移民の子どもに対しては，親の母国語を教えるために，①幼稚園，

保育所で母国語を教えること，②2か国語を話す職員が，就学前学校，学童保育所に通っている移民の子どもを小グループで教えること，③移民の親子が，一緒に自由参加できるオープン型保育所で母国語を話す機会をつくることなど，優先的な保育施設の利用も実施されている。

　就学前の保育施設は，社会サービス法から学校法への移行をきっかけに，すべて就学前学校となったが，ここでは，その直前の名称による保育事業について述べたい。

　①全日制の就学前学校（保育所：Daghem）

　全日制の就学前学校，いわゆる保育園は親が働いているか，学校に在学している場合，原則として子どもが1歳から就学前までの間に入所できる。全日制と言われるように，子どもは1日5時間以上を保育園で過ごす。保育日課は，約12時間体制である。親は開所している時間帯の間に，仕事や授業などに合わせて全日保育を利用できる。

　保育内容は，年齢別の保育ではなく，異年齢構成のグループやきょうだいグループといった「グループ構成」の保育がなされている。古橋エツ子は「異なった年齢グループでの保育は，子どもたちの成育によい結果をもたらしている」（古橋，p.296）と述べている。

　②パートタイム制の就学前学校

　パートタイム制の就学前学校，いわゆる幼稚園は，1日3時間，1週15時間以上の保育をする。保育プログラムは，保育所と同じで，4歳以上で就学前までの子どもが対象となっている。

　③就学前学校

　1975年から各コミューンは，就学1年前の子ども全員に，就学前学校を準備しなければならないため，保育所，幼稚園及び小学校の施設内に3時間の半日クラスを開設して，就学前学校として利用している。身体的，精神的，その他の理由で特別な援助を必要とする子どもに対しては，通常より1年早い秋から無料で就学前学校に入ることができる。

　④夜間（昼夜）保育所

　夜間保育所は，親が，労働時間の不規則な仕事や夜勤のある仕事をしている場合に入ることができる。子どもの入所に際して，親子が三つの段階を経て慣

れてから入所するようにしている。この時，親は時間単位の両親休暇を取得することによって，子どもが慣れるまで付き添うことができる。

⑤ファミリー保育所

ファミリー保育所は，子どもを個人の家庭で保育するところである。12歳までの子どもが対象となっている。この保育所は，1968年以来，コミューンに登録されている国の補助金を受け，正式な保育制度として就学前保育や学童保育の役割を果たしている。子どもを保育する人はコミューンの保育職員として雇用されることになる。

⑥3家族保育所

3家族保育所は，だいたい3家族ぐらいが集まって，①部屋に余裕のある家庭で子どもを保育するか，②親の仕事や授業に合わせて交替でお互いの子どもを保育するといった方法で行っている。

⑦オープン型保育所

オープン型保育所は，公立の保育所や幼稚園に通っていない子どもと親，または，子どもとファミリー保育所の保育者が，一緒に自由に参加できる。1972年に始まった新しい保育形態である。この保育所はすべて無料で，参加する親子，保育者達が，それぞれのペースに合わせながら，交流したり，子育ての体験や情報交換をしたりできる。利用者のほとんどは両親休暇中の親子である。これは社会的，教育的なふれあいとして重要な意味を持っている。ここには，親と保育者に教育的助言や援助を与えるため，保育職員や看護士などが配置されている。

⑧学童保育所（学童余暇センター）

学童保育所では，6〜12歳の子どもを対象に，夏休みなどの休暇中も含めて，登校前の早期保育と下校後の余暇活動の場として過ごすところである。学童保育は，学童余暇センター，ファミリー保育所，3家族保育所などのほか，小学校のなかに統合して設置している学童保育所で行われている。登校前の7時に開所し，午後6時ごろに閉所する。また，身体的，精神的，その他の理由で特別な援助を必要とする子どもには，その発達に応じた援助を学童保育所で行っている。

⑨その他の公的な保育

　保育施設での保育のほかに，子ども達の生活環境や状況に合わせた公的な保育がある。病院で治療もしくは療養中の子どものためには，就学前，小学校及び学童保育での活動に代わる特別なコースを担当している。また，一時的な病気のために保育所，学童保育所などに行けない子どものためには，コミューンの保育員が病気の子どもの家に派遣されて世話をする。

⑩私立の保育所：両親共同保育所

　私立の保育所は，非常に少なかったが，最近かなり増えてきている。私立の保育所数が少なかったのは，公的な保育サービスを原則とするため，①保育内容への基準が高かったこと，②とりわけ，1992年まで株式会社組織の保育施設への許可がされなかったことなどが原因となっていた。私立保育所は，子ども１人あたりの保育費用を補助金として受けながら運営されている。保育の目的も，親達の自由な保育選択，教育的・宗教的な保育を保障するなど多様である。そのなかで，もっとも多いのが両親協同保育所で約半数を占める。その他に，組合経営，会社経営，個人的な協同保育所がある。

　両親協同保育所は，1970年代前半の親達による手づくりの保育所から始まっている。この保育所は，国からの設立準備資金のほかに，毎年コミューンから子どもの人数分の補助金や家賃補助（家賃の85％）などによって，親達が組織し，経営している。その際，保育内容や保育職員の雇用，親達の負担料などを公立の保育所より低くすることはできない。この保育所が評価される点は，親が保育のあり方を自由に選択しながら，補助金をもとに直接経営できることである。

　最近では，学校教育への「橋渡」として就学前保育所が小学校と併設されていることが多くなっている。

6　乳幼児や障がい児への医療保障

　子育てで家族を苦しめることの一つに病弱な子どもや障害を伴った子どもを抱えた際に発生する，医療費などの高額な費用負担がある。

　スウェーデンでは，このような場合，その家庭だけの経済力と責任の問題，

日本的に言うとその家庭の「自己責任」、として片付けはしない。社会ができる限りの対応を行うのが当然かつ公平な取り扱いとされる。

まず、医療に関する保障としては、日本のように職場によって国民健康保険、健康保険、共済組合などと制度が異なっているのとは違って、国民すべてが自動的に加入する国民健康保険がただ一つの制度で、子ども達も全員がその対象となっており、必要な医療費はすべて保険から支払われる。公的な保険制度である性質上、税金による財源方式が取られ、しかも医療サービスを一任されているのは行政体である県と、いずれもが公的システムとなっている。

医療費は無料ではないが、きわめて少額の負担となっている。竹崎孜によると、「診療と医薬代にかかる1年間の患者負担金が2700クローネ（約3万5100円）を超えることはない。この規定は病弱な子どもや障害を伴った子どもをかかえた家庭にも区別なく適用されるが、未成年の子どもがいる家庭では、子ども全員にかかった診療と医薬品の費用を合算したうえで最高限度額に達すると、それ以上の支払い義務はなくなるので、負担はさらに軽減されていることを意味している」（竹崎孜，2002，p.64）という。

また、障がい児へのサポートについて、竹崎は次のように述べている。「障害のある児童であっても親元で育つのが最も望ましいとされるが、保護者である親の立場としては介護に手間ひまをとられてしまうと仕事とは両立せず、それだけに生活に困ることは目に見えている。そこで用意されたのが介護手当金制度である。

親による介護をどの程度の範囲で認めるか、手当金額をいくらとするかは、介護の必要性しだいとされ、それに本人の要介護度と親自身の介護能力とをあわせて決められるが、例えば、介護への専念が求められるならば、年間手当金は基準金額（3万7900クローネ）の250％、半分程度ならば同じく125％と算定される。したがって年間手当金額としては前者が約10万クローネ（130万円）で、別途の家計所得がないときには、家賃にほぼ等しい住宅手当が加算されるので児童に対する障害加算金や児童手当金等すべてを総計すると、これで親子の生計はひとまず成り立つ」（竹崎，p.66）。

こうした手当金は16歳に達するまで支払われ、それ以降は別の制度によってサポートされることになる。そして、すべての目的はノーマライゼーションを

いかに実現するかにある。さらに次の竹崎の指摘は興味深い。「17歳以降は，親離れ，子離れを意味するので，これで親は子育てに終止符を打ち，復職や求職をはじめることにして自立をはかることになる。もうひとつには，家庭におけるこうした介護が親の生活手段とならぬように歯止め役としても考えられている。

そこで本人の生活費となる経済保障は，国民年金保険法からの国民早期退職年金（旧障害年金）で，同時に生活や通学に便利な居住用にはコミューンが準備した学生用宿舎，グループホームないしその他の住宅がある。その上に必要な支援は自治体責任のもとに専門職員がそれぞれ担当するが，年金，住居そして支援サービスのすべてが目ざすところは本人の自立であり，これがノーマライゼーションに該当する」（竹崎，p.66）。

7　スウェーデンのいじめ対策

スウェーデンのいじめ対策については，高橋たかこの貴重な業績，『福祉先進国スウェーデンのいじめ対策』（高橋たかこ，2000年）があるので，主として，これを参考にして論をすすめたい。

（1）　いじめに関する法律・規定

スウェーデンでは，いじめ予防やいじめを阻止するための規定は，教育法や国の学習プラン（学習指導要綱）のみならず，労働環境法が適用されている。

教育法（学校法）第1章第2条では，「学校のいかなる活動も，民主主義に基づいて行われるべきである。学校内で働くすべての職員は，個々の価値，尊重の重要性，大切さを助長すべきである」，さらに「校内に働く職員は，ある生徒がほかの生徒を侵害するような行為に対しては，絶対阻止しなければいけない」と規定している。

また，少し古くなるが，1994年度学習プラン（LPO94）のなかでは，学校の役割の大切なものの一つは，ほかの人々への理解力や相手の気持ちを分かってあげることができるような力（能力）を助成すべきであると規定し，さらに学校にあってはならないし，そういう傾向に対しては，積極的に対処しなければ

ならないと規定している。
　また，校長先生は学校の最高責任者であり，特に校内で働く職員や生徒に対する，いかなる嫌がらせやいじめも阻止しなければいけないし，自分の学校の「いじめ対策プラン」を作成する責任もあると規定している。
　労働環境法は，勉強中の児童・生徒にも適用される。もちろん，児童や生徒は純粋な意味での労働者ではないにしても，勉強中の彼らもそれに準じた扱いと規定されている。学校は，先生達の職場であり，職場の環境が悪く，児童・生徒達が精神的，肉体的に気分がよくないとしたら，当然，先生達の労働環境にも影響する。スウェーデンでは，学校が一番の労働の場所となっており，一日150万人が出入りする場所である。そのうち先生は少数派で，児童・生徒は多数派である。
　1993年，労働者保護委員会は，労働環境法の第18条に基づき「侵害特別行為に関する規定」を9月21日に布告，翌3月31日付で施行している。この規定の第1条には次のように書かれている。「この規定は，特別侵害行為を受けている，すべての労働者に適応する。特別侵害行為とは，1人の労働者に対して，他の人達が，咎められるべき，または，マイナス行為を繰り返し行うことであり，職場での仲間はずれも含まれる」。
　これが職場でのいじめ規定となり，児童・生徒にも適用されるのである。ここでいう「侵害特別行為」とは次のような行為をいう。
①労働者や家族を中傷する
②意識的に仕事に関する情報を与えなかったり，故意に誤った情報を与える
③故意に仕事を妨害したり，困難にしたりする
④仲間はずれ，無視，軽視
⑤さまざまな形でつきまとい，脅迫または恐怖を抱かせる。または，はずかしめの行為，たとえば性的いじめも含む
⑥意識的にバカにしたり，高飛車，意地の悪い応対
⑦傷つける目的で，本人が知らない間にチェック・コントロールする
⑧その他，事務的制裁と言われるもの。これは適切な理由や説明もなく突然1人の従業員に向けられる侵害行為である。たとえば，故意に事務室や仕事を取り上げたり，部署を変えたりすること。また，突然，残業を頼んだ

り，社内教育や休暇の許可を出さないなどの嫌がらせ行為もこれに含まれる。

このように，スウェーデンでは学校が一番大きな労働の場となっており，1日に150万人，人口の約6分の1が関わっている。労働環境法はもちろん学校にも適用され，就学中の児童・生徒も対象となる。彼らも立派な学習労働者であると言える。以上のような法律の下で，さまざまな施策を通じて，いじめられている子の気持ちが分かり，思いやりを示すことができる子どもを育てようとしている。

(2) いじめに関する諸機関・組織

スウェーデンにはいじめの問題に関わる機関は多数あるが，ここではそのうちの主要な組織である「子どもオンブズマン（BO）」について触れておきたい。

子ども達は，大人や社会に向かって対等に討論や訴えができるわけではない。誰かが子どもの代理人として，子ども達の考えや意見などを訴え，大人や社会に認識させる必要がある。スウェーデンの子ども達は，物質的観点からは良好と言えるものの，孤独，いじめ，親との時間不足，親との離婚など，抱える問題はたくさんある。こうした状況のなかで，子ども達の抱える問題を明らかにし，子どもたちの権利を強めるための機関が子どもオンブズマンである。

1993年5月1日，子どもオンブズマン法が制定され，これに基づき国家機関として「子どもオンブズマン」が誕生した。子どもオンブズマンの機構組織図は**図6-2**のようになっていた。子どもオンブズマンの主な業務は次のようなものである。

1. 子ども・青少年の関心・権利に関することを監視し，彼らのオンブズマン（代言者）になることを目的とする。
2. 国連の児童の権利に規定されているように，スウェーデン国内の法律などが，きちんと適応・適用されるよう，監視する。
3. 意見の確立をする機関。すなわち，子ども・青少年問題を社会討論のなかにきちんと位置づけし，討論のなかでは，彼らの代表者となる。

1995年2月には，内閣の下にあった子ども・青少年代表団に代わって，子どもオンブズマンが，いじめ対策の中央統一機関として任命された。すなわち，

第Ⅱ部 「国民の家」をめざしたスウェーデン社会

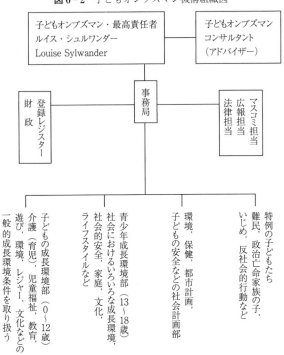

図6-2 子どもオンブズマン機構組織図

●子どもオンブズマンコンサルタント
子どもオンブズマンに対するコンサルタント機関。三年の任期で内閣によって任命される。法律家、研究者、経済専門家、作家、医者、ソーシャルワーカー、ジャーナリスト、学生、児童心理学者など。
(年2～3回定期会合後は随時職員へのアドバイス)
(出所) 高橋たかこ、2000, p.103 による。

ほかの国家機関や諸組織と協力し合い、いじめに対する諸機関の対策をさらに効果的にしようと、そのためのコーディネーターを子どもオンブズマンが受け持つことになったのである。

子どもオンブズマンは、最初の2年間には、いじめに関する、子ども・青少年の経験・知識をリスト・アップすることや、より充実したネットワークづくり、いじめについての広報の充実などを行っている。

子どもオンブズマンのいじめについての考え方は、次の三つが重要なポイントとなっている。

a．いじめは社会問題である。
　　b．いじめ，いじめ対策は大人の責任である。
　　c．各自治体はいじめ対策基本案などを制作し，各学校は，具体的にどうしたらいじめを予防でき，解決はどうしたらいいかなどの具体的ないじめ対策プランをつくるべきである。

　いじめ問題に関わる機関としては，子どもいじめオンブズマンのほかに次のような組織がある。いじめ反対協会（F・M・M），緊急フレンド・赤十字青少年部，社会における子どもの権利団体，全国学生会，PTA 全国組織，ハッセラソリダリティ連盟，子ども救援会，国立健康研究所，教育庁，労働保護委員会，国家警察庁などがある。高橋たかこは，「このうちのひとつが欠けても，いじめを解決できないに違いない」（高橋たかこ，2000，p.99）と述べている。

　日本の実状を見ると，いじめは蔓延しているが，では，いじめやいじめ対策を大人の責任として，どこまで国・自治体や学校が真剣に取り組んでいるのかとなると，心もとない。

8　保育から就学前教育へ

　就学前教育の種類としては，保育所（公立，私立），家庭保育所（公立），保育ママ（個人），自主保育所（協同組合）などがある。竹崎孜は，「待機児童はゼロ」という事例としてナッカコミューンを取り上げて，次のように述べている。「コミューンの保育園に通う1〜6歳児が同年齢層全体の63％，それに6〜9歳児が学童保育所へ通う割合は85％に達している。財政面をみると，就学前教育へ投入される金額が総予算の22％にのぼり，予算規模の順位にしたがうと，就学前教育予算は小学校（27％）についで第2位，高齢者介護予算（21％）をしのぐ。

　なお，入園児童は100％を満たしてはいないが，背後に待機組がいるからではなくて，2歳未満の子どもをすぐに入園させず，育児休暇中は自宅で子育てをする家庭がかなりあるからとみなせる。同様に，学童保育所についても，4年生ぐらいになると学校から直接帰宅してしまうことが多くなり，学童保育の利用が減るためである」（竹崎孜，2002，p.73）。

最近，子どもの発達にとって就学前教育の大切さが注目されている。子どもの発達条件の均等化を図るための就学前事業の重要性も指摘されている。訓覇法子は次のように述べている。

　「さらに重要なことは，近年の発達心理学の研究結果によると，学習のための認知的・行動的基礎は早期の子ども時代（就学前学校年齢）に結成されるという事実である（Esping-Andersen, 2009）。したがって，就学前学校へのアクセスの有無が子どもの将来を決定的に左右するために，教育制度よりも就学前年齢の子どもたちの家庭環境が問題視される必要がある。……

　子どもへの資本投資を質・量ともに左右するのが，家庭における学習文化資本（親の知識や教育水準などの文化資本）である。高学歴の親は低学歴の親と比較すると，子どもの発達に必要な時間を20％多く使っている（Bonke & Esping-Andersen, 2008）。ゆえに，家庭の不十分な学習文化資本を補足する手段として，低学歴の親が多い所得世帯，ひとり親世帯の子どもの就学前学校・保育サービスへのアクセスを可能にすることが，国家にとって重要な課題となる。……しかも先行研究によれば，すべての階層の子どもたちが学習環境を共有することによって，最も不利益な立場におかれた子どもたちに肯定的な発達効果がもたらされることが明らかである。すべての子どもに対する普遍主義的サービスは，すべての市民から財政運営に対する支持を得るうえでも重要な意味を持つ」（訓覇法子・田澤あけみ，2014, pp. 163-164）。

9　「児童保護」のモデル

　「ワーク・ファミリー・バランス」から見たスウェーデン・モデルについては，前章を参照いただくとして，ここでは訓覇法子を参考にして，「児童保護」のモデルについて触れておきたい。

　現代では，子どもの福祉を前進させることは，先進国の重要な政治的・社会的課題である。先に触れたように，子どもを独自の権利を持つ独立した存在として捉える「子どもの権利条約」の採択（1989年）によって，子どもを虐待や養育放棄，その他の危険から護り，子どもの安寧・ウェルビーイングを保障する最善の方法が追求されるようになった。しかし，子どもの健全な発達や教育

第6章　子育て・保育：子どもの最善の利益

に対して国家がどのくらいの責任を負うのかは，国によって大きく異なる。制限的な責任しか負わない国は，子どもに心身的な危害を与える危険から子どもを保護することに重点を置き，基本的な安全保障にとどまるが，広範な責任を負う国は，社会的地位や養育の結果として生み出される不平等な生活条件のリスクから子どもを保護することを目的とする。

1980年代から1990年代初めにかけて，世界的に児童（通常18歳以下）の虐待報告が急増した。処遇の方法を左右するのが，「子ども保護モデル」と「家族サービス重視モデル」という，伝統的に異なった児童虐待報告制度であるという。

「子ども保護モデル」では，虐待に関しては退行的な親や近親者が与える心身的危害から子どもを保護すべきであると考えられてきた。「家族サービス重視モデル」では，虐待は社会的・心理的困難から生じる家族内の紛争や機能不全を原因として起きるため，家族が責任を果たせるように支援すべき問題として捉えられてきた。したがって対応の仕方も異なり，前者は合法主義的な方法で虐待という逸脱行為を調査する手続きを重視し，後者は家族のニーズ調査も含めた療法的な対応を重視する。

英米諸国（自由主義福祉レジーム）は「子ども保護モデル」を代表し，保守主義諸国（保守主義福祉レジーム）及び北欧諸国（社会民主主義福祉レジーム）は，強制報告規定は異なるものの基本的には「家族サービス重視モデル」を代表しており，これは「エスピン＝アンデルセン（1999）の脱家族化類型と重なり合う」（訓覇・田澤，p.157）と訓覇法子は述べている。

1990年代半ば以降，多くの国において児童福祉制度の拡充が進められている。近年の新たな動向として注目されるのは，第3のモデル＝子どもの最善を重視する「子ども中心モデル」の登場である。このモデルは，子どもを国家と家族に対して自立した一個人として捉える。多くの国において福祉国家を発展させる努力として，単なる危険からの子どもの保護だけではなく，子どもの最善という観点から子どものニーズ，能力，成熟度を考慮し，子どもの福祉を増進させるプログラムが実践されてきた。

新しいモデルの背景をなすのが，一つは近年，OECDやEUによって奨励されてきた伝統的な福祉国家に対する選択肢としての「社会投資国家」・生産

表 6-4　児童虐待における子どもと家族に対する国家の役割

	子ども中心モデル	家族サービス重視モデル	子ども保護モデル
介入のための観点	現在・将来的観点からの子どもの個別ニーズ，健康で貢献できる市民養成の社会ニーズ重視	家族総体のニーズの重視と支援	子どもに対して養育怠慢で虐待的な親（児童虐待）からの保護
国家の役割	善意に基づく配慮：脱家族化国家が親の役割を引き受けるが，養育里親ホーム・親族ケア・養子縁組によって家族再形成化を図る	親支援：国家は家族関係の強化を図る	制裁：子どもの安全を確実にする「番犬」としての国家機能
問題枠・背景	子どもの発達と子どもが得る不平等な結果	社会・心理学的（システム，貧困，人種差別など）	個別的・道徳的
介入方法	早期介入と調整・ニーズ査定	療法的・ニーズ査定	司法的・調査
介入目的	社会投資と／あるいは平等な機会保障による安寧・ウェルビーイングの促進	予防・社会的結合	保護・損傷軽減
国家と親の関係	代用的・協力関係	協力関係	敵対的
権利均衡（バランス）	子どもの権利と親の責任	社会福祉専門職者によって媒介される家族生活に対する親の権利	法的手段による強制的な子どもと親の権利

（原資料）　Gilbert, Parton & Skivenes, 2011b, p. 255.
（出所）　訓覇法子・田澤あけみ，2014，p. 162による。

的社会政策である。社会民主主義の第3の道としても知られるのが，国家は市場の失敗によって個人が陥った生活困難を金銭的に補償する役割から，個人と社会の富を最大限に創出し，個人を市場に統合するために人間資本への投資を図る役割に移行すべきであるという考え方である。この考え方によれば，すべての子どもが発達の機会と教育の可能性を最大限に活用できるように見届けるのが国家の責務であり，社会・経済政策のための重要な目的は健康と安寧・ウェルビーイングの向上に置かれる。モデルの背景をなすもう一つの考え方は個別化の重視である。

　子どもの権利条約が出発点とする，子どもは社会的，政治的，法的権利を独自に持つ存在であり，「将来の労働者あるいは家族の一員としてよりも，むし

ろ現在の市民として捉えるべきだという見方」(訓覇・田澤, p.161) が，多くの国において確立され，実践されてきている。子どもの権利条約に沿った各国の法律改正も進められており，北欧諸国をはじめとして，子どもの処遇の決定に関しては，子どもの参加と意見反映を義務づける国が増加した。

　また，「子ども中心モデル」は，子どもの権利を親の権利より高く位置づけ，養育者として子どもの最善を図る親の義務を重視する。国家，子ども，家族間の伝統的な関係は，子どもの最善をもっとも重視する観点の導入によって再構築を余儀なくされた (**表 6 - 4**)。

おわりに

　スウェーデンに25年間住み，子育ても経験している高橋たかこは『福祉先進国スウェーデンのいじめ対策』のなかで，「キーワードは学校デモクラシー」と，次のように述べているのは興味深い。

　日本からスウェーデンの保育園の視察に来たグループの保母さんが，保育園の職員に「保育園教育の中で，一番重要なことは何ですか？」と質問したところ，スウェーデン人は次のように答えたという。「そうですね。自立精神の確立です。」「自分でものを考え，自分の意見がきちんと言えることです。3歳児は3歳児なりにね」。これは，どこの保育園を訪問しても同じ答えだったという。高橋は言う。「確かに，年齢相応に自分の意見が言える子がスウェーデンには多いと思う。同時に，子どもたちは他の人の意見を聞く癖をつけている。子どもに向けられた質問を親が答えるなど考えられないことである。お互いへの尊重が前提として，自分の意見がきちんと言える。そして相手の意見をちゃんと聞けることだと思う。そういう基本的なことを保育園から行っているのがスウェーデンである」(高橋, pp.184-185)。

　筆者も非常に興味があるのが，学校視察に来た日本人の先生がしたという「校則にはどういうものがありますか？」という質問への答えである。「校則としては，校内での喫煙のみが禁止です」。あとの細かい規則は，生徒と一緒に決めているという。日本とのあまりの違いに愕然とする人も多いのではないか。へそピアスや鼻ピアスや茶髪について，日本人の先生は「日本では，ピアスを

外すまで登校禁止かな？」というので質問したところ，スウェーデンの2人の先生は，「外見だけでは人間（生徒）を判断しませんから。むしろ，その後ろにある人間と個性を見るし，それが大切だと思うよ」という答えであったという。

　高橋たかこは言う。スウェーデンでは，「調査などでいじめが存在することが明確になると，対策班が徹底して解決し，次への予防策を作成する。さらに，校内に何か別の問題が生じた場合でも対策班をつくり，徹底的に対処する。そして，大人たちが持っていた権力を徐々に生徒に分割できるようにしている。こうして本当の大人たちに学校デモクラシーを確立しつつあるのがスウェーデンである」（高橋，p.187）。

　スウェーデンでは，障がい者の問題には障がい者の代表が，校内問題には生徒が参加しみんなで解決するのが普通である。「特に，いじめの問題については，生徒の参加なくしては絶対に不可能だと思う。生徒・学生の参加は，『学校デモクラシー』の一環である」（高橋，p.188）と高橋は述べている。義務教育学校で，生徒や学生が，学校予算の配分や教育方法などの決定に参加しているケースも少なくないという。

　また，「あとがき」でスウェーデンと日本の学校の大きな制度的違いとして，高校や大学への入学試験がないので塾通いや受験へのプレッシャーがないこと，いたずらに競争心を煽り立てないこと，つまり，「競争するより，他人に思いやりを示すことができる，出来る子が出来ない子を助けられるような人格形成を目指している。競争心を煽らないために，中学1年生まで成績表がつかない措置が取られている」（高橋，pp.199-201）こと，校則がないこと，実態に則した性教育が行われていること（ただし，今は，性教育と言わず，『人間共存教育』と名称を変えている）などを挙げているが，まさに日本との本質的な違いと言ってよいだろう。

　日本では「できちゃった結婚」という言葉が一時流行ったが，今では，結婚もできず，子どもも生み育てられない若者が増えている。それだけではなく，「子育て」問題が，ひたすら保育園問題に矮小化されたりしている。また，幼児殺害や「子育て格差」（『中日新聞』2016年4月14日）の報道もなされている。これでは，女性が労働市場に参加しつつ，安心して「子育て」はできないだろう。

大岡頼光はアメリカのペリー就学前計画を元にした研究成果を取り上げ，「就学前教育を受けた子どもに目立ったのは，学習意欲の伸び，つまり『やる気』の伸びだった」とし，また，スウェーデンでも，「保育・就学前教育を早く始めた子どもの方が，能力が発達するという研究が多くあることを確認した」（大岡頼光，2014，pp.222-223）とし，日本の0～2歳児の貧困率の酷さに注目し，0歳児保育や3歳児以下の保育の重要性を指摘している。これは学費の無料化やすべての人に奨学金を与えることによる教育の普遍主義化とともに，福祉国家を建設するうえで追求されるべき重要な課題であろう。

【参考文献】

秋朝礼恵（2004）「出産・育児事情」岡澤憲芙・中間真一編『スウェーデン自律社会を生きる人びと』早大出版。

秋朝礼恵（2012）「スウェーデン―人的資源育成政策としての保育・教育サービス―」（椛野美智子・藪長千乃編著『世界の保育保障―幼保一体改革への示唆―』法律文化社）。

浅野由子（2014）「スウェーデン：親子と保育者の『共同生産』」（池本美香編著『親が参画する保育をつくる』勁草書房）。

泉千勢（1997）「スウェーデン」『諸外国における保育の現状と課題』世界文化社。

泉千勢（2002）「子ども―その生活世界―」（『スウェーデンにみる個性重視社会―生活のセーフティネット―』桜井書店）。

宇野正道（1987）「児童福祉サービス」（社会保障研究所編『スウェーデンの社会保障』東大出版）。

大岡頼光（2014）『教育を家族だけに任せない』勁草書房。

斧出節子（2004）「子育て支援制度と女性の就労」（善積京子編『スウェーデンの家族とパートナー関係』青木書店）。

小野寺百合子・藤田千枝（1981）「児童福祉政策―すべての児童のために―」（スウェーデン社会研究所編『スウェーデンの社会政策』成文堂）。

喜多明人・吉田恒雄・荒巻重人・黒岩哲彦編（2001）『子どもオンブズパーソン』日本評論社。

木下淑恵（2016）「スウェーデンの女性環境」岡澤憲芙・斉藤弥生『スウェーデン・モデル―グローバリゼーション・揺らぎ・挑戦―』彩流社。

訓覇法子・田澤あけみ（2014）『実践としての・科学としての社会福祉』法律文化社。

河本佳子（2002）『スウェーデンののびのび教育』新評論。

猿田正機（1991）「教育の問題に取り組む」『労働問題実践シリーズ8』大月書店。

三瓶恵子（1994）「女性の社会参加と家庭政策」（岡澤憲芙・奥島孝康編『スウェーデンの社会―平和・環境・人権の国際国家―』早大出版）。

篠田武司（2012）「ワーク・ファミリー・バランスからみるスウェーデン・モデルの理念」（レグランド塚口淑子編『「スウェーデン・モデル」は有効か』ノルディック出版）。
白石淑江（2009）『スウェーデン保育から幼児教育へ―就学前学校の実践と新しい保育制度―』かもがわ出版。
スウェーデン大使館（2011）「スウェーデンの『家族支援』―パパとママの子育て支援―」（*EXCELLENT SWEDEN CARING VOL. 13, 2011.6*）。
高橋たかこ（2000）『福祉先進国スウェーデンのいじめ対策』コスモヒルズ。
高橋美恵子（2007）「スウェーデンの子育て支援―ワーク・ライフ・バランスと子どもの権利の実現―」（『海外社会保障研究 No.160』2007年9月）。
高橋美恵子（2011）「スウェーデンのワーク・ライフ・バランス―柔軟性と自律性のある働き方の実践―」（『RIETI Discussion Paper Series 11-J-040』）。
高橋美恵子（2012）「子育て家族のワーク・ファミリー・バランス」レグランド塚口淑子編『「スウェーデン・モデル」は有効か』ノルディック出版。
竹崎孜（2002）『スウェーデンはなぜ少子国家にならなかったのか』あけび書房。
恒吉僚子，S. ブーコック編著（1997）『育児の国際比較―子どもと社会と親たち―』日本放送出版協会。
都村敦子（1999）「家族政策・社会扶助・住宅手当等」（丸尾直美・塩野谷祐一編『先進国の社会保障⑤スウェーデン』東京大学出版）。
富永静枝・橋本宏子（1993）「スウェーデンの育児支援策」（『賃金と社会保障 No.1098』1993年1月下旬号）。
永井暁子（2005）「スウェーデンにおける男性の働き方と子育て」（『日本労働協会雑誌 No.535』2005年1月号）。
日本労働研究機構（1998）『諸外国における男性の育児参加に関する調査研究』。
日本労働研究機構編（2000）『諸外国における育児・介護休業制度―ドイツ・フランス・スウェーデン―』日本労働研究機構。
服部良子（2005）「少子化と家族的責任―家族の子育て費用負担―」（社会政策学会編『社会政策学会誌第14号［少子化・家族・社会政策］』法律文化社）。
樋口修（2011）「スウェーデンの子育て支援策」（『レファレンス 平成23年2月号』）。
藤岡純一（1993）「子どもの発達と保育」（『スウェーデンの生活者社会』青木書店）。
古橋エツ子（1999）「児童福祉サービス」（丸尾直美・塩野谷祐一編『先進国の社会保障5スウェーデン』東京大学出版）。
Marit Jorsäter，遠山真学塾編集部訳（1997）『スウェーデンの教育 1997』。
Marit Jorsäter，遠山真学塾編集部訳（2003）『スウェーデンの教育 2003』。
三上昭彦・林かずよし・小笠原彩子編（1995）『子どもの権利条約』労働旬報社。
吉岡洋子・佐藤桃子（2016）「スウェーデンの子ども・子育て環境」（岡澤憲美・斉藤弥生『スウェーデン・モデル』彩流社）。
善積京子（2013）『離別と共同養育』世界思想社。

レグランド塚口淑子（2006）『新版　女たちのスウェーデン』ノルディック出版。
レグランド塚口淑子編（2012）『「スウェーデン・モデル」は有効か―持続可能な社会へむけて―』ノルディック出版。

第7章
生涯教育：公共の責任として

はじめに

　生涯教育の国・スウェーデンと言われるだけあって，教育はきわめて重視されている。その内容は，保育や基礎教育の段階から大学・大学院さらには成人教育に至るまで，多様性に富んでいる。日本においても，中嶋博の訳になるレオン・バウチャー『スウェーデンの教育』（学文社，1985年）をはじめ，中嶋博『学習社会スウェーデンの道標』（近代文藝社，1994年），石原俊時『市民社会と労働者文化』（木鐸社，1996年），太田美幸『生涯学習社会のポリティクス』（新評論，2011年），本所恵『スウェーデンにおける高校の教育課程改革』（新評論，2016年）など教育に関わる貴重な研究も蓄積されている。最近の動きとしては，高校の教育課程改革や就学前学校への取り組みが目立っている。

　日本は，少子高齢化の下で子どもの貧困率は高く，子育てしやすい国のランクはスウェーデンと比べるとかなり低い。日本では，6人に1人の子どもは貧困ライン以下であり，母子家庭と貧困の再生産も問題視されている。朝食を食べないで登校してくる子どもたちをどう救うかという対策を考え，実行している地域もある。

　「受験競争と管理教育」「高学費と高金利の奨学金」「自主性の欠如」「経済的にも精神的にも自律できない若者」「個性を軽視する教育」「学力の低下」「同質的な価値尺度」「国際性や多様性の欠如」など問題点を上げればきりがないくらいである。その一方で，大学では，「資格の取得」や「即戦力の育成」が謳われ，学生は学費や生活費を稼ぐための低賃金のアルバイトに忙しい。就活も，時間的にも金銭的にも大変で，その後の奨学金の返済をも心配しなければならない。

第7章 生涯教育：公共の責任として

　その違いを,「国づくりは人づくり」の北欧・スウェーデンと「モノづくりは人づくり」のトヨタの言葉が典型的に表している。すべての子どもを対象に「人づくり」を目指すスウェーデンと企業の正社員中心の「人づくり」(＝企業人間づくり)をする日本の違いである。それはまた,すべての子どもを普遍的システムですくい上げようとするスウェーデンと競争・選別システムの下で落ちこぼれを無視し,過労死・過労自死を切り捨てる日本との違いでもある。

　先年,経済協力開発機構(OECD)の国際成人力調査(PIAAC)の結果が発表された。2011～12年に24か国・地域で行われたはじめての調査である。日本が好成績だったと各種マスコミで大きく報道された。「読解力」「数的思考力」「IT(情報技術)を活用した問題解決能力」の3分野で,生活に必要な力の水準を測るのが目的とされているが,日本は「読解力」と「数的思考力」の平均点が国別に見て1位で,「ITを活用した問題解決能力」については10位で平均並みだった。スウェーデンは前者がともに5位で,「ITを活用した問題解決能力」が1位という結果になった(『朝日新聞』2013年10月19日)。

　国民全体の能力開発・発達の重要性について,湯元健治は次のように述べている。「北欧諸国がこれほどまでに教育や職業訓練・能力開発に政府資金を投入している理由は,『国づくりは人づくり』という発想を持っているからだ。国際競争力の源泉は人材であり,充実した福祉国家を維持するには,人材を高めるしかないという強い問題意識があるからだ。日本はこのままではグローバル競争から脱落してしまいかねないという危機意識を,政府も国民も共有すべきである」(湯元健治, 2012, p.125)。

　スウェーデンの教育の原則は「平等,自立,自律,個性重視」と言ってよいだろう。そしてその特徴は,「誰でも,何時でも,何処でも,タダで」教育が受けられること,しかも,「敗者復活」が可能な教育制度で,生涯教育やリカレント教育が整っている。生涯学習社会としてのスウェーデンの教育システムは,1歳児からの就学前教育に始まり,人生のすべての段階で必要と意志によって学びの機会を得られるように設定されている。

　教育システムの根本理念としては,次の6つを挙げ得る(中間真一, 2015, pp.146-147)。

①民主主義の徹底
②生涯にわたる学習願望の実現
③個人の尊厳と自由，及び人権の尊重
④生来の個性の価値尊重
⑤男女平等と多様性，弱さや欠点への寛容
⑥市民社会の構築に向けた連帯

　また，中間真一は「就学前の子供への教育の目的は，意識的に日常の遊びやコミュニケーションの中に埋め込まれ，自然な営みとして提供されているといえる」とし，次の５項目を挙げている。①オープンで民主的な環境を用意する，②子どもの潜在能力を引き出す，③教育学に裏付けられたプログラムを提供する，④固定的な見方を打破する，⑤子どもを育てている親の就労や就学を支援する，の５つである。

　「学習社会」スウェーデンの最近の変化としては，「平等な社会」と「メリトクラティックな社会」という二面性を持った社会になってきているという指摘も研究者には見られるが，ここではスウェーデンの生涯教育を支える理念やシステムについて見ておきたい。

１　教育は公共の責任

　日本の場合には，教育は個人の責任という面が強く，高校受験や大学受験などでは親の財力が合否を左右することも少なくない。受験のための塾や進学にはかなりのお金が必要となるからである。

　また，トヨタに典型的に見られるように，企業による教育や「人づくり」が熱心に取り組まれており，それを不思議と思わない風土がつくられてきている。

　これに反して，スウェーデンの場合には教育は公共の責任となっている。国民全体を対象にした教育こそが，国の将来を約束するものと認識しているようである。

　まず，学校改革は教育の機会均等を目指すという社会的・民主的理念が，1962年の学校改革で達成された。これはそれに続く改革の第一段階であった。

　1970年初期に総合制高等学校が設立され，1977年の高等教育改革では，その

アクセントはリカレント教育に置かれた（たとえば，年令25歳以上で職歴4年以上の社会人の入学枠として，"25：4"ルール他を制度化）。またそれは，社会と教育との結びつきの強化を計り，学部課程を職業化したものであったと見ることができる。

スウェーデンの教育の目的は，「民主主義と連帯」を教えることと，「自己決定権と自立」を促すことである。日本のように「進学」や「就職」が教育の目的となり，「落ちこぼれ」てもあるいは「落ちこぼし」ても，「自己責任」だと見向きもしない日本の教育と大きく異なっている。初等・中等教育では人間教育が重視されると言ってよいだろう。それもあって，中学2年生まで通信簿がなく，高校受験や大学受験でも受験競争がない。

日本の場合，公教育で人間教育が軽視される分，入社後の企業による会社人間としての教育が重視されることになる。いわゆる企業による「人づくり」である。

スウェーデンには，自己の見解や行動，趣味が尊ばれるように要求する権利がある。日本では長所と見なしかねない「従順」は，あまりに奴隷的な卑屈さを伸張するために，「自立」ということに関してスウェーデン人が持っている理想と調和せず，むしろ嫌われる傾向にある。

体罰は禁止されており，自分の子どもを殴ることも禁止されていて，親でも処罰される。スウェーデンの児童教育における最重要構成要素は，自立，つまり「自ら身を処する」ことを人生の早い時期にできるようになることである。「責任」の下にある「自立」こそが尊ばれる。同時に，もう一つのこととして，子どもは規則に盲従することのないようにと積極的に啓発される。疑問を持つこと，批判的に熟考することは，この国の教育における二大理念である（イリス・ヘルリッツ，2005, pp.146-147）。日本のように「丸暗記」や「従順」，「協調」のみが重視される教育とは異質と言える。

（1） 教育改革

教育制度については，レオン・バウチャー『スウェーデンの教育』や拙編著（杉山直稿，2005）を参照いただくとして，ここでは子どもケアと学校教育の統合化（大野歩，2012, pp.16-19）について触れたい。スウェーデンにおける，

図7-1 スウェーデンにおける学校体系の変化

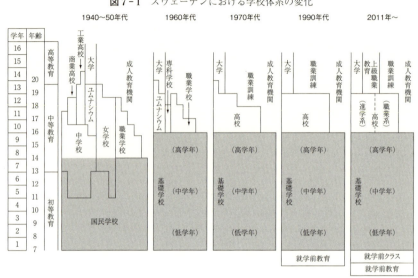

(注) ■は義務教育期間を示す。高校は20歳以下。大学に年齢制限はなく，現実には一度社会に出てから入学する人が多いため，学生の年齢は多様である。
(原資料) 各種資料より筆者が作成。
(出所) 本所恵，2016，p.6による。

就学前教育を含む学校体系の変化については図7-1のごとくである。

1990年代を通じ，スウェーデンの子どもケア領域は大きな転換点を迎えた。1992年に新自治法が施行され，国から地方自治体に行政権限や財源が移譲されるとともに大幅な裁量権が認められた。同じく同年からは国庫助成金規定が変更となり，これまですべて公的に対応してきた社会福祉サービスの提供に個人や民間の諸団体の参入が認められるようになった。このため，国庫助成の幅広い適用や，開設時の規制緩和が行われるようになり，有限会社，株式会社などによる私立の保育施設や学童保育の設置・運営が可能となった。

1993年から地方自治体への特定補助金が一般補助金化され，補助金の使途は各地方自治体の状況に応じる自由裁量になった。同時に，学校の経営費に対する補助金，子どもケアに対する補助金，高齢者と障がい者に対する補助金など12項目の特定目的補助金が廃止された。補助金改革以前は就学前学校にかかる費用に関し，45％は国の補助金，自治体の負担が45％，残りの10％は親の支払

第7章 生涯教育：公共の責任として

う保育料によって構成されていた。しかしながら，特定補助金の一般補助金化によって，地方自治体には1〜12歳の子どもに対して費用を投じる義務がなくなり，同額の経費が子どもケアに割り当てられる保証は失われた。

この時期，地方自治体における子どもケアと学校教育行政の統合化が進められる。基礎学校の生徒と6歳児の統合活動は就学前クラスと呼ばれ，多くの場合基礎学校に併設され，就学前学校教員と基礎学校の低学年教員の協働指導の下で行われた。

1996年，ヨーラン・ペーションが首相に就任し，政府施政方針において「スウェーデンは知識国家を目指す」と宣言し，「スウェーデンを知識国家として変革するために，就学前学校から大学レベルまでの教育制度全体を改良すべきだ」と述べた。その初段階が「就学前教育と学校教育を統合すること」であると主張した。その統合プロセスとして，1996年に公的子どもケアの行政責任が社会省へ移管され，1998年からは子どもケアが学校法に位置付けられた（大野, p.18）。

1997年から全国一斉に6歳児就学が実施された。現実には1991年から，親の希望で6歳でも就学ができるようになっていたが，親たちは，就学を急がず保育所に留まる傾向があった。そこでコミューンは，待機児解消策も兼ねて，学校に5〜6歳児のための保育所を開設したのである。これは思わぬ波及効果をもたらした。これまで各保育所で，6歳児のための就学準備教育（1975年から午前中3時間，6歳児全員に無償で保障されている）が実施されていたが，5〜6歳児の保育所が学校に併設されたことによって，学校と保育所の連携がスムーズになり，就学準備がより自然な形で遂行されるようになったのである。保育所はまた，学童保育にも活用されるようになる。結果として，学校課と保育課の連携も親密になった。これを契機に所管を一本にする等，コミューンの機構改革にも影響を与えた。この動向が，「保育」を「福祉」から「教育」へ移行させる基盤づくりになったと言える（泉千勢, 1997, pp.63-64）。泉千勢はリンシェーピン市の学校併設保育所と基礎学校での子ども達の様子を紹介している（泉, pp.64-68）。

就学前の子どもケアは生涯学習の基礎となるべきものと捉えられる。この点について大野歩は，「乳児から生涯学習制度の中で育つ状況において，子ども

ケアにおける教育的側面が強化され,就学前保育・教育の特徴的な,柔軟な設定によって子どもの発達に包括的にアプローチする視点が硬直化しつつあるスウェーデンの今後の課題も垣間見られる」(大野,2010,p.19) と指摘している。

ここで確認しておきたいのは,スウェーデンには子どもの能力発達のために,教育費をすべて無料とし,奨学金制度や児童手当,住宅手当などにより,子どもが安心して教育が受けられるように経済的なセーフティー・ネットが整備されているということである。また,学校には労働環境法が適用され,いじめなどの際には職業検査官の保護が期待できる点も日本と比較するとユニークである。

(2) 人的資源育成策としての保育・教育サービス

スウェーデンの保育・教育サービスについては,秋朝礼恵が「人的資源育成策」の視点から,要領よくまとめているので,主に,それに依拠して紹介したい (秋朝,2012,pp.101-102)。1999年9月14日 ヨーラン・ペーション首相 (当時) は施政方針演説で次のように述べたという。

「スウェーデンは,先駆的な知識国家を目指す。より豊かな生活と夢とを実現させるには,これまで以上に教育や知識が必要になるだろう。高度な能力は,世界市場におけるスウェーデン企業にとって重要となろう。……スウェーデンの就学前学校はユニークな広がりと質を備えている。就学前学校の教育面での役割を発展させ,すべての子どもがそこに通えるよう,段階的に整備する。」

グローバリゼーション,欧州化や高度情報化といった外的環境の変化は企業間の競争圧力を高めている。より付加価値の高いモノを生み出すことで国際競争力を強化することが,天然資源を持たないスウェーデンにとっては経済成長を実現する有力な選択肢である。その際,人的資源の育成が,社会の持続可能性を握るカギとなろう。このような状況は日本とよく似ている。

このような社会や経済の変化のなかにあって,就学前学校は,教育政策の最初のステップに位置づけられるようになった。就学前学校は,ひとり親家庭の子どもを預かる救貧事業的性格を持った託児所に始まり,その後の女性の労働力化の進展に伴い増設された保育所の時代を経て,今や,すべての3歳以上の未就学児を年間525時間無料で受け入れる保育・教育サービスへと変貌を遂げ

ている。この展開過程やその背景を踏まえると，以下の2点において，「就学前学校が，普遍主義的福祉政策を志向する社会の，人的資源育成機能を担う」と秋朝は述べている。

　一つは，すべての子どもに等しく，成長と人生の良いスタートを切る環境を保障すること。福祉国家建設を主導した社会民主党は，格差のない平等社会を目標とした。未就学児に対する保育・教育サービスの一般化は，すべての子どもに同等の良い成育環境を提供しようというものであり，その点で，平等社会実現の礎石となり得る。

　二つめは，外的環境との関係，つまり国際競争圧力が高まるなかで北欧の小さな国が生き抜く戦略としての人材育成である。1990年代以降，就学前学校の教育機能が重視され，強化されてきた。このことは，外的環境の変化に対応しつつ，産業構造の高度化を進めて，成長と福祉の両輪を回していくための，人的資源育成の国家戦略である。

　以下では，就学前学校を中心に，未就学児や就学児童に対する保育・教育サービスを秋朝礼恵などの研究に依拠して概観したい。前章と若干重複するがお許しいただきたい。子どもの人権が脅かされ，軽視され続けている日本にあって，スウェーデンの保育・教育保障から学ぶべき点は少なくないと思われる。

（3）　未就学児や就学児に対する保育・教育サービス

　スウェーデンの保育の目標は，教育的集団活動を通してすべての子どもに，身体的成長のための良い条件と，情緒的・社会的・知的発達のための豊かで分かりやすい援助と刺激を与え，他人と共感や協力ができ，自分で知識を探求し，自分自身の意見を形成することを学ぶ資質を持った，開放的で思いやりのある個人を育成することである。

　保育者は，子どもたちが民主主義・連帯・平等・責任などの価値観を発達させるために，子どもたち自身が積極的に活動するように，さらにまた子どもたちが有能感と自己意識を発達させるように，そのための最善の機会を与えなければならない。

　また，保育は家庭教育を補完するものであり，両親と協力することが重要である。また子どもたちは常に，いつでもどこでも学んでいる。したがって生活

の場においても,教育的配慮の重要性を自覚するべきであるとされている。

そのため教育実践を通して,①自然とのつきあい方(環境認識),②人と社会とのつきあい方(社会認識),③自己とのつきあい方(自律と自立),を学ぶことになっている(泉千勢,1997,pp.71-72)。

①サービスの種類

未就学児に対する保育・教育サービスは,就学前学校,教育的ケア,そして開放型就学学校で実施され,これらを就学前学校と呼ぶ。また,就学児を対象とするサービスは学童ケアと呼ばれ,学童クラブ,教育的ケア,学童クラブ活動で実施される。

1)就学前学校

受け入れの対象となる未就学児(カッコ内は受け入れ時間数)は,①3歳以上(年間525時間以上),②親の就労,就学その他の理由により保育等の必要がある1歳以上,③親が失業または育児休業中の1歳以上(1日3時間または週15時間以上),④障がい等により特別な支援が必要な子どもである。

つまり,親の状況にかかわらず3歳以上は①により一定時間数の受け入れが保障される。1,2歳児は,親が一時的に就労していない期間は③により受け入れられる。親が就労している場合には,年齢にかかわらず,1歳から5歳までの子どもは,必要な時間数だけ受け入れられる。

また,④については,特別な支援を満たす方法がない場合,優先的に就学前学校や教育的ケアで保育・教育サービスが受けられる。コミューンは,これらの子どもが就学前学校に入れるよう取り計らう義務を負う。

2)教育的ケア(対象:1歳〜12歳)

教育的ケアには,家庭的保育を行う家庭保育所や3家庭保育所(三つの家庭が共同運営する保育所)がある。

3)開放型就学前学校

就学前学校に入っていない未就学児が保護者等の大人同伴で参加できる活動である。

4)学童クラブ等の学童ケア

これには学童クラブと公開学童クラブがあり,学童クラブは,親が就労・就学している12歳までの就学児を対象とする活動で,教員や指導員の下,集団的

活動を実施する。公開学童クラブ活動は，10歳から12歳までの子どもが，指導員の監督の下，スポーツ，宿題，工作，ゲームなどをして過ごす場である。学童クラブと異なるのは，何をして過ごすかを子どもが選択できる点である。

実際には，10〜12歳児の学童保育の利用率は低いと言われる。義務教育学校と同じ場所で行われるなど，学童保育と義務教育学校との統合が進んでいる。

②児童ケアの諸制度に関わる行政組織等とその役割

教育省は内閣の一部として，就学前教育，初等中等教育，学童ケア及び成人教育といった，教育政策全体を所管する。

なお，就学前学校活動や学童ケアが教育省の所管となったのは1996年のことで，それ以前は社会省が担当していた。98年には，就学前学校活動等に関する諸規定が社会サービス法から学校法に移されるとともに，監督官庁が社会福祉庁から学校庁になった。

コミューンは，国が定めた学校法，学習計画（政令），通達その他の枠組みのなかで保育・教育活動を実施する責務を負う。実施のための組織編制，人員配置，予算配分などの面で大きな裁量を持っている。また，民間の就学前学校や教育的ケアその他学童ケアに補助金を支給し，監督する権限も有する。なお，民間の就学前クラス，基礎学校，高等学校については，学校監督庁が管轄する。そのうえで，未就学児の保育・教育と，義務教育課程との連携を図りやすい組織づくりがなされている。

③就学前学校等の量的側面

就学前学校の在籍児童数や待機児童数などの状況は，以下のようになっている。

1）在籍児童数の変化と待機児童

就学前学校の在籍児童数の変化を見ると，7歳未満の子を持つ女性の労働力率が上昇するにつれて，ダーグヘム／就学前学校の児童数が増加する一方，短時間グループが減少している。1998年にダーグヘム／就学前学校の児童数が減少するが，それは同年，6歳児を対象とする就学前クラスの制度が導入され，これが基礎学校内の任意の形態として組織化されたためである。その後，児童ケア改革パッケージにより，親が失業または教育休業中の子を週15時間受け入れる措置や，保育料の上限設定による親の負担の軽減，4歳児以上の年間525

時間無料受け入れ（2010年8月より3歳以上）が講じられたことで，就学前学校の利用者数が公営・民営ともに増加している（図7-2）。民営のなかでは，運営主体が「株式会社」というのが大幅に増えている（図7-3）。

学校法は，親から入所希望の要請があればその4か月以内に子どもの受け入れを確保することをコミューンに義務づけている。さらに，可能な限り近い就学前学校等に子どもが入れるようにすることや，親の希望に十分配慮することも定めている。しかし，たとえば，2008年11月の調査によると，受け入れの見通しが立たないコミューンも少なからず見られたという。

供給不足への当面の対応策としては，1クラスの子どもの数を増やす，クラス数を増やす，一時的な就学前学校をつくる，親の希望にかかわらず空きのある就学前学校への入所を勧めるなどがある。コミューンは，対象児童数の動向を予測するなどし，計画的に供給量を確保することが求められている。

2）利用申込みと保育料

就学前学校の運営主体が受け入れを決定し，保護者との間で利用契約を結ぶ。なお，子どもに必要な支援を受けるためとか，地理的な条件により，居住地以外のコミューンにある就学前学校等に通うこともできる。その場合，子どもが居住するコミューンが，受け入れコミューンに補償金を払うことになる。

保育料は，学費と違って有料だが，未就学者に対する保育・教育サービスのうち，3歳児以上に保障されている年間525時間分は無料である。また，障害を持つ子どもに対する週15時間分は無料である。

保育費用は，コミューン税，国庫助成金そして親が負担する保育料により賄われている。1990年代には民間の就学前学校等への補助金が，おおむね公立と同条件で支給されるようになった。

90年代における保育料水準の上昇やコミューン間格差の拡大を背景として，2002年に「マックス・タクサ制度」が施行された。これは親が負担する保育料（月額）に上限を定める制度である。導入は任意とされたが，施行後1年以内に全コミューンが導入したため，03年以降，全国どこの就学前学校でも保育料負担の上限は同額となっている。10年度の上限額は，1番小さい子どもについて家計収入の3％（ただし1260クローナを上限），2番目の子は2％，3番目が同1％で，4番目以降は無料である。また，学童ケアの料金にも上限が設定さ

第7章　生涯教育：公共の責任として

図7-2 2001年から2012年の就学前学校の利用者数の推移
（公営・民営）

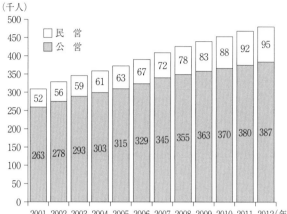

（原資料）　Statistiska centralbyrån, Utbildningsstatistisk.（統計局「教育統計」）
（出所）　浅野由子，2014, p.101による。

図7-3 運営主体別に見た民営の就学前学校利用者数の推移

（原資料）　Statistiska centralbyrån, Utbildningsstatistisk.（統計局「教育統計」）
（出所）　浅野由子，2014, p.101による。

④就学前学校等の質的側面

就学前学校の利用時間や職員の状況などは以下のようになっている。

1）利用時間

学校庁実施の調査（2005年）によれば，就学前学校及び教育的ケアの滞在時間数は，親が就労・就学している子で平均週31時間，失業者の子が同20時間，親が休暇中の子が19時間であった。

ただし，子どもが病気になった場合には，親が一時的親休暇を取得して看護するか，そうでなければ親戚等のほかの人に看護を頼むかのいずれかとなる。発熱，風邪，感染症等病気の子どもは治るまで自宅で過ごすことになる。

2）職員の状況（比率，資格，男女比）

2009年10月調査によれば，就学前学校の職員のうち，就学前学校教師が49.6％，保育士が38.9％を占め，そのほか基礎学校教員資格者が3.2％，学童教員資格者1％などとなっている。就学前学校における職員1人あたりの子どもの数は，平均5.3人であった。80年代より約1人増えている。職員の男女比を見ると，職員総数9万3200人中，男性3％，女性97％である。なお，1クラスの子どもの数は平均13.4人（1985年）から，17人台（2003～05年）に増加し，09年には16.8人となっている。

就学前学校教師になるには，大学で専門課程を学び，卒業単位を210ポイント取得することが条件である。30ポイントが一つの学期（半年）に相当するので，就学前学校教師の教育課程は3年半となる。保育士の場合は，高等学校の職業プログラム「子ども・余暇プログラム」やコミューンが実施する成人教育の発展コースの履修が必要となる。就学前学校教師（学童クラブの教員を含む）の平均月収については，たとえば2009年では**表7-1**のようになっており，保育士に次いで低くなっている。

⑤就学前学校等にかかる最近の動向

就学前学校制度が整備されるなかで，2001年以降，すべての子どもに同じ質の高い生育環境を提供するための改革が実行された。

1）児童ケア改革パッケージ

まず，2001年に，1日3時間または週15時間以上，失業者の子どもを就学前

表7-1 2009年における関連職種の平均月収

```
医師　5万4200クローナ
歯科医師　4万500クローナ
助産師　3万100クローナ
高等学校教員（一般科目）　2万7700クローナ
基礎学校教員（一般科目）　2万5700クローナ
就学前学校教師（学童クラブの教員を含む）　2万3600クローナ
保育士　1万9900クローナ
```

（出所）秋朝，2014，p.111による。

学校に受け入れる措置が講じられた。翌2002年に同様の措置が育児休業中の親の子どもを対象に講じられた。親の状況変化が子どもに与える影響を考慮し，短時間でも継続して通えるようにするのが，これらの措置の目的であった。

つぎに導入されたのが，就学前学校や教育的ケアの保育料に上限を設定するマックス・タクサ制度である。さらに2003年には，すべての4，5歳児が，年間525時間無料で就学前学校に通えるようになった。

それ以前の，1990年代はじめの経済危機による財政悪化を背景に，保育環境は悪化する。また，スウェーデンは1995年にEUに加盟するが，その際，財政赤字削減策の一環として，児童手当の減額や親保険給付率の引き下げなどが行われ，結果として子どものいる家庭の経済水準が，ほかの家計と比較して相対的に低下した。

しかし，2000年になると経済の好調を背景に，政府は，このチャンスを捉えて一気に子どもへの投資に乗り出した。具体的には，「児童ケア改革パッケージ」の段階的導入のほか，親手当のママの月・パパの月を2か月増やすことや，児童手当の増額，児童手当の多子加算部分の再導入及び就学手当の増額が実施されたのである（秋朝礼恵，2012，p.113）。

2）児童ケア補助金の導入（2009年改正）

民間就学前学校も承認されるとコミューンから補助金を受け取ることができるようになった。この制度の導入の意図は，親の選択の自由を強化することにあった。民間の参入を促して選択肢を増やすのである。また，学校間の競争を通じた，保育・教育の質の向上とよりよいサービスが受けられることが期待された。

なお，コミューンの承認を得た教育的ケア，開放型就学前教育そして学童クラブも同様に補助金を受けた。(秋朝，p.114)

3）学習計画の精緻化と教員養成課程の見直し

1998年にはじめて，就学前学校の学習計画が策定された。2010年には，この学習計画に掲げられた目標や就学前学校教師の役割を明確化し，保育・教育サービスの質や活動状況の評価やフォローアップについての指針が新たに加えられた。これは，就学前学校の教育機能を強化するための改革で，改正は2011年7月に施行された。

学習計画は，「就学前学校の基幹理念と任務」と「目標と方針」で構成されている。今回の改正で，「就学前学校の基幹理念と任務」中には，①国境を越えた人の移動がますます増加すれば，就学前学校もまた多様な文化の集合点となること，②バックグラウンドにかかわらず個々人を尊重する基本的な態度を学ぶ場となること，③何かを創造することやコミュニケーションをすることが重要で，その際，絵，歌，劇，ダンス，体操という方法やIT技術を用いることが子どもの発達や学びを促すこと，などが加えられた。また，「目標と方針」では，生活状態が異なる者に対する配慮や支援，日常生活上の問題や倫理上のジレンマについて考えるなどが加えられている。これらの改正を受け，これを現場に反映させる具体的な手法については学校庁が検討している。

また，2011年秋に，大学で新しい教員養成課程が始まる。2001年の改革により，柔軟な職業選択や履修選択ができるよう就学前学校教師，基礎学校教師，専門科目担当教師，職業教育教師が一つの教員養成課程に統合されたが，就学前学校教師不足，志願者の減少，卒業生の他分野への就職，専攻学生の成績低下といった事態を受けて，四つの教員養成課程を分けるとともに，履修内容を見直した。

4）保育の民営化

就学前教育としての保育サービスにも，①保育所，②グループ保育，③オープン保育，④余暇センター，⑤保育ママなどさまざまな形態があった。1975年に，昼間の家と遊びの学校が，就学前学校に総称され，幼保一元化が実現した。85年には，親協同組合就学前学校に公営と同等の経済的支援が行われるようになった。70年代に出現した親協同組合就学前学校が，著しく台頭してきたのは，

90年代からであり，その価値が見出されたのは，最近のことである。

　公的資金の削減政策の下で，「公的保育サービスの保育の質に満足できない保育者や親達が，新しい保育形態を追求し，『共同生産』をすることにより台頭してきたのが，親協同組合就学前学校，職員協同組合就学前学校等の非営利で民営の就学前学校だったといえる」(浅野由子，2014，p.104)。

　そして，1996年に，保育と学童保育は社会保健省の管轄から，教育科学省(現在は，教育研究省)の管轄へと移行し，保育活動は学校教育に位置づけられた。これは，「特に，90年代から地方分権制度が徹底化し，財政的な運営を自治体が責任を持って行うことになった結果，1995年に厳格な法規制が導入され，両親が仕事または学業に従事する家庭に対し，著しい遅滞なく保育サービスを提供する義務を自治体が負うことになったことも，大きく関連している」(浅野，p.99)。

　2009年7月には，民間の就学前学校が許可制から承認事項へと変わる。承認を得るための要件としては，①すべての子どもに対して受け入れが開かれていること，②保育や良質な教育活動に対する子どもの欲求を満たすことができる，教育または経験を有する職員がいること，③クラスの子どもの構成や人数が適切であること，④施設が活動の目的に適っていること，が挙げられているが，これらはすべて公立の就学前学校にも課されている要件である。

　5) 基礎学校との連携

　基礎学校での学習活動への適応や，子どもの成育環境の連続性を確保するため，就学前学校と基礎学校低学年との連携が重要である。その連携のあり方は，すでに1968年の政府内調査研究委員会で検討され，1975年には，基礎学校入学の準備を目的として，すべての6歳児を年間525時間無料で就学前学校に受け入れる措置が講じられた。ついで1998年には，新規に就学前クラスが導入された。これは，就学前学校教師や保育士の下で，翌年，基礎学校1年生になる6歳児のための制度である。基礎学校内に設けられるケースが多く，「6歳児活動」や通称「0年生」とも呼ばれている。年間最低525時間の学習活動が無料で実施されている。なお，6歳児が放課後に学童クラブに参加する場合は保育料負担がある。

6）保育・教育サービス分野での国際協力

最近は，保育・教育サービス分野での国際協力も進んでいる。北欧諸国とバルト3国の就学前学校，基礎・高等学校の子どもや生徒及び教員に向けたプログラムである「ノースプラス・ジュニア」では，学校間の共同作業や，教員の相互派遣，生徒の実地研修を実施している。

また，スウェーデンは，1998年から2006年に実施されたOECDの「子どもの早期教育とケア政策」プロジェクトに参加した。スウェーデンの就学前学校活動と家庭政策との連携や，1歳からの就学前学校活動が公式に教育政策に属していることがユニークであり，また，子どもや職員そして家庭を尊重している点が評価された。そのほか，夜間保育や外国人の子どもに対する言語教育等多様性と柔軟性のあるサービスが注目された。一方，改善すべき点としては，1クラスあたりの子どもの数が増加していることや，保育料の高さが指摘されている。

2007年からスターティング・ストロング・ネットワークに参加し，未就学児の保育や教育の発展のため，約20の参加国・地域が互いの経験や情報を交換し研究を進めている。

⑥未就学児を取り巻く環境

出生率は，1989年から92年まで2を超えるベビーブーム期を経て，99年には1.5まで低下したが，その後年々上昇し，2009年には1.94に達した。

スウェーデンでは，家計の経済水準（可処分所得額）は，2000年代をつうじて毎年上昇した。1999年から2008年までにおよそ32％上昇している。同時に，90年代をつうじて拡大していた所得格差は2000年にピークに達し，その後縮小した。しかし，2004年から2007年にかけて再び拡大し，2007年には，1975年以来格差がもっとも大きくなった。また，2000年代に，経済水準の低い（中位値の60％未満）家計，たとえば，母親のひとり親家庭，外国出身者家庭が増加した。

1）仕事と生活

2009年における7歳未満の子を持つ者の労働力率は，男性96.1％，女性が85.1％であり，男性全体（75.7％），女性全体（70.2％）よりも高い。さらに女性の労働力率を年齢階層別に見ると，35～44歳がもっとも高く，90％である。

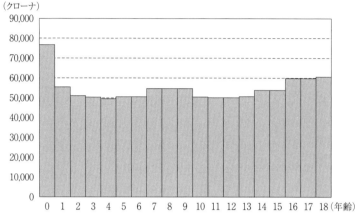

図7-4 子どもの年齢別子育て費用

（原資料） http://www.swedbank.se/sst/www/inf/out/fil/0..788440.00.pdf を基に作成。
（出所） 秋朝礼恵, 2012, p.119による。

　仕事と家庭の両立に欠かせないセーフティー・ネットについて見ると，たとえば育児休業期間は480日あり，このうち390日に所得の80％弱，残る90日間に1日180クローナが支給される（両親手当）。なお，480日は基本的には両親の間で折半されるが，それぞれの親に固有の60日間（いわゆるママの月，パパの月）を除き，他方の親に権利を譲渡することが可能である。また，子どもが病気になった場合は，一時的両親手当を得て休暇を取得できる。この一時的両親手当は所得の80％弱で，1年に子ども1人あたり120日までである。

2）子育て費用

　スウェド銀行家計経済研究所が2009年に発表した試算によれば，18歳までの子育ての費用は，子ども1人で104万5000クローナ，2人で180万6000クローナとなる。子どもの年齢別に見ると図7-4のようになる。乳児期の費用がもっとも高くなっている。この時期，ベビーカーや子ども用寝具などの購入が集中するためである。ただし，教育費はすべて無料のため，「教育費が子育て費用を押し上げることはない」（秋朝, pp.118-119）。

⑦スウェーデンの保育政策の特徴と課題

　就学前学校での学びは，何かを教え込むことを意味しない。未就学児にとって重要なのは，遊びのなかで学ぶこと，新しいことを知ることや分かることが

楽しいという体験をさせること，短期的には基礎学校で始まる学びのために，長期的には生涯にわたる学びのためにその原動力となる好奇心や探究心を養うのが，就学前学校の教育に課せられた大きな役割である。もちろん，スウェーデン市民としての行動様式や価値観を日常の活動のなかで学ぶことも重要視される。たとえば，市民の18.6％（2009年）が外国のバックグラウンドを持つスウェーデン社会では，「就学前学校は多様な文化交流の場」でもある。

2010年秋には，親の状況にかかわらず一定時間，就学前学校に通える対象児童が3歳児まで拡大され，就学前学校はその名のとおり『学校』として一般化されつつある。また，1998年にはじめて策定された就学前学校の学習計画が，10年余りを経過して，大幅に改正された。たとえば，基礎学校での改革として，3年次の全国一斉テストや記述式の成績評価が導入されるなど，教育の立て直しとも見られる動きがある。

しかし，上に見たように，核家族・共働きが一般化しているスウェーデン社会では，就学前学校の保育機能なくして社会は成り立たない。今後，保育と教育の両機能が，どのように調和し発展していくのか，注目される。

（4）　基礎教育

日本の小学校と中学校に相当する基礎学校については，実体験に基づく貴重な報告や現場リポートが出版されている。川上邦夫『シュルク・スクーラン1年生』（民衆社，1994年）や河本佳子『スウェーデンののびのび教育』（新評論，2002年）や宇野幹雄『ライブ！　スウェーデンの中学校』（新評論，2004年）などである。

基礎学校は，7～16歳までの児童生徒が就学する9年制の義務教育学校である。日本の小学校と中学校の義務教育段階にあたる。日本と比べると少人数授業であり，最近は，基礎学校段階に「フリースクール」が増えている。また，先に触れたように就学前学校が制度化され，基礎学校との一体化が進められている。

ここで，筆者が注目するのは，次の点である。トーマス・オスターグレン・スウェーデン大使館二等書記官（当時）は次のように述べている。「校則はありません。服装も髪の毛もまったく自由です。制服ももちろんありません。タ

第7章　生涯教育：公共の責任として

表7-2　日本とスウェーデンの教育環境比較

日本：
子育て環境
小さい頃からの競争教育，塾，習い事，民間保育所，幼稚園
教育環境
受験競争：非常に高い学費・教育費
心配の種：成績，内申書，受験，お金，不登校，いじめ，夏休み（宿題）
管理教育
①頭髪検査，②制服，服装検査，③名札，④宿題，⑤発言チェック，⑥部活，⑦集団登下校，⑧成績評価，⑨給食，⑩合宿，⑪日の丸・君が代，⑫校歌，⑬部活，⑭体罰，⑭教科書検定，⑮集会やデモ参加の届け出
家庭内環境
子育ての家庭内不払い労働化（母親の責任），DV，引きこもり
スウェーデン：
子育て環境
体罰禁止，両親休暇，保育，就学前教育，家族間の接触多い
教育環境
受験競争なし：学費無料，塾なし，入試なし
家庭内環境
子育ての家庭外賃労働化（父母と社会的責任）

バコも，7年生（13歳）から吸っていいのですが，学校の中では決められた場所で吸わなければなりません」。「生徒が暴力を振るったりすることはよくありますね。でも日本ほどひどくなっていません。そういう生徒に対して，どうするかというと……。まず体罰はありえないですね。体罰した教師はまず学校をやめなくてはいけません。スウェーデンでは，親が体罰をすることも禁止されているんです」（森口秀志，1991，pp.257-258）。スウェーデンの体罰禁止は，比較的知られてきているが，日本は「子どもの権利条約」を1994年に批准しているにもかかわらず，体罰を含めた子どもの教育・生活環境は改善されているとは言い難い状況が見られる。とりわけトヨタの企業城下町のある愛知県・西三河地域が発祥の地と言われている，いわゆる「管理教育」の下での，校則による服装や髪などの自由の制限は，スウェーデンとは完全に異質と言える。**表7-2**は，日本・愛知県とスウェーデンの教育環境の簡単な比較である。

　スウェーデンでは，「障がい児を普通学校に」のスローガンの下に，1970年からかなり重度な身障児も健常児とともに一つの教室で学ばせるようになった。そのため，車椅子で登校できるように階段にスロープをつけたりトイレも改良

するなどの努力がなされ，点字の教材もつくられている。

　また，興味ある点としては，5年生の修学旅行は学校行事ではないため，クラス全員が費用を捻出し，担任の教員の旅費まで生徒が負担する。そのためのアルバイトをやり，父母には負担させないなどの面白い取り組みをする学校もある。

　とりわけ興味深いのは，基礎学校段階ではほとんど成績をつけないことである。学校の成績は8年生と9年生の秋，および9年生修了時につけられる。日本のような相対評価ではなく絶対評価である。一学校年度の授業日数は最低178日で，福祉施設などでの社会実習が2週間予定されている。

(5) 後期中等教育（高校）

　日本のような高校入試はなく，したがって高校受験のための塾もない。希望に応じて「職業系」や「大学進学系」，「個人プログラム」などに進む。ここでは，「高校の教育課程改革」と高校生の生徒会活動について触れておきたい。

　最近，本所恵の『スウェーデンにおける高校の教育課程改革』（新評論，2016年）という貴重な研究成果が出版された。副題は「専門性に結び付いた共通性の模索」となっている。本の帯には「大人になろうとするすべての若者たちに，どのような教育を提供するか——多様な進路を実現する教育改革の軌跡」と書かれている。

　非常に興味深いテーマであるが，ここでは簡単に触れておきたい。

　高校教育の共通性と専門性については，スウェーデンでは，さまざまな議論がある。専門分化については，高校の学科・専攻（専修）構成についてどのような分野を設置するかという論点と，各学科・専攻において生徒がどのように専門化していくかという論点の二つがあったという。1970年代から一貫して，社会の産業分野や職業に沿って，あるいは産業構造の変化や将来予測に沿って専門分野が設定されていた。また，1990年代の改革及び2011年の改革のいずれにおいても，多様化し複雑化しすぎた学科や専攻を整理することが課題の一つとされ，シンプルに再構成することが目指されていた。

　2011年の高校改革では，各プログラムの専門教育が一層重視され，専門分野や進路に応じて，特に進学か就職かという進路希望に応じて教育課程の差異が

第7章　生涯教育：公共の責任として

拡大した。この点を見れば，総合化を目指してきた1960年代以来の方向性から大きく転換したと言える。その転換は，直接的には2000年代の政権交代を反映して行われた。しかしながら，それは決して政治的主張のみを反映して突然に起こったわけではなかった。

　1990年代には共通性を拡大する方向で改革が進められたが，2011年改革はさらなる共通性の拡大が打ち出されたものの，それが行われず，専門性を重視する方向で改革が進められたのである。その専門教育の重視を体現していたのが徒弟制の導入だった。

　徒弟制は職場での学習が中心だからという理由で，学校での学習に困難を抱えている生徒や学習意欲の低い生徒が多く集まって来る。しかしながら，実際には徒弟制は決して生易しいものではなく，学習意欲がないと終了するのが困難となる。こうした実際の大変さが伝わっておらず，徒弟制の実際の姿や，そこで行われている教育課程の中身を正しく高校選択時に知らせることが一つの課題と指摘されている。

　1980年代以前は，労働市場の要請に応じて学校教育の重点分野が定められていたが，1990年代以降は生徒の自由な選択が重視されるようになった。その結果，必ずしも仕事につながる教育が行われているという保障がなくなった。こうした問題点を乗り越えるために，職業教育の質の向上が強調され，それぞれのプログラムにおける労働市場と学校との連携システムが模索された。その重要な一つが徒弟制だった。

　ただし，徒弟制の教育課程は専門教育を拡大した特別な編成であるが，それは決して特殊な教育として位置づけられたわけではなく，通常の職業プログラムの一形態として導入されていた。具体的には，学校ベースの職業教育と目標を共有し，同じ修了認定資格が認められることになった。これを本所恵は次のように評価している。「同じ教育目標に向かいながらも，それぞれの生徒に合った形式で学習を進める可能性が広がったということができる。徒弟制は，専門教育を強化する役割を担うとともに，高校教育全体を捉える視点からみれば，教育形態の多様性を広げるという機能を見て取ることができる。学校という枠を改めて見直し，高校教育として必要な事柄を再定義しつつ，多様な若者のすべてを包括する学校として再構築されつつあると言えよう」（本所恵，2016，p.

193)。

　ここではもう一つ，スウェーデンの高校生組織「全国生徒会連合」のフレドリクソン前副代表（当時）の来日した際の講演と新聞社のインタビューに基づいて，生徒会活動について触れておきたい（『中日新聞』2006年5月15日）。

　「高校2年と3年のとき生徒会長を務めた。校長からの提案で，週1回，校長とミーティングを持った。校長は終業式のスケジュールや，教室の改装計画など学校の取り組みについて話し，私は学校で起きていることや，生徒たちの思いを伝えた。新しい先生を採用するときには，校長と一緒に面接にのぞみ『どの先生がいいと思うか』と意見を求められた。多くは，実際の学校運営に反映されていた」。

　生徒会活動は法律で保障されている。各学校に生徒会があるべきだということと，学校のことは校長と生徒会が一緒に決めるべきだということが規定されている。「生徒会活動で授業に出られない場合は，先生はその生徒に補習をしなければならない。私の卒業した学校では授業が終わると，生徒が先生を評価する。授業は分かりやすかったか，教え方は良かったかなど項目ごとにチェック。それが先生の給料にも反映される」。

　「全国生徒会連合」には専属の事務局があり，3人ほどのスタッフは16歳から20歳までの若者である。年に3回ほどのミーティングがあり，生徒会や教育のあり方などについて話し合っているという。「ミーティングには文部科学大臣も参加する。政党の青年部も呼んで議論もしている」（『中日新聞』2006年5月15日）。「政府は，生徒会連合を全国の生徒会の代表として認め，毎年，活動費として250万クローナ（約4千万円）の財政支援をする。国の委員会にも入り，新しい教育政策を実施するときには必ず，連絡がある」という。

　生徒会連合の要望で変わった法律として挙げられているのは，「いじめ」を受けた場合のケースである。「以前は，いじめを受けた場合，いじめられた生徒側がその証拠を出さなければ，学校の責任を問えなかった。しかし，今年（2006年）2月の国会で，生徒側の立証責任がなくなり，学校側がいじめをなくすために努力したことを証明できなければ，責任を問えるようにした」。

　日本で教育現場の「いじめ」が問題となって久しいが，2013年になってやっと「いじめ防止対策推進法」が施行された。しかし，「いじめの件数」は，依

表7-3 高卒者の非進学理由

2005年高卒者の「なぜ高校卒業後，勉強を続けなかったのか？」に対する回答

(単位：％)

	女性	男性	全体
働いていて，勉強するよりも仕事を続けたかった	28	59	47
さらに勉強する前に，何か他のことをすることを選んだ	7	7	7
勉強を続けるつもりが全くなかった	5	5	5
勉強するモチベーションがなかった	4	3	3
自分が何を勉強したいのかが分からなかった	28	15	20
自分が勉強したいことに必要な学力が足りなかった	0	2	1
自分が勉強したい教育機関に入れなかった	2	1	1
病気で勉強できなかった	1	1	1
家族の事情で勉強を始められなかった	1	0	0
奨学金の額が少なすぎた	4	1	2
ローン奨学金を使いたくなかった	8	1	4
勉強に着いていけないと思った	1	0	0
他の理由	4	4	4
誤回答	7	2	4

(原資料)　CSN 2011: 53, 129.
(出所)　大岡頼光（2014）p.103による。

然として減る気配はない。2012年以降の３年間の「いじめ件数」は18万件を超えている。この３年間で「いじめが理由で自殺した可能性がある小中高生」は20人に上る（『朝日新聞』2016年10月２日）。

　スウェーデンの生徒会連合は，国に，さまざまな要望を出したり，選挙権のない中高生の「模擬選挙」を計画したりなどの活動をしているという。フレドリクソン氏の最後の言葉が印象的である。「未来は『どうなる』ではなく『どうするか』。未来をつくるのは私たちだ」。

　ここで，2011年時点での「高卒者の非進学理由（調査年度：2011年，表7-3）」を見ておきたい。この表は，2005年高卒者の「なぜ高校卒業後，勉強を続けなかったのか？」に対する回答である。６月に卒業し，すでに「働いていて，勉強よりも仕事を続けたかった」がもっとも多く，全体で47％，男性で59％にのぼっている。女性でもっとも多いのが，「自分が何を勉強したいのかが分からなかった」と，「働いていて，勉強よりも仕事を続けたかった」の各々28％で，二つを合わせると56％になる。また，「さらに勉強する前に，何か他のことをすることを選んだ」が全体で７％おり注目される。高卒の時点で，「勉強

第Ⅱ部 「国民の家」をめざしたスウェーデン社会

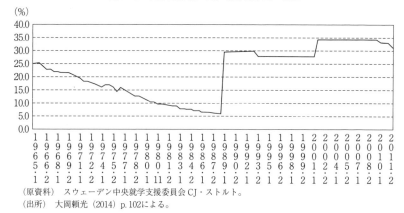

図7-5 奨学金総額の内，給付奨学金の割合

（原資料） スウェーデン中央就学支援委員会CJ・ストルト。
（出所） 大岡頼光（2014）p.102による。

するモチベーションがなかった」人が全体で3％いる。これらの人のなかには，その後大学へ進学した人が少なくないと思われる。

最近，日本で増えつつある経済的理由による進学断念はほとんど見られず，あえて挙げれば，「奨学金の額が少なすぎた」（全体2％），「ローン奨学金を使いたくなかった」（全体4％）である。スウェーデンの奨学金総額のうち，給付奨学金の割合は図7-5のごとく，1989年以降は，約30～35％である。

（6） 高等教育（大学・大学院）

大学入学の際にも入試はなく，「受験極楽」と表現する人もいる。さまざまな進学ルートがあり，意欲さえあれば誰もが大学生になれる。

1977年の大学法による改革では，割当選抜制が採用されたが，その当初の基本枠は，①総合制高校修了者（30％），②「25：4ルール」の者（50％），③外国の高校修了者（10％），④その他であった。入学者の選抜権は各大学にはなく，大学庁にある。入学定員が抑制されていたため，高校の成績だけでは選抜基準点を満たすことができなかった者は，労働経験を積みながら「25：4ルール」の枠に廻ることになった（伊藤正純，2006，p.37）。

河本佳子によると，「選択したコースに，仮に落ちても，翌年の面接までに1年間就労すれば成績に5点加算されほぼ合格する」（河本佳子，2002，p.122）という。

この労働経験大学生制度は労働経験を積んでいれば進学がしやすくなっているだけでなく，容易に進学が可能なのも入学金や授業料がなく，奨学金や学生ローン制度が充実しているため大学進学にお金がかからないことによる面が大きい。

　スウェーデンの大学は勉強するところであり，日本のようにキャンパスライフを楽しみにして進学してくる学生はいない。スウェーデンの大学には，日本のようなキャンパスライフは欠如しているからである。大学のクラブ活動やサークル活動もほとんどない。スポーツ・クラブなど，これらの活動はほとんど地域社会が行っている。

①大学・大学院

　ここでは篠田武司（篠田，2007）などに依拠して，スウェーデンの高等教育（大学・大学院）の様子を見ておきたい。篠田は，「高等教育のあり方，あるいはそこでの学生像は，その社会の人々や政府がどのような社会をめざしているのかという社会の理念と深く結びつき，切り離しては考えられない」（p.36）とし，「ある国の社会がめざしている理念は，一般に福祉や教育に関する政策に端的に表れているといってよい」（p.37）と述べている。

　スウェーデンの大学の歴史は古く，生物学者リンネで有名なウプサラ大学は1477年に設立されている。大学は基本的に国立大学であり，独立した法人ではなく政府の一機関をなす。全国で伝統的な総合大学である13のユニバーシティと，23のユニバーシティ・カレッジがある。両者の違いは，前者が博士号の授与機関であり，後者は政府が認めた分野においてのみ授与が認められている機関だということである。現在，授与権が認められているユニバーシティ・カレッジはわずか四つである。

　このほかに，保守党が政権についた1993年に「高等教育法」が改正されて私立大学が認められ，現在13の私立大学がある。財団が設置するもので，このうち10校は小規模大学である。ただし，私立大学といっても授業料は無料であるので，経費は全額政府からの補助金で賄われている。そして，これらの大学を統括しているのが，高等教育庁，並びに高等教育サービス庁である。

　現在，高校からの大学進学率は約50％で，卒業後すぐに進学する率は20％弱に過ぎない。いま政府は25歳までに同年代人口の50％が大学レベルの教育を受

けることを目標に掲げ，大学の拡充を図りつつある（「オープン・ユニバーシティ法」2001年）。

その理由について篠田は次のように述べている。「これは，いま進みつつある『知識社会』化に対応し，『持続可能な社会』を築いていくために高等教育が果たす役割がきわめて大きいと判断しているからである。したがって，すべての地域で中核となる高等教育機関を一つ設置することがあらためてめざされている。しかし，このことは学生の学習歴や能力の多様化をもたらすことになる。したがって，教育の質を保証し，学生のもつ可能性の『解放』をいかに実現していくかが決定的に重要となる。スウェーデンもこうした事態に直面し，『質の保証』のための評価制度を導入することによってその解決をめざしている」（篠田，p.39）。

学年は3年制で，大学院修士課程が1年となっている。秋・春のセメスター制で年間40週（40単位），合計120週（120単位）をフルに学習し，単位を取得することが学士号取得の要件となっている。ちなみに学位は3種類に分類される。2年間（80単位）の課程終了者に授与される「免状」（あるいは準学士号ともいう），3年間（120単位）の課程修了者に授与される「学士号」，さらに4年間（160単位）の課程修了者に授与される「修士号」である。「修士号」は，日本と違い学部が授与する学位である。そして，いわゆる大学院は博士号のみを授与する機関となっている。

スウェーデンでは多くのヨーロッパの国と同様に学習がきわめて集中的に行われるような制度となっている。一つの科目は1〜4週間（1科目1〜4単位）集中的に講義され，学生はその間ある一つの科目だけを集中的に受講することになる。スウェーデンの多くの教師は，こうした集中した学びが「質の保証」の一つの有効な手段であると考えているようである。

「高等教育法」は，高等教育の第1の目標を「知識と技能の伝達以上に，学生に独立心と批判的精神を涵養すること」に置いている。第2に，労働市場からの良質な労働ニーズに応えることも高等教育の重要な役割だと強調される。スウェーデンにとって，就労は支えあいのシステムである福祉を支えるもっとも基本的な要件である。そこから得られる税が高いレベルでの福祉の制度を支えるからである。したがって，スウェーデンでは雇用政策は福祉政策だと考え

られており、この支えあいの社会に高等教育が寄与することは当然のことだと考えられている。

就労は、単に社会的に有用であるというわけではない。それは、人々の持つ可能性をさらに広げたり、「社会への参加」の重要な第一歩だとスウェーデンでは理解されているからである。

大学は一般学位とともに、弁護士、医師などさまざまな専門性の高い教育を提供することによって職業資格（約60の職業資格がある）を授与することができるし、そうすることをまた求められている。日本のようにそうした職業は国家試験がなく、大学での職業資格がそれに代わる。これは大学の教育の専門性が信頼されていることを示している。このようにスウェーデンでは、教育と職業とが直接に結びついているのである。

②教育における平等

スウェーデンの高等教育が目指している理念とは何か。まず確認できるのは平等が教育の場でも徹底して目指されていることである。篠田武司は強調する。「平等とは、繰り返せば、各個人が自分の持っている可能性を広げ、実現（『解放』）できるよう『多様な選択の可能性』が等しく全ての人に開かれていることである。いいかえれば、自己の生き方が自分自身の責任において、自律的に多様な形で選択できる可能性が、すべての人に等しく開かれていることである」（篠田、pp.41-42）。

教育の領域では、この平等をきわめて明瞭に「だれでも、いつでも、どこでも、ただで」という言葉で表している。「だれでも」については、大学入学資格試験の廃止や定住外国人枠の設定、25：5ルールやその後の25：4ルールの制度化などさまざまな工夫がなされてきた。大学教育は「エリート教育」ではなく、「国民に開かれた大学」としてリカレント教育の一翼を担うべきものと位置づけられていると言える。その結果、高等教育と成人教育、学習の場と仕事の場との相互移動（選択）が常態となる。

「いつでも」については、大学には多様な年代の学生が学んでいることからも分かるように、人生のなかでいつの時期に自らの可能性を広げるために学ぶのかという「選択の可能性」が制度として保障されている。そのための制度としての、「教育休暇制度」や教育休暇中の代替労働者雇用制度など整備されて

さらに、ネットでの教育プログラムの開設を含めて、学びたい場所で学べる制度（「どこでも」）が整ってきている。もちろん、学費の無償化（「ただで」）は、そのための絶対的な条件である。また、そのための奨学金制度の整備もなされている。スウェーデンという社会はすべての人に教育における多様な選択を保障し、各個人は自己の責任において「いつでも」学ぶことを自己決定できるようになっている。このように社会においてと同様に、教育の場においても「自律」が諸制度によってまた支えられているのである。

③参加に基づくガバナンス

では、大学のガバナンスの構造はどうなっているのだろうか。大学の最高の決定機関は理事会である。理事会は財務、計画立案、人事など学内のすべての活動に責任と決定権を持っている。理事の数は15名で、政府は理事長と学長を含む理事9名を任命する。残りは教員から3名、学生から3名がそれぞれ選出されて理事となる。

また、理事会の下にある各委員会にも教員、職員、学生の代表がメンバーとなっている。学生代表は学部内の各種委員会にも、メンバーとして参加しており、特に教学に関わるカリキュラム委員会などには必ず学生代表がメンバーとして参加することが定められている。この学生参加は、1977年以来制度化され、2000年の「高等教育における学生の影響と質の向上に関する法」によってさらに強化され、財務委員会にも学生が参加することになった。

このように、スウェーデンでは「ステークホルダーの参加なくして意思決定できない」という社会の理念が、言いかえればスウェーデンに特徴的な参加民主主義の理念が大学のガバナンスにも貫かれているのである。ここでは、学生も「知の共同体」を担う主体であり、「共同体」の発展には学生もまたその一員として「共同体」の意思決定に参加することが当然だと認識されている。大学内のガバナンスは、このようにヒエラルキー的ではなくきわめてフラットな構造となっている。

ちなみに、スウェーデンでは、1993年の「高等教育法」の改正で大幅な分権化とともに、いわゆる「目標による管理」方式が導入された。それに伴い評価制度が導入される。高等教育庁が組織したその評価委員にもまた学生代表がメ

ンバーとして参加しており，日本と比較した時，その質的違いを感ぜざるを得ない。

④教育の質の保証

スウェーデンでは，1990年代に入りEUの影響も受けながら行政のあり方が大きく変わってきた。一般に「目標による管理」という。これは分権化とも裏腹の関係をなし，政府は，政策の枠組みと目的だけを設定し，あとは当該機関の自主性にゆだねるものである。しかし，事後的に各機関の成果は評価され，政治はそれを予算配分に生かすことになる。

1993年の高等教育改革のなかで，大学にもこの方式が導入された。高等教育庁は，一方でこれまで大学が自主的にできなかった新しい学部やコースの設定，学生数の決定，あるいは教授任命を大学の手にゆだねるといった分権化を進めるとともに，他方では，①成果に基づく予算の配分，②理事長，及び学長の選任，それに③大学が作成する年次報告へのチェックを通して管理を行うこととなった。

では，予算配分に影響がある評価される成果とは，いったいなんだろうか。それは，①年間のフルタイムに換算した学生数であり，②学生の学習成果量，言いかえれば学生が獲得した単位総数である。それらが数値化され計算の基礎となる。もちろん，学問分野によって教育経費が違うので分野を15専攻に分け，積算する係数をそれぞれ決めて計算される。

こうした成果の評価の仕方は，大学や学部の「教育の質」を高める努力の結果が学生の成果量として現れ，またそうした「教育の質」の高い大学や学部に学生も集まってくるという認識に基づいている。ちなみに，議会で各大学の上限の予算が決められ，この範囲内で上記の成果に基づいて予算が配分されるのである。また，予算の10％以内で次年度にそれを繰り越すこともでき，柔軟な予算執行が可能となっている。

他方で，予算配分のための評価とは別に高等教育庁は1995年に「教育の質」評価システムをつくり，①学位授与権，②大学内の質の保証システム，③すべてのコース教育の質，④そのほか学生参加，社会セクターとの連携，国際化，ジェンダーバランス，などを監査・評価の対象とした。学生を含む約130名の評価委員が，各大学から出された目標を見ながらこれを行った。そこでは，お

おむね全体的に良い，という評価が出されたが，問題となるケースも少なくなかったという。

　一般に，こうした評価制度は，分権化とは言いつつ管理の強化になりやすい。また各機関は評価のみに目を奪われ，本来の使命を忘れがちになる。それは，各機関が持つ可能的な力を引き出すのではなく，かえってそれを損なうことが多い。この点について篠田は，「こうした弊害はスウェーデンでは予想され，したがって，大学評価の目的はあくまで『質の確保を図るための経験の交流・普及』だとされるとともに，評価委員に教員，学生，あるいは労組役員経験者を含む社会アクターも参加させ，評価の公正さを担保させている」（篠田，2007，p.48）。

　また，学科長が責任を持つ教員評価もすでに導入されているが，それは現実的には「中庸な評価に落ち着き」，激励的なものである。それは，決して競争的でストレスに満ちたものではないという。

⑤大学改革

　1989年に奨学金制度の見直しが行われ，1990年代には大学と大学定員数が増加するとともに制度改革が進んだ。1991年に大学検定制度が導入されたことにより，大学進学グループは，①学業成績（高校，コムブックス，フォルクスヘーグスクーラ，外国での成績）によるものと，②大学検定の結果によるものとに分かれることになった。大学検定結果には労働経験加算点が認められたが，その割合は小さくなった。大学入学者の選考は，はっきりと若者優先に，しかも理系優先に転換していき，大学でのリカレント教育の比重は次第に低下していく。そして，これを決定づけたのが93年施行の大学法である。なお，この法律にはリカレント教育という表現は存在しない。

　この大学改革の特徴は分権化＝規制緩和の実施と，各大学への大きな自治の付与である。伊藤正純によると，主な改革は次の3点である（伊藤正純，2006，pp.37-38）。

　第1の改革は大学入学者選抜方法の変更である。グループ割当入学制度が廃止された。選抜は2段階で行われる。まず大学入試の一般資格を高3修了（またはこれと同等の知識の獲得）にした（そのなかでも英語重視）。次いで，個々の大学が各プログラムの選抜基準を志願者に課すようになった。選抜基準には，

高校の成績，大学検定試験の結果，面接，志願に関する過去の教育，そして労働経験などがあるが，どのような基準にするかは各大学の仕事になった。各大学は，各プログラムに入学できる学生数を自由に決めることも，どのような入学手続きを取るかについても決められるようになった。

第2の改革は新しい国の補助金配分システムである。各大学は国と3年の教育業務契約を締結し，それに基づいて補助金を受け取る。配分基準は，①個々の大学に対する学生の需要（登録学生数）と，②成績達成度（学生が修得した単位数）である。両者の配分比率は40対60で，質量両面から，大学教育を刺激しようとした。目標による管理である。

第3の改革は国際的に通用する新しい学位（Examen）を定めたことである。

一人ひとりが，等しく自分の持つ可能性を「解放」でき，自律した生き方を選択できることを社会が支えること，それを社会の理念としているスウェーデンであるが，しかし，理念は理念であって現実ではない。理念は絶えざる努力の過程，また試行錯誤の過程であるほかない。スウェーデンが「実験国家」といわれるのはそのためである。

そしてスウェーデンでは知識社会化が進むなか，こうした自律を支え，等しくすべての人々の可能性を広げるために高等教育の果たす役割は決定的に大きいと認識されている。そして，「だれでも」「いつでも」「どこでも」「ただで」が十分に制度化され，その理念を支えている。

そればかりではない。世界的に進む管理方式の大きな変化のなかで，管理主義的でもなく，協同性を壊すこともなく，いかに大学が高い質の「知の共同体」であることを保障できるのか，そのために何が必要なのかが模索されている。

（7） 成人教育，民衆教育

この分野には，日本でも貴重な研究の蓄積がある。石原俊時『市民社会と労働者文化』（木鐸社，1996年）と太田美幸『生涯学習社会のポリティクス』（新評論，2011年）などである。

岡澤憲芙は，早くから「生涯教育の国・スウェーデン」を重視している。たとえば，『スウェーデンは，いま』（早大出版，初版1987年）のなかでも，次の

ように述べている。「スウェーデン人の教育・教養に対する関心の強さは，活発な学習サークル活動にも表れている。……学習サークルを経営・運営しているのは，日本のカルチャー・センターとは違って，政党や労働組合，それに各種労働団体である。……政党や労働組合は学習サークルの経営を通じて市民の日常生活に接近し，組織と市民との距離を縮小している。……学習サークル活動の運営資金は国庫補助金，参加者の授業料，コミューンの補助金で賄われている。経費の45％までは国庫補助金である」（岡澤憲芙，1991.4，pp.92-96）。

レオン・バウチャーは，「スウェーデンでの多くの形態をとる成人教育が，世界的にみても非常に高い水準にあることで魅力あらしめている」（レオン・バウチャー，1985，p.168）と述べている。スウェーデンの，過去100年にわたる成人教育施設の網状組織の歴史的発達には，本質的に三つの流れがある。そのもっとも古いものは，19世紀の，教会および労働運動，禁酒運動といった民衆運動を起源としている。そのもっともよく知られたものが，国民高等学校であり，農村の青年たちに一般教育のためのより良い機会を与えることを目指していたものである。国民高等学校令は，その任務として「学生達に個人そして市民としての彼らの責任への洞察力を与えること。協同して働くための学生達の能力が強化され，彼らの主体的思考力と批判的判断力が養成され，彼らの学習における発達と関心が励まされるように，国民高等学校は組織されるべきである」と定めている。

任意の民衆教育運動によるコースのなかで非常に多くの登録数を示しているのは，特に北欧の現象と言える「学習サークル」である。この「学習サークル」は，1902年に禁酒団（IOGT）により始められ，最初の学習団体である労働者教育協会（ABF）は1912年に創設されている。当時，承認されていた10の「学習協会」は次のようである。

○労働者教育協会（ABF），○国民大学（FU），○自由教会学習協会（FS），○YMCA/YWCA学習協会，○禁酒運動教育活動（NBV），○学習促進協会（Sfr），○市民学校学習協会（Mbsk），○成人学校学習協会（sv），○スウェーデン教会学習協会（SKS），○サラリーマン学習教育活動（TBV）。

また，ほぼ100年後の2010年に公認されている学習協会は**表7-4**のごとくである。また，成人学習者の参加者数は**表7-5**のようになっている。

第7章　生涯教育：公共の責任として

表7-4　公認学習協会の概要（2010年10月現在）

労働者教育連盟（Arbetarnas Bildningsförbund：ABF） 1912年設立。最も古く規模の大きい学習協会。労働組合全国組織（LO），消費生活協同組合，社民党，障害者団体，移民団体などの60団体により構成される。
ビルダ学習協会（Studieförbundet Bilda：Bilda） 1947年設立。スウェーデン国教（ルター派）以外のキリスト教宗教団体（正教系，バプティスト，メソディストなど）によって構成される。
国民大学（Folkuniversitetet：FU） 1942年設立。国立の5大学（ストックホルム，ウプサラ，イェテボリ，ルンド，ウメオー）により運営され，学生団体も運営にかかわる。
イブン・ルシド（Ibn Rushd Studieförbund：Ibn Rushd） 2001年設立，2008年に公認学習協会となる。国内のムスリム諸団体を構成員とする。
文化教育事業（Kulturens Bildningsverksamhet：Kulturens） 2010年7月にSensusから独立。構成員にはコーラス・グループなどのアマチュア音楽関連団体が多い。
市民学校（Medborgarskolan：Mbsk） 1940年設立。穏健党関係の組織が主体。
禁酒運動教育事業（Nykterhetsrörelsens Bildningsverksamhet：NBV） 1894年，1904年，1906年に各々設立された禁酒運動系の学習協会が1971年に合併。
センスス学習協会（Sensus Studieförbund：Sensus） 1929年設立のスウェーデン国教学習協会，1930年設立のYMCA学習協会が2002年に合併。さらに2004年10月には，ホワイトカラー労働組合中央組織（TCO）をはじめ組合系組織により構成されるTBV（勤労者教育事業，1935年設立）が合併。
学習促進連盟（Studiefrämjandet：Sfr） 1959年設立。環境保護運動に関わる組織により構成される。
学習協会成人学校（Studieförbundet Vuxenskolan：SV） 1930年設立のスウェーデン農村学習協会，1948年設立の自由主義学習協会が1967年に合併。中央党，国民党，自由党などにより構成される。

（注）公認学習協会とは国庫補助金を受給している民衆教育組織を指し，2010年10月時点では10団体がこれに該当する。各学習協会は全国に地方支部を持ち，国庫補助金は民衆教育協議会（FBR）から各学習協会の全国組織を通じて各支部に分配される。各地方自治体にはその地方の学習協会を統括する地方民衆教育協議会が設置されており，自治体からの補助金分配などを行っている。
（出所）太田美幸，2011, p.32による。

　これらは，スウェーデン国民高等学校教員組合（SFHL）やスウェーデン一般図書館協会（SAB）とともに，国民成人教育協会を組織し，これは23の各県に事務所を設置している。82年頃の規定によると，教育活動は「学習科目の客観的かつ多面的見解」を可能とする方法で行われるべきことが定められている。「1980年では費用の45％をカバーしている国家助成金を得るためには，サーク

表7-5　スウェーデンにおける成人学習者（2008年）

公立成人学校(コムブクス)在籍者数	労働市場教育参加者数	学習サークル参加者数	民衆大学在籍者数
170,318人 (2007/2008年度)	155,351人 (16～64歳)	1,909,461人 (年間延べ人数)	108,237人 (2008年秋期)

(注)　18歳以上人口は7,331,508人（SCB [2010] s.86-87.）。
(原資料)　SCB (2010) s.288,517,550に基づき筆者作成。
(出所)　太田美幸, 2011, p.33による。

ルは，5人から20人のメンバーを擁し，少なくとも4週間にわたり最低20時間は活動を行なわれねばならず，また連続して3時間を超えるクラスを開講してはならない」（レオン・バウチャー，1985, p.172）ことになっている。その後の，公共財政の動向の中で，援助金や参加者の費用負担がどうなっていったのかは興味ある点である。

　スウェーデンの成人教育がより現代的発展を遂げたのは，まさに，教育をそれほど受けていない人やそれほど保護されていない人のためになることを目的としているためであった。その最初は，1960年の特に労働市場庁（AMS）などによる再訓練プログラムの導入であったが，その後，雇用主や労働組合によるコースも増加している。成人教育のさらに一形態として，地方自治体運営の体系的中等教育レベルの学習を運営している成人学校がある。もっとも新しい標的とされているのは，地方自治体による成人教育が通常始まる小学校レベル以下の，基礎教育を必要とする文盲の成人である。

　1982年時点で，レオン・バウチャーは次のように述べている。「成人教育が，教育が十分でない多くの人々に拡がることに成功したとはいえず，既に比較的十分な教育を受けた人々へ提供されがちである，ということはよく指摘されている」（p.177）。

　民衆教育のなかで重要な位置を占めているのが「学習サークル」であるが，この「学習サークルは，オスカル・ウールソンの教養理念を体現した教育形態であった。またそれは，「国民運動」の団体生活の中から生まれてきたものだとも言える。というのも，それは，それまでの禁酒運動や労働運動において展開していた読書サークル，図書館，講義活動を有機的に統合したものだからである」（石原俊時，1996, p.351）。ウールソンは，この学習サークルを，エレ

第7章　生涯教育：公共の責任として

ン・ケイの言う「人民ための人民による教育」という民衆教育の理想を体現したものとして，その普及に尽力することとなる。ウールソンによると，学習サークルでの教育手段の中心は，本であり，教育活動の結節点は，図書館であると述べている。そこで行われた読書は，「批判的読書」と言うべきもので，それを「自己の人格的発展」につなげていたという。こうした「批判的読書は，元来，信仰復興運動から，自由教会運動，禁酒運動を通じて労働運動に継承されていった」（石原，p.355）とされる。石原俊時は次のように述べている。「学習サークルは，『国民運動』の団体生活の展開を背景として生まれてきたと言えるのであるが，さらに『国民運動』の団体生活を自己教育の側面に純化して，日常生活全体を教養の場としようとしたものであったとも考えられる」（石原，p.359）。

このようにスウェーデンには民衆教育の長い伝統がある。最近の「新しい社会運動」としては，女性運動のための学校としての「ヨーテボリ女性民衆大学」がある。また，増え続ける移民の運動と文化活動を意識して2001年に設立された「イブン・ルシド」がある。これにはスウェーデン型「学習社会」の特質が息づいているという。太田美幸は述べている。「イブン・ルシドの活動は民衆教育を通じて社会変革を目指すという伝統的な民衆教育の手法を踏襲している。……この活動が，インテグレーション政策に貢献することにも期待している」（太田，2011，p.325）。太田が，ここで注視しているのは，「スウェーデンにおける民衆教育の理念と制度が，対抗的ヘゲモニーを創造する基盤としての機能をいまだに保持しているという点である」（太田，p.329）。

また，太田が注目しているのは，「スウェーデン型学習社会が公権力による教育制度の再編成によって実現されたものではない」という点である。人々の学習を支えてきたのは，学ぶことによって自らが対峙する生活課題の根源を理解し，それを社会的な問題と結び付け，その変革を目指す思想である。こうした思想が人々を積極的に学習活動に向かわせ，成人教育制度の拡充をもたらした。おそらく，こうした思想を欠いた成人教育の下では，人々の学習が行政依存的で従属的なものに偏っていく傾向を食い止めることは難しい。

「全体社会が知識伝達をとおして民衆を統制する」メカニズムを，民衆自身が知識の再発見と再構築を実現することによって「民衆の側から全体社会に影

響を及ぼす」メカニズムに転換しようとする民衆教育は，改めて言うまでもなくきわめて政治的な活動である。民衆教育における学習空間が「文化圏」としての「オルタナティヴな公共圏」へと発展する可能性を含んでいるとすれば，こうした活動を含みこむ学習社会は，「文化の政治」がせめぎあう場であると言えるだろう（太田，p.340）。

社会の安定化と変革のせめぎあいは，必ずしも組織化された政治的な運動として展開されるわけではない。むしろ，日常的な他者との交流を契機として，生活のあらゆる局面に現れるものであると言ってよいだろう。「人々が生涯にわたって学習を行う『学習社会』においては，日常生活の経験に根差した多層的な学びのなかに，『意識化』の契機が息づいているのではないかと思われる」（太田，p.342）。

2　学生生活の保障：学費無料，奨学金

奨学金システムを見るうえでの前提は，スウェーデン国民の「政府への信頼」と「普遍主義システム」という点である。日本の場合には，まったく逆で，ほとんどの奨学金が高利子の「貸与奨学金」であり，それが「ブラックバイト」や「ブラック企業」を生み出す基となっており，若者の不信感は根強く，政府への信頼度は非常に低い。

スウェーデンでは公的奨学金制度が充実している。公的奨学金には高校生を対象とする「学習補助金（贈与奨学金）」「一般奨学金」，さらには「成人教育補助金（成人奨学金）」「労働市場訓練就学補助（教育手当）」などがある。

高校生を対象とする「学習補助金（贈与奨学金）」は生徒が20歳になる春学期まで年間9か月間与えられる。「一般奨学金」は20歳以上の高校生及び大学生を対象とし，これには二種類あり，「学習手当」（返却不要）と「貸与奨学金」（要返却）がある。

「労働市場訓練就学補助」は労働市場訓練に従事している者は，この訓練手当を受ける権利がある。「登録された失業基金からの受給資格者は，規定範囲内で，以前の日収の12分の11の金額を受けることができる。また失業基金によってカバーできない者は，最低額の手当てを自動的に受けられる。加えて労働

市場訓練の参加者は、すべて一日15クローナの学習奨学金の支給を受けている。
　以上のように、至れり尽くせりの就学援助形態によって学習権の保障がなされている」（中嶋、1994.3, p.201）。学生の経済生活については、とりあえず、拙著『福祉国家スウェーデンの労使関係』を参照していただきたい（猿田、2003）。
　もう一つ忘れてならないのは、「教育休暇法」であろう。すべての雇用者を対象としたもので（ただし、一定の就業期間が必要）、教育休暇の期間については制限を設けることなく、職場復帰の際には、休暇を取らなかった時と同じ職場環境と就業条件が保障される。

3　職業と教育の間を行き来する：リカレント教育

　スウェーデンの教育の特徴は「リカレント教育制度」が確立していることであり、「生涯教育システム」が整備されていることである。
　リカレント教育の理念は、1950年代初期、スウェーデンの経済学者 G・レーンに発している。すなわち彼は、労働市場内の変化に対応した柔軟な教育制度の構築を提唱していた（中嶋、p.151）。
　『リカレント教育』という言葉をはじめて使用したのは、スウェーデンのパルメ首相で、1969年にベルサイユのヨーロッパ文相会議において使用したものである。リカレント教育の概念及び構想をはっきり打ち出してきたのは、73年に公刊した『リカレント教育―生涯学習のための方策―』（OECD）によってであり、スウェーデンは一貫して、リカレント教育の見地を堅持し、それを方策化することによって、学習社会を成立させてきており、さらにリカレント教育の深化を図っているかに見える（中嶋、pp.147-148）。
　北欧閣僚評議会のリカレント教育報告書に示されているリカレント教育の定義は次のようである。「リカレント教育は長期教育計画のための包括的な方策と定義できよう。その目的は、教育制度――すなわち今日、伝統的中等および中等以後教育、企業教育、成人教育等から成る教育制度――を発展させる代替的方法を提供するものである。また世代間、および同世代の個人間の教育の平等な配分を確立することである」。そして、リカレント教育の範囲内で捉えら

れるべき方策として，①学校制度，②高等教育機関，③成人教育，④労働市場論議と職業教育があるとし，さらに情報と拡張プログラム，および学習財政についても考慮されなくてはならないとしている（中嶋，pp. 154-155）。

スウェーデンのリカレント教育は，「スウェーデン文部省の見解（1988年）によれば，次の如くである。①青少年と成人間の教育の格差を縮める。②社会の民主的発展に参加し，影響を与える成人の能力を増す。③各種職業的課程の成人の訓練・教育は，彼らをして労働条件の改善に影響を与え，完全雇用と社会の進歩に寄与せしめる。④成人の個人的な教育の願望を充足させ，彼らをして青少年の教育の補足の機会を与える。

そして，1980年代のリカレント教育政策は，平等の促進と効率，柔軟性，資質向上のそれぞれのバランスを計ることにその目標が置かれているし，国のリカレント教育への援助（とくに公私企業体での訓練へも）によって効果を収めていたとする」（中嶋，1994，pp. 160-161）。

また，伊藤正純の定義によると，「リカレント教育は，すべての人に対する義務教育または基礎教育終了後の教育に関する総合的な戦略であり，その本質的な特徴は，個人が生涯にわたって教育を交互に行なうという仕方にある。つまり，教育を他の諸活動と交互に，特に労働と，しかしまたレジャーおよび隠退生活とも交互に行なうことにある」（伊藤正純，1996，p. 162）。

日本と比べると転職・休職・再就職がきわめて容易で，30歳から専門職を目指すこともでき，そのための金銭的サポートや時間的サポートが充実している。さらに，それをサポートするシステムとしては，何時でも入学できる教育制度，幼児保育，学童保育，短時間勤務制度，休職制度や「夫妻の助け合い」などがある。

2005年の社民党の政権下で，フリーイヤー（サバティカル休業）という制度ができたが，それは勤労者が補償付き（失業保険金の85％）で最高１年間の休職可能というものであった。パートタイム制度と並んで，女性が仕事と家事育児の両方をこなす負担を軽減することが期待されていた。また，その間，就労が困難な人（障がい者，外国出身者，長期失業者）を優先的に採用するという興味深い試みであったが，政権交代などもあり，その後廃止された。

4 スタンドイン（リリーフマン）制度

　この制度は，就労者が何らかの理由で欠勤の場合に，代わりに代理が入り業務に支障をきたさないようにするシステムである。スウェーデンのように長い休暇や，各種の休業システムがある場合，この制度がないと国全体の機能が全面的にストップしてしまう。この制度のメリットは誰もが気兼ねも遠慮もなく，職場を離れることができることである。また，学生や失業者にとっては，願ってもない就労の機会となる。

　スウェーデンの労働者は休む時には休み，日本の，たとえばトヨタの労働者のようにトヨタマンとして経営者的発想で行動し，会社に言われるままに働き続けるというようなことはない。日本の労働者は少ない年次有給休暇（10～20日間）を平均で半分ほどしか消化していないが，有給休暇は，労働投資に対する当然の代償・権利で，雇用主から頂くものではない。当然，生活を豊かに送るために使用すべきであろう。

5　教　育　理　念

（1）「統治憲章」における「教育」に関する規定
　不変の教育理念については二文字理明（二文字理明・伊藤正純編著，2002, pp. 41-48）が書いており，主として，それに依拠して整理しておきたい。

　スウェーデンにおいて教育が国の基礎としていかに重要であるかは，憲法の条項のなかに明確に表れている。スウェーデン憲法の一つである「統治憲章（RF）」第2条は，それを次のように表現している。

第2条（個人の尊重，男女の平等および少数民族の保護）
　一　公権力は，すべての人の平等並びに個人の自由および尊厳を尊重して行使しなければならない。
　二　個人の個人的，経済的および文化的な福利は，共同体の活動の基本的な目標でなければならない。特に，勤労，住宅および教育の権利を確保し，社会扶助および社会保障ならびに良好な生活環境を促進することは，

共同体の義務である。
　三　共同体は，民主主義の理念が社会のすべての分野における指導原則となるように行動しなければならない。共同体は，男女に平等の権利を保障し，個人の私生活および家族を保護しなければならない。
　四　道徳的，言語的または宗教的少数者が，彼らの独自の文化および社会生活を保持し発展させる可能性を促進しなければならない。

　福祉社会の基礎を構築する一つとしての教育の役割は，スウェーデンにおいては特に重要である。「勤労，住宅および教育の権利」というかたちで，人間としての生活における基本的な重要事項としての「教育」が特記されている。また，男女の平等，少数民族の保護というかたちで，権利の確保が困難と予想される「社会的弱者」に照準を合わせた条項が憲法の根幹に記述されていることは興味深い。このような内容からも教育が社会福祉の中枢を占めることが理解できる。

（2）「個性重視型」共生社会の伝統

　二文字（二文字・伊藤編著，2002，pp.41-48）は，市民形成の教育の原点としての「オリエンテーリング科」に注目している。

　1994年の義務教育諸学校用教育課程（Lpo94）において廃止された教科名が「オリエンテーリング科」である。理科系と社会科学系の教科を統合した総合教科として登場した。明瞭に「オリエンテーリング科」という名称が表示されるのは，1962年版のカリキュラムからのようである。69年，80年と教育課程の再編成と同時に「オリエンテーリング科」は発展していく。「平等・公正・連帯」という社会民主主義のイデオロギーが，福祉国家の発展とともに成熟していく過程とほぼ軌を一にするかたちである。

　「オリエンテーリング科」は元来，「人間」がこの混乱した現代社会で正確な知識と情報を取捨選択しながら，いかに生き抜くかをテーマとしている。地図とコンパスを片手に時間や正確度等を競い合うスポーツ競技の「オリエンテーリング」はスウェーデンで始まったものであるが，この教科はそれを名称化したものである。この教科は，スウェーデンの教育の理念を特徴的に物語るものとして，スウェーデンの教育の一時代を築いた教科であった。

基礎学校用教育課程1980年版の「オリエンテーリング科」の概要には，その存在意義と目的が次のように書かれているという。「①人間生活の諸状況を理解し，環境，技術，自然との調和を図ること，②自然および自然の法則について，③現代および過去の人間の活動について，④市民としての権利と義務について，⑤人生観について。以上の点について学び知識を得ること」。これは社会科系および理科系の各教科について統括的に説明したもので，両教科群は相補的に一体化した方向を取ることが望ましいとされ，その基本方向は「人間」である。

お わ り に

　日本は子どもの貧困率が高く，子どもの貧困は6人に1人となっている。子どもの貧困と貧困の再生産の可能性がますます増大しており，今こそ，保育・教育の社会化が必要になっている。子どもの貧困が深刻な問題なのは，ただ経済的に貧しいということだけではなく，それは結果として，①学校の内側での排除，②消費社会における排除，③子ども期からの排除などの「社会的排除」をもたらし，人間としての健全な発達を妨げるからである。それは日本にとって，人的資源の面からも大きなマイナスとなっている。
　日本とスウェーデンを比較すると，結局は，「不安を煽って生産性を上げようとする」ことを選択するのか，それとも「チャレンジできる安心社会」を目指すのかの選択になる。
　岡澤憲芙は，「人生の各段階で市民を恐怖に追い込む不安」として次の7つを挙げている。①生まれてくることへの不安（産むことへの不安），②職を失うことへの不安，③病気になることへの不安，④社会的孤立・孤独への不安，⑤不本意に死を迎える不安，⑥老後生活への不安（年を取ることへの不安），⑦教育機会喪失への不安，である。そして，「生活大国の政治は，具体的政策でこうした不安から市民を解放することが必要である」（岡澤憲芙，1991.7，pp. 92-93）と述べている。
　中間真一は「日本社会……不安を煽って生産性を上げようとする方向に力が働きすぎている。……果たして，このような『不安』を動機として，私たちは

未来へ向けてチャレンジできるだろうか。」と述べ,「生涯学習社会は,七つの不安の解消を推進するものだ。……チャレンジが最大のチャンスとなり,生きる歓びを増し続けさせることができる社会である」(中間,2015,p.156)。

福祉国家に教育の充実は欠かせない。教育や福祉による産業構造の転換こそが未来を切り開く鍵であろう。たとえば,北欧で注目されている能力開発主義の下での,IT教育や語学教育,起業家教育である。しかし,先の保守中道政権はリカレント教育からの離脱の動きを見せた。今回の選挙で社民党が政権に復帰したが,教育が今後どうなっていくのか注目される。

【参考文献】

アーネ・リンドクウィスト,ヤン・ウェステル(1997)(川上邦夫訳)『あなた自身の社会 スウェーデンの中学教科書』新評論。

秋朝礼恵(2012)「スウェーデン—人的資源育成政策としての保育・教育サービス—」(椋野美智子・藪長千乃編著『世界の保育保障—幼保一体改革への示唆—』法律文化社)。

浅野由子(2010)「スウェーデンの幼稚園における『環境教育』の現状と課題—ベクショー市公立S幼稚園の事例検討を通して—」(『北ヨーロッパ研究 第6巻』北ヨーロッパ学会)。

浅野由子(2014)「スウェーデン:親子と保育者の『共同生産』」(池本美香編『親が参画する保育をつくる』勁草書房)。

麻生誠・潮木守一(1978)『ヨーロッパ・アメリカ・日本の教育風土』有斐閣。

池本美香編著(2009)『子どもの放課後を考える』勁草書房。

池本美香編著(2014)『親が参画する保育をつくる』勁草書房。

石原俊時(1996)『市民社会と労働者文化—スウェーデン福祉国家の社会的起源—』木鐸社。

泉千勢(1997)「スウェーデン」(『諸外国における保育の現状と課題—日本保育学会50周年記念出版—』世界文化社)。

伊藤正純(1994)「成熟国家スウェーデン」(『現代市民社会と企業国家』御茶の水書房)。

伊藤正純(1996.3)「曲がり角に立つスウェーデンのリカレント教育」(黒沢惟昭・佐久間孝正編著『苦悩する先進国の生涯学習』社会評論社)。

伊藤正純(1996.6)「スウェーデンの教育改革」(『転換期ヨーロッパの教育改革を問う』八千代出版)。

伊藤正純(2006)「職業教育を重視するスウェーデンの教育理念」(『北ヨーロッパ研究 第2巻』北ヨーロッパ学会。

伊藤正純(2007)「知識基盤社会に適応するスウェーデンの教育改革」(大桃敏行・上杉孝實・井ノ口淳三・植田健男編『教育改革の国際比較』ミネルヴァ書房)。

第7章　生涯教育：公共の責任として

伊藤正純（2014）「スウェーデンの現在の教育と就業の姿―公教育の重視と非正規雇用の不在―」（摂南大学経済学部『摂南経済研究　第4巻第1・2号』）。

イリス・ヘルリッツ（2005）『スウェーデン人』新評論。

宇野幹雄（2004）『ライブ！　スウェーデンの中学校』新評論。

大岡頼光（2011）「制度が文化を創る―スウェーデンの大学での親負担主義の廃止―」（『中京大学現代社会学部紀要　第5巻第1号』）。

大岡頼光（2014）『教育を家族だけに任せない』勁草書房。

大阪保育研究所大阪学童保育連絡協議会（2009）『スウェーデンの学童保育視察報告書』。

太田美幸（2011）『生涯学習社会のポリティクス』新評論。

大野歩（2010）「スウェーデンにおける子どもケアと学校教育の統合化政策―6歳児就学の形成過程に関する検討から―」（『北ヨーロッパ研究　第6巻』北ヨーロッパ学会）。

大野歩（2012）「スウェーデンにおける2011年学校改革に関する研究―就学前保育・教育領域への影響を中心に―」（『北ヨーロッパ研究　第8巻』北ヨーロッパ学会）。

大橋照枝（2004）「スウェーデンの教育の中核としてのデモクラシー」（『書斎の窓　No. 540』）。

岡澤憲芙（1991.4）『スウェーデンは、いま』早大出版（初版1987年3月）。

岡澤憲芙（1991.7）『スウェーデンの挑戦』岩波新書。

カール・G. アールストレーム他（二文字理明訳編）（1995）『スウェーデンの障害児教育改革―特別指導の歴史と現状―』現代書館。

川上邦夫（1994）『シュルク・スクーラン1年生』民衆社。

河本佳子（2002）『スウェーデンののびのび教育』新評論。

三枝麻由美（2009）「スウェーデン―子どもの権利としての保育―」（池本美香編著『子どもの放課後を考える―諸外国との比較でみる学童保育問題―』勁草書房）。

佐藤年明（研究代表者）（2010）『共生社会における性教育の現代的意義―スウェーデンの先進的事例に学ぶ―』。

猿田淑子（2002）『スウェーデンからの便り―ヨーテボリの一年―』文眞堂。

猿田正機（1991）「教育の問題に取り組む」（『労働問題実践シリーズ　8』大月書店）。

猿田正機（2003）『福祉国家・スウェーデンの労使関係』ミネルヴァ書房。

猿田正機編著（2005）『日本におけるスウェーデン研究』ミネルヴァ書房。

猿田正機（2013）『日本的労使関係と「福祉国家」』税務経理協会。

澤野由紀子（2007）「北欧諸国の学力政策―平等と質の保障を目指して―」（大桃敏行・上杉孝實・井ノ口淳三・植田健男編『教育改革の国際比較』ミネルヴァ書房）。

白石淑江（2009）『スウェーデン保育から幼児教育へ』かもがわ出版。

篠田武司（2007）「スウェーデンの高等教育」（『大学と教育　No. 45』東海高等教育研究所）。

神野直彦（2007）『教育再生の条件―経済学的考察―』岩波書店。

杉山直「教育」（2005）（猿田正機編著『日本におけるスウェーデン研究』ミネルヴァ書房）。

第Ⅱ部 「国民の家」をめざしたスウェーデン社会

全日自労建設農林一般労働組合全国学童保育指導員部会（1995）『スウェーデン，デンマーク，ドイツの学童保育』。
高橋たかこ（2000）『福祉先進国スウェーデンのいじめ対策』コスモヒルズ。
竹崎孜（2002）「児童虐待と青少年の犯罪」（同著『スウェーデンはなぜ少子化国家にならなかったのか』あけび書房）。
ダン・オルウェーズ（1995）『いじめ こうすれば防げる―ノルウェーにおける成功例―』川島書店。
遠山哲央（2008）『北欧教育の秘密―スウェーデンの保育園から就職まで―』つげ書房新社。
戸野塚厚子・山梨八重子編著（2001）『スウェーデンの健康教育―共生する社会を創る学び―』学事出版。
鳥越隆士，グニラ・クリスターソン（2003）『バイリンガルろう教育の実践―スウェーデンからの報告―』全日本ろうあ連盟。
三瓶恵子（1997）「教育制度」『スウェーデンハンドブック』早大出版。
中嶋博（1981）「教育・文化政策―『自由』と『福祉』のために―」（スウェーデン社会研究所編『スウェーデンの社会政策』成文堂）。
中嶋博（1994.3）『学習社会スウェーデンの道標』近代文藝社。
中嶋博（1994.6）「生涯教育システム」『スウェーデンの社会』早大出版。
中間真一（2015）「自律と自立へのスウェーデンの生涯学習」（岡澤憲芙編著『北欧学のフロンティア』ミネルヴァ書房）。
二文字理明（2000.8）「現代日本における福祉教育の必要性と必然性―福祉教育に関する日瑞比較研究（Ⅰ）―」（『大阪教育大学紀要 第Ⅳ部門 教育科学 第49巻第1号』）。
二文字理明・椎木明（2000.12）『福祉国家の優生思想―スウェーデン発強制不妊手術報道―』明石書店。
二文字理明・伊藤正純編著（2002）『スウェーデンにみる個性重視社会』桜井書店。
二文字理明・木村恵巳（2005）「新『社会サービス法』翻訳と解題―ノーマライゼーション思想のスウェーデンにおける新たな展開―」（『発達人間学叢書 第8号』大阪教育大学発達人間学講座）。
二文字理明他（2010）「スウェーデンの教材『あなたへ』を活用した根源的価値形成の授業研究（Ⅶ）たいせつなじぶん―子どもも教師も揺れながら―」（『発達人間学論叢 第13号』大阪教育大学発達人間福祉学講座）。
二文字理明編訳（2011）『ノーマライゼーション思想を源流とするスウェーデンの教育と福祉の法律』桜井書店。
橋本義郎（2007）「スウェーデンの大学における就学費保障：中央就学支援委員会（略称：CSN）による就学支援金支給事業の概要」（『国際研究論叢 20(3)』大阪国際大学）。
藤岡純一（1993）「教育―福祉社会の基盤―」『スウェーデンの生活者社会』青木書店。
本所恵（2012）「スウェーデンにおける全国学力テスト支持の背景―標準テストからナシ

ョナル・テストへの転換を中心に─」(『北ヨーロッパ研究　第8巻』北ヨーロッパ学会)。
本所恵 (2016)『スウェーデンにおける高校の教育課程改革』新評論。
嶺井正也 (1995)「スウェーデンの教育改革と教員組合運動」(日教組21世紀ビジョン委員会編『変化する社会と教育─欧米最新教育事情─』第一書林)。
宮本みち子 (2006)「スウェーデンの若者政策─社会参画政策を中心に─」(小杉礼子・堀有喜衣編『キャリア教育と就業支援─フリーター・ニート対策の国際比較─』勁草書房)。
森口秀志 (1991)『世界の教育』三一新書。
文部省編 (1995)『諸外国の学校教育』大蔵省印刷局。
湯元健治 (2012)「北欧諸国の税・財政システム」(翁百合・西沢和彦・山田久・湯元健治『北欧モデル─何が政策イノベーションを生み出すのか─』日本経済新聞社)。
横山悦生・研究代表者 (2008)『スウェーデンにおける「教育的スロイド」の成立過程に関する実証的研究』名古屋大学大学院発達科学研究科技術教育学研究室。
善積京子 (2010)「『子どもの最善の利益』からみたスウェーデンの養育裁判」(『北ヨーロッパ研究　第6巻』北ヨーロッパ学会)。
ルイス・ローウィ＆ダーレン・オコーナー (香川正弘・西出郁代・鈴木秀行訳 (1995)『高齢化社会を生きる高齢化社会に学ぶ』ミネルヴァ書房)。
レオン・バウチャー (中嶋博訳) (1985)『スウェーデンの教育』学文社。
レグランド塚口淑子 (2006)『女たちのスウェーデン』ノルディック出版。

第8章

高齢者福祉：基本理念と政策改革

はじめに

　スウェーデンと日本を比較して大きく異なるのは，個性の尊重を含めた人間尊重や持続可能な自然環境への姿勢であろう。スウェーデンは個人としての人間を尊重する姿勢は一貫している。まず第1は，ジェンダー平等への積極的な取り組みである。もちろんそれは家庭内においても取り組まれている。第2に，社会の責任として子どもとはいえ，個人として，市民としての子育てに取り組むその姿勢である。そして第3が，年金・介護など社会として高齢者を支えるそのシステムづくりである。このような人間を大切にする姿勢は，移民・難民の受け入れにも現れている。また，居住環境の整備もその一環と見ることができよう（岡本祥浩，2005）。平和へのこだわりや自然環境への配慮も人間を大切にする姿勢が基本になっていると見てよいであろう。

　スウェーデンでは，子育て支援は，当然のことながら，家族政策と密接な関係がある。家族政策の目的は子どもの保育や女性の就労支援だけではなく，現在では，個性尊重や両性平等も重視されている。障がい者福祉や高齢者福祉はその延長線上にある。居住福祉や年金制度はそれをサポートするようになっている。

　日本の子育ては，依然として「自助」が基本で，せいぜい「自助あっての共助」である。社会全体として子育てを支援していこうという姿勢はほとんど見られない。高齢者福祉についても社会全体で支えようとする視点は希薄である。

　日本は2015年度も，女性は世界一の長寿国であり，男性も下がりつつあるとはいえ依然として世界第5位に位置している。しかし，世界最速・最短で高齢化社会，高齢社会，超高齢化社会化しており，2025年には団塊の世代が後期高

齢者化することになり,「2025年問題」が囁かれている。高齢者虐待や働き盛りの「介護離職」など日本の高齢者問題はきわめて深刻化しており,日本経済に与える影響も大きくなっている。

　日本とスウェーデンの高齢者福祉の考え方の違いを一言で言うと,「残余・選別主義」と「普遍主義」の違いと言えるであろう。それは,別の言い方をすると,日本は「自己責任」に重点が置かれているのに対して,スウェーデンは「公共責任」の国である。

　スウェーデンに接して,さまざまな思いを持つ研究者は多い。今でも,日本の左翼にとってスウェーデンを評価することに批判的な人も少なくないのが現状である。遠い国であるだけに無理ない面もあるが,これだけ地球が小さく感じられる時代になってきているだけに,各国を直視した研究や政治・社会運動を展開すべきであろう。

　高島進は,1990年に出版された著書で,次のように述べている。「実際は,日本の国民の願っていることがほとんど実現しているのがこの国(スウェーデン)ではないだろうか。……この国では民主主義が徹底しており,所得格差が小さく,ナショナルミニマムが高い水準で公的に保障されていること,また,より具体的には老後生活の基礎的条件である住宅,医療,年金,教育の充実があることが大事で,在宅サービスの水準はそれらとの関連を抜きには語れない。このことは我が国の現実との比較で,特に注目しなければならないと痛感した。また,福祉がその性格から公的にという場合,地方の自治体によって担われているのはこの国だけではないが,課税権を基礎に自治体が自主的に責任をもって福祉を保障できる仕組みをもっていること,そして住民,福祉サービスの需要者の参加が徹底して保障されていることも肝腎である」(高島進,1990,pp. 57-58)。

　外山義は言っている。「『老後』というもう一つの人生を我われは手に入れた。それを健やかなものとして享受してゆくために,私たちはそれぞれの立場で,しなければならないことがたくさんある。

　そして,ゆっくりと急ぎつつ,私たちがおのおのの負うべき荷を負ってゆくとき,高齢者の溢れる私たちの未来社会は,危機的で暗い社会ではなく,豊かな,やさしい社会として私たちを包んでくれるのだろうと思う。

元来，人が齢を加えてゆくということは，豊かなことである。人生最終のステージで，高齢者の内なる世界に蓄積された宝を，若い世代が心の手をのばし，心の耳を開いて受けとろうとするとき，私たちの目にはもう一つの高齢社会が見えてくるのだ。

これは私が，スウェーデンで，そして日本で，数知れない老人たちの聴かれないつぶやきに耳を傾けてきて，解ったことである」（外山義，1990，pp. 221-222）。

さらに外山は，25年ほど前に，「日本の高齢者ケアの"現実"と向き合わされるたびに，私の胸に去来したのは，日本とスウェーデンの"違い"といったことではなく，むしろ，イーヴァルロー・ヨハンソンが描き出した1950年代の老人ホームや，60年代70年代の慢性病棟で展開された高齢者ケアの状況との異様なほどの"類似性"であった」（外山義，1990，p. 213）と述べているが，当時で20～40年の遅れがあった日本の高齢者福祉は，その後，さらに25年を経過したが未だ追いつくどころか後退を続けているのが現状である。

スウェーデンの場合には，後に見るように，1950年前後に施設ケアに対する批判が起こり，その後，在宅ケアへと進んでいく。日本は，施設ケアも不十分なうちに在宅ケアへ移行し，結果として家族の負担が相変わらず高いままである。その背後には，競争・選抜，残余・選別主義を取り続ける日本と普遍・平等主義を取るスウェーデンの違いがあると見てよいだろう。自己責任原則では高齢者ケアの改善には限界があり，公共の責任として国家が高齢者ケアシステムを整備していくことが大切なのではなかろうか。

スウェーデンの高齢者福祉に関しては，かなり多くの翻訳を含めた業績が蓄積されてきており，外山義『クリッパンの老人たち―スウェーデンの高齢者ケア―』（ドメス出版，1990年）をはじめ，木下康仁，山井和則，訓覇法子，西下彰俊，ビヤネール多美子，奥村芳孝，竹崎孜などが数多くの業績を公にしている。この分野には，立派な翻訳書も多い。アニータ・カンガス・フィール／オルガ・ウィルヘルムソン（ハンソン友子・日比野茜・楠野透子訳）『スウェーデンにおけるケア概念と実践』（ノルディック出版，2012年），イーヴァル・ロー＝ヨハンソン（西下彰俊・兼松麻紀子・渡辺博明訳）『スウェーデン：高齢者福祉改革の原点』（新評論，2013年），ケント・エリクソン（河東田博／古関-ダール瑞

穂訳)『スウェーデンにおける施設解体と地域生活支援』(現代書館,2012年),ブリット＝ルイーズ・アブラハムソン(ハンソン友子訳)『スウェーデンの認知症高齢者と介護』(ノルディック出版,2006年),ペール・ブルメー／ピルッコ・ヨンソン(石原俊時訳)『スウェーデンの高齢者福祉—過去・現在・未来—』(新評論,2005年),ジェルト・スンドシュトレム(村川浩一・山崎順子訳)『スウェーデンの高齢者ケア』(中央法規出版,1995年) などである。

1　スウェーデンにおける高齢者福祉の基本的な考え方

スウェーデンの高齢者福祉の基本的な考え方は,次のような5項目の原則によっている。(三上芙美子,1999, p.255)
(ア)ノーマライゼーション (Normalization)
(イ)総合的視点 (Viewing a person as a whole)
(ウ)自己決定 (Self-determination)
(エ)社会参加 (Influence and participation)
(オ)積極的活動 (Activation)

こうした基本的考え方は,いわば福祉理念としてスウェーデン社会に浸透してきたが,法律として明文化されていたわけではない。高齢者福祉の枠組みが法律的にはじめて規定されたのは,1982年1月1日に施行された「社会サービス法」においてである。

社会サービス法の特徴の一つは,コミューンの住民参加型の社会福祉委員会が,社会サービスの責務を担うことである。第19条及び第20条の高齢者福祉に関する規定には,主として社会福祉委員会の役割が述べられている。

第19条　社会福祉委員会は,高齢者が自立して生活し,かつ積極的で有意義な生活を他の人々とともに送ることができるように努めなければならない。

第20条　社会福祉委員会は,高齢者が良質な住宅を得られるよう努力しなければならない。また住宅での援助及びその他のサービスを必要とする高齢者には,それらに即応して提供しなければならない。

　　特別な援助を必要とする高齢者には,共有施設付き住宅(サービス付き住宅)をコミューンが用意するものとする。

職業生活からの移行は，情報の提供及びその他の援助によって容易なものとされなければならない。

「社会サービス法」は，その内容が生活保護，アルコール・薬物依存患者保護，児童福祉，高齢者福祉及び障害者福祉にわたっており，福祉を社会全体の生活環境の問題として総合的に把握するものとしている。したがって社会サービスの目的は，民主主義と社会連帯に基づき経済的・社会的安心，生活条件の平等及び社会参加を促進すること（第1条）として，高齢者を含むすべての個人及び団体に共通して掲げられる。そしてコミューンはそれぞれの行政区域内の社会サービスの責任を負うもの（第2条）とし，その責務を履行するためにコミューンが社会福祉委員会を設置すること（第4条）を義務づけているのである。

2　高齢者の現状

（1）　高齢化と高齢者の生活状況

2006年にNHKで「ワーキングプア」という番組が流れ，大きな反響を呼んだ。ワーキングプアというのは，「まじめに働いても生活保護水準以下の暮らししかできない人たちのこと」である。その問題の背景にあったのは非正規雇用だった。それから10年が経過し，非正規雇用は4割を超えるまでになった。2016年になってNHKスペシャル取材班が『老後親子破産』（講談社），という本を出版した。そこにはいったん就職して家を出た中年の子どもが，職を失ったり，親の介護のためにと高齢の親元へ戻り同居せざるを得ない様子が描かれている。親の年金を頼りになんとか努力して生きるその先に見えるのは「老後親子破産」という現実である。本文にもあるように，最近は，「親子が同時に遺体で発見」されたり，介護疲れのパートナー殺し，子どもによる親殺しなどの例は少なくない。絶句させられる悲惨な事件も多い。

「老後親子破産」は，かつての「ワーキングプア」とともに，身近な現実であるだけに衝撃的である。ここでは「"家族"という壁」について触れられている。労働問題でも，社会保障問題でも，日本では，その解決の前面に，「家族」が大きな壁となって立ちはだかっている様子が描かれている。たとえば，

次のようである。

「私たちは，これまで，行政だけでなく，地域包括支援センターや社会福祉協議会，NPO など高齢者の暮らしを支える関係機関の取材を続けてきた。そこで，しばしば耳にしたのが，『家族と同居していることで支援が難しくなる』という矛盾を感じるような言葉だった。本来であれば，一人暮らしに比べて，家族と同居していることで，互いに支え合い，暮らしは改善するのかと思っていた。しかし，取材を進めていくうちに分かってきたのが，家族という存在がむしろ"壁"になって支援の障害となる現実だった。

よく聞くケースでは，母親の年金を頼って，息子がなかなか仕事を探そうとしないという親子——高齢者を支援する側は，年金で介護サービスの導入を勧める。しかし，母親にとっては，いくつになっても，息子は息子。子どもの暮らしを守るためできるだけお金を使おうとせず，母親の方が介護サービスを拒否するというケースが多いという。母親に話を聞くと，『なかなか仕事ができないのも，育てた自分が悪いんです』と，自分を責めるように話し，息子のために自分の暮らしを犠牲にしてしまうのだ。こうしたケースを支援しようといくら支援する側が頑張ってもなかなか難しい」(NHK スペシャル取材班，2016，pp. 189-190)。

取材班は次のように述べている。「一緒に暮らしたいと願う家族が，離ればなれになることでしか，生活を安定させる手立てがないということは，『親子共倒れ』のリスクが広がっている今，制度の限界を露呈していることになるのではなかろうか。

『家族』が一緒に暮らすことが老後のセーフティネットだった，かつての日本。これまで，私たちの社会は，住まいや生活，介護など，老後に必要なセーフティネットの機能を家族に求めてきた。しかし，家族のつながりが弱まり，雇用環境が大きく変わり，医療や介護の負担も増え続けている今，家族に代わる『老後のセーフティネット』の役割をどこに求めていけばいいのか。

親子共倒れの現実を直視し，家族のセーフティネット機能に頼らず高齢者を支えていくことのできる，新しい支援のあり方を模索していかなければならないのだろう」(p. 191)。

さらに「おわりに」の最後で，「親の介護のために離職すれば収入が途絶え

『親子共倒れ』の恐怖に怯えることとなり，復職して収入を得ようとすれば『日中独居』を招くことになる。なかなか答えの出ない難しい問題だ。"親子共倒れ"はこの10年，労働の現場や介護の現場で起こっていた様々な問題が，"家族のあり方"を揺さぶる事態になっていたことを浮き彫りにした」(pp. 226-227)。

　このような日本の現実と社会保障も個人単位になっているスウェーデンを比較すると，スウェーデンでは，日本が直面している矛盾をすでに解決し，さらに新たなる課題に挑戦している様子がよく分かる。

　ここでは，スウェーデンの高齢者の生活状況を『世界の社会福祉年鑑2012』(旬報社)によって見ておきたい。スウェーデンは2011年現在で，男性の平均寿命が79.8歳，女性の平均寿命が83.7歳と，女性は日本を下回るものの，男性は日本を上回るほどの長寿国である。65歳以上の高齢者人口の全人口に対する割合は，1990年時点で約18％と，世界197か国中で第1位となった。2030年には日本の高齢者の割合は30％を超えると見込まれているが，その時点におけるスウェーデンの高齢者の割合は23％と予測されている。

　それでは，スウェーデンの高齢者はどのような生活をしているのか。その一端を，雇用の状況で見てみよう。2011年のスウェーデンにおける65歳以上の高齢者の就業率(＝雇用者÷人口)は，男性15.7％，女性8.0％，全体で11.8％である。これは日本(男性27.5％，女性13.1％，全体で19.3％)に比べれば低いが，ヨーロッパの水準からすればかなり高くなっている。

　図8-1は高齢者の就業率の推移であるが，男女とも2006年頃から上昇し，リーマンショック後も比較的高い水準を維持している。これについて『2012年世界の社会福祉年鑑』は次のようにコメントしている。「高齢になっても働ける人は働く，というのは，一般論として望ましいことであるし，スウェーデン・モデルの方針にも合致している。ただし，リーマンショック後に多くの人々の年金が減額されたという事実を考え合わせると，この就業者のなかには，生活のために仕方なく働いている人も少なからず含まれているように思われる」(pp. 234-235)。日本の場合には，リーマンショック後に多くの非正規労働者が解雇され，たとえば「派遣村」が出現したが，スウェーデンの高齢者が，この時期に，どのように比較的高い就業水準を維持できたのかは今後，確認す

第8章 高齢者福祉：基本理念と政策改革

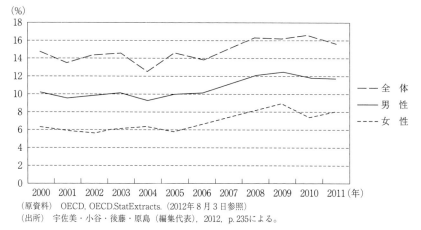

図8-1 スウェーデンの高齢者（65歳以上）の就業率の推移

（原資料）OECD, OECD.StatExtracts．（2012年8月3日参照）
（出所）宇佐美・小谷・後藤・原島（編集代表），2012, p.235による。

ることが必要であろう。

　また，「スウェーデンの高齢者の働き方の特徴として，パートタイム雇用，および期限付き雇用の割合が高いことが指摘できる。2011年時点で，高齢者の65.1％がパートタイム雇用であり，46.3％が期限付き雇用である」(p.235)とされているが，日本との比較のためには，パートタイム雇用や期限付き雇用の中身を調査する必要がある。スウェーデンの場合には，たとえば，パートタイム雇用といっても，常用パートであったり，同一価値労働同一賃金であったりと，日本とは内容が大きく異なるからである（猿田正機，2003）。

　スウェーデンは生活保護と年金が一体化したような形の最低保障年金制度を採用しており，また，高齢者に対しては住居手当などさまざまな手当の給付がある。さらに，さまざまな福祉サービスが供給されており，「外国から見れば非常に優雅な老後を過ごしているように思われるが，それなりに厳しい部分も持っているのである」(p.236)。「優雅」かどうかはともかくとして，日本と比べるとかなり安定的な老後生活を多くの高齢者がおくっていると見てよいであろう。訓覇法子は次のように述べている。「スウェーデンでは，年寄り夫婦のどちらかが健康であっても，ヘルパーの派遣を受けている家が多くみられます。家族の片方が健康的な生活ができなくなったり，意義のある生活を送れなくなったりしたら，二人とも共倒れに陥る危険性を感じないわけにはいきません。

家族との同居を保障するためにも，24時間のホームヘルプサービスが必要だということです。家事援助はホームヘルパーでもできるのですが，情緒的な支えというのは夫婦，家族でなければできないものです。フォーマルな公共サービスとインフォーマルな家族の支えがあってはじめて，介護が無理なく楽しく維持できる。家族はなくてはならない重要なケア資源である。家庭生活を支えるのが公共の任務である。これが，スウェーデンの在宅ケアと家族についての考え方だと言えそうです」(訓覇，2002，p.50)。

(2) 福祉サービスの利用状況

　スウェーデンの2011年時点における65歳以上の高齢者の数は約178万5000人であるが，**表8-1**に示すように，そのうち何らかの福祉サービスを受けている高齢者は30万9400人，つまり6人に1人の割合である。

　施設ケアと在宅ケアを比較すると，**図8-2**に示すように，施設ケアの利用者数は年々減少傾向にある。在宅ケアの利用者数は増加しているが，これは利用率が上がったというよりも高齢者の数が増加したことによる。**図8-3**は，全人口に占める施設ケアの利用者を男女別・年齢階層別に示したものである。施設ケアは，60歳代，70歳代ではほとんど利用されておらず，男女ともに利用者の割合が10％を超えるのは80歳代後半になってからであることが分かる。

　施設ケアについて，政府は待ち時間を短くすることを課題の一つにしている。スウェーデンの入居待ちの状況は次のようである。「2008年と10年の調査によれば，申し込みから入居までにかかる平均日数が，08年の59日から10年の47日に減ったとのことである。ちなみに10年の最短記録は0日，最長記録は143日である。待ち時間が3カ月を超えると社会庁に報告しなければならないことになっており，それがインセンティブとして効果的に機能しているようである」(p.238)。

　日本の場合には，特別養護老人ホームや有料老人ホームなどがあるが，特別養護老人ホームの場合には，寝たきりなど重度の人や緊急性の高い人から入居となるため，入居までに数か月～10年近くかかる場合もあり，入居待機者は約40万人を超え年々増えている。また，築年数が長いホームが多く，相部屋が多いという特徴がある。希望者が多いのは，費用が月額約5～15万円と安いため

第**8**章　高齢者福祉：基本理念と政策改革

表8-1　高齢者の福祉サービス受給者数（2011年10月時点）

		人　数	男　性	女　性
施設ケア		89,800	70%	30%
在宅ケア	ホームヘルプサービス	162,300	67%	33%
	緊急アラーム	160,300	72%	28%
	デイサービス	10,800	62%	38%
	ショートケア／ショートステイ	10,100	49%	51%
	生活支援	1,300	57%	43%
	コンタクトパーソン／コンタクトファミリー	700	62%	38%
	その他のケア	6,100	63%	37%
上記1つ以上のケアを受けている人の合計		309,400	69%	31%

（原資料）　Socialstyrelsen（2012）Äldre-vård och omsorgden 1 oktober 2011, p. 16.
（出所）　宇佐美・小谷・後藤・原島（編集代表），2012，p. 236による。

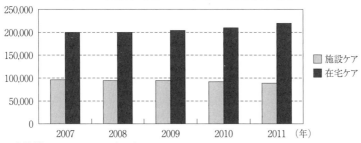

図8-2　高齢者の施設ケアと在宅ケア利用者数の推移

（原資料）　Socialstyrelsen（2012）Tillståndetoch utvecklingeninom hälso-och sjukvårdoch socialtjänst, p. 149; Socialstyrelsen（2012）Äldre-vårdoch omsorgden 1 oktober 2011, p. 16.
（出所）　宇佐美・小谷・後藤・原島（編集代表），2012，p. 237による。

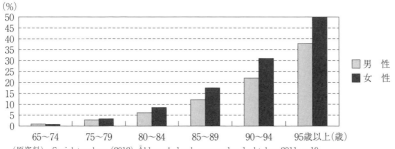

図8-3　男女別・年齢階層別に見た施設ケア利用者の人口に対する割合

（原資料）　Socialstyrelsen（2012）Äldre-vård och omsorgden 1 oktober 2011, p. 19.
（出所）　宇佐美・小谷・後藤・原島（編集代表），2012，p. 237による。

第Ⅱ部 「国民の家」をめざしたスウェーデン社会

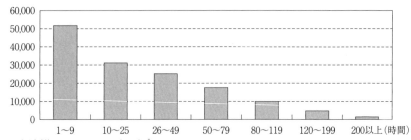

図8-4 ホームヘルプサービスの1か月あたり利用時間別利用者数

（原資料） Socialstyrelsen (2012) Äldre-vård och omsorgden 1 oktober 2011, p.74.
（出所） 宇佐美・小谷・後藤・原島（編集代表），2012, p.237による。

である。有料老人ホームは月額約15〜20万円と高くなっており，国民年金だけで入居するのは難しい。

在宅ケアについては，もっとも多く利用されているのはホームヘルプサービスである。ホームヘルプサービスの利用者数を1か月あたりの利用時間別に見たのが図8-4である。これと同じくらい利用頻度が高いのが，緊急アラームである。これにデイサービスとショートケア／ショートステイが続いている。

次の生活支援は，認知症など特定の高齢者を対象としたサービスである。コンタクトパーソン／コンタクトファミリーは，ひとり暮らしの高齢者をサポートする仕組みである。

（3） 高齢者を孤立させない

スウェーデンの高齢者福祉の新しい動向を『朝日新聞』の記事などによって紹介しておきたい。これによると，スウェーデンでは，「高齢者の『孤独感』をどうやって解消するか」という次なる課題に取り組み始めているという。

「首都・ストックホルム市内の住宅街にある，民間団体が運営する高齢者向け集合住宅の『ロインテナントゴーデン』。認知症などで介護の手が必要な人向けの『特別な住居』と，元気なお年寄りが入居する『安心住居』（各54戸）が，緑豊かな円形の中庭を囲むように建てられている。パン屋や美容院，フットケアの店もある」（『朝日新聞』2010年1月26日）。

その施設へ入居している人の事例として，次のように書かれている。「マリアンヌ・クリスチャンソンさん（83）は宣教師だった夫を5年前に亡くし，こ

第**8**章　高齢者福祉：基本理念と政策改革

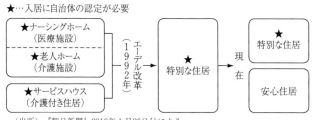

図8-5　スウェーデンの高齢者向け住居政策の変遷

（出所）『朝日新聞』2010年1月26日付による。

こができた2008年から『安心住居』に暮らす。同住居の広さは標準タイプで50平方メートルほど。ゆったりとしたリビングダイニイングにお気に入りのテーブルや家具を置き、日当たりの良い窓辺には、淡い花柄のシーツを掛けた大きなソファ。自ら家事をこなし、自立した生活を送っている。『一人暮らしでは不安があったが、ここにきてから友達もたくさんできて楽しい』。

　週に何日かは『特別な住居』に行く。病などで部屋にこもりがちな住人の話し相手のボランティアをするためだ。元料理人の住人が主催するスープを食べる会にも参加し、毎日結構忙しい。介護度が異なる高齢者同士が自然につながっている」。

　スウェーデンの高齢者介護については、次節を参照いただくとして、1992年の「エーデル改革」以降、さまざまな種類の高齢者向け施設や住居を、**図8-5**のように、介護の必要性のある人が自治体の認定を受けて入る「特別な住居」にまとめた。いわゆる「施設」の概念をなくし、高齢者の居住場所はすべて「住居」とする考え方を定着させてきた。

　ところが新たな問題が浮上する。配偶者を亡くすなどした高齢者から、ひとり住まいの孤独感を訴える声が高まったのだ。まだ、元気なお年寄りが、集合住宅の「特別な住居」への入居を希望し、認定をめぐって行政側と意見が分かれるケースが出てきたのである。そうした動きを捉えて政府が打ち出したのが、新たな集合住宅の「安心住居」である。主に70歳以上が対象で、入居に際し自治体の認定は必要なく、介護度と関係なく申し込める。室内はバリアフリー化され、住民同士の交流を支援する職員や共有スペースも確保されている。

　賃貸と分譲形式があり、賃貸の場合の家賃相場は、周辺地域とほぼ同じであ

る。低所得者には国から住宅手当の支給(最高月額5000クローナ＝約6万円)もある。「ロインテナントゴーデン」の場合には,月の家賃は6000クローナ(約7万2000円)〜1万5000クローナ(約18万円)で,1K〜4Kの間取りが用意されている。

　介護が必要になれば,別途費用を払って自治体の介護サービスを利用することになるが,高齢者には,手元に残すべき最低保障額(リザーブドアマウント,住居費を除き,月4832クローナ＝約5万8000円)が国で定められているため,介護サービスを受ける高齢者の約2割は自己負担なし,というのが現状である。国民所得に占める社会保障費と税の負担率が66.2%(2006年)と,日本と比べて約1.6倍という高負担が,これらを可能にしている。

　政府は,高齢者向け住居の建築や改築のための補助金対象に,2010年に新たに「安心住居」を追加し,2010年度予算に総額5億クローナ(約60億円)を組み,設置,運営する自治体や民間企業を支援した。

　目立って入居待ちの問題はない時に,こういう計画を進めるのは,「今後,高齢者の増加で需要が増すことが予想されるため」であるが,「政府の高齢者住宅委員長のバーブロ・ヴェスターホルムさんは『高齢者の孤独感や不安を解消することで自立が図られ,介護度が上がるのを遅らせることができる。結果的には介護予算の削減につながるはずだ』と話し,財政的な効果も期待」しているという。

　こうした政府の方針を受け,自治体も動き始めていると次のように報道されている。「ストックホルム市が100％出資し,高齢者と障害者の住宅を専門で管理する『MICASA(ミカサ)』は,今後10年間で15億クローナ(約180億円)の予算を投じて『安心住宅』の拡充に取り組む。新築ではなく,既存の住宅の改築で進める予定だ。ミカサの運営で特徴的なのは,高齢者による住民委員会の組織化だ。委員会は住居内の集会所を使って,コーヒーを飲む集いやビンゴ大会などを企画。入居者の家族や友人が泊まれるゲストルームも管理する。入居者自身が積極的に提案し,運営にかかわる」。

(4) 「看取り休暇制度」

　スウェーデンには,老年期の最期を尊厳をもって迎えるための制度の一つと

して,「看取り休暇制度」がある。これは,近しいものの看護のための保障と休暇に関する注目すべき法律である。

　重病人が人生の最期の時を医療機関以外のところで過ごしたいと望む時に,その人の親戚または友人,知人が,その人の世話をするために自分自身の仕事を休むことができ,その間,社会保険から疾病保険に相当する額が支給されるというものである。年間1人につき30日間分の看取り休暇が取れる。「近しいもの」の定義はないが,法律の元案となった法案では「通常の仕事を休んでまで病人の看護をしたいと自分から望むものは,誰でも病人に近しいものといえる」と述べられている。最長20日間の有給休暇の消化率がいまだ50%前後という日本にとっては,夢のような制度と言わざるを得ない。

3　高齢者福祉の歴史

　ここでは,スウェーデンの高齢者福祉の歴史をきわめて分かりやすく整理してある,ペール・ブルメー／ピルッコ・ヨンソン（石原俊時訳）『スウェーデンの高齢者福祉―過去・現在・未来―』（新評論,2005年）を,主として参考にして,整理しておきたい。

　農村社会の「高齢者福祉」は,「人口問題,大家族,エッテステューパとエッテクルッパ,救貧院」に代表され,工業社会になると,核家族化,1930年代以降の深刻な人口問題そして1950年前後の老人ホームから施設の大規模化である。現代の知識社会における高齢者福祉は1982年の社会サービス法の成立と1992年のエーデル改革によって大きく転換を遂げることとなった。

（1）　1950年以前の高齢者福祉

　「今日のスウェーデンの社会政策の礎石は,世紀転換期のあと数十年のうちに築かれた。1920年代と1930年代に,その後の発展に大きな影響を与えることとなる理念が生成した。ペール＝アルビン・ハンソンやグスタフ・メッレル,そのほかの指導的な社会民主主義者たちは,より良いスウェーデンをつくり出すヴィジョンをもっていた。何より,「連帯」,「公正」,そして「平等」の理念に基づく社会を求めた。『貧しきスウェーデン』の不公正は根絶されなければ

ならず,新しい『国民の家』が構築されねばならなかった」(pp. 93-94)。

1928年にはハンソンが,有名な「国民の家」演説を議会で行い,急激な改革ではなく階級協調の下に漸進的な平等社会を築いていく方針を示した。「国民の家」とは,国民が皆,家族のように自由かつ平等で,そうした国民相互の理解と連帯に基づくような国家あるいは社会のことである。以後,「国民の家」はスウェーデン福祉国家を象徴するフレーズとなる。

社会民主党は1932年に政権党となり,そこから,第2次世界大戦の戦時経済による中断を除いてスウェーデンにおける長い社会改良政策の時代が始まった。

1930年代の大量失業への対策や1936年に提案し,採択された「国民年金」の提案は,高齢者福祉の領域で「貧しきスウェーデン」の不公正に対する闘争の重要な一歩となった。

相互連帯の思想や集団的解決に対する信奉は社会改良政策を導く原理となり,社会政策支出は,負担としてではなく人と人との間で資源を再配分するものとしてみるべきものとなった。また,救貧は,すべての者に社会から助けを得る権利を与える社会的保護のシステムによって代替されるべきと考えられた。

1930年代に多くの議論を呼んだ一つの問題は,人口問題であった。それは,アルヴァ・ミュルダールとグンナル・ミュルダールの書物『人口問題における危機』(1934年)によって切実な問題であることが認識された。またそれは,前章で詳しく触れた,家族生活に大きな影響を与えることとなる改良政策のスタートを告げる一撃となった。

ミュルダール夫妻は,出生率の低下にもし何らの対策もなされなければ,スウェーデンは人口が減少する事態に陥ると警告した。こうした問題が起こった理由として,社会の構造変化が指摘され,より多くの子どもを持つことを促すために,また,変化する社会において人々を統合するために急進的な再分配政策や社会政策を求めた。

アルヴァ・ミュルダールは,社会変化により男性が一人で家族全体を養う存在になったと主張するとともに家事労働は非生産的であって,女性が家庭にあって孤立する危険性が高いので,女性が外に出て働いて金を稼ぐ可能性をつくり出すことが重要であると考えた。当然,それを可能にするためには,社会が子どもや家事労働の面倒を見なければならない。また,家事労働を合理化して

簡素化し得るためには，住宅の構造がより機能的とならねばならない。そして，女性が働いている間，子どもは今日の幼稚園や保育園，余暇の家の前身である保育園で世話を受けるべきであり，そこでは，さまざまな分野の専門家が子どもを自由に考える自立した個人に成長させ，両親は，どのように子どもを育てていくべきかのアドバイスを受けることとなる。

　ミュルダール夫妻が提唱したこのような理念は，1935年に「人口問題審議会」が設立されることにつながり，その審議会は新しい社会政策を構想する任務を課せられた。その結果が，それに続く数十年の間に実現することとなるおびただしい数の改革案であった。たとえば，住宅ローンや住宅補助，無料の学校給食，無料の学校送迎バス，無料の教科書，幼稚園・保育園・余暇の家の建設，無料の妊婦ケア，そして児童給付などである。

　このような理念を実現する力に貢献した一つの要因は，低出生率が国家としてのスウェーデンにとって意味する脅威を背景に，この思想が提示されたことである。

（2）　集団的福祉の確立（1950年～）

　1950年代の高齢者福祉について，イーヴァル・ロー＝ヨハンソンは次のように述べている。

　「『変わり者』の時代は，変わり者に育まれた個性的な小屋とともに消えていき，それに代わるものは現れない。……昔の生活が農村部の精神障害者にとって厳しいものであったことは，私も承知している。しかし，確信を持って言えることだが，今日の精神薄弱者や精神異常者向けの施設のほうがはるかに劣悪である。」

　「老人達は，小屋が壊される前に老人ホームに連れてこられた。おばあさん達は暇をもて余し，博物館の札のついた陳列物のように座っている。そしてじいさん達は，衛生上の理由とのことで髭を剃られてしまった。

　老人ホームでは，みんな似たり寄ったりになってしまう。……ある意味で，彼らの生は無駄であった。なぜなら，個性を最後まで伸ばしてゆくことができなかったという点では，徒労に終わったからである。

　変わり者（originalen）は，必ずしもその語がもともと表していたもの，すな

わち『原型（ursprungstyper）』ではなかった。しかし，崖っぷちの松の木が風に適応するように，ある特定の場所で生きていけるようになった人々である。その場所から引き離されて老人ホームに連れてこられた彼らは，自然な環境から遠く隔てられてしまったために，ねじ曲がって突拍子もないように見えるのである。そのまま育った環境に置かれていれば，『名木』であると称賛されたであろう。

　自分の小屋に住む老人は，その生活環境にあった知恵をもち，育んできた知恵を充分に活用したが，それらの知恵はほかの場所では通用しないものであった。個性的で独立心に富む者にとって，行動の自由以外は『何でも揃っている』老人ホームには必要のない知恵である。したがって，老人ホームに連れてこられてぎこちなくなってしまった老人達は，手を膝において座っているだけとなり，自分の身の周りのことにも責任がもてないと思われてしまう。そこでは，他人がしたり顔で取り仕切って物事を進めていくため，彼らはもはや『賢くない』落ちぶれた年寄りでしかないのだ。

　確かに，『変わり者』は均質化された世の中で出会って話せば楽しい存在であった」（イーヴァル・ロー＝ヨハンソン，2013, p. 133）。

　1950年代は，スウェーデン福祉国家の発展にとって一つの転機となった。それまで福祉国家の課題は，国民全員に最低限の生活を保障し，貧困を撲滅することであった。しかし，高度成長のなかで完全雇用が実現し，国民の多くが物質的にも恵まれた生活を送れるようになると，最低限の所得ではなく現行の所得を保障し，国民がそれぞれ自由に生き方を選択して自己の能力や資質を十全に発揮し得るようにすることが目指されるようになった。それは，社会保障の水準を中間層の所得水準を基準とすると同時に，多様な生き方を可能とするさまざまな社会サービスの発達を促すことを意味した。

　このような社会民主党政権の政策転換は，国家の役割をますます増大させることを意味した。それを端的に示すのが「強靭な社会」というスローガンである。それは，公的セクターを拡大することで国民すべての安全を確保しようということを意味し，そのような国家の拡大こそが個人の自由と自立を支えるという思想を表現していた。

　これに対して野党ブルジョワ諸政党は，国家の拡大は自由の制限につながる

として反対した。両者の対立の頂点が，1950年代の最大の政治的争点となった付加年金論争である。政治論争に勝利した社会民主党は，「強靱な社会」路線を推進し，福祉国家の転換を進めていくこととなる。また，それによって中間層も社会福祉の受益者となり，社会民主党は福祉国家の支持基盤を拡大することに成功し，長期の安定政権を実現することができたのである（pp.108-109）。

（3） 高齢者福祉の転機（1980年代）：社会サービス法の成立

　スウェーデンにおける高齢者福祉制度は，特に第2次世界大戦後に整えられてきた。しかし，スウェーデンで高齢化社会化への対応が公共の場で盛んに議論され始めたのは1980年代初めのことであった。すでに日本よりも人口の高齢化は進んでいたが，その後に一層の進展が予想された。人口の高齢化は，老人に対する介護・ケアのニーズを飛躍的に増大させることは確実であった。しかし，石油危機を経験して，1950～1960年代の時期を特徴づけた高度成長はもはや望めず，世界的に福祉国家の危機が叫ばれていた。それゆえ，それを支える財源や人的資源をいかに確保するのかは，長期的な観点から真剣に取り組むべき課題として認識されることとなった。そこで注目されたのが，医療と福祉について組織が別々であることに伴う矛盾である。

　さらに，1980年代にはノーマライゼーションが声高に叫ばれ，老人が自己のライフスタイルを自己決定する「選択の自由」の理念が改めて重視されるようになっていた。この理念は，1940年代末にイヴァール・ロー＝ヨハンソンが唱えたものである。つまり，老人は，自分の家に住むことも，施設で老後を過ごすことも，自由に選ぶことが可能であるべきであり，どのようなライフスタイルを選んだとしてもその生活の質は保障されねばならないというのである。しかし，それを実現するには負担の不公平があってはならないし，無駄な公的負担を減らして，諸施設の不足やホームヘルパー・看護師などの不足を解消せねばならなかった。

　1980年代には，1982年の社会サービス法の成立に見るような中央での政策動向を反映し，コミューンの社会福祉行政を統括する社会福祉中央委員会は高齢者福祉に関して，ノーマライゼーション，自己決定，市民の参加（影響力）拡大，社会参加の促進を方針に掲げ，一層の福祉の充実を図ることとなった。自

宅で生活することを含め，多様な老後の生活のあり方から，ニーズや好みに応じてそれを自己で選ぶことができるようにし，老人はその最期に至るまで社会との接点を失わないで暮らすことが目指されたのである。

（4） エーデル改革（1992年）

1991年代はじめにバブルが崩壊し，1990年代前半にはマイナス成長が数年続き，国家や地方自治体の財政状況も悪化し，それへの対応が進められることになる。それゆえ，社会福祉も切り詰めの方向に向かわざるを得ず，各コミューンで，もっとも必要とするもののみに介護・ケアの対象を限定することが進んだ。

そこで，1992年に実行に移されたのが「エーデル改革」である。エーデル改革は「ノーマライゼーション」の延長線上にある。簡単に言えば，「住居改革」であり，福祉の「市町村化（コミュナリセーリング）」といえる。

エーデル改革（1990年代）の主な内容は次のようなものであった。第1に，高齢者の長期療養施設（ナーシングホーム）をランスティングからコミューンに移管する。第2に，医療ケアが終了したと判断された高齢者の居住の場の確保は，コミューンの責任とする。そして第3に，コミューンは，独立した生活を営む能力に欠ける高齢者のためのナーシングホームなどの施設の充実に努めるとともに，痴呆性高齢者のため「グループホーム」と呼ばれる少人数で家庭的な施設の設置などを進め，高齢者の居住環境の改善を福祉施策の一環として推進する。

これは高齢者政策と障害者政策を，医療中心から介護・生活援助中心に大転換する画期的な改革であった。誰もが普通の生活を続けられるようなシステムをつくるのはどうすればよいかが真剣に議論された。

一方，コミューンのそのような取り組みを支援するためもあって1991年に新しいコミューン法が成立し，どのような行政組織を持つのかについてのコミューンの裁量権が拡大された。そして，「介護つき特別住宅」についての費用設定も任されるようになった。

このエーデル改革の効果について，藤井威は次の三点を挙げている。①高齢者の長期療養ケアを医療の分野から福祉の分野に移行させたのであるから，当

然医療費は劇的に減少した。さらに、社会的入院も大きく減少し、医療費の対GDP比の大幅な低下がもたらされた（**表8-2**）。②コミューンの手による高齢者福祉のための施設整備が量的にも質的にも著しく進んだ。③コミューンによる高齢者介護の質が著しく向上した。とくに、在宅高齢者に対するケアの水準の向上が著しかった（藤井威，2002，p.198）。

表8-2　スウェーデンにおける保健医療費

年	保健医療費 （億クローネ）	対GDP比
1985	780	9.0
1988	972	8.7
1990	1,193	8.8
1991	1,252	8.7
1992	1,120	7.8
1994	1,166	7.6
1996	1,279	7.6

（出所）藤井，2002，p.173による。

その後、エーデル改革の成果については、社会福祉庁をはじめとする公的機関によって多様な調査が実施された。社会的入院の激減などの成果もあったが、むしろ次のような新たな問題が生じていたという。

1　ランスティングとコミューンの新たな役割分担の境界における問題
2　人手不足の深刻化
3　福祉における階層分化の問題の深刻化
4　重くなった役割を担うだけの知識や技能を養成することの立ち遅れ
5　ニーズの多様化・高度化に対する人的・物質的資源の不足やスタッフの能力の不十分さ
6　高齢者福祉における諸問題について、当事者である老人や家族が苦情を訴えることの困難さ
7　移民の老人の問題

スウェーデンでは老人福祉施設と地方自治は密接な関係がある。日本の多くの見学者や研究者が、スウェーデンの福祉施策の研究のために訪問し、それによって多くの報告書が書かれているが、「このような高度の地方自治のもつ重要な機能に着目された例はほとんどない。これからの研究における重要な視点となろう」（藤井，p.206）と藤井威は述べている。

（5）「高齢者政策に関する国家行動計画」

このような状況を受けて、1998年に議会で採択されたのが「高齢者政策に関する国家行動計画」（以下，「国家行動計画」）である。これは今日に至るまで高

齢者福祉政策の参照枠を形づくっているとされる。

そこではまず,「国民によって選ばれた機関により民主的にコントロールされるべきこと」,「税によって連帯的に資金調達されるべきこと」,「購買力ではなくニーズに応じて供給されるべきこと」といった三つの基本方針が示された。そのうえで,今後の高齢者政策の目標として,「安心して自立を維持しながら老後の生活が送れること」「積極的な生活を営み,社会や自己の日常生活において影響力を持ちうること」「敬意をもって遇されること」「良質なケア・介護を受けられること」,が定められた。これらは概してこれまでのスウェーデンで築き上げられてきた社会福祉・高齢者福祉の方針・原則を確認したという意味を持つものであろう。1990年代に入って経済危機を経験し,EU加盟もあってグローバリゼーションが急速に進展していったのであるが,「スウェーデン的」社会福祉を断固として堅持していく姿勢が示されたのである。

「国家行動計画」は,高齢者福祉に投下される人的・物質的資源の量的拡充を図るだけでなく,そのあり方についていくつかの重要な方向性を示していると石原俊時は言う。第1に,「老人は均質なステレオタイプ化された存在ではない」として,その多様なニーズの存在を強調していることである。第2に,それと関連して老人は,地域住民として,患者として,サービス受給者として,日常生活のあらゆる局面で自己の意志を表現し,それぞれの決定に影響力を持つべきであると主張されたことである。第3に,弱い立場にある老人のために,福祉実践に対する監視を強化する必要性の強調,第4に,福祉供給主体が国家にとどまらず複数かつ多様であるべきことが確認されたこと,第5に,今後,家族による介護の意義が増大することを認め,家族援助の必要性を重視している。第6に,予防活動の重要性の強調,第7に,実験や研究を通じて新しい介護やケアの形態を模索していく必要性が主張されたことである。

老人のあり様は歴史とともに変化してきた。また,それは今後ますます多様化することも予想された。それゆえ,こうして生じてくる多様なニーズに対し,いよいよ乏しくなる資源によってできる限り合理的かつ効率的に対応しなければならない。しかし,それには従来の介護・ケアの形態では不十分であり,そのような対応を可能とする新しい高齢者福祉の可能性のあり方を見出していかなければならないと認識された。そこで,それを模索するにあたって二つの方

向性が提示された。

　第1の方向性は，地域での自発的な取り組みを積極的に援助し，これを促進することである。第2の方向性は，研究と実践の緊密な協力である。そのほか，社会サービス法を改正し，福祉サービスにおける料金ルールを明確にする方針が定められたことも注目される。コミューンによる料金の格差を是正するとともに，サービス受給者の経済的負担に歯止めをかけることが目的である。そのため，料金を支払ったあとに合理的な生活水準を満たすべき所得の留保が残るべきであることが確認された。そして，移民の老人の問題については，年金改革によって導入される，拠出にかかわりなく受け取れる最低保障年金によって対応することが考えられた。

　エーデル改革を経ても，以上のように，高齢者福祉の問題点が次々と顕在化している。石原俊時は次のように述べている。「著者たち（ペール・ブルメー／ピルッコ・ヨンソン）が指摘するように，エーデル改革は決して最終的な解決とはならなかった。むしろ，その不十分さが明確となるなかで今後に続く諸改革の出発点として位置づけられるようになってきていると考えられる。さらに，高齢者福祉政策全体の動向も，福祉供給主体を多元化して老人にとって『選択の自由』の幅を広げながら，その多様化するニーズに対応していく方向に向かっていると思われる。著者たちが主張したように，地域での自発的な取り組みが重視されていることも注目される」（ペール・ブルメー／ピルッコ・ヨンソン，2005, p.36）。

　そして，「まさに現在は，著者たちのいうように，『団塊の世代』がもたらす人口学的な危機が文化的パターンの変化をともなって，高齢者福祉のあり方に否応なく変更を迫っている状況にあるといえよう」(p.37)。

　石原は述べている。「高齢者福祉の問題が，移民やジェンダーの問題といったさまざまな社会問題の結節点に位置している。……それゆえ，高齢者福祉の問題は，単に増大する高齢者をどう対処するかといった問題ではなく，社会全体のあり方を見直すうえで枢要な戦略的位置にある」(p.38)。「高齢者福祉の問題が，今後のスウェーデン福祉国家の行方を左右するということが改めて強く認識される次第である」。

　スウェーデンにも「現実と理念のギャップ」があり，「国家行動計画」によ

り，これまで築き上げられてきた普遍主義的社会福祉の伝統を堅持しつつ，新たな状況に対処しようとしているが「決して事態は楽観できない」という。「高齢者福祉における人的・物質的資源の不足は深刻であるし，ランスティングとコミューンの協力など組織的な改善も遅れている」(p.39)。「乏しい資源のもとで，『選択の自由』あるいは自己決定の原則と普遍主義的な社会福祉の維持を両立させるというのが，現在のスウェーデンに突きつけられている大きな課題であるといえる」(p.40)。

ところで，日本は高齢化社会化が急速に進んでいるにもかかわらず，ほとんど有効な対策が取り得ていない。この混迷した状況から一刻も早く抜け出るためにはいったいどのようにすればいいのであろうか。石原は次のように述べて「訳者解説」を締めくくっている。

「『国家行動計画』に見るように，スウェーデンは，事態の展開に場当たり的に対応するのではなく，まさに長期的な観点から基本的な方針を立てて問題に取り組もうとしている。かぎりある資源を有効に活用するためには，このようなスウェーデンの取り組みの姿勢は重要であり，日本が見習うべきことは多いと思われる。一方，200年以上の時期を対象として高齢者福祉の歴史的展開を扱う本書は，世界に冠たるスウェーデンの社会福祉が決して一朝一夕にして成立したわけではなく，歴史上さまざまな問題に対応しつつ成立してきたこと，現在でも新たな問題に直面していることを知らしめてくれる。高齢化社会化について考える際に何を視野に収め，どのようなタイムスパンで対処せねばならないのかについて，同様の課題に悩むスウェーデンの事例は有益であろう。日本がスウェーデンの経験を学ぶうえで，本書がその手がかりとなってくれることを願ってやまない」(pp.40-41)。

4　在宅ケアとエーデル改革

（1）　在宅ケア

エーデル改革によって在宅ケアやケア付き居住の整備が進められるが，2000年以降の在宅ケアの具体的内容は以下のごとくである。

1　ホームヘルプ
2　ナイトパトロール
3　訪問看護
4　緊急呼び出し電話
5　移送サービス
6　デイセンター，デイケアセンター
7　ショートステイ
8　補助器具
9　住宅改造補助
10　高齢者住宅補助
11　近親者看取り休暇制度
12　家族手当，家族ヘルパー

また，サービス・介護つき住居の新しい流れの特徴としては次の三点を挙げ得る。

①「施設」の脱施設化／小規模化
②グループホームの新築・改築（特に痴呆性老人・長期療養者対象）
③サービスハウスの複合施設化

住居形態と「介護つき住居」については，次のような変化が見られた。「エーデル改革以降，スウェーデンにおいてはナーシングホーム，老人ホーム，サービスハウスなどは法律上『介護つき住居』と呼ばれ，形態別の区別がされなくなった。特にエーデル改革政策法案では，どのような介護つき住居であっても死ぬまで住めることが明確化された。言ってみるならば，今までは入居者の介護度に応じて入居者を移していたが，これからはできるだけ入居者を移すのではなく，代わりに介護環境を変えようということである。

これにはいくつかの理由があり，第1には特にナーシングホームに顕著であるが，介護つき住居と呼ぶことにより，施設ではないということを明確にするイデオロギー上の理由。第2に老人ホーム，ナーシングホームなどの住居間の基準の違いが不明確になってきていること。第3に住居形態を問わず，必要な介護／看護などが受けられるようになってきているので，住居形態別に分ける必要性が減ってきていること。第4に市がフレキシブルな住居形態を作れるよ

うにという意図があること。第5に居住費に関しては，居住形態にかかわらず費用体系を統一化しようという流れがある。」(奥村芳孝，2000，pp.170-171)

サービス・介護がついた住居にもさまざまな種類があるが，たとえば次のごとくである。

1　シニア住宅
　法律上は介護つき住居ではない。これは一般住宅におけるホームヘルプに相当する。

2　サービスハウス（ケアつき住宅）
　介護つき住居ではあるが，24時間介護ではない。ヘルパーが随時訪問。

3　老人ホーム

4　ナーシングホーム
　「ナーシングホームは，日本の老人保健施設に近いもので，1991年約3万人がナーシングホームに住んでいた。1992年のエーデル改革により県から市に移管された。……エーデル改革以前はナーシングホームは医療施設という位置づけであり，このころから病院の雰囲気を減らし，環境を改善する努力がされていた。エーデル改革以降は医療施設ではなく住居として，個室の増加および住居環境の改善のための努力が続けられている」(奥村，2000，p.186)。

5　グループホーム
　日本では，一戸建てのグループホームがイメージされているが，スウェーデンのグループホームは多種多様である。現在，法律上，グループホームの定義はない。

（2）「介護つき住居」の入居費

　入居費については，奥村芳孝が次のように述べている。「介護つき住居」における自己負担については，エーデル改革の後に変更され，1993年3月から各市の自由になった。現在，社会サービス法のなかに以下の3点についてのみ書かれているだけである。第1は市が定めた基準により，適切な料金を取ることができる。第2は利用料は実費を超えてはならない。第3はすべての利用料を払った後，各個人は個人的に必要な額，家賃，その他の生活費が残らなければ

ならない。第4に99年からはさらに、夫婦の1人が介護つき住居に入居した場合、在宅に住んでいる配偶者が経済的に悪化しないよう、市は保障しなければならないという条項が追加された。

そして、「ほとんどすべての市において、必要な費用を支払った後の最低保障額が決まっており、平均して1人の場合は月1360クローナ、夫婦で2700クローナ、配偶者が在宅に住んでいる場合は3451クローナであった（数字は1995年）。このような形で介護費を別にすることにより、施設入居と在宅ヘルプを同一に扱うことができ、実際に同一の介護費用負担表を使っている市もある。たとえばストックホルム市においては24時間介護の場合、在宅であっても施設であってもその費用は収入のみによって決定される」（奥村，2000, pp.177-8）。

5　福祉システム：スウェーデンと日本の比較

以下では、斉藤弥生の研究によってスウェーデンと日本の福祉システムの比較をしてみたい。対人サービスとしての介護の特質を、①散発的サービスと継続的サービス、②継続的サービスの特質——高い「退出」コスト、③介護サービス生産に「発言」メカニズムを組み込む、の三つに分け、「ペストフは介護サービスの共同生産（co-production）に着目」しており、「ソーシャルエンタープライズには『発言』メカニズムが内包されている」と指摘している。そして、「公的な介護サービス供給独占に市場原理を取り入れる試みは、一定の評価ができる」（斉藤，2014, p.42）とする。

斉藤弥生はハーシュマン，A.O.の「発言」「退出」「ロイヤルティ」という概念を使って、スウェーデンに見る高齢者介護の供給と編成を時代的に整理している。

（1）「発言」が機能していたスウェーデン・モデル（戦後～1970年代）

斉藤は次のように述べている。「国際比較において、スウェーデンの高齢者介護は高い質の介護が税金により、また公務員によって提供されることが特徴とされてきた。また社会階層を問わず、すべての人たちが同じ種類のサービスを受けることができること、高所得者にも低所得者にも同じように高齢者介護

が提供されるという普遍的給付が大きな特徴とされている。このことがスウェーデンの高齢者介護がユニバーサル・モデル,あるいは普遍主義モデルと呼ばれる理由である。スウェーデンの高齢者介護においては,個人の購買力ではなくニーズに応じて給付され,税を通じた連帯による財源によって,また,民主的な運営によって供給されるべきという考え方は基本的に継続されている」(斉藤,p.43)。

(2) 「退出」オプションを採り入れたスウェーデン・モデル (1990年代以降)
スウェーデンは1995年にEUに加盟する。EU指令はコミューンによる介護サービスの供給独占を認めず,サービス供給の多元化を求める方針を示した。2007年7月には,後に述べる,「家事労賃控除」を導入する。スウェーデンも「年金制度の充実」により,「今では高齢者の所得が増え,高齢者の消費性向と自由選択指向は強まっている」(p.47)という。

(3) コミューン自治と「ロイヤルティ」の存在
①税による連帯システムへの「ロイヤルティ」
『福祉国家に関する意識調査』(1986年～2010年)(図8-6)によると,「高齢者介護では78%の人が税による運営を支持」しており,「2010年では73%の人が高齢介護に使うための増税を容認」するという結果が出ている。また,「図8-7をみると,税を財源とした介護システムへの信頼度は今なお高い」(斉藤,p.49)。
②「ロイヤルティ」の基盤となるコミューン自治
社会サービス法は,「コミューンは地域内に住む住民が必要な援助を受けることができるよう,その最終責任を負う」(同法第2章第2条)と定め,コミューンが介護を含め,福祉サービス給付についての自治体の最終責任を明確に規定している。
「スウェーデンの地方自治システムは生活関連サービスの供給母体を目標に整備されてきた」(pp.50-51)。コミューンの財政的な自立度は高く,財源の約7割はコミューン所得税による自主財源である。地方税率は所得の約30%で,約80%の住民は地方税のみを所得税として支払っている。地方税が身近なコミューンにおいて教育や福祉に使われるという点で,税金の使い途が理解しやす

第8章　高齢者福祉：基本理念と政策改革

図8-6　望まれる財政システム
「以下の事業は，税と雇用税で運営されるべきである」
（「はい」という回答）

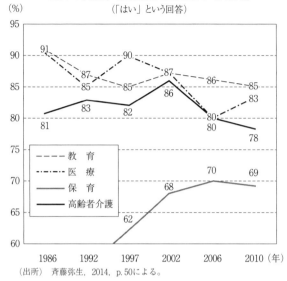

（出所）斉藤弥生，2014, p.50による。

図8-7　増税についての考え
「以下の事業に使われるなら，より多くの税金を払ってもいい」
（「はい」という回答）

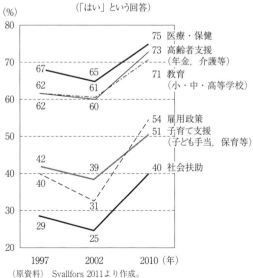

（原資料）Svallfors 2011より作成。
（出所）斉藤弥生，2014, p.50による。

く，税金の使いみちも見えやすい (p.51)。

（4） 日本とスウェーデンの介護システム比較

ここでは，財源調達方式と介護サービスの編成について触れておきたい。

①財源調達方式：税方式の供給独占から，それぞれの多元化へ

介護の財源調達方式は日本もスウェーデンも多元化してきているが，日本の場合には，「社会保険方式」の下での供給多元化であるのに対して，スウェーデンの場合には，「税方式」のままでの供給の多元化が図られている。つまり，「法形式は，コミューンと事業者との委託契約である。利用者は事業者を選ぶが，選んだ事業者と直接契約を結ぶものではない。つまり利用者は事業者選びにおいて希望を表明するにすぎず，介護サービスは民間事業者からの提供であっても，公共サービスの範囲にある。契約を結び，私的サービスを購入する日本とはこの点が大きく異なる」（斉藤，p.412）。

②介護サービス編成（24時間対応の在宅介護を事例として）（**図8-8，図8-9，図8-10**）

介護サービスについて斉藤は，エリア設定型，選択自由型，「エリア設定型」＋「選択自由型」の三つに整理している。

(i)エリア設定型（Ex. 日本の旧来型）

図8-8はスウェーデンにおける従来のホームヘルプの編成を示す。スウェーデン以外でも北欧諸国の自治体はこの編成が多かった。夜間早朝のホームヘルプや短時間の訪問が可能なように移動距離にも配慮し，供給エリア単位にホームヘルプ事務所を置いている。この仕組みが小グループモデルとしてつくられたのは1980年代であるが，ホームヘルプの合理的運営とホームヘルパーの働きがいをつくることが重視された。『エリア設定型』は利用者と介護者の間の顔が見える関係も築きやすい。しかし利用者は居住区内のサービスを利用しなければならず，事業者を選択する自由は制限される。

(ii)選択自由型

図8-9は『選択自由型』で，ごく一般的なホームヘルプの供給体制であり，多くの国のホームヘルプはこの形態である。供給エリアは特に設定されず，利用者は事業者を自由に選ぶことができる。一方，事業者はホームヘルパーの移

図8-8 供給エリアが設定されたホームヘルプの編成（エリア設定型）

図8-9 供給エリアが設定されていないホームヘルプ（選択自由型）

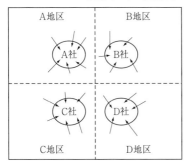
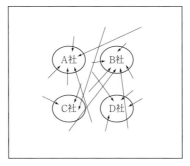

図8-10 供給エリア設定型に「退出」オプションをとりいれたホームヘルプの編成（「エリア設定型」＋「選択自由型」）

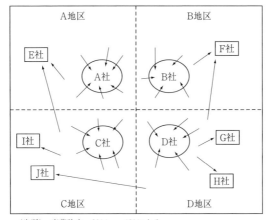

（出所）斉藤弥生，2014，p.421による。

動距離が短いわりにコストが高い夜間早朝のホームヘルプや短時間の訪問を敬遠する。

「日本は介護保険制度以降，図8-8の形となった。『選択自由型』ではホームヘルプの合理的な編成が困難で，日本で深夜早朝のホームヘルプ，小規模多機能居宅介護が増えない理由の一つはここにある」（斉藤，p.422）。

(iii)「エリア設定型」＋「選択自由型」

スウェーデンの選択自由型制度と日本の介護保険制度は，利用者のサービス

選択の自由を拡大したという点ではよく似ているが，詳細を見ると相当異なっていることが分かる。「税財源によるスウェーデンの介護システムはサービスの編成に強いが，（財政事情が厳しくなると）供給に弱い。社会保険方式による日本の介護システムは特定財源で財源は確保されているという点で比較的供給に強いが，サービスの編成には弱い。ただ国の政策レベルでは軽度者に対するサービスの総量規制が検討されており，国のコントロール力は極めて強い」（斉藤，p.423）。

6　民営化

いわゆる「民営化」について，訓覇法子は「公共部門の『効率化』と直接民主主義の強化」の視点から次のように述べている。

「すべての人に対して，『質の良いケアやサービスを平等にしかも安く提供する』という基本的市民権（普遍性）の強化という観点から効率を図るということは，福祉国家の重要な課題として捉えられてきました。その一つの方法として，公共間によい意味での競争をおこさせるという経営学的な市場原理の導入ということであっで，決して公共の責任を減らし民間企業の利潤追求をサポートするということが目的ではありません。

それからもうひとつ，高率化と並行して設置された大切な狙いとして，現場の職員の参加と責任を促す直接民主主義の強化があります。働く人々が運営そのものに参加し責任を負うことは，民主主義の発展にとって重要なものであり，そのことがひいては質の良いケアを供給するにあたり効率化につながるという位置づけが，スウェーデンの効率化や運営委託を議論する場合に落とされてきたと思います。あくまでも公共責任を基本とする福祉国家における高率化と，そうでない国（たとえば日本のような）のそれとでは，出発点があきらかに異なるということの確認が必要かと思います」（訓覇法子，1997，pp.68-69）。

7　介護労働者の就労実態と就労意識

スウェーデンの場合にはケアに携わる人は「専門職」ということで，たとえ

ば，ホームヘルパーには資格が必要で，また，一定の労働条件が確保されている。

基本的な教育として，高等学校の職業教育にあたるケアコース（科）（3年）があり，それを卒業するとホームヘルパー（社会福祉介護士）か準看護師の資格がとれる。また，成人高等学校でも専門教育を受けることができる。スウェーデンでは，介護や看護を肩代わりする有償・無償のボランティアは存在しない。それは専門職雇用が重要視され，提供された労働に対しては正当な報酬を支払うことが労働者の権利となっているからである。また，福祉サービスが，恩恵としてではなく市民の基本的権利であることが確立しているからである。たとえば，学校教師や飛行機のパイロットの専門資格と同じように，専門職によって安心してケアを受けたいというのが一般市民の常識になっている。

肉体的にも精神的にも重労働なケア労働は，週37時間と普通の労働より3時間短くする考慮がされている。パートタイム労働が結構多いが，スウェーデンでは週17時間以上働けば，労働条件や社会保障の権利はフルタイム労働とまったくかわらないことが，日本のそれと異なるところである。また，現場は4，5人の小さなグループに分けられ，それぞれのグループが計画し，分担して仕事を進めていくやりかたがずっととられてきている。問題が生じた場合も，お互いに相談しあって解決していくというやり方である。

訓覇法子は次のように述べている。「係長や課長という上司の指導・命令で動くのではなく，みんなが参加して責任を持つという直接民主主義的な運営をし，職員にやる気を起こさせ，良い質のケアを生産し効率をあげていく前提になっている。」「ほとんどのヘルパーが地方公務員ですが，日本のように人事異動で動かされるとか，福祉にまったくの素人の上司の下で働かなければならないということも一切ありません。20年でも30年でも気に入れば同じところで働くことができます。これらの配慮が，良い専門職員を育て上げ十分な人的資源の確保にスウェーデンが成功した秘訣だと思います。職員の労働条件が大切にされてこそ，質の良いケアが生み出されるのだということではないでしょうか」（訓覇，pp.52-54）。

最近は，斉藤弥生や西下彰俊によって，介護労働者と労働組合や高齢者と労働組合の問題や介護士・看護師の賃金・労働条件，ジェンダーフリーポット

(男性職場と女性職場の連帯) などの研究も進められているが, 詳しくは後に予定している次の著作に譲りたい.

8　ダイバーシティ・ウェルフェア・マネジメント

　ダイバーシティ・ウェルフェア・マネジメントについては, 最近, 斉藤弥生が論じているのでそれに依って見ておきたい (斉藤弥生, 2015).

　岡澤憲芙 (2009) はグローバル化, 高度情報化, 技術革新, 少子高齢化などの環境変化が生活様式の多様化を促し, 社会的対抗線を増幅し多様化させ, この現象を「普遍型福祉国家」が受ける挑戦と捉えている. そして今日的な社会課題に取り組む方策として, ダイバーシティ・ウェルフェア・マネジメントの視点を提起する. 岡澤はダイバーシティ・ウェルフェア・マネジメントを, 多様な生活状況, 多様なライフスタイルから生まれる多様な需要に照準を合わせた政策運営と定義している.

　1990年代初頭まで, スウェーデンの高齢者介護は, コミューンによるサービス供給独占を特徴としていた. しかし, これはすでに過去の話となった. 過疎地のコミューンを除けば, ホームヘルプも介護付き住宅も民間業者による供給が増えており, 介護サービスの20％が民間業者, 主に営利企業の供給である. 特にストックホルムとその近郊では6割以上の介護サービスが営利企業によるもので, 制度が異なるため単純な比較はできないが, この比率は日本をも超えている.

　1980年代以降, 福祉ミックス論やニューパブリックマネジメント論が広まるなか, ヨーロッパ諸国では福祉サービスの民営化と市場化が進んだ. 特に, 94年のEU加盟は高齢者介護にも大きな影響を与え, EU指令により, コミューンによる介護サービスの供給独占は認められなくなった. コミューンは入札による公共購買を通じて, 民間業者の参入を受け入れなくてはならない. これはスウェーデンの高齢者介護の歴史から見れば大きな出来事であった.

　2006年に誕生したフレドリク・ラインフェルト保守中道連立政権 (2006～2014年) は, 介護サービスの民営化と市場化を加速させるために, 2009年にサービス選択自由化法を施行した.

ラインフェルト政権が実施した政策に「家事労賃控除」(RUT-avdrag, 2007年) がある。家事労賃控除は，自宅，サマーハウス，親の住む家において，掃除，洗濯，調理，庭手入れ，雪かき，子守，介護の一部としての散歩や銀行，病院への付き添など，保育所への送り迎えなどの民間のサービスを購入した場合に適用される。料金の半分を税額控除するもので，実質，これらのサービスを半額で購入できることを意味する。対象となるのは労賃のみで，移動にかかる費用や材料費などは対象外であるが，納税の義務のある18歳以上のすべての市民が利用でき，年最高5万クローナの控除が受けられる (2012年)。

「家事労賃控除」は高齢者介護にも影響しており，75歳以上の高齢者の約5％がこれを利用しており (2010年)，家事援助サービスを必要とする高齢者に対し，家事労賃控除の利用を促すコミューンが増えている。コミューンのニード判定を受けて利用するホームヘルプの利用料金は，所得に応じて決まる。高所得の高齢者の場合は家事労賃控除の利用の方が安く，ニード判定も受ける必要がないうえにサービス内容の自由度が高い。

政府は当初，リーマンショック後の失業対策として，建築労賃控除 (ROT-avdrag) とともに家事労賃控除を活用した。政府は家事労賃控除を継続する主な理由を二つ挙げており，無申告の労働を正規労働とすることと，失業対策に貢献することである。これらの政策はともに，在住外国人を対象とした雇用対策である。

この政策への反対意見については，斉藤弥生は次のように述べている。「介護従事者の労働組合は，家事サービス会社はホームヘルプと競合するため，ホームヘルパーの労働条件の向上が図れないとして家事労賃控除を強く批判する。要介護高齢者を支える在宅介護の柱として，公的ホームヘルプ制度を築いてきた専門家たちは，専門職によるホームヘルプと民間の家事援助サービスの違いを強調し，在宅介護における教育を受けた専門職の重要性を指摘する」。そして言う。「ホームヘルプの質という重要な議論は残されるが，家事労賃控除による新たな雇用創出は在住外国人の雇用を労働市場の中に受け入れようとするものであり，社会的包摂に向けての新たな挑戦として，ダイバーシティ・ウェルフェア・マネジメントといえるかもしれない」(斉藤, 2015, p.390)。

日本における高齢者介護の利用率，公的支出額は他国と比べて決して低くな

いが，日本の介護保険制度は市場的性格が強すぎる面があり，24時間対応の巡回型ホームヘルプが編成しにくい状況にある。一方，スウェーデンでは市場化システムを導入しながらも24時間対応の巡回型ホームヘルプは存在している。

岡澤憲芙は巨大な公的部門こそは競争力強化に貢献するとして，次のように述べている。「巨大な公的部門の存在は必ずしも競争力強化の妨害にはならない。その反対で，むしろ，健全で，効率的で，腐敗の温床になっておらず，市民の基本的なサービスを提供できるのなら，巨大な公的部門こそが，競争力強化に貢献できるのである。ムダと非能率の巣窟であるという伝統的な公的部門観は世界のいくつかの場所では正確であろうが，普遍的に正しいわけではない。実際のところ，北欧の公的部門は，競争力強化の資産であろう。なぜなら，質の高いサービスを提供しているからである。そのため民間部門が巨大な市場に入るときに技術革新の駆動力として活動するであろう。……北欧諸国がアングロサクソン・モデルの深刻な弱点を回避することができているのは，主に効率的で巨大な公的部門の存在のおかげである」(岡澤憲芙，2009, p.335)。

これに加えて，斉藤弥生は，「市場化を経験している高齢者介護において，24時間対応の巡回型ホームヘルプを維持しているスウェーデンと，いまだにこれを編成できていない日本を比べた場合，北欧諸国の公的部門は競争力の資産である，という岡澤の指摘には説得力があり，この資産はダイバーシティ・ウェルフェア・マネジメントの基盤になると考える」(斉藤，2015, p.396) と述べている。

おわりに

グローバル化の下で，高齢者ケアシステムを今後どうしていくかは難しい課題である。国際競争の影響は高齢者福祉の分野にも及びつつある。西下彰俊は次のように述べている。

「脱施設化とインフォーマル化はスウェーデン全体で進行しつつある変動である。介護の付いた特別住宅を減らし，ホームヘルプサービスを中心とする在宅サービスを充実させる，あるいは家族親族を介護する介護者をコミューンが責任をもって支援するという基軸の変化は，要介護の状態にある高齢者自身の

表8-3 ケアサービス利用高齢者1人あたり年間コストの比較と変化

(単位:クローナ)

年	自宅の場合	介護の付いた特別住宅の場合	コスト比
2000	169,100	335,100	198
2001	183,500	363,700	198
2002	198,900	389,800	196
2003	208,500	420,900	202
2004	214,800	438,400	204
2005	218,000	453,500	208
2006	224,700	480,400	214
2007	219,600	511,500	233

(原資料) Sveriges Kommuner och Landsting (2008) Aktuellt på äldreområdet 2008, p.89.
(出所) 西下彰俊, 2012.9, p.312による。

自宅で介護を受けたいというニーズに対応したものだと説明されてきたが，本音はコストカットという経済的な動機ではなかったか。**表8-3**が示すように，2007年時点での自宅でのケアコストは，介護の付いた特別住宅でのケアコストの40％強に過ぎない」と言い，また，「脱施設化・在宅ケア化・インフォーマル化という基軸の変化を，高齢者の尊厳を守り，高齢者自身のニーズを尊重した結果と見るのか，経済的な意味でのコストカットとみるのかについて，ここで性急な一般化をすることはできない」(西下彰俊, 2012.9, pp.312-313) としている。

そして，高齢者ケアの「スウェーデン・モデル」について次のように述べている。「過去に確立された高齢者ケアシステムに満足することなく，既に決定された高齢者ケア計画を現在切れ目なく展開し，そうした計画と連動させながら法律を制定し，将来に向けて新しい高齢者ケア計画やサービスを次々に展開する。これが，高齢者ケアの分野における『スウェーデン・モデル』と言ってよい。スウェーデン・モデルは，絶えず変化し動き続けるという特性があるため，ある時点で評価することが困難である」(西下彰俊, p.313)。

社民政権と保守政権の政権交代が常態化するなかで，西下の言うように，高齢者ケアにおける「スウェーデン・モデル」は，いままで以上に「絶えず変化し動き続ける」可能性が強い。日本がスウェーデンから学ぶ場合には，「高齢者ケア」という狭い視点からではなく，社会のモデルとして考えていく必要も

あるのではないか。

　斉藤弥生・山井和則は，かつて次のように述べた。「日本で"高福祉社会"スウェーデンと言えば，"社民によるリーダーシップ"というイメージが定着している。しかし，実際はそんな単純な図式ではない。……スウェーデンの286市議会のうち，つねに約半数近くの市議会では，保守系が今までから多数派となっている。これは見落としがちな点だ。地方政治に支えられた高齢者福祉は国政の影響を受けつつも，市単位で独立した展開をしている。……『高福祉』はすでに全政党のコンセンサスである」（斉藤弥生・山井和則，1994, pp. 115-116）。

　しかし，日本の場合には，全政党のコンセンサスは欠落しており，まともな議論すら行われていない。そのうえ，外山義の指摘するように，スウェーデンが困難ななかにも乗り越えてきた「環境の整備，在宅ケアの普及，医療・福祉施設の改革という三つの大きな仕事を，平行して同時に進めてゆかなければならない」という大変さがある。

　外山義は言う。「そう，願うところは一つなのである。老いが進み，自分一人の力で身辺のことがこなし切れなくなっても，また，病や事故で健康が大きくそこなわれても，人は社会のなかで生活し続けたいし，できれば永年培ってきた人のつながりのなかで，慣れ親しんで勝手のよくわかった環境のなかに住み残りたいのである。

　この素朴であたりまえな希いを可能にするために，イーヴァルロー・ヨハンソンの「老後のスウェーデン」以来，スウェーデン社会は，そのときどきに，これしかないと思いながら突っ走っては行き詰まり，また，新しい方向を見つけては進み続けてきたのである。

　いま，日本が辛いのは，彼らがそれぞれの時代のステージで進めてきた，住環境の整備，在宅ケアの普及，医療・福祉施設の改革という三つの大きな仕事を，平行して同時に進めてゆかなければならないということだろう」（外山，1990, p. 214）。

　スウェーデンも日本も，高齢者福祉の面でも，大きな問題に直面していることは間違いがない。しかし，先行きがまったく見えない日本の政治と違って，スウェーデンなど「北欧モデルの最も重要な特徴の一つは，社会が直面する問

題を不断に分析し認識・理解する姿勢であり，こうした挑戦に素早く対応できる能力であり，システムの弱点を（そしてシステムに対する脅威を）克服する能力である」（岡澤憲芙，2009, p.334）。この指摘には，筆者も同意する。この能力はスウェーデンや一企業としてのトヨタにはあっても，現在の日本にはない能力である。

【参考文献】

アニータ・カンガス フィール／オルガ・ウィルヘルムソン（ハンソン友子，日比野茜・楠野透子訳）(2012)『スウェーデンにおけるケア概念と実践』ノルディック出版）。

アブラハム・モンク／キャロル・コックス (1992)『在宅ケアの国際比較―欧米7か国にみる高齢者保健福祉の新機軸―』中央法規出版。

イーヴァル・ロー＝ヨハンソン（西下彰俊・兼松麻紀子・渡辺博明訳）(2013)『スウェーデン：高齢者福祉改革の原点』新評論，1月。

一番ケ瀬康子 (1986)「高齢者の生活と社会福祉」『賃金と社会保障 No.951』1986年12月上旬号。

ウーラ・ツレマーク (1999)「スウェーデン・モデル」（ルシア・ガムロス，ジョイス・セムラデック，エリザベス・トーンキスト『自立支援とはなにか―高齢者介護の戦略―』日本評論社）。

宇佐美耕一・小谷眞男・後藤玲子・原島博（編集代表）(2012)『世界の社会福祉年鑑2012』旬報社。

内海洋一編著 (1992)『高齢者社会政策―老後のしあわせを保障するために―』ミネルヴァ書房。

NHK スペシャル取材班 (2016)『老後親子破産』講談社。

大岡頼光 (2004)『なぜ老人を介護するのか―スウェーデンと日本の家と死生観―』勁草書房。

大熊由紀子 (1990)『「寝たきり老人」のいる国いない国』』ぶどう社。

岡澤憲芙 (2009)『スウェーデンの政治―実験国家の合意形成型政治―』東大出版。

岡澤憲芙・斉藤弥生 (2016)『スウェーデン・モデル―グローバリゼーション・揺らぎ・挑戦―』彩流社。

岡本祥浩 (2005)「居住福祉」（猿田正機編著『日本におけるスウェーデン研究』ミネルヴァ書房）。

小川政亮ほか著 (1992)『デンマーク，スウェーデンで見た在宅福祉―福祉の専門家が複眼で見た福祉大国の現場―』萌文社，1992年3月。

奥村芳孝 (1995)「スウェーデン」『高齢者医療福祉―日本と先進国―』労働旬報社。

奥村芳孝 (2000)『スウェーデンの高齢者福祉最前線』筒井書房。

第Ⅱ部　「国民の家」をめざしたスウェーデン社会

木下康仁（1992）『福祉社会スウェーデンと老人ケア』勁草書房。
訓覇法子（1997）『スウェーデンの高齢者ケア』自治体研究社。
訓覇法子（2002）『アプローチとしての福祉社会システム論』法律文化社。
ケント・エリクソン（河東田博・古関-ダール瑞穂訳）（2012）『スウェーデンにおける施設解体と地域生活支援―施設カールスルンドの誕生と解体を拠り所に―』現代書館。
斉藤弥生（1994）「エーデル改革の政治経済学」（岡澤憲芙・奥島孝康編『スウェーデンの経済』早大出版）。
斉藤弥生（2014）『スウェーデンにみる高齢者介護の供給と編成』大阪大学出版会。
斉藤弥生（2015）「高齢者介護の比較政治経済―ダイバーシティ・ウェルフェア・マネジメントへの挑戦とその原点―」（岡澤憲芙編著『北欧学のフロンティア』ミネルヴァ書房）。
斉藤弥生・山井和則（1994）『高齢化社会と地方分権』ミネルヴァ書房。
猿田正機（2003）『福祉国家・スウェーデンの労使関係』ミネルヴァ書房。
シェルト・スンドシュトレム（村川浩一・山崎順子訳）（1995）『スウェーデンの高齢者ケア』中央法規出版。
高島進（1990）『超高齢社会の福祉』大月書店。
竹崎孜（1991）「高齢と生活維持」同著『生活保障の政治学』青木書店。
竹崎孜（2002）『スウェーデンはなぜ少子国家にならなかったのか』あけび書房。
竹崎孜（2004）『スウェーデンはどう老後の安心を生み出したのか』あけび書房。
外山義（1990）『クリッパンの老人たち―スウェーデンの高齢者ケア―』ドメス出版。
中村優一・一番ケ瀬康子編集委員会代表（1998）『世界の社会福祉』旬報社。
西下彰俊（2002）「高齢者―エーデル改革の評価を中心に―」（二文字理明・伊藤正純編著『スウェーデンにみる個性重視社会―生活のセーフティネット―』桜井書店）。
西下彰俊（2007）『スウェーデンの高齢者ケア―その光と影を追って―』新評論。
西下彰俊（2012.2）「高齢者ケアの過去・現在・未来」レグランド塚口淑子編『『スウェーデン・モデル』は有効か―持続可能な社会へむけて―』ノルディック出版。
西下彰俊（2012.9）『揺れるスウェーデン―高齢者ケア：発展と停滞の交錯―』新評論。
日本貿易振興会（JETRO）（1995）『【ジェトロ・ワールドナウ―①】世界の高齢者たちは今―欧米5カ国の暮らしとサービス―』。
二文字理明・木村恵巳（2005）「新『社会サービス法』の翻訳と解題―ノーマライゼーション思想のスウェーデンにおける新たな展開―」『発達人間学論集　第8号』大阪教育大学発達人間講座。
ビヤネール多美子（1998）『スウェーデン・「超高齢社会」への試み』ミネルヴァ書房。
ビヤネール多美子（2011）『スウェーデンにみる「超高齢社会」の行方』ミネルヴァ書房。
藤井威（2002）『スウェーデン・スペシャル〔Ⅰ〕―高福祉高負担政策の背景と現状―』新評論。
藤岡純一（1993）「老人の権利と社会参加」『スウェーデンの生活者社会』青木書店。

ブリット＝ルイーズ・アブラハムソン（ハンソン友子訳）（2006）『スウェーデンの認知症高齢者と介護』ノルディック出版。
古橋エツ子（1990）「スウェーデンの親族等介護休暇法」（『週刊社会保障 No.1589』1990年6月）。
ペール・ブルメー，ピルッコ・ヨンソン（石原俊時訳）（2005）『スウェーデンの高齢者福祉─過去・現在・未来─』新評論。
三上芙美子（1999）「高齢者福祉サービス」（丸尾直美・塩野谷祐一編『スウェーデン』東京大学出版）。
宮本太郎（1999）『福祉国家という戦略』法律文化社。
山井和則（1993）『スウェーデン発 住んでみた高齢社会』ミネルヴァ書房。
山井和則・斉藤弥生（1999）『転ばぬ先の介護ハンドブック』講談社。
ルイス・ローウィ，ダーレン・オコーナー（1995）『高齢社会を生きる高齢社会に学ぶ─福祉と生涯学習の統合をめざして─』ミネルヴァ書房。
渡辺博明（2002）『スウェーデンの福祉制度改革と政治戦略』法律文化社。
渡辺まどか（2013）「スウェーデンにおける高齢者サービス民営化の進展─質の確保に向けた取り組み─」（『会計検査研究 第48号』）。

第9章

障がい者政策：人権の確立と生活・労働

はじめに

　1991年にスウェーデンを訪問した，新田輝一さん（せきつい損傷で車いす生活）がその時の体験を次のように述べている。まず第1は，全体的感想について，「私は5月に，スウェーデンのストックホルムに住むロアさんという27歳の両手と下半身の不自由な方の家に滞在してきました。感想を申し上げますと，驚くべき国だなあ，高福祉の国だなあ，民主主義が徹底した国だ，ということです」。第2は，車いすについて，「スウェーデンの車いすに乗ったんですが，感激して，すぐに注文しました。今までの日本製はネコ背になり，あごが上がってしまった。が，この車いすは背骨がまっすぐになり，あごが引け，正しい姿勢になる。しかも，非常に軽い。車両の重さなんか，日本と比較にならない」。第3は，障がい者の扱いについて，「ロアさんは，18歳の時，鉄棒から落ち，首の骨を折った方です。日本ですと，未成年が，仕事以外で障害を負うと，福祉では最低の水準になります」。第4に，居住福祉について，「ロアさんの家は，市営住宅の2LDKで，居間は，14畳から16畳の広さ。今は仕事をせず，障害年金とか手当で生活しているのに，日本車に乗って活動していた。これが，スウェーデンと日本の福祉水準の違いです。市営住宅は4階建てで，障害を持った人やお年寄りがたくさんおられました。地下が倉庫で，車の中からリモコンスイッチで開く。エレベーターがある。三階建て以上は，公私とも，つけなければいけません。住宅改造で，感激したのは，所得制限がまったくないんですね。大金持ちでも，やってくれる。引っ越しで，元に戻す時も，市が全額負担でやってくれる」（『朝日新聞』1991年9月26日）。

　日本にも，これ以上の条件を備えている人はいると思われる。スウェーデン

が優れている点は，この水準がほぼすべての人に保障されているということである。いわゆる「普遍主義」が貫徹している。

1991年という時期は，スウェーデンも，日本と同様に，バブル経済崩壊の直前の時期であり，その後，1990年代前半にはマイナス成長が数年続き，国家や地方自治体の財政状況も悪化し，それへの対応が迫られることになる。

加藤彰彦はスウェーデンの社会保障・福祉の水準について次のように述べている。

「社会保障，社会福祉の水準がどの程度のものであるかを判断するのに，その社会が障がい者やマイノリティの人々をどのように位置づけ，そうした人々の生活をどこまで保障しているかをみればよいといわれている。それは，直接的には生産労働に参加できなくなった人々を，社会全体が包み込み，ともに生きていこうとしているか，あるいは余分な存在，邪魔な存在として排除し，隔離してしまうのかといった社会の認識や価値観を端的に示すからである。

経済的な発展を社会の中心的な課題としていくのか，生活している人々の存在を社会全体が支え，ともに苦労を分かち合いながら生活することを優先するのかといった思想的な分岐点がここにあるように思われる」（加藤彰彦, 1999, p.275）

また，ヤン・テッセブローなどは，「『国民の家構想』という概念をもつ国であるスウェーデンは，福祉国家としても知的障害者政策の国としても最も有名であって，スカンジナビア諸国の典型といえる。」（ヤン・テッセブロー，マーリット・アールト，ペーテル・プルセーン, 1999, p.54）と述べている。

では，肝心の「障害者」というのはどういう人のことを言うのであろうか。この「障害者とはどういうことか」について，スウェーデンの中学教科書には次のように書かれている。「書類やその他の文書を理解できない者，あるいは書くことで自分を表現できない者は，充分障害者とみなすことができます。スウェーデン語をマスターしていない移民の人々も，また一種の言語障害者です——外国へ行ったときの私たちも同様です。何も言えず理解もできず……なのですから。他人と自然に付き合うためには，一杯引っ掛けなければならない人も，一種の社会的障害者です。

障害者とは，機能に障害がある人々のことです。……一部の人々は，障害者

として生まれてきます。他の障害者は，病気，怪我，事故などによってそうなります。一般に身体障害者，知的障害者，社会的障害者などと言われます。……障害の程度は，障害者に対するその他の人々の態度や，環境がどれほど障害者のために整えられているかにも大きく依存しています」(アーネ・リンドクウィスト／ヤン・ウェステル，1997，p. 168)。

1967年12月，スウェーデン政府は社会福祉に関する「社会調査委員会」を設置した。それ以来，10年を超える長い年月をかけて，1982年に成立したのが「社会サービス法」である。その流れのなかから「エーデル改革」(1992年)，さらには障がい者福祉サービス基本法「LSS法」(1994年) がつくられたのである。スウェーデンでは立法化に長い時間をかけることが多いが，基本的な制度や法律の制定には，実に丁寧な意見聴取，討論会が行われ，国民の納得のなかではじめて実施される。

1 施設収容の「黄金時代」

「ピアソンは，福祉国家の発展をテーマとする著書において，第二次世界大戦後，1945年から1975年までの30年間を福祉国家の『黄金時代』としている」。ただし，スウェーデンでは，「1945年から1960年までの15年間は知的障害者を対象とする隔離的処遇の『黄金時代』であった。これは，長期収容の寄宿制の施設についても特殊教育（両者は一体となっていた）についてもあてはまる」(ヤン・テッセブロー，マーリット・アールト，ペーテル・プルセーン，1999，p. 55)。

また，河本佳子によると，「1940年代から1950年代にかけては，『暗黒の時代』と記したいほど精神薄弱者が人間としての尊厳を失っていた時代である。成人の知的障がい者の奇異な行動を精神分裂症と一緒にして，ベッドに縛り付け，拘束着を着せて腕や手を縛って自由な行動をさせなかった。そのうえ，人体実験まで行っていた。たとえば，虫歯の予防実験などでは，施設利用者を，砂糖のみ使用するグループと砂糖を一切使用しないグループに分けて，虫歯ができた者に対しては，治療を行わないグループと歯磨きをしないグループに分けて経過をみるなど，本人の意志とは関係なく比較研究の実験を行っていた。

このような簡単な医学的実験が，施設内において堂々と試みられていたのであった」（河本佳子，2006，p.19）。

　河本は，著書のなかで，インタビューした時の話として次のような話を紹介している。「1961年，グルネワルド氏はそれまでの経験を買われてケアホームなどを調査する社会庁派遣の監査役人に抜擢された。そして，これまでには一度も調査されたことのなかったウプサラにある施設を訪れることになった。
　ここのある病棟では，窓は壊れ，床にはオモチャが一つもなく，子どもが寝転がったままだった。そのなかの一人は小さな部屋に閉じ込められていて，ベビー用の檻のついたベッドに横たわったままであった。グルネワルド氏がベッドに近づいて，その子どもの掛け布団を持ち上げてみると，何と，子どもは両腕を後ろに縛られたまま横たわっていたのだ。驚いて，責任者であるケアホームの院長になぜこのようなことをしているのか尋ねると，医者でもある院長は返事に困り，その病棟の担当であった婦長に同じ質問をしたが，その婦長も答えに窮し，担当の保母に振ってしまった。
　当時の人事管理制度では，各スタッフが行っている詳細までを把握できていなかったのだろう。それに，まさかかけ布団まで持ち上げて検査するとは思ってもいなかったらしい。そして，そして，その保母の答えはというと，『その子どもは目が不自由で，両手を使って目を傷める自慰行為があるのでこうした』という返事だった。その答えに驚いたグルネワルド氏はその紐をすぐに解いてやり，ベッドで寝れるくらいならば床でも自由に動けると思い，床にオモチャを置くように指示して，心の奥から込み上げてくる憤りを抑えて部屋から出て行ったそうだ」（河本佳子，2006，pp.23-24）。
　1965年にある医師によって書かれた別の施設の報告書には次のように書かれていたという。「職員たちは，はじまったばかりのテニスのトーナメントをテレビで観るために，知的障害者たちを各部屋に閉じ込め，出られないように鍵をかけていた。扉についている窓ガラスからなかを覗くと，部屋のなかは糞尿まみれとなっていた。試合のインターバルのときに職員は急いで知的障害者を掻き集めてシャワー室へ押し込め，汚物まみれとなっていた裸の彼らにホースで冷たい水をぶっかけて洗浄した。その後，また彼らを各部屋に閉じ込めてしまった。夕食の時には，アルミのお皿に卵とパンとココアを全部混ぜて入れて，

お粥状態になったものを口に流し込んでいた。まだ外は白夜で明るく，自然の美しい夏にもかかわらず，18時にはベッドに寝かされてベルトで彼らを縛り付けていた。視察したときに感じた異臭は数日後まで鼻につき，衣服は何日も風を通さなければならなかった」(河本，2006，p. 25)。

　河本佳子は，これらを書いた後で次のように述べている。「これほどひどくはないにしろ，このような集団の収容施設はますます増えて，1942年には24時間のケアをする施設が全国で1400軒だったのが，1960年には何と倍の2900軒にもなっている。もちろん個室部屋はなく，大部屋に4人から8人用のベッドが置いてあり，通常，12から80人にも上る子どもや大人が収容されていた。そして，これらの施設は社会から完全に隔離されていた。

　当時，施設に収容することを優先する理由としては，『知的障害者が孤立しないためにもお互いがともにいることが望ましい』というものがあった。さらに，次のようなことも理由として挙げられていた。『知的障害者には彼ら独自のコミュニケーション方法があるのでそれを保護すべきであり，過大な要求をするのではなく，彼らのレベルにあった体制でなければならない。そのためにも，施設というところに彼らをあつめなければならない』」(河本，pp. 25-26)。

　また，知的障がい者には，プライバシーも読書する権利もなかったとヤン・テッセブローなどが次のように述べている。

　「スウェーデンの重度と中度の知的障害者の児童は，1967年まで就学する権利も義務ももっていなかった。かれらは，子ども時代に，本と自然に親しむ機会を与えられなかった。……多くの成人の知的障害者は，プライバシーがない大きな施設で生活を送ってきた。個人的な持ちものはほとんど持っていなかった。1970年代の初めまで，自分の好きな服を着る権利さえなかった。私物のある自分の部屋をもつ権利を得たのは，1980年代の初めである。自分の本をもつという考えは，1990年においてもまだ理解されなかった。事実，LLプロジェクトが実施されるまで，本との接触さえない人もいた。自分だけの本をもつことは初めての経験であった。……読書は娯楽であり，家のなかに本があるのがあたりまえという考えは，理解されなかった」(ヤン・テッセブロー，マーリット・アールト，ペーテル・プルセーン，1999，pp. 216-217)。

2　地域サービスと施設解体

　施設解体へ至る当時の状況について，1970年代の終わり頃にストックホルム郊外の，最重度の重複障害を持つ学童児が住む，ある大きな施設の1軒で看護職員として勤務していたという大滝昌之は次のように述べている。
　「職員には，病院の職員と同じ県自治体のマークが付いた白衣と，スウェーデン独特の木靴が支給されました。ようするに，まったくの看護職員です。……養護学校も施設内にあり，車椅子を押して学校まで送り迎えするのも私たちの日課でした。……食事の時など，行動障害の強い人に『あんたは私の言うことを聞くのよ。わかった？』などときつく言う職員の声がいつも聞こえていました。
　私が看護職員として勤務していた半年の間，親が子どもを訪ねてくるのを見たのは一度もありませんでした。『親は，自分が惨めに思うから来ないのだ』という話でした。
　しばらくしてデイセンターに勤務するようになってから，障害の軽い人は施設を出てどこかに引っ越していく，ということを知りました。当時，200人近い成人の入所者の中でデイセンターに通うのはたった30人くらいでしたから，何人かが施設を出たとしてもほとんど目につかなかったのです。そこで初めて，『グループホーム』という言葉を耳にしました。『ノーマリゼーション』とか『インテグレーション』などという言葉は，当時，施設で働く職員の間では，まだ話題にはなっていなかったのです。
　数年たってからまた施設を訪れた私は，入所施設の看護職員が白衣を着ていないのに気がつきました。その頃には，知的障害をもつ人たちの権利法といわれる『新援護法』が制定されていました。『ここも変わったな』と思いながら，施設解体のことに触れると，『とんでもない，ここにずっと住んでいた人が街に住んで何が良くなるんだ。彼らには，ここでの生活や環境の中で暮らすのが一番幸せなんだ』という返事が返ってきました。
　その時には，入所者も約120人と半分になっていましたが，そこを出た人たちがどのような生活をしているかは，職員たちはまったく知らないようでした。

まだ，そんなことは別社会の話だったのかもしれません。

　大きな施設というのは，そこに働いている職員たちにとっても，まわりの社会とは別世界をつくり出し，そのなかに閉じ込めてしまうものなのだとおもいます。ノーマリゼーションが最も進んでいると言われているスウェーデンでの，80年代の話です」(大滝，pp. 124-125)。

　1980年から90年代にかけて，スウェーデン「福祉国家」は「福祉コミューン」となった。コミューンは社会サービスの主要な提供者となった。

　作業療法士としてスウェーデンで働いている河本佳子は次のように述べている。「一人の障害者に対しては常に一つの医療チームがつくられ，家族，介護人，医療関係の職員，福祉関係の職員，学校や職場関係の職員など数名の専門職が一団となってケアチームを組み，障がい者を中心に対等の立場で個人のニーズに合ったケアプランをたてている。簡単に対等の立場というが，それぞれが対等の立場に立って議論をするということは一言で言い表せるほど簡単なことではない。読者の方々で，日本における生活環境のなかでこのような風景に出会ったことが過去において何回あったかを思い浮かべてほしい。たぶん，皆無ではないかと思う。しかし，スウェーデンではそれが当たり前となっており，どのような場合でもスムーズに議論が進んでいく。縦の社会ではなく，医者もスタッフも教師もファーストネームで呼び合える社会がそこにはあり，常に対等の立場で主張できるライフスタイルがこの国には備わっている」(河本, 2002, p. 4)。

3　障がい者政策・雇用対策

　スウェーデンの障がい者福祉に関しては，二文字理明の貴重な業績がある。たとえば，二文字理明編訳『スウェーデンの障害者政策』(現代書館，1998年)やヤン・テッセブロー，アンデシュ・グスタフソン，ギューリ・デューレンダール編 (二文字理明監訳)『北欧の知的障害者』(青木書店，1999年) を日本語で読むことができる。前者には，「障害者政策に関する1989年委員会」の主要報告書『障害者・福祉・公正』(1991年)，および，最終報告書『すべての人が参加できる社会』(1992年) の要約が掲載されている。

第9章　障がい者政策：人権の確立と生活・労働

　スウェーデンでは，1992年に，いわゆる「エーデル改革」という名の高齢者福祉改革が進行し，それに続いて，1994年からは，「障害者福祉改革」に着手した。これに先立って，1989年に，障害者の社会参加を進めるための調査委員会が任命された。「障害者政策に関する1989年委員会」である。この委員会は，ノーマライゼーションの過去の経緯を踏まえて21世紀を展望する障害者施策を模索し展望することを課題とした。この委員会は6点の主要報告書及び8点の関連報告書を公刊したが，これらのうち最大のものが，主要報告書『障害者・福祉・公正』(1991年)，及び，最終報告書『すべての人が参加できる社会』(1992年) である。報告書によって一連の法律改訂が提案され，順次実施されつつある。

　二つの報告書において，「障害者政策に関する1989年委員会」の基本原則として強調されたのは次の点である。すなわち，自己決定，影響力の行使，アクセスビリティの強化，社会参加，改善の継続，全体を捉える視点での「人間としての尊厳」の重視。これらの原則の実現を通して，障がい者の権利擁護を図り，障がい者を差別する社会の価値観の転換を求めた。このためには，特別立法が必要であることが強調された。

　従来から，スウェーデンの障がい者政策は，いわゆる一般政策のなかで取り扱われ，障がい者のみを特定の対象とする特別立法は避けられてきた。しかし，「障害者政策に関する1989年委員会」は，障がい者の権利を守るためには特別立法も辞さないとの見解を表明した。この「1989年委員会」の見解では，「機能障害者が自らの社会的地位を主張し，自らの状況に影響を及ぼしていく手段を獲得する過程において特別の立法が必要である」という認識に至った。

　もちろん，だからといって，スウェーデンの障がい者政策が一般法中心主義を放棄したというわけではない。1989年委員会は，憲法をはじめ「社会サービス法」等の一般法に障がい者の条項を付加することで障がい者問題を解決しようとしてきている。この基本姿勢に変更はない。ただ，一般法だけで足りるという考え方は否定されたのである。

　1989年委員会の報告書に基づいて，その後，憲法，刑法，建築法，社会サービス法，保健医療法等，障がい者を人間としての尊厳の対象とする方向での改訂が着々と進行した。障がい者の権利を特に保障していくために，新たな法律

の制定も実現する。

　スウェーデンにおける社会福祉の流れは，「社会サービス法」（1982年）を基本に，「機能障害者を対象とする援助およびサービスに関する法律」（LSS法，1994年）によって，障がい者福祉サービスの21世紀への展望は明確にされている。そして，より確かなものにするために「介護手当に関する法律」（LASS法，1994年）が志向され，この第1条では，機能障害者に対する介護費用は公的に助成することを規定している。さらに，「ハンディキャップ・オンブズマンに関する法律」（1994年7月）も施行されている。ここでは，機能障害者にとって完全な社会参加と生活条件の平等が実現するための監視がオンブズマンの任務とされている。

　さらに，1998年1月には「社会サービス法」が改正され「新社会サービス法」がつくられている。この第6条（A）では「個人は，援助により通常の生活水準を保障される。援助は，その人の手段を高めて自立して生活できるようにされなければならない」と記されている。

　それに合わせて交通機関への障がい者のアクセスを改善するための「送迎サービス法」「国内送迎サービス法」（1998年1月）も制定されている。この延長線上に，2002年には一般交通機関の50％が整備を完了し，2012年には完全達成が目標とされているという提起がされている（加藤彰彦，1999，p.288）。

　このような社会福祉政策の流れのなかで，知的障害者の呼称も変化した。友子・ハンソンさんが，スウェーデンでの知的障害者の名称の変化を次のように年代的に整理している。（加藤彰彦，2002，p.167）

　　1860～1900年　　白痴
　　1900～1954年　　精神薄弱者
　　1954～1968年　　知的発達遅滞者（pyskisk efterbliven）
　　1968～1994年　　知的発達障害者（pyskisk utvecklingsstord）
　　1994～　　　　　発達遅滞のある人，知的機能障害のある人

時代とともに，あるいは知的障害者への認識の変化によって呼称が変化してきたことが分かる。

　スウェーデンの障がい者福祉改革では「人間としての尊厳」という理念が重視されているが，その源泉となっている文書が社会庁による「人間としての尊

厳」（スウェーデン社会庁勧告，1985年度第3号）である。この文書の執筆者が重視したのは，「施設等における障害者と職員との共生のなかから生ずる諸問題について，及び共生の関係のなかでの職員の役割について」であるが，その内容には，今日のスウェーデンの障がい者福祉政策を理解するうえでの貴重な知識が多く含まれているので，ここで簡単に紹介しておきたい。序章では，「人間は一人のこらずすべて，配慮に満ち，尊重された処遇を受ける権利がある。これは基本的人権であって，当人が周囲の人々の尊敬や配慮を獲得することができる能力の持ち主であるか否かに関係なく，すべての人に普遍的に適用される権利である」ことが謳われている。

第1章では，「知的障害者の自由と権利」について，次のように，述べられている。知的障がい者に対する伝統的な処遇は保護監督及び収容保護であった。自由と権利は一種の賞として，または刺激として与えられた。しかし，知的障がい者も本来，障害を持たない市民と同様の自由と権利を保障されている。自由と権利は法的根拠なしに制限されるべきではない。

この原則は1968年にイェルサレムで開催された，知的障がい者のための協会の国際会議で確立されたものであり，同様の思想は1971年の国連による［知的障害者の権利宣言］の根底に見られる。

スウェーデンの憲法によれば，知的障がい者を含むすべての市民は言論，情報伝達，集会，デモ行進，結社及び宗教活動の自由を享受する。ほかのすべての人々と同様に，障がい者も屈辱や不快ではなく，人としての尊厳や自己決定および共同意思決定への権利を配慮された処遇を受けるのが当然である。成人としての年齢に達すれば知的障がい者も選挙権を行使する権利を有するし，また，一身上の問題でも金銭上の問題においても自己責任をとれる。こういった諸権利は障害の程度を問わず，すべての障がい者に平等に適用される。自らの意思を人に伝えるのに困難がある場合は，当人をよく知るものが代弁者にならなければならない。

第2章には，「知的障害者を一人の人間として尊重すること」について書かれている。知的障がい者を人間として尊重するということは次の4項目のルールを遵守することを意味する。

①知的障がい者は不快感を伴う侮辱的な処遇を受けない

②見学者の来訪等に際して知的障がい者を見せ物にしてはならない

③知的障がい者を経済的搾取の対象にしてはならない

④秘密の保持と守秘義務

　知的障がい者本人の許可なしには，何人も知的障がい者宛ての，または，知的障がい者から発信される手紙や文書を読んだり，変更を加えたり，保留したりする権利はない。しかし，本人が手紙を読んだり，書いたりするのに援助を必要とするときは，当然そのための援助を得ることができる。

　研修生や実習生も含め，知的障がい者のケアに従事している者，または，従事したことのある者は，私人や当局に対し，知的障がい者の個人的環境や健康状態について知り得たことを漏らしてはならない。

　第3章は「自己決定の権利」について書かれている。「もし私たちが成長し，自己のアイデンティティを確立することができるとすれば，日常生活をどう送るかを自分自身で決定することは私たちに許されるべき最も重要なことの一つだ」と述べ，「この理由から，私たちは知的障害者のために，過剰な保護主義によって彼らを受け身にするようなケアを受け入れることはできない。むしろ逆に，知的障がい者各自のためになされる行為は，彼ら自身の同意と協力を得て，計画され実行されなければならない。施設に生活する障がい者は各自の能力に応じて意思決定に参加することを許されるべきである。

　そして，注意すべき点として，「すべての決まりきった日課はすぐにも規則という地位を与えられることになる。しかし，職員が障害者の主体的な意思のサインを育てていくことはきわめて重要である。たとえ，そのサインが小さなものであっても，そのサイン以外には自分を表現するのが困難な人に関してはとりわけ重要である。そのうえ，職員は障害者が自分の主体性の上に行為することを励ますべきだ」としているが，「主体性」を軽視する日本では，私的にはともかく，公的には，ほとんど考えられないことだろう。

　「自己決定の権利」としては，次の5点が上げられている。

　①自己の日常生活上のことに関して自己決定する権利

　②自己の将来のことを自己決定する権利

　③プライバシーを保障される権利

　④強制の禁止

⑤活動自由の権利

第4章では,「共生のための基準」について触れられている。ここには「施設やグループホーム等での共生のためのルールに関して指針となる原則,そして,その諸原則が行為を得る方法について」書かれており,見出しは次のようである。

①すべての人に同一のルールが適用される
②職員は知的障害者が自己決定の権利及び集団での共同意思決定過程への参画の権利を行使できるように援助すること
③セックスと同棲
④職員はモデルとして機能する

「セックスと同棲」については,次のようなことが書かれている。「長い間,子どもが生まれることを理由に知的障害者のセックスおよび同棲の機会は制限されるべきだと考えられてきた。近親者や職員の態度ばかりでなく,知的障害者自身の態度にもマイナスの影響をもたらしてきている。最近数十年間にこういった考え方は変化してきた。つまり,セックスは今やそれ自身,固有の価値をもっており,子どもを産みたいという願望とは他の要因によって決定されるべきことなのだ」。

これが執筆された時点において,知的障がい者の同棲については公的な規定は何も存在しなかったが,「多くの場所で,知的障害者のセックスに関して偏見のない態度が確立してきている」。

しかし,「依然として多くの施設等で,知的障害者は自分の部屋も,誰にも邪魔されないですむ場所もない状態である」。それゆえに,「個人の人間としての尊厳や自尊心」が侵害されないように,「知的障害者のための施設やグループホーム等に生活するカップルが同棲したいと希望した時,まず第一にするべきことは,施設等の外に彼らだけの住居を用意できるかどうかしらべてみることである」。そして,職員が知的障がい者の各方面での発達を援助するにあたっては,第一に,セックスおよび同棲生活についての指導や,第二に,そのテーマに関する会話が含まれていなければならない,としている。また,こういった問題を議論する場合には,「知的障害者の個々人のニーズや人間としての尊厳といったことを出発点において尊重したうえで,問題が議論されるべきで

ある」。

　そして最後に，「職員はモデルとして機能する」ことを自覚して行動することの大切さを述べている。「知的障害者が自己自身のアイデンティティを探し求め，自分の周辺で発生することを理解しようと努める時には，職員の態度，期待，説明が大きな比重を占めることになるかもしれない。知能はモデルを模倣することでかなりの程度発達するものであるなら，職員の行動の仕方が重要なものになる。

　そして，結論の部分では次のように述べている。「職員は自らの特別な役割を意識しなければならない。知的障害者が自分の周囲に生じている事柄をよく理解できるようにするためには，職員の態度，期待，説明は決定的に重要である。人間の心理学的な発達の多くはモデルの模倣によっておこるものである。それゆえ，職員の行動パターンが大きな役割を果たす。次の二つの事項が重要である。すなわち，①職員の行動パターンや価値観において一定のコンセンサスが行き渡っていること。②職員は，職員と知的障害者との関係をうまく機能させるにあたって自分たちの見解を明瞭に示すこと」。

　そして，「他者を配慮し，他者を人間として尊敬することが自尊心のもとなのだということを，職員が理解することが最も重要である」とし，「知的障害者の持っている能力や生活に積極的に参加していく力」の「開花」や，「自分の願望することを表現する能力」を「発展」させること，すなわち，そうすることによって，「自分自身の生活に関して自己決定していく力を伸ばせるのである」。

　障がい者雇用対策の詳細については，いずれ出版を予定している別の著書に譲るとして，スウェーデンには，障害者向けの雇用対策としては，以下の２種類の労働市場プログラムが用意されている。

　１）一般労働市場プログラム
　　①個別雇用支援プログラム
　　②起業助成プログラム
　　③労働体験プログラム
　　④職業訓練プログラム
　　⑤職業リハビリテーションプログラム（AMIプログラム）

⑥ジョブローテーションプログラム（教育補助金制度）
⑦早期退職プログラム（Generation Shift）
⑧公共部門における雇用創出プログラム

2）特定労働市場プログラム

障害者に対象を絞った労働市場プログラムであり，現在以下の3種類がある。

①賃金補助金プログラム（löne Bidrag）
②サポーテッド・エンプロイメント・プログラム
③保護雇用プログラム
　Ⅰ国営保護雇用会社サムハルによる雇用
　Ⅱ公的保護雇用制度（OSA）

スウェーデンの保護雇用で大きな役割を果たしているサムハルについては，福地潮人の業績があるが，ここでは詳細には触れず，サムハルのオルタナティブについての一か所だけ引用しておきたい。

「非営利・協働セクターにおいても，すでにサムハルのオルタナティブを目指すプロジェクトが展開されている。全国障害者団体連合（HSO）などの障害者運動団体が中心となって進めている『社会協同組合プロジェクト』はその代表的なものである。これは障害者自身による協同組合の起業を進め，障害者の雇用の選択肢を増やそうという取り組みであり，このプロジェクト下で現在のところ約90の協同組合が活動している。サムハルの業績が悪化し，従業員採用数が減少するなかで，当プロジェクトは障害者雇用の新たなオルタナティブとして注目されている（当プロジェクトの代表は，『サムハルのオルタナティブ』をうたっている。しかし，HSOの幹部はこのプロジェクトがサムハルの代替となるものではないとしている［2003年3月のHSOへのインタビューより］）。

こういった非営利・協働セクターの動きは，障害者雇用対策分野の単なる準市場化に歯止めをかける可能性を持っており，十分注目に値する。

いずれにせよ，スウェーデンにおける障害者雇用対策は今後，政策遂行を担うアクターの面で，より多元化していく方向にあることは間違いないだろう」（福地潮人，2004.11.20，p.7）。サムハルの動向が今後どうなるのか，筆者としても注目していきたい。

4 障がい者の基本的人権の確立

　障害者の基本的人権の確立の歩みについてシャシュティン・ファルムは次のように書いている。

1955年　スウェーデン知的障害児・者の会（FUB）が，知的障害者の子どもを持つ保護者によって設立された。

1968年　B・ニリエがノーマライゼーションの原理を公式化した。

　　　　スウェーデン知的障がい児・者の会は，スウェーデンではじめての，おそらく世界でもはじめての知的障がい者だけによる会議を組織した。

　　　　知的障がい児の就学権を定めたスウェーデンではじめての障がい者法が制定された。

1979年　障がい者委員会は，対象を拡げた障がい者法の準備に取りかかった。

1985年　すべての施設を閉鎖するという新しい障がい者法がスウェーデンの議会で承認された。

1993年　国際連合は障害を持つ人々の機会均等化に関する基準原則を策定した。

1994年　スウェーデンは，バリアフリー，影響力の行使，平等な参加，自己決定，継続性を主たる原理とする障がい者法（LSS）を制定した。

　障がい者委員会は次のように述べている。「すべての国民は新しい法律や政府の決定について知る権利を持つ。すべての国民は知的能力を高めたり，文学を楽しむ権利を持つ」。1994年のLSS法では，次のことが規定された。第1条では対象を「知的障害者，自閉症，または自閉症的傾向にある者」などとし，第5条には，「この法律を根拠とする事業は，第1条が定める者にとって，コミューンでの生活への完全参加を実現し，生活状況における平等化を促進するものでなければならない。目標は，この法律の対象者が，この法律の対象者でない者と同等な生活を可能にすることである」と書かれている。第15条には，コミューンの責務の内容として，「広報」活動と「公共の余暇活動や文化活動に，第1条に定める者が参加できるように努力すること」が謳われている。

第9章　障がい者政策：人権の確立と生活・労働

（1）　書きことばの世界への参加：市民あるいは人間としての権利

　1960年代の後半，司書や障がい者団体は，やさしく読めて理解できる文学が，本を読むことが難しい人たちにとって必要であると主張した。スウェーデン政府は，彼らの主張が民主主義や正義を実現する重要な課題であることを認めた。この問題に関心が深い人たちで，LL グループが結成された。

（2）　知的障がい者の教育

　スウェーデンの学校制度においては，「知的障害児のためにどのような工夫をしているのか」，について河本佳子は次のように紹介している。「一歳になって両親の産休・育児休暇が終了すると，知的障害，身体障害にかかわらず，両親が望む居住地域の保育園に通園することができる。もし，特別な機能障害を持っていて特別な援助が必要な場合は，コミューンの負担によって，移送タクシー（スクールタクシー），アシスタントの雇用，保育園のバリアフリー化など，数々の援助が得られることになっている。そして，保育園から小学校へ上がる年齢になると，０学年（すべての６歳児対象）と称して就学前教育へと進むことになる」（河本，2006，p.42）。

　「スウェーデンの教育における基本原理は，民主主義に沿った教育指導で，平等，連帯，民主主義，教育の実用化，そして生徒の活動も重視している。簡単にいえば，生活に密着した教育がなされているのだ。経済的，地理的，社会的階級，人種などの差別がなく，誰しもが教育を平等に受けられるようなシステムになっている。つまり，誰しもが教育を受ける権利があるということだ。この『誰しもが平等に』のなかには，当然，機能障害をもった障害者も含まれている。たとえ重度の重複障害をもっている児童に対しても，学校側は対応しなければならないのである。教育免除などの特例はなく，学校側が移送タクシーを確保し，リフトを整備して環境をバリアフリーにし，彼らのために個人アシスタントを雇用するのである。障害をもっている児童を受け入れるだけの体制を整える義務が，学校側に課せられているのだ。もっと言えば，特別な病気で長期入院を強いられる場合にも，病院内に専属の教師がいて教育を受けられるくらいである。

　知的能力が足りない障害者の教育に関しては，主にコミューン（市）の管轄

第Ⅱ部　「国民の家」をめざしたスウェーデン社会

表9-1　知的障害者教育への対応策のいろいろ

- 身体的機能障害があっても普通の知的能力があれば普通学級に通い，学校側が雇うアシスタント（ヘルパー）の援助が部分的に受けられる。
- 普通学級の生徒で，ある学科に遅れるボーダーラインの子どもがいた場合，特別指導として，その学科に関しては別室で個人授業が受けられる。
- 普通学級のなかに数人の知的障害児が統合されており，それぞれにアシスタントがついている。
- 普通学級のなかで，特別ニーズのある子どもたちが数人いる場合には特別学級として一つのクラスを設ける。
- 普通学校の敷地内の一角に特別学校が設立されている場合は二種類のコースがあって，身体的には問題なく，普通児よりやや劣る生徒の通う特別基礎学級と，身体的にも知的にも重度，あるいは重複障害を持つ生徒の通う訓練学級とに分かれている。特別基礎学級では，最低限の教育科目を取り入れるか，生活に必要な科目を個々のニーズにあわせて優先している。訓練学級では，コミュニケーション，運動，芸術活動，日常生活作業などが主体となっている。つまり，養護学校に基礎学級と訓練学級があると考えていただきたい。
- 地域に特別学校や統合できるべき学校がない場合には，ほかの地域へ知的障害児を送ることもある。その場合は，居住地域の委員会は特別学校のある地域へ教育費を支払い，移送タクシーを準備しなければならない。
- 地域内には，「生徒の家」と呼ばれていて重度ADHD，自閉症などの特別なニーズを必要とする子どもばかりを集めている小さな一軒家，あるいはアパートの一部屋が学校になっている場合もある。3～4人の生徒を一クラスとしている。
- 自閉症児を集めた独立した特別学校もある。

（出所）河本佳子，2006，p.46による。

である地域・地区レベルが担当している。ここの特別なニーズに対応するために学校教育は柔軟であり，統合される場としての普通学校内に豊富な形式を取り入れている。ノーマライゼーションやインテグレーション（統合教育）が推進されたことで，各機能障害に必要な特別指導はなるべく自然な形において普通学校内で行われるようになった。現在では，インテグレーションよりもインクルード（包括的）へとその方向性が変化しつつある。つまり，二つのものを統合させるのではなく，すでにそこに含まれているものと考えるのである」（河本，2006，pp.45-47）。

　もちろん，すべての地域で同じ形を取っているわけではなく，「予算との兼ね合いで障害者への対応はさまざまな形態となっている」として，**表9-1**のような対応策の特徴を挙げている。そして言う。「どの地域も，個人のニーズと教育における予算と格闘しながら，形式にとらわれずにその子どもに一番適した解決方法をとろうと努力している。よって，スウェーデンでは前例がないからこれはできないという言い訳は通用しない。前例がなければ，実験的に別

の形式を試してみるというのがスウェーデン流である」(河本, p.47)。

(3) 知的障害者施設での生活

「知的障害者施設」(以下,入所施設)で32年間暮らしたというオーケ・バッティル・ヨハンソンの,二か所の施設からアパート生活を開始するまでの経験や説明は大変興味深く,少し長くなるが引用しておきたい。彼が,「まず一番言いたいことは,入所施設は住む場所としては適していないということです」。「入所施設に住んでいる人は,社会に参加する権利がなかったことです。社会の他の人たちと同じようなことはできなかったのです。そうするとどうなるかというと,受け身の人間になります。入所施設では,あっという間に受け身になってしまいます。……

　受け身の人間とは,非常に苦しんでいる人間です。私が社会に戻ってきてから,受け身でなくなるということが一番大変なことでした。長い年月の間,受け身の人間だったのですから。……いつでも言われたように物事をしなければならない生活を想像してください。

　そういう生活を続けていると,今日が何曜日か,そして何をするかさえもわからなくなるのです。生きてはいるのですが,生きているとはいえないようなものです。

　入所施設は,人間にとって非常に大切なものをいくつか奪ってしまいました。まず最初に自由がなくなったのです。皆さんは自由を失いたいと思いますか? 絶えず言うことを聞かなければ,移転させられるという恐怖で生活するのはどういうものか考えてみてください。」(オーケ・ヨハンソン+クリスティーナ・ルンドグレン, pp.55-56)

　最初の施設・ハッラゴーデンには1942年から50年まで住んでいたという。そこでは「自由はまったくありませんでした。……ここでは,大きな部屋でみんなが一緒に寝ていました。夜になると部屋には鍵がかけられていたので,トイレ用に部屋のなかにバケツが置かれていました。朝起きると,嫌な臭いが鼻をつきました。皆さんも,こんなふうに生活したいですか? きっと嫌だろうと思いますよ。

　そして,子どももここでは子どもではいられないのです。大人のように生活

しなければなりませんでした。大人びた子どもでいるというのは簡単なことではありません。氷のように冷たい水をかけられるのが罰則でした。もう一つ違う罰則は，ベッドにじっと横になっていなければならないことです。ベッドに横になっているなんて，それほど大変ではないだろうと思うでしょうが，長い間じっと横になっていると，病気でもないのになぜここに横になっているんだろうと考えるものです。こういう生活にどうやって耐えてきたのか。今でも分かりませんが，じっと我慢していたのです。

　わたしの心のなかは，怒りでいっぱいです。ですから，きっといつも共同決定と相互関与について話をしているのだと思います。福祉のどんな責任者でも，一人の人間を，絶対にこんなふうに思いやりに欠けるやり方で扱う権利はないのです。知的障害のある人たちでも，適切な方法で説明すれば，ちゃんと物事が理解できるのです」(pp.56-57)。

　そして，次の発言はトヨタ研究をしてきた私にとっては大変刺激的な内容である。「私が自分のカルテを読んだ時は，楽しくありませんでした。カルテには，私はおとなしく，従順で順応しやすいと書いてありました。文句も言わず，喧嘩もしない。泣き叫ぶこともないし，感情を爆発させることもない。『模範囚』みたいだとよく思ったものです。ここで，私は，最も重要な事柄を徹底的に叩き込まれたのです。従順に，従順に，従順にさえしていれば，何事もうまくゆく。

　入所施設で32年間も生活すると，施設の影響を受け，一種の特別な態度などが身についてしまい，今でもときどきこういう態度が出てくるのです。この施設化ということから抜け出すことは，非常に難しく，自分の特有な態度などに気づくと恐ろしくなります。私がハッラゴーデンに住んでいたときに，今話した特有な態度などを身につけたのです。そのため，私は学校で何も学ぶことができませんでした。

　しかし，運がいいことに，今では人生を取り戻せたのです。自分が経験したのは非常に大変な年月でした。子ども時代にも，やはり入所施設は影響を残しました」(pp.57-58)。

　1950年には，ロンネホルム城作業施設へ引っ越す。養護と作業用の入所施設で「自由に行動できる」と言われたが，施設なので「自由はない」。そこで

「人権侵害」だと感じたこととして挙げられているのは，医者に会うたびに，「常に真っ裸」にならなければならないこと，「女性に会ってはいけないこと」，そして「最も酷なことは，自分の知能程度を知らされたこと」であるという。当時，彼は36歳になっていたという。「自分の知能程度を知らされたことは非常に酷なことでした。自分の住んでいる世界が崩れ落ちてしまったように感じました。私は9.5歳児程度の知能の持ち主となっていたのです。自分は腐ったニシンほどの価値もないと感じてしまいました。それに，当時は人間としての価値などということはだれも話していませんでした。このことがあってから長い間，皆さんも想像がつくと思いますが，私はどちらかというと精神病のようになってしまいました」。

「しかし，現在では，私は自分の知能程度がどの程度かなどについては，全く気にしていません。そんなものは私にとってはまったく価値がないものだからです。すべての人間が人間として同等の価値がある。これこそ一番大切なことだと思っているからです」。

「私がとてもひどい状態だった時には，誰かがああしろこうしろと言っている声が聞こえたのです。だれかの声が聞こえるなどという状態は重い病気です。私は長い間そういう状態にあったのです。

こういった長い年月が，私を自分の現在の生活よりもよりよい生活があるなどということを信じられないようにしていました。これは，入所施設が病人にしたといえると思います。『入ってきたときは健康だったのに，出るときには病人になっていた』という諺があります。まさにその通りです」(「施設変革と自己決定」編集委員会編，2000，p.60)。

(4) 知的障害者の日常生活の意味と改革

知的障害を持つ人たちがどのような生活を送っているのかを知るためには，まず「生活」というものへの，二つの国の考え方の違いを理解しておかなければならない。なぜなら，福祉のあり方も，世間一般にある考え方を反映し，また知的障害を持つ人たちの生活も，一般の人たちの生活文化と切り離しては考えられないからである。

日本では生活の質を考える場合，「衣・食・住」のレベルを基準とすること

が多い。ところが、スウェーデンでは、大滝昌之によると、「『衣・食・住』とは言わず、『住む・仕事・余暇』、つまり住むところを持ち、働いたり学ぶ場があり、さらに自分としての時間を確保して有効に使っているかが、人間らしい生活をしているかどうかの基準」(大滝, 1997, p.118) として考えられているという。

　当然、「余暇」や「働く」ということについての捉え方も違ってくる。日本では、「余暇」は往々にして、忙しい「仕事の後の余った時間」を意味するが、「スウェーデンでは『フリータイム』、つまり『仕事以外の自分の時間』」を意味する。その時間には、「何もしないこと」も、「自主的に自分の仕事や学習をつづけること」もある。大滝は述べている。「そのうえで自分の時間というものが権利としても確立され、その時間をどう過ごすかは、生活の質を考えるうえで重要な意味をもっています」(大滝, p.119)。

　「働く」ということの捉え方も大きく異なっている。日本では、「衣・食・住」を満たすために働かなければならない、という考えが一般的であるが、「スウェーデンでは、働くことは生活していくうえでの一つの権利として捉えます」。権利というからには、「自分のやりたい仕事に就くための教育や雇用システム」が当然必要になる。

　「生活を満たすために働くのか、あるいは生活の質を高めるために働くのか、の違いは、知的障害をもつ人たちの生活を考える時、重要な意味をもってきます。なぜなら、障害をもつ人が自分自身の生活において、いろいろと選択してゆく際に、それを援助してゆく私たちの価値観がどうしても反映し、それが障害をもつ人たちの人生そのものに大きな影響を与えることになるからです」(大滝, p.119)。

　スウェーデンの知的障害を持つ人たちは、『住む・仕事・余暇』という生活を、基本的には一般の人たちと同じような暮らしをしている。違うのは、その人のニーズに合わせて、グループホームやその他の住居、デイセンターやその他の日常生活の場、また余暇生活の援助などが、コミューンから提供されるということである。

　現在は、今でも残っている何か所かの大施設を除いて、知的障害を持つ成人の多くは、自分の住居かグループホームに住み、デイセンターや作業所で働き、

それぞれの余暇生活を送っている。

　また，「それには障害の重さは関係なく，つまり最重度の障害をもっていても同じ権利をもち，そのニーズに適応した生活を送っています」(大滝，pp. 119-120)。

　日本の福祉施設では，福祉関係者の意見に比べ，当事者の声がなかなか聞こえてこない。施設の管理者の声はよく聞こえるが，当事者どころか，そこで働く職員の声すら聞こえにくくなっているのが実情である。ところが，「スウェーデンでは，まず本人自身がどう考えるかが優先されます。実際，福祉サービスのほとんどが本人からの申請によって行なわれるという仕組みになっています。つまり，福祉のサービスは本人が望むから得られるわけで，まわりが『あてがう』というものではありません」(大滝，p. 121)。

　スウェーデンの基本的姿勢は，「誰もが普通の暮らしができることをめざしたノーマリゼーションを，これからも継続していく中で，『障害をもつ人たちも普通に暮らしているのがノーマルな社会』と言えるものをつくり上げていく」ことである。

　スウェーデンではFUBが知的障害者の活動に果たした役割は大きい。FUBは，はじめ「知的障害児の会」と呼ばれ，知的障害児の親によるいわゆる親の会として出発しました。やがて，子どもたちが大きくなると，「知的障害児と青少年の会」と呼ばれるようになり，さらに70年代になると，知的障害をもつ本人たちも会員となるようになり，名前も，現在の「知的障害児童・青少年・成人協会」となりました。

　スウェーデンの福祉制度が確立されていく過程のなかで，機能障害をもつ人たち自身の権利の主張運動は大きな役割を果たした。そして，知的障害をもつ人たちへの福祉制度やノーマリゼーションを進めていくうえで，このFUBは大きな影響を与えた。

　やがて，FUB全国連盟の理事会に，知的障害をもつ本人であるオーケ・ヨハンソンをはじめ何人かが理事として就任し，本人たちの意見が反映されるようになった。そして80年代後半になって，本人たちの意見が数人の代表を通して理事会に反映されるだけでなく，障害をもつ本人たちが自分たちのことを話し合える場をつくるということで，ストックホルム県FUBでレフレンスグル

ープがつくられ，やがて全国連盟事務局や他の市・町村のFUB組織にも同じようなグループがつくられるようになった（p. 122）。

　レフレンスグループの主な活動は，知的障害を持つ人たちが定期的に集まり，自分たちの問題について話し合うというものだったが，やがていろいろな国際会議でスウェーデンの障害を持つ本人たちが活発に発言するようになり，それはFUB連盟の動きにも影響を及ぼすことになる。

5　生活水準研究

　スカンジナビア諸国における障害者政策の主な目標は，ノーマルなライフスタイルを促進することと，障害者の生活全般を改善することである。
　マグヌス・ティーグマンとヤン・テッセブローは，「福祉は伝統的な経済学においては国民総生産（GNP）の大きさによってとらえられてきた。このとらえ方は誤りである」と言う。「富の再分配を考慮しないと，豊かな国には貧しい人が多くいることになる。スカンジナビア諸国の生活水準の研究方法は，国民の福祉状態を測定する最も妥当な方法として，1970年に確立された。この研究方法の意図は，住居，所得，雇用状況，人間関係といった生活状態を詳細に調べ，社会階層間での相違を調べることであった。この研究は調査に基づいており，個人的な経験や満足ではなく，客観的な実態に研究の焦点が置かれている」（マヌグス・ティーグマン，ヤン・テッセブロー，1999, p. 150）と述べ，その研究方法を「生活水準研究法」と呼んでいる。この研究法の意図としては，次の三点を挙げている。第1に，異なった社会階層の比較，第2に，生活水準の時系列変化の研究，第3に，生活上の諸問題の相関関係の解明である。現在は次の生活領域が調査対象になっているとして，スウェーデンのリストを挙げている。それは次のようなものである。

　健康，教育，職業，労働条件，所得，住居，移送とコミュニケーション，余暇，人間関係，政治参加，安全。
　生活水準研究法の「狙い」は，「『良い生活』を説明することではなく，人々にとって重要な生活領域と社会的指標を指摘することである。これは社会政策において重要である」。そして，二点を指摘している。

「まず第一に，これらの指標のなかには生活の基盤となるものもある。所得はもちろん，教育と職業も生活の基盤であり，希望の実現に役立つ。第二に，『よい生活』についての社会的合意は得られにくいが，貧困などの受け入れがたい状況については，合意が得られやすい。友人が多いことが少ないよりよいとはいえない」(p. 151)。

そして，生活水準研究法によって知的障がい者の生活水準を紹介している。領域としては，住宅事情，職業と所得，人間関係，自己決定などである。

「職業と所得」について，書かれていることを少し見ておきたい。労働は人間にとって重要である。労働は収入源であるだけでなく，個人と社会をつなぐものである。労働は自己実現とアイデンティティ及び人格形成の源となる。完全雇用と「労働権」はスウェーデンにおいていまなお大きな政治課題である。

「知的障害者の大半は，『保護雇用』で，デイセンターを仕事の場としている。デイセンターの作業内容は多様である。包装，組み立てなどの非製造業的な下請け仕事がほとんどである。軽度の知的障害者は，非製造関連の仕事に従事する場合が多い。

スウェーデンでは，働くことを希望し，それが可能な知的障害者には何らかの仕事がある。『労働時間』についてはかなりの幅がある。1日8時間『労働する』人もいれば，1週間に数時間の人もいる。

知的障害者の大半は，知的障害者だけの集団で働いている（スウェーデンでは75％）。一日中，指導員以外に，知的障害をもたない人と会うことがない。このように知的障害者の就労は，社会的な統合の機会にはなっていない。職業訓練の要素をもつデイセンターでの作業は，本当の意味での労働ではない。物の生産や賃金を伴う労働ではないからである。デイセンターでは働いても給料は出ない」(pp. 158-159)。

「スウェーデンの知的障害者の48％は，1年間，1週間以上の長期休暇を一度もとっていない。一般の人でこれと同じ状態にある人は42％以下である。このように，福祉国家の所得平準化計画は富の再配分により貧困化を防ぐことを目的としたが，知的障害者まで豊かにすることはできなかった」(pp. 159-160)。

人間関係については，次のようである。「知的障害者は結婚や同棲といった身近で自己選択をともなう人間関係に関しては，知的障害をもたない人とは異

なった状態におかれている。知的障害者は，約95％が単身者である。……親とのつきあいは，スウェーデンでは，月に1回しか親に合わない割合は，知的障害者の場合44％，一般の人の場合では26％である。……スウェーデンでは知的障害者をもつ親は，子どもを施設に預け，子どものことを忘れようとした」。

「知的障害者の日常的な人間関係は，仲間のスタッフに限られる。知的障害者の約90％には親しい友人がいない（一般の場合では19％）。知的障害者の約50％は，隣人とのつきあいがない（一般の場合は3分の1）。知的障害者の一般の人との人間関係は，限られている」(p.160)。

「脱施設化の理想は施設解体によって実現しなかった。知的障害者は施設を出て地域に戻っても，周囲の人びとと交流できなかった。しかし，これは当然のことである。価値と感情を共有する人は，社会的ネットワークと人間関係をつくりやすい。私たちは友人をつくる時に，知的障害者を選ぶことは少ない。グスタフソンは，これを『日常生活における自然隔離』と名づけた」(p.161)。

人間関係については，マグヌス・ティーグマンとヤン・テッセブローは1999年時点で，生活水準研究法による調査から次のようにまとめている。「施設の解体と地方分権化はいまのところ，知的障害者の社会的孤立をもたらしてはいない。また，社会的統合も実現していない。知的障害者が社会的に孤立しているとはいえないし，生活の場の統合が社会的な統合を実現しているともいえない。否定的な態度をとる隣人はまれであり，知的障害者は地域社会に受け入れられている。しかし，隣人とのつきあいはあまりない。社会的な観点からみれば，知的障害者の日常生活は孤立した世界でありつづけている」（マヌグス・ティーグマン，ヤン・テッセブロー，1999, p.161）。

6 自 己 決 定

生活水準研究では自己決定は調査項目とはなっていない。職場での影響力と自律性についての質問は，自己決定と関連している。一般には，自己決定は当然のことと思われており，研究の対象にはならない。しかし，知的障がい者に関しては事情は違っている。

「1990年代の障害者福祉政策において，知的障害者の自己決定が，専門家の

あいだで重視されるようになった」(マヌグス・ティーグマン，ヤン・テッセブロー，1999, p. 162)。

　自己決定は知的障がい者本人にとってきわめて重要である。多くの知的障がい者が経験する「自己決定の欠如」は，ノーマルな生活のための条件と密接に関わっている。

　スウェーデンでは，行政から独立し知的障がい者を保護し代弁する後見人制度がある。ただし，「スウェーデンの研究によれば，重度の知的障害者にはこのような後見人（グードマン・管財後見人）がほとんどいない。最も必要としている人に後見人がおらず，当局およびスタッフの『善意』に依存している」(pp. 162-163)。

　「知的障害者は個人としても団体メンバーとしても政治的影響力をもたない。スウェーデンのデータによれば，知的障害者が入会する団体のほとんどは障害者団体である。知的障害者のわずか1％しか，政治集会に参加したことがない。知的障害者の31％が，最近の選挙で投票した。……スウェーデンでは知的障害者の50％以上が自分の意思を表明する方法を知らない（国民一般では5％である）」。

　1990年代のノルウェーとスウェーデンの改革の変化について，次のようにまとめている。「知的障害者の日常生活における自己決定に関しては，改善がみられた。知的障害者は余暇活動，家具，衣服などに関して改革以前よりは発言権をもつようになった。しかし，どこに住むか，誰と住むか，誰に介護してもらうかというような日常生活に関しての決定ということになるとまだまだである」(p. 163)。

　「1980年から1990年代にかけて，『福祉国家』は『福祉コミューン』となった。コミューンは社会サービスの主要な提供者となった。スウェーデンでは，知的障害者に対するサービスの地方分権化は，国家財政の弱体化にともない実施された。現在，次の二つの政治的動向がある。一つは地方分権化である。もう一つは，重度知的障害者への支援を法律に定めることである。この二つの動向には，財政上の問題点がある。『機能障害者を対象とする援助およびサービスに』(LSS)は，重度障害者の支援のニーズに対応している。実際にサービスを提供する権限はコミューンにある。……支援とサービスの質は，コミューンの財政

の『健全』さにかかっている」(マグヌス・ティーグマン,ヤン・テッセブロー, 1999, p.163)。

　近年,スカンジナビアでは,障がい者福祉の分野において大規模な社会改革がつぎつぎと行われている。その進展ぶりは,ほかの分野ではほとんど見られないものである。また,その改革の波は,知的障がい者に関わる分野では特にきわだっている。統合化とノーマライゼーション並びに障がい者自身の自立が施設収容にかわって支持されるようになってきた。

　こうした改革の目的は,「知的障害者の日常性化を大幅に改善することである。……隔離された生活を,他の人とともに暮らすあたりまえの生活へとかえていこう,というのが改革の目的である」(アンデシュ・グスタフソン, 1999, p.254)。

　「統合第一世代」と呼ばれる青年期の知的障害者,つまり1965年以降に生まれて,統合化とノーマライゼーションの思想とそれに基づく改革の影響を受けて育った人についての研究が最近行われている。これらの思想についての関心が知的障がい者を持つ子どもの親や専門職のあいだで高まったのが1960年代であった。その高まりが新しい道をきりひらく力となり,70年代には,学校の分離やサービスの分離が廃止され,統合化とノーマライゼーションが推進された。

　すでに1968年にシムリスハムで,グループホームによる統合化を目指す有名な闘争がおき,新聞やテレビで報道された。1969年には,ベングト・ニイリエがノーマライゼーション原理を提示している (pp.255-256)。

　「障害者自身とその支援者たちは独自の改革の意味づけを行なった。障害者の側はこの改革を利用し,自分たちが受け入れることができる知的障害の新しい定義を生み出した。かれらは,障害者の新しい社会的意味を,改革の思想と政策を基礎にしてつくりあげた。統合化とノーマライゼーションを目指す改革は,障害者についても,おそまきながら福祉国家の目的を実現させたのである」(p.256)。

　「統合第一世代」の知的障がい者は,「ごくあたりまえに,自分たちには特別な支援と配慮を受ける正当な『権利』があると感じているのである」(p.258)。

おわりに

　ここで，三点触れておきたい。一つは，すでに一般常識ともなっている「ノーマライゼーション」についてで，河東田がノーマライゼーションの原理を成分化したベンクト・ニイリエと会った時に語ってくれたという8つの原理の説明は，非常に分かりやすいので，ここで触れておきたい（河東田博，1992，pp. 20-23）。

　①1日のノーマルなリズムが必要だということ
　②ノーマルな1週間のリズムが必要だということ
　③ノーマルな年間のリズムが必要だということ
　④ノーマルなライフサイクルが必要だということ

　これらが「生活のリズム」という4つの原理であり，次の4つの原理は，私たちが社会のなかで生活していく際に尊重し合わなければならない約束ごとと言えるものだという。そして，

　⑤知的ハンディを持つ人々自身の選択権・願い・要求が可能な限り考慮され，尊重される必要があるということ
　⑥ノーマルな性的な経験をすべきであり，男女が一緒に生活できるようにすることが必要だということ
　⑦ノーマルな経済水準を確保していく必要があるということ
　⑧住環境をできるだけノーマルにすること

が大切だということである。

　もう一つは，筆者が注目する個人アシスタント制を障害者がどのように利用しているのかについて，一つの事例を挙げておきたい。インゲル・ロムダールは多発性硬化症を患いながら，個人アシスタントに支えられてアパートで暮らしている。

　「彼女の経済面について説明しておこう。インゲルの年金額は，手取りで月額1万クローナ（約17万円）である。そこから5500クローナ（約9万3500円）の家賃を支払っている。

　一見すると家賃が高く感じられるが，家賃には地域給油暖房システムによる

暖房費や水道料金が含まれているうえに，冷蔵庫，洗濯機，乾燥機などは備え付けとなっている。また，補助器具のレンタル代や住宅改修費，さらには個人アシスタントを雇う費用などは無料であるため，年金額から家賃を引いた可処分額（約7万6500円）は，日々暮らしていくには決して困らない額であるということが理解できよう」（山口真人，2012，p.37）。

そして最後に，1985年の「スウェーデン社会庁勧告」で触れているように，知的障がい者は職員以外の人と接することが少ないため，「知的障害者が自分の周囲に生じている事柄をよく理解できるようにするためには，職員の態度，期待，説明は決定的に重要」だということ，そして，「他者を配慮し，他者を人間として尊敬することが自尊心のもとなのだということを，職員が理解することが最も重要である」（二文字理明，1998，p.55）ということである。

【参考文献】

アーネ・リンドクウィスト，ヤン・ウェステル（川上邦夫訳）（1997）『あなた自身の社会　スウェーデンの中学教科書』新評論。

アドルフ・D.ラッカ（河東田博，古関・ダール瑞穂訳）（1991）『スウェーデンにおける自立生活とパーソナル・アシスタント―当事者管理の論理―』現代書館。

アンデシュ・グスタフソン（1999）「知的障害者の日常生活の意味と改革―スウェーデン」（ヤン・テッセブロー，アンデシュ・グスタフソン，ギューリ・デューレンダール編『北欧の知的障害者―思想・政策と日常生活―』青木書店）。

市川禮子（1993）『ああ，生きてる感じや！―喜楽苑がめざすノーマライゼーション―』自治体研究社。

ヴォルフェンスベルガー（中園康夫・清水貞夫編訳）（1982）『ノーマリゼーション―社会福祉サービスの本質―』学苑社。

梅尾朱美（2014）『権利の芽吹きは足もとに―あたりまえに生きていくための視覚障碍者運動―』かもがわ出版。

江草安彦（1988）『改訂増補　ノーマリゼーションへの道』全社協。

オーケ・ヨハンソン＋クリスティーナ・ルンドグレン（大滝昌之訳）（1997）『さようなら施設―知的障害者の僕が自由をつかむまで―』ぶどう社。

大滝昌之（1997）「スウェーデンと日本―知的障害をもつ人たちの生活と福祉―」（オーケ・ヨハンソン＋クリスティーナ・ルンドグレン『さようなら施設』ぶどう社所収）。

大谷強・二文字理明監修・翻訳・著，岸田典子・野嶋スマコ・斉藤縣三著（2002）『障害者の差別雇用　日本から見たスウェーデンの実態』関西障害者定期刊行物協会。

小笠毅（2003）『比較障害児学のすすめ―日本とスウェーデンとの距離―』新評論。

カール・G. アールストレーム他（二文字理明訳編）（1995）『スウェーデンの障害児教育改革』現代書館。
加藤彰彦（1999）「障害者福祉サービス」（丸尾直美・塩野谷祐一編『スウェーデン』東京大学出版）。
加藤彰彦（2002）「スウェーデンの障害者政策」（竹前栄治・障害者政策研究会編『障害者政策の国際比較』明石書店）。
河東田博（1992）『スウェーデンの知的しょうがい者とノーマライゼーション―当事者参加・参画の論理―』現代書館。
河東田博・孫良・杉田穏子・遠藤美貴・芥川正武（2002）『ヨーロッパにおける施設解体―スウェーデン・英・独と日本の現状―』現代書館。
河本佳子（2000）『スウェーデンの作業療法士』新評論。
河本佳子（2002）『スウェーデンののびのび教育』新評論。
河本佳子（2003）『スウェーデンのスヌーズレン―世界で活用されている障害者や高齢者のための環境設定法―』新評論。
河本佳子（2006）『スウェーデンの知的障害者―その生活と対応策―』新評論。
訓覇法子・田澤あけみ（2014）『実践としての・科学としての社会福祉―現代比較社会福祉論―』法律文化社。
グンネル・ヴィンルンド，スサンヌ・ローセンストレーム＝ベンハーゲン（岩崎隆彦・二文字理明訳）（2009）『見て！聞いて！分かって！ 知的障害のある人の理解と支援とは―スウェーデン発 人間理解の全体的視点―』明石書店。
児島美都子（1967）『身体障害者福祉』ミネルヴァ書房。
三瓶恵子（2013）『人を見捨てない国，スウェーデン』岩波ジュニア新書。
「施設変革と自己決定」編集委員会編（2000）『スウェーデンからの報告 施設，地域社会，当事者活動』エンパワメント研究所。
シャシュティン・ファルム（1999）「書きことばの世界への参加―スウェーデン―」（ヤン・テッセブロー，アンデシュ・グスタフソン，ギューリ・デューレンダール編（二文字理明監訳）『北欧の知的障害者』青木書店）。
竹前栄治・岡部史信（1996）「スウェーデンの障害者支援法および援助者報酬法―新たな『障害者人権法』の成立と施行―」（『賃金と社会保障 No.1178』1996年5月下旬号）。
手塚直樹・松井亮輔（1984）『障害者の雇用と就労』光生館。
二文字理明編訳（1998）『スウェーデンの障害者政策』現代書館。
二文字理明（2002）「障害者―ノーマライゼーションの思想の成熟―」（『スウェーデンにみる個性重視社会―生活のセーフティネット―』桜井書店）。
二文字理明他（2010）「スウェーデンにおける精神障害者の支援に関する基本資料の翻訳と解題(1)」（『社会庁通達2000年度 第14号』（社会庁，2000）および「新しい専門職の誕生・PO」（社会庁，2009）（『発達人間学論叢 第13号』大阪教育大学発達人間福祉学講座）。

第Ⅱ部　「国民の家」をめざしたスウェーデン社会

二文字理明（2011）「スウェーデンにおける精神障害者自立支援の現状の一断面」（北ヨーロッパ学会中部部会・報告レジュメ，2011年1月29日）．
ノーマライゼーションの現在シンポ実行委員会編（1992）『ノーマライゼーションの現在―当事者決定の論理―』現代書館．
野村武夫（2004）『ノーマライゼーションが生まれた国・デンマーク』ミネルヴァ書房．
花村春樹（1998）『ノーマリゼーションの父　N・E・バンク-ミケルセン―その生涯と思想―』福祉BOOKS．
馬場寛・シャシティーン馬場・加藤彰彦（1997）『スウェーデンの社会サービス法／LSS法』樹芸書房．
パルブロ・ヴェステルホルム，カール・グリューネヴァルト（1998）『人間としての尊厳』障がい者人権文化室〈Nプラニング〉．
P.C.ヤシルド（菅原邦城訳）（1991）『生きている脳』人文書院．
東泰弘（2010）「作業療法士の仕事とは何か―スウェーデン作業療法協会の訪問を通じてわかったこと―」（『発達人間学論叢　第13号』大阪教育大学発達人間福祉学講座）．
ビャネール多美子（2011）「認知症について」（『スウェーデンにみる「超高齢社会」の行方』ミネルヴァ書房）．
福地潮人（2004）「スウェーデンにおける障害者の雇用について」（北ヨーロッパ学会報告レジュメ，2004年11月20日）．
ブリッタ・ヨハニソン（友子・ハンソン訳）（1997）『私にもできる―障害があっても自立した生活―スウェーデンから』萌文社．
ブリット＝ルイーズ・アブラハムソン（2006）『スウェーデンの認知症高齢者と介護』ノルディック出版．
ペーデル・ハウグ，ヤン・テッセブロー編，二文字理明監訳（2004）『インクルージョンの時代―北欧発「包括」教育理論の展望―』明石書店．
ベンクト・G.エリクソン，二文字理明，石橋正浩編著（2007）『ソーシャル・インクルージョンへの挑戦―排斥のない社会を目指して―』明石書店．
ベングト・ニィリエ，河東田博・橋本由紀子・杉田穏子・和泉とみ代訳編（2000）『［増補改訂版］ノーマライゼーションの原理―普遍化と社会変革を求めて―』現代書館，2000年1月）．
マニー＝マグヌッソン，ヒルド＝ロレンツィ（橋本義郎訳）（2002）『スウェーデンのレクリエーション　機能障害をもつ人の余暇』明石書店．
宮本太郎（2013）『社会的包摂の政治学』ミネルヴァ書房．
村田稔（1994）『車イスから見た街』岩波ジュニア新書．
茂木俊彦（1994）『ノーマライゼーションと障害者教育』全障研出版会．
山口真人（2012）『真冬のスウェーデンに生きる障害者―日本の理学療法士が見た福祉国家―』新評論．
ヤン・テッセブロー，マーリット・アールト，ペーテル・プルセーン（二文字理明訳）

(1999)「ノーマライゼーションの思想の発達と社会サービス」(ヤン・テッセブロー,アンデシュ・グスタフソン,ギューリ・デューレンダール編『北欧の知的障害者―思想・政策と日常生活―』青木書店)。
ヤンネ・ラーション,アンデシュ・ベリストローム,アン・マリー・ステンハンマル(2000)『スウェーデンにおける施設解体―地域で自分らしく生きる―』現代書館。

第10章

新年金制度：改革の背景と特徴

はじめに

　退職後の生活は，ライフステージを大きく３段階に分けると，人生の最後の段階となる。ほとんどの人は，経済的には年金に支えられて生活を送ることになる。この老後の生活を安心して送れるかどうかは，退職後の生活のみではなく，就労期間中の労働や生活，さらには親や社会に守られて生活する18歳までの人生にも決定的な影響を及ぼすことになる。スウェーデンの場合には，新年金制度は老後の生活の安心・安全のみならず，若い頃からの個々人の能力の成長・発展や平等の実現が意識されたものとなっている。

　スウェーデンでは，年金改革の過程で大切にされたのは，安心，信頼，世代間連帯，透明性，公平，制度の持続可能性，普遍主義などであるが，日本ではそのほとんどが欠けている。日本の年金制度はスウェーデンの年金制度を参考にしていると言われながらも，筆者の実感としては似ても似つかない制度・実態になっている。

　日本の年金制度は大きく三つに分かれ，しかも，３階建てになっている。公的年金は２階建てで，１階部分は約6800万人が加入する国民年金である。これは「基礎年金」とも呼ばれ，職種にかかわらず国民が加入する。自営業などは１階部分だけに加入義務があり，保険料負担は2014年度で月１万5040円である。国民年金の年金支給額は平均で月5.5万円になる。２階建て部分は厚生年金と共済年金で，労使折半で報酬に比例した保険料を支払う。３階部分は，民間が運営する企業年金などで成り立つ。トヨタの正社員の場合にも３階建になっている。

　以下に見るスウェーデンの年金制度と比較して大きく異なるのは，制度が民

第 **10** 章　新年金制度：改革の背景と特徴

図 10-1　老齢年金受給月額の分布状況（2010 年 3 月末現在）

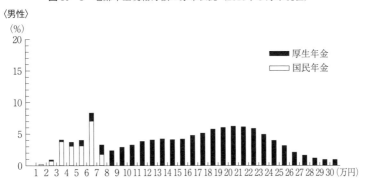

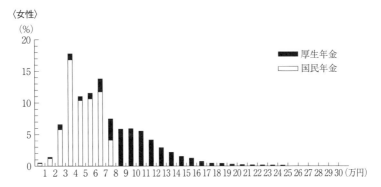

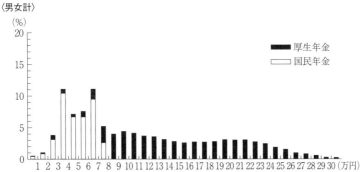

（注）　国民年金は基礎年金のみの受給者と旧国年の受給者。厚生年金は，基礎年金を含む老齢年金の受給者。
（原資料）　http://www.mhlw.go.jp/topics/bukyoku/nenkin/nenkin/toukei/nenpou/2008/
（出所）　唐鎌直義，2012，p. 202 による。

間企業の労働者や公務員,自営業者などバラバラに分断されており,しかも年金格差が著しく大きいことである(図10-1)。低年金者や無年金者も多く見られる。子どもの頃から同質的な競争・選別を強いられ,受験競争や人事考課による差別・選別による格差は,老後の年金格差にまで影響することになる。結果として,若い頃から子どもの教育や親の介護の心配さらには自分の老後のことまで考えなければならず,若い頃に安心して自分の人生への挑戦を意欲的に目指すことは出来難い社会になっている。

　福祉国家では,雇用や賃金制度,年金制度に信頼がなくなると「骨格」が揺らぎ,国民の不安感が著しく増すことになる。日本の場合には,先に見た,「日本的経営」の崩壊現象により,年功賃金・終身雇用という社会の骨格が崩れつつあり,それを自己責任原則を基本とする社会保障政策によって支えようとする大変な困難に今,日本国民は直面している。

　本章では,スウェーデンの年金制度,とりわけ新年金制度がどうなっているのかを詳しく見ておきたい。その特徴や注目点,さらには日本が学ぶべき点について触れてみたい。

1　年金制度改革の背景

　ここでは,スウェーデンの,いわゆる「旧年金制度」が,なぜ改革することになったのか,について触れたい。

　1999年以前は,定額の基礎年金と所得に比例する付加年金の2階建てであった。年金額は生涯平均所得の約70%の確定給付制となっていた。そして,財源は,現役世代に課せられる保険料(18.5%)と過去の積立金の運用収入で構成される修正賦課方式であった。

　では,なぜ旧年金制度は変更することになったのか。これまでに指摘されているのは,たとえば,次の点である。第1には,労働市場構造・人口構造の変化の大きさによる対応能力の低下が挙げられる。そして第2に,低成長,平均寿命の飛躍的伸長による高額の附加年金という問題である。第3に,大きな問題となったのは,旧制度では,労働生活でもっとも恵まれた所得を得た15年間が算定の基礎となっていたことである。これが批判の的となった。

公的老齢年金構造改革の背景として，木村陽子は次の3点を挙げている（木村陽子，1999，pp.163-164)。

①財政問題である。ひとつは高齢化，あとのひとつは強い所得再分配によって給付と拠出の対応関係が明確でなかったことが大きな原因である。

②経済成長の成果をめぐって，高齢者と稼得世代との対立が生じる可能性があった。

　公的年金の目指すところは高齢者の生活と稼得世代との生活水準が大きく開くのを避けることである。そのためには，年金給付水準に賃金スライドまたは可処分所得スライドが組み込まれているのが普通である。もしこれがあればほかの条件が一定である限り，経済成長に応じて年金保険料も年金給付額も伸縮する。財源となる保険料は経済成長に対応しているのに，年金給付額が経済成長に対応せず，スウェーデンの年金制度は物価スライドだけだった。これでは，高度成長期には成長の成果が高齢者に回らず，実質賃金が低下した時には高齢者の生活水準は若い人よりも上昇し，高齢者と稼得世代との緊張を引き起こすことが指摘された。

③基礎年金や付加年金では，働くことにほとんど無関係に給付が決まってしまう。基礎年金は税方式であるし，付加年金の給付は上限つきで最良の「15年間」をもとにして決まる。しかし，保険料は上限がない。これでは働くことに対する誘因を与えない。またこの方法は，同じ世代内でも不公平をもたらす。新制度の所得再分配は，年金額に反映されない上限以上の収入にかかる事業主負担の保険料や保障基礎年金の部分だけである。

2　新年金制度の基本方針

多田葉子は，新年金制度の基本的骨子をまとめたSOU=政府調査書（1994・20）により，新年金制度の基本方針を以下のように整理している（多田葉子，2005，pp.17-19)。

①新年金制度は，現代に対応するシステムであるべきである。小規模で継続的な改革は，旧制度によって引き起こる欠点を悪化させると考えられる。したがって，新年金制度の発足は迅速に行われるべきである。ただし，制

度の移行には時間をかけるべきである。
②年金制度の基礎は，将来的にも強制加入の公的システムであるべきである。
③新年金制度は，就労所得が低かった者への保障であり，また一方で年金額は就労時の収入額に基礎をおくべきである。つまり，新制度は基礎保障とスタンダード保障の両方の考え方に基づくべきである。
④新年金制度の年金額は，現在の平均余命において，原則として旧年金制度とほぼ同じレベルに保たれるべきである。年金換算収入の上限は，一般のスタンダード上昇と連動して換算されるべきである。
⑤新年金制度では，生涯就労所得に基づいて年金額を換算すべきである。上限以下のあらゆる収入は，いかなる時期の収入にせよ，同じように扱われるべきである。基礎保障は，基礎的年金レベルを保障するための権利として整えられるべきである。
⑥旧年金制度では，年金額のレベルをあらかじめ決め，それによって保険料を決めていた。これとは反対に，新年金制度では保険料レベルがあらかじめ決められ，それによって年金額は決められるべきである。老齢年金は，独立した年金として財政を賄われるべきである。
⑦公的年金制度は，主として分配の原則に基づき構築されるべきである。分配の原則とは，現在納められている保険料が現在の年金受給者に支払われるという，世代間扶養の原則のことである。ただし，この分配の原則は，個人の保険料貯蓄という要素によって保管されるべきである。
⑧年金制度改革の目的は，世代間にバランスのとれた基金をもたらすことである。

このような基本方針に基づいて，新年金制度が組み立てられていくことになる。

3　新年金制度の沿革と特徴

新年金制度については多くの研究があるが，「特徴と沿革」については，木村陽子が要領よく整理しているので，主として，それに依拠して説明したい（木村，1999）。

第10章　新年金制度：改革の背景と特徴

　1999年1月より実施されたスウェーデンの公的年金改革は，ほかの先進諸国には類を見ないドラスティックな構造改革である。木村は言う。「高齢化や経済のグローバル化による国際競争の激化に耐え，なおかつ労働意欲を阻害せず，おまけに透明で効率的な所得再分配であることを目指したものである。寿命の伸長など各世代のリスクは基本的に各世代が被るシステムになっている」（木村，p.149）。

　その内容は，第1に，保険の性格をより強める一方で，所得再分配をより弱めることによって労働誘因を強め，年金制度を活性化させることを意図している。第2に，公的年金にはめずらしく，確定給付型から確定拠出型の年金制度に変えたことである。第3に，保険料率を賦課方式で運用される部分と積立方式で運用される部分に明確に分けたこと，各世代ごとの生涯の年金受給額は各世代が支払った保険料の運用実績によって決まるとしたことである。「とくに第2，第3の特徴は他の国の年金改革にはみられない示唆に富む」（木村，p.150）。

（1）　公的年金制度の沿革

　最初の公的老齢年金は，1913年の年金保険法に基づく。年金財政の収入は各個人が支払う保険料と税金であった。しかし，内容が劣悪なため，1935年には基礎年金法が制定され，国からの補助金の増加もあって，保険方式は廃止された。第2次世界大戦後，1946年には基礎年金の原型と言われる国民年金法が制定され，1948年から施行された。均一給付，均一拠出の制度であり，67歳が給付開始年齢であった。これにより従前所得に関係なく最低保障水準が確定されたが，基礎年金のみを受給する大部分の受給者にとっては十分な給付水準ではなかった。また，持ち家を前提とした給付であったので，住宅賃貸者を対象にミーンズテスト（資産調査）を伴う住宅手当制度がコミューンで始まった。年金は賦課方式で運営され，また，物価に応じて給付額が調整されるようになった。

　1950年代に，基礎年金だけでは不十分であるとする議論が高まった。国家的な議論を経て，1960年に付加年金（ATP）法が施行され給付が開始されたのは3年後である。1963年の社会保険法で基礎年金，付加年金，医療保険が定められた。そして，1977年に給付開始年齢を67歳から65歳に引き下げ，そして部分

年金が施行された。

　1980年に保守党政権による年金制度の見直しがあった。年金等の物価スライド制の一部廃止，部分年金の給付水準の引き下げ，住宅補助金の削減が実施された。1982年に政権に復帰した社会民主労働党（社民党）下でも，1985年2月に議会内に年金委員会を設置するほどに年金は大きな問題となった。1990年に委員会は提案をまとめたが，各界からこの程度の改革では不十分という反応が多かった。構造改革は1991年11月に招集された与野党7党の代表者よりなるワーキンググループの検討から始まった。1994年には老齢年金改革法案（保守中道4党と社民党が合意，左翼党，新民主党が合意せず）がまとめられ，1999年1月から実施された。

（2）　給付構造の特徴

　スウェーデンの給付構造は**図10-2**のようになっている（木村，1999，pp. 151-152）。その特徴は，以下のようである。

① 公的年金制度が中核であり，それを補足する形で私的年金制度があることは新旧両制度に共通する。

② 公的年金制度は日本のように職種別に分立していない。全国民をカバーする単一の制度である。旧制度は国民基礎年金と国民付加年金（＋補足手当）の2階建てで，新制度は国民老齢年金だけの1階建てである。旧制度の国民基礎年金と補足手当は，新制度の保障基礎年金に代替されている（**図10-3**）。

③ 被保険者は16歳以上でスウェーデンに居住し，社会保険事務所に登録した者である。国を離れる期間が1年未満の者も被保険者である。

④ 私的年金には協約年金と個々の企業ごとの企業年金があり，ほかに個人年金がある。協約年金が発達しており，新旧両制度とも公的年金と協約年金を合わせて平均では従前所得の70％程度となっている。協約年金の給付は原則として終身である。

⑤ 協約年金はホワイトカラーやブルーカラーといった職種別の，企業を横断する企業年金である。労働組合に入ると自動的に協約年金制度にも加入することになる。ホワイトカラーを対象としたITP，ブルーカラーを対象

第10章　新年金制度：改革の背景と特徴

図10-2　公私の年金制度

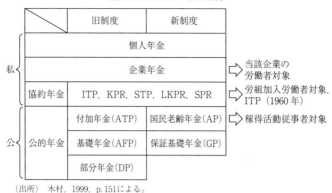

（出所）　木村，1999，p.151による。

図10-3　旧年金制度と新年金制度

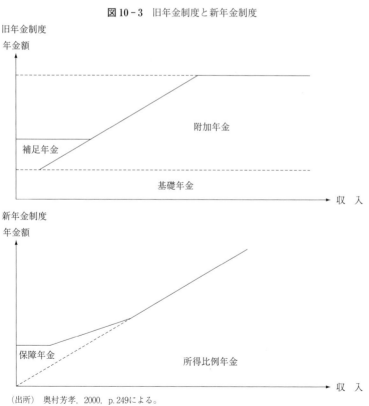

（出所）　奥村芳孝，2000，p.249による。

としたSTP，国家公務員を対象としたSPR，コミューン職員を対象とした KPR，県の公務員を対象としたLKPRなどがある。
⑥積み立て方式で運営されている付加年金（ATP）の積立金及び協約年金の積立金がスウェーデンの資本市場において重要な役割を果たしてきた。

（3）「基礎額」と「年金ポイント」

①基礎額

　ここで年金給付をはじめ社会保障給付の算定のもととなっている基礎額（The Base Amount）について見ておきたい。基礎額はもともと，1960年の付加年金（ATP）導入時に採用されたものであり，年金額を計算する際の基礎となるものである。

　この基礎額に一定の割合を乗じて給付額が算出される。もともと，1960年当時は最低生活よりも上の平均給付水準の保障を目指していた。現在では，年金給付だけでなく，医療保険の傷病手当計算，生活保護の受給金額など広く適用されている。

　基礎額は，消費者物価指数に連動する。1982年以前は前回の改定時に比べて消費者物価が3％以上増減した場合に限って改定された。1982年以降は暦年中の基礎額がその年の1月の値に改定されるようになった。1995年以降，基礎額は物価上昇率の69％に連動することになった。1996年の基礎額は年3万6200クローナ（月額，約3,020クローナ）である。1993年以降は年金と各給付の算出をするときには減額基礎額（1996年で3万5476クローナ）という基礎額の96％をもとにして計算することになっている。1995年以降は増額基礎額が年金算定所得，年金ポイントおよび一般拠出額を計算するときに用いられる。

②年金ポイント

　旧制度の年金給付額を算定するのに重要なのは年金ポイントであった。価値を維持した形で付加年金を給付するためには過去の所得を何らかの形で現在価値に換算する必要が生ずる。たとえば，付加年金（ATP）では次のような年金ポイント制をとり，過去の賃金が現在の基礎額の何倍に相当するかを割り出す。この方法は新制度でも継承されている。各年の年金ポイントは以下のようにして得る。

各年の年金ポイント＝(その年の所得－その年の1月の年金基礎額)／その年の1月の年金基礎額

ただし，年金給付額算定の対象となるその年の所得は，年金基礎額の7.5倍を上限とする。したがって年金ポイントの最高点は各年6.5である。基礎額が差し引かれるのは，基礎額に相当する部分は，基礎年金（AFP）の対象となるためである。

旧制度では年金給付額を算定する場合に，15年ルールと言われる方式を使う。それは16歳から64歳までのうち，もっともよい点数のものから順に15年分取り出してこれを15で除し，平均年金ポイントを得る。したがって報酬比例部分の付加年金（ATP）給付額は，支給日の年金基礎額×平均年金ポイントを基礎に算出される。現在では基礎額の98％に相当する調整基礎額が使われる。なお，年金受給に必要な最低年金ポイントは老齢年金は3年，障害年金・家族年金は1年である。以上より，年金給付には物価スライドは明示的であるが，賃金スライドは組み込まれていない（所得には稼得収入，疾病給付，失業給付なども含む）。

4　年金構造改革の特徴

木村陽子は年金構造改革の特徴を，新旧制度を対比しつつ次のように整理している。

（1）　給付構造の改革

①基礎年金と報酬比例の付加年金の2階建てであった年金を，最低保証付きの報酬比例の国民老齢年金制度の1階建てに変更した。
②給付建ての制度を拠出建てに変更し，給付と拠出の対応関係を強化した。
③引退生活に入ることをスムーズにするために，年金支給開始年齢をフレキシブルにした。
④部分年金制度は廃止される見込みである。
⑤経済状況を反映させる年金スライド方式とした。
⑥世代間の不公平の問題を回避するために，各世代の平均寿命により毎年の

年金が異なるようにした。
⑦制度設計上の計算では，新旧両制度で給付水準がほとんど変更しない。

新制度については，詳しくは，次のようである。

①報酬比例部分のみの1階建ての年金とし，所得水準の低い人には所得調査付きで最低年金を保障することとした。最低保証付きの保障基礎年金であり，十分に働けない人々に最低年金を保障し，満額の年金額は単身者で基礎額の2.1倍になり，既婚者の場合，1人あたり1.87倍である。ただし満額の年金を受給するためには，16歳から65歳の間に少なくとも40年間はスウェーデンに居住しなければならない。国民老齢年金の受給額が増加するに従って保障基礎年金は減額され，国民老齢年金の受給額が単身者で基礎額の3.0倍以上，既婚者の場合，1人あたりで2.655倍以上になると支給が停止される。

②拠出建ての年金制度になり，16歳以降のすべての収入（65歳以降の収入も含む），つまりどれだけ年金額が支払われたかということと，保険料の運用実績によって年金給付額が決定されることになった。保険料は，賦課方式部分と積立方式部分に明確に分離される。賦課方式部分は経済成長率に等しい収益を保障するように考えられている。

③2001年から老齢年金を61歳で支給開始できることになった。受給をそれ以上に延期すれば，年金は増額される。年金支給開始年齢は上限がない。他方1997年に雇用保障法が制定され，就労の権利を保護する年齢上限を67歳までとした。優先権（seniority rule）に基づくレイオフは67歳まで適用される。

④部分年金制度は2000年以降廃止される見込みである。61歳以降は現行のように老齢年金の一部を（4分の1，2分の1，4分の3）を早期に受給できることになろう。

⑤老齢年金は，物価上昇と実質賃金の上昇を加味する経済調整指数を用いる。基礎保証年金は物価スライドのみである。

⑥各世代の年金額は，拠出した保険料に経済成長と利子を稼いだ部分が加わった総貯蓄額を各世代の平均余命で除した額である。

⑦当然，将来の成長率などに依存するが，20～65歳で40年間就労した場合に，年金が最終賃金のほぼ60％になると見込まれる。大部分の賃金労働者は団体交渉による協約年金を受給し，その年金は国民老齢年金の10～15％になる。

（2） 拠出構造の改革

　拠出構造の改革の特徴は，「保険料」の性格をより強いものとし，高齢化や過少貯蓄に対応するために保険料を賦課方式部分と積立方式部分に明確に分離したことである。

①財源調達法を「保険料」の性格の強いものに変更した。

　すべての稼得従事者は拠出を負担する。1995年から拠出が始まっている。被用者に関しては，拠出は労使折半で，事業主の従来の拠出は1996年からしだいに減少することになっている。被用者は拠出を求められるが，賃金はその分引き上げられるので事業主にとり労働費用総計は変わらない。これは被用者が負担を実感するためであるらしい。事業主の保険料負担額に上限はない。基礎保証年金は，スウェーデンに居住している，あるいは一定期間スウェーデンに居住した人が対象である。財源は国庫負担である。

②報酬比例型年金の運営方式を変更した。

　保険料を賦課方式部分と積立部分に分離して各世代の年金額はその運用の成果で決まることとした。保険料は18.5％の保険料のうち16.0％は毎年の給付費に充てられ（賦課方式分），2.5％は利子所得を得るために蓄積される（積立方式分）。後者については，個々人が勘定を持ち，公的部門に運用を任せることもできるが，生命保険会社や銀行などの民間の金融機関を選択し，運用を任せることもできる。貯蓄部分については本人が死亡した場合，遺族に渡される。成熟期においてはGDPの20～30％に達する見込みである。

③子育ての期間など年金権を付与するための期間については，国庫負担で財源調達される。これも保険とそうでないものの分離である。

　子どもの養育（子どもが4歳になるまで）と軍隊の服務は就労と同一と見なされ，年金権が保障される。この期間は国庫負担によって保障される。その間の収入を仮定し，それに見合った保険料を支払ったものと見なされる。

　そのほかの特徴としては，老齢年金が社会保険のなかで障害と遺族の両年金とは別に独立した部門となったことである。

　最後に，木村は述べている。「私たちが注目するのは，この改革で明らかになった公的年金において各世代のリスクを他の世代にできるだけ転嫁しないためのさまざまな方法である」（木村陽子，1999, p.165）。

第Ⅱ部　「国民の家」をめざしたスウェーデン社会

　以下では，新年金制度のなかで筆者が注目する「育児期間中の年金権」と「マックス・タクサ」と「リザーブドアマウント」について触れておきたい。

5　育児期間中の年金権

　育児休暇中の年金権は，「少子高齢化」の日本にとっても，子育て中のセーフティー・ネットの一つとして注目されるので，多田葉子の研究に依拠して，少し詳しく触れておきたい（多田葉子，2005, pp. 40-44）。

　多くの男女は，人生のある期間子どもを産み育てるが，スウェーデンでは子どもが幼少の時期に，親がパートタイム労働を選択する場合がある。特にこの傾向は女性に多く見られる。パートタイム労働の選択は，年金換算の基礎となる収入が減少することを意味し，結果的には年金額が低くなる。

　新年金制度でも，旧年金制度と同様に，両親保険を利用した出産育児休暇及び育児一時休暇を利用する際は，両親保険による所得保障を収入と見なし，年金換算所得として換算される。しかしそれにもかかわらず，子どものいる者と子どものいない者では，その後の年金額に差が生じている。そこで，新年金制度においては，育児期間に関して特別の仮定収入換算方式が導入されることになった。この制度が，「育児期間中の年金権」と呼ばれるものである。

　子育て期間以外にも，徴兵中の期間や大学などでの勉強中の期間については，年金基礎額（PGB）と呼ばれる仮定収入を設定し，年金権を得ることができる。育児期間の年金基礎額は，子ども1人につき出生から4年間適用される。子ども1人につき両親のうちどちらかの年金権に，育児期間中の年金基礎額が加算される。育児休暇をとっているかどうか，フルタイム就労をしているかパートタイム就労をしているかどうかなどに関係なく，すべての親に適用される。複数の子どもが重複する場合には，重複期間は1人分の適用となる。また，1960年度以降の育児期間に適用される。1960〜98年までは，自動的に母親がこの育児期間中の年金基礎額の適用を受ける。この期間中に父親の方が低収入であった場合などの条件を満たせば，申請により父親に適用することもできる。99年以降については，届出がなければ収入の低い方の親に適用される。

　この制度の目的は，子どもが小さい時期に，子どもと家にいることを選んで

第**10**章 新年金制度:改革の背景と特徴

図 10 - 4 母親の出生年による年金換算基礎収入(PGI)及び子育て期間の年金基礎額(PGB)の例

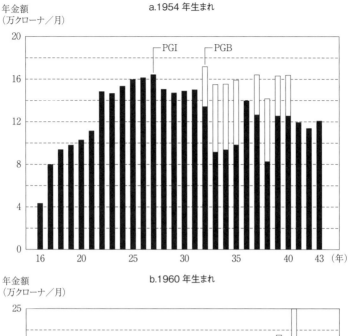

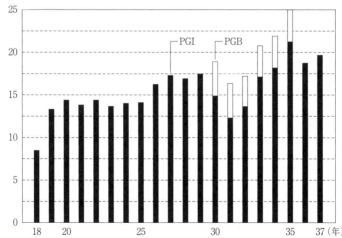

(原資料) RFV, Den nya allmänna pensionen -med orange brev 1999 som utgångspunkt 1999
(出所) 多田葉子,2005,p.43による。

も一定の年金権が保障されることである。同時に，子どもが小さい時期にも，労働市場で働き続けることは将来の年金額という観点から有利であり，労働参加を刺激することを目的としている。

この育児期間中の年金基礎額の換算は，次の三つの方法から，個人にとってもっとも有利な方法を採用する。育児期間中の年金額は，たとえば両親保険のような年金基礎収入やその他，たとえば就労による年金換算基礎収入にプラスアルファされる。

①子どもが産まれる直前年の親の年金換算基礎収入と同じ額まで補足する。
②65歳未満の全被保険者の年金換算基礎収入平均額の75％までを補足する。
③毎年内閣によって決定される基礎額を基準に補足する。

図10-4のa及びbは，この育児期間中の年金基礎額がどのように年金権を補足しているかの例である。1954年生まれのある母親と1960年生まれのある母親の年金権の基礎となる収入を例示している。

このように新年金制度では，育児期の年金権という新しい概念が導入された。日本では考えられないことである。この制度は，特に女性の年金額を引き上げることを目的としている。この制度によってフルタイムで働く親あるいは両親保険による所得保障を受けて育児休暇をとっている親は，子どものいない親と少なくとも同じレベルの年金権が確保されることになった。多田葉子は述べている。「年金権という観点からも，子どもを産み育て働き続けることが有利となるシステムは，まさに少子化社会の年金制度」(p.44) と言える。

6 マックス・タクサとリザーブドアマウント

年金で生活する高齢者にとって介護の自己負担額は重要な情報なので，西下彰俊氏の説明をもとにここでも紹介しておきたい。西下彰俊は「自己負担額の上限額設定とリザーブドアマウントの下限額設定」について，次のように述べている（西下，2012, pp.296-298）。

1982年に施行された社会サービス法の第35条第1項に基づき，各コミューンは在宅サービスについて妥当な手数料を徴収することとなった。さらに1992年のエーデル改革以後は，在宅サービスに加えて，介護の付いた特別住宅におけ

るケアサービスについても，サービスを利用する際の自己負担額について各コミューンが独自に決定することになった。その結果，コミューン間で自己負担額に大きな格差が生じた。そこで，「スウェーデン政府は，サービスを利用する高齢者の自己負担額について上限額（maxtaxa）を設定することを決定した。具体的には，2002年に改正された社会サービス法により，2002年に関しては，在宅サービスを利用する高齢者の1か月の自己負担の上限額は全国一律1516クローナと決められた。この自己負担の上限は毎年改定され，2012年は1760クローナとなっている。なお，この上限額は全国，全コミューン一律である。この自己負担上限額を積算する根拠となるのは，毎年1月1日に改定される物価基礎額（prisbasbelopp）である。2002年の物価基礎額は3万7900クローナであり，この額を12か月で割り0.48倍した額が，1516クローナである。2012年の物価基礎額は4万4000クローナであり，この額を12か月で割り0.48倍した額が1760クローナである。なお，この自己負担額の上限設定は，介護の付いた特別住宅の入居者にも適用される。上限額の決定方法は同じであるが，係数が0.5倍である点が異なる。

また，2002年の社会サービス法改正により設定された，リザーブドアマウントとは，介護サービスを利用した高齢者が最終的に自分の手元に残すことのできる額のことであり（最低留保額とも呼ばれる），個人的ニーズを満たすのに十分な額を意味している（井上誠一，2003，p.27）。個人的ニーズに関する積算の根拠は，食費，衣服費，余暇・レクリエーション費，家具・台所用品費，消耗品費，衛生品代，新聞代・電話代・テレビ代，医療看護費・薬代，歯治療費，旅行費，庭整備代等である。このリザーブドアマウントに関しても，比較的大きなコミューン間格差が見られたことで，スウェーデン政府はリザーブドアマウント額についても下限額を決めることにしたのである。

具体的には，2002年に改正された社会サービス法により，2002年に関しては，1か月のリザーブドアマウントの下限額は全国一律で，4087クローナと決められた。このリザーブドアマウントの下限額は毎年改定され，2012年は4967クローナとなっている。なお，この下限額は全コミューン一律である。このリザーブドアマウント額を積算する根拠となるのは，自己負担額上限設定の場合と同様，毎年1月1日に改定される物価基礎額である。2002年の物価基礎額は，

3万7900クローナであった。2012年の物価基礎額は4万4000クローナであり，この額を12か月で割り，1.3546倍した額が，4967クローナである。

7 新年金制度の特徴・注目点

　エスキル・ワーデンショーは，新しい年金制度の背後にあるアイディアについて次のように述べている。「年金制度を年金数理的に公平にし，そしてその結果，存続発展が可能になることによって，労働インセンティブを高めることである。新年金制度は，より保険制度の部分を多く，所得再分配の部分を少なくしたのである。年金改革の二番目の目的は，年金制度がすべての高齢者に基本所得を保障することがわかるようにすることであった。それは再分配も行われるべきだが，以前の制度より存続発展が可能になるべきだということを意味する。主要な変更は，確定給付制度から確定拠出制度へとシフトしたことであった。この新しい確定拠出年金制度は，主要部分としての賦課年金制度とプレミアム年金の積立部分という二つの部分から構成されている。確定拠出型の賦課年金制度の構成は，興味深い革新である。新しい制度から年金の一部を得る最初のグループは，1938年生まれの人々である。1954年以降に生まれた人々の年金は，全体的に新制度に基づくだろう」（エスキル・ワーデンショー，2008, p. 215）。

　エスキル・ワーデンショーが「改革の意図」として上げているのは，「よりフレキシブルで，より高い退職年齢を」である。年金制度の数理的変更は，労働供給を増やし，定年を延長することを意図していた。そのほかの諸改革にも同じ意図があった。以前は，削減された老齢年金を60歳から受給できたが，新年金制度では61歳からとなった。早期退職者は年金退職時には所得比例年金だけを受給できることになる。保証年金は65歳から認可され，その場合にはその人が65歳で退職したのと同じ方法で計算される。そのほかの変更としては，65歳以降の収入からの年金掛け金も年金債権になり，年金を増やすことが出来ることである。すなわち年金受給を70歳まで伸ばすことが可能となり，その場合には年金の年額が増えることになる（p. 220）。

　エスキル・ワーデンショーは，新年金制度の主な特徴として次の6つを挙げ

ている。①確定拠出制度である，②労使の保険料によって賄われる，③プレミアム年金の積み立て年金部分がある，④配偶者間でプレミアム年金積立部分の年金債権は分割できるという選択肢がある，⑤部分退職の機会を提供する。⑥退職年齢を引き上げることを意図したものである。(p. 221)

　以上で示した社会保障年金制度は，そのほかの年金によって補足されている。もっとも重要なのは人口の大部分をカバーしている職域年金制度である。職域年金制度には4つの主要な年金制度があり，それは，公務員年金，地方自治体による再雇用者のための年金，民間企業のホワイトカラー労働者のための年金，民間部門のブルーカラー労働者のための年金である。

　職域年金にカバーされないグループは，働いていない人のほか自営業と短時間労働のパートタイム労働者である。年間を通じて働いていない人，短時間労働の人，自営業の人は相対的に少ないので，大多数の人は少なくとも退職のとき職域年金を受け取るのである。2002年には，65歳から69歳の男性の88.2%，女性の83.6%が，一つあるいはいくつかの職域年金プランからの所得を受け取った。エスキル・ワーデンショーは述べている。「職域年金は高所得者にとっては最も重要である。このことは**表10-1**で示される。第10分位の男性については，平均的職域年金は平均ATP年金よりも高い。これは4つの職域年金プランのうち3つが，公的年金制度受給上限である基礎額の7.5倍を上回る収入部分をカバーしているためである」(p. 222)。

　多田葉子は，新年金制度は，低経済成長期にも持続可能な年金制度であり，次の点に注目すべきであるとする（多田，2005, pp. 58-59）。

①経済変動や人口変動に対応したシステム運用

②税負担による老後の基礎生活保障

③就労時の年金負担を将来の年金額に反映

④男女間格差をなるべく縮小する試み

⑤各世代の合意を得るシステムの構築（特に現役就労層が納得して年金保険料を払うシステムの確保）

　岡澤憲芙が新年金制度の特徴として挙げている次の二つも重要な指摘であろう。「一つは，提議・審議・検証の過程で広大な政党間協力を基礎にしていたため，以後に発生するであろう修正作業でも幅広い政党間協力を期待できるこ

第Ⅱ部 「国民の家」をめざしたスウェーデン社会

表10-1 65〜69歳の人の所得10分位別の基礎年金, ATP年金, 2002年の職業分類による協定年金

(単位:1,000クローナ)

10分位	男性			女性		
	基礎年金	ATP年金	職域年金に基づく協定年金	基礎年金	ATP年金	職域年金に基づく協定年金
1	30.6	42.5	6.7	34.6	12.6	
2	31.0	79.5	12.5	31.5	28.8	7.7
3	30.5	92.4	18.4	32.5	40.7	10.6
4	30.0	100.3	22.4	31.3	54.7	13.8
5	29.6	107.4	26.8	31.1	66.0	16.5
6	29.1	113.9	31.8	31.0	73.5	19.4
7	28.9	116.7	39.9	30.3	79.6	23.3
8	27.6	117.8	51.1	29.4	86.1	28.0
9	26.9	118.9	75.8	28.4	91.5	33.9
10	26.4	121.0	177.4	27.4	94.5	57.9
全体	29.0	101.1	46.3	30.8	68.8	21.4

(注) 分位の10位への分割は代表者の総所得に基づく。
(原資料) Processing by HEK, Statistics Sweden.
(出所) エスキル・ワーデンショー, 2008, p.222による。

と,政治的安定度の高い制度といえよう。コンセンサス・ポリティックスの伝統を継承した典型事例である。もう一つは,長期的な人口構造の変化や経済変動に対して柔軟に対応でき,結果として財政的に安定した制度となっていること,つまり,世代間連帯の精神を継承したこと。制度的にも財政的にも持続可能性の高い制度と評価されるのはこのためである」(岡澤憲芙, 2009, p.268)。

年金問題検討委員会が設置されたのが1984年で,91年になって作業委員会が設置されている。そして,年金法案が可決するのは98年6月8日である。長い年月をかけて政党間で真剣な議論がなされた。

また,岡澤憲芙は新年金制度の特徴として,特に強調しておきたいとして「ライフスタイルの多様化に対応しようとしている点」を挙げ,次のように述べているが,大変興味深い。「例えば,徴兵参加やそれに代わるボランティア活動参加中の所得は年金権に反映される。また,生涯学習環境の整備とともに,高等教育への進学や社会との行き来はますます頻繁化するであろうが,その際の所得(例えば学生給付金など)も年金権の算定対象になっている。さらに,

育児期間の年金権が導入された。少子化に対する政策対応の一つであろう。1956年7月以後に生まれた人については，給付される出産・育児所得補償金が年金権の対象になった。新生児の最初の4年間が年金権の対象である。例えば，1968年・70年・74年に合計3人の子供を生んだ親は合計10年の育児期間の年金権が与えられることになった。この年金権は自動的に母親に与えられる。さまざまな政策領域で，新しい問題点を発掘し，積極的にそれに政策対応しようとするスタンスはいつもながらの《デモクラシーの実験国家》らしさである」(岡澤，p.280)。

おわりに

　政権交代があっても一緒に継続して年金改革の議論を続ける，スウェーデンの優れた「合意形成政治」や政治的安定度の高さには注目すべきであろう。
　岡澤憲芙は年金改革の決定過程を見て，次のように評価している。「政治信条に関係なく，年金制度はすべての有権者に関係する重要な政策課題である。定年後の人生が政党政治の思惑で動揺するような事態は，政党政治そのものへの信頼を揺るがす。長期にわたって，不安感を与えないためには，新制度が，制度発足に当たって，強い生命力を確保し，維持する必要がある。政党間競合の度に，政争の対象になることは避けなければならない。そのためにも，政治的に安定した基盤がシステム設計の条件になる。合意形成政治の蓄積されてきた技法を活用し，広範な政党間合意に到達することができた。これは政権政党の成果ではなく，政党政治そのものの成果であったと言えよう。成熟度の高さを証明してみせた」(岡澤，p.172)。
　「合意形成」とか，「連帯感」という言葉は，今の日本に馴染まないが，非常に大切で学ぶべき点なのではないか。新年金制度の特徴を「合意形成」や「連帯感」を意識して論じているのが岡澤憲芙である。
　まず第1に，スウェーデンの年金生活者には，「自己選択・自己責任」の余地がかなり残されている点が挙げられる。スウェーデンには明確な退職・定年年令は存在しない。雇用保護法(LAS)では，すべての勤労者は67歳の誕生日まで職に留まる資格がある。基本的には，61歳頃から第二の人生を真剣に考え

始め，65歳で実行する市民が多い。
　第2に，財政的に安定した制度であることも，「合意形成」がしやすかった理由であろう。中央政府の財政でもっぱら運用されるのは，低所得者に対する生活保障年金，低所得年金生活者のための住宅補助金などだけである。制度の主要部分である，所得年金やプレミアム年金などの総所得に関連する部分は，保険料と積立基金，つまり，国民年金基金の運用利益だけで財政運用される。政府財政から完全に切り離された運用が可能な制度になっている。
　また，岡澤は「合意形成の正当性」「連帯感の条件：正当性・公正」として，次の三点を挙げている。

1. 時間が経つにつれて，年金そのものの基礎は，年金受給者が保険料納付という形で制度に財政貢献した度合いに，それまでの制度に比べて遥かに大きく依拠するようになること。
2. 経済変動に適応する可能性，持続可能性。
3. 年金予定額が制度の資産を超えることがないように設計されており，自動的に収支バランスが取れるメカニズムになっているため，今日のコストを未来の世代に転嫁しないという点である。

　そして，岡澤憲芙は，「平均賃金上昇率と年金納入可能所得を持つ勤労者の数が，年金増加率の決定要素。完全雇用を目指した高い就労率こそが，制度の持続可能性と年金制度への満足度を左右する要因」であるとし，「20歳から64歳までの年齢層の80％が経常的に労働市場に参加していること，これがスウェーデン型福祉社会では，今も昔も，唯一無二のナショナル・ゴールである。」（岡澤, p.278）と強調する。
　そのほか，生活保障年金などによる格差是正や男女間生涯所得格差の縮小などコンセンサス範域を拡大するための工夫がなされていることも注目される。また，ライフスタイルの多様化に対応しており，徴兵参加やそれに代わるボランティア活動への参加中の所得や，高等教育への進学中の「学生給付金」，また，出産・育児所得補償金も年金権の対象となるなど，日本が学ぶ点は多い。

【参考文献】
　石橋一雄（2010）「スウェーデンの公的年金制度改革」（『新潟産業大学経済学部　紀要

第38号』新潟産業大学附属東アジア経済文化研究所）。

井上誠一（2003）『高福祉・高負担国家　スウェーデンの分析』中央法規。

エスキル・ワーデンショー（2008）「スウェーデンの年金改革―新モデル―」（丸尾直美，カール・レグランド，レグランド塚口淑子編『福祉政策と労働市場』ノルディック出版）。

岡澤憲芙（2009）『スウェーデンの政治―実験国家の合意形成型政治―』東大出版。

奥村芳孝（2000）『新スウェーデンの高齢者福祉最前線』筒井書房。

唐鎌直義（2012）『脱貧困の社会保障』旬報社。

城戸喜子（2004）「スウェーデン年金改革からみた新年金法の問題点」（『賃金と社会保障No.1374』2004年7月下旬号）。

木村陽子（1999）「年金制度」（丸尾直美・塩野谷祐一編『スウェーデン』東京大学出版）。

厚生年金基金連合会編（1996）『諸海外の企業年金制度―近年の動向と発展―』社会保険研究所。

厚生年金基金連合会編（1999）「スウェーデンの年金制度」『海外の年金制度―日本との比較検証―』東洋経済新報社。

駒村康平（2003）「スウェーデンの年金改革」（『欧米6カ国における年金制度改革の現状と課題』連合総合生活開発研究所）。

多田葉子（2005）『スウェーデンの年金制度：持続可能なシステムをめざして』樹芸書房。

中村優一・一番ケ瀬康子編集委員会代表（1998）『世界の社会福祉　スウェーデン・フィンランド』旬報社。

西下彰俊（2012）「高齢者の過去・現在・未来」（レグランド塚口淑子編『「スウェーデン・モデル」は有効か―持続可能な社会へむけて―』ノルディック出版）。

松本浩太郎（1974）『日瑞年金制度の比較分析』スウェーデン社会研究所。

丸尾直美「スウェーデンの社会保障」（レグランド塚口淑子編『「スウェーデン・モデル」は有効か―持続可能な社会へむけて―』ノルディック出版）。

渡辺俊介（1990）『年金と社会保障の話』新潮選書。

第11章
スウェーデン社会と難民

はじめに

　本章は，スウェーデン在住の若い友人，ヨンソン鈴木真紀子さんの全面的な協力をいただいた。現在，難民児童施設で働いている真紀子さんには難民施設の資料・原稿を依頼したところ，こころよく承諾をいただいた。受け取った原稿は，実際に難民と接している人でなければ書けないことも多い素晴らしい内容であった。手を入れるべきところはまったくなかったが，他の章との関係で，若干の字句の修正，付記と【和文・参考文献】を，筆者が追加したことをお断りしておきたい。

1　統計から見る難民

　国連難民高等弁務官事務局（UNHCR）の2015年前半期のレポートによると，シリアで紛争が始まった2011年以降，世界的に難民の数が増え続けていると報告されている。難民の多くは紛争や迫害の絶えないシリア，アフガニスタン，ソマリアなどのアフリカや中東諸国から自国を離れ，隣国のトルコ，パキスタン，レバノン，イランやエチオピアに避難している。また，地中海を船で渡りギリシア，イタリア，スペインにたどり着いた後に目的地であるドイツや北欧に移動を続ける難民も増え続けている（UNHCR, 2015）。ヨーロッパ圏内ではスウェーデンはドイツに次いで多くの難民の目的地となっており，難民認定申請者の数は2015年には上昇の一途をたどった（iom, 2015）。

　スウェーデン移民局（Migrationsverket）の統計によると，2015年は過去5年間にないほどの多くの難民，約16万300人がスウェーデンに入国し難民申請

第 **11** 章　スウェーデン社会と難民

図 11-1　2010年から2016年3月までのスウェーデンでの難民申請者数

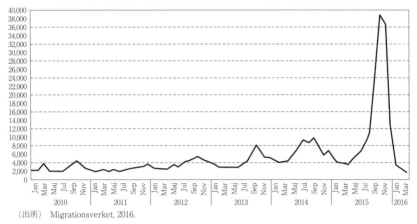

（出所）　Migrationsverket, 2016.

図 11-2　主要国別難民と難民児童の難民申請数（2015年）

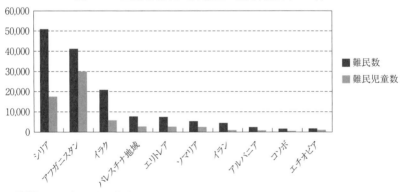

（出所）　Migrationsverket, 2016.

をした（図 11-1）。この数は1992年のバルカン紛争時に受け入れた難民申請の2倍近くになる。難民申請者を国別で見るとシリアが一番多く5万1338人，二番目にアフガニスタンで4万1564人，イラクからは2万857人，パレスチナ地域（stadslös）の7711人，エリトリアの7231人と続く。難民申請者のなかでも特に18歳未満の保護者を同伴しない児童（ensamkommande barn）は3万5369人（男子3万2522人，女子2847人）に上った（Migrationsverket, a）（図 11-2）。

　スウェーデンは国連の人権条約やEU閣議で採決された，人権を基本にした難民政策にしたがって難民問題に取り組んでいる。すべての人は自国を離れて

ほかの国で難民申請する権利がある。しかし，これについてはあいまいな点も多くあり，EU各国でどの国がどのぐらいの難民を受け入れるのか，果たして難民を受け入れる義務はあるのか，国内の社会保障制度が脅威にさらされるなか，他人の人権に取って替えられるか，などの議論も後を絶たない。難民政策の狙いは避難先を必要とする人々と，流れ込む難民の身を守る必要のある国家の双方のバランスを築くことである。国家の政策が人権遵守の路線ならば庇護国を必要としている人を受け入れ，そして難民らは望むだけ，必要なだけ長く滞在許可を得られる。逆に難民が国家の脅威と見なされるならば，国家は国境を閉鎖し，人の擁護や在住権を拒否することに重点を置くのである（Elmeroth, E., Häge, J., 2009, p. 31)。

　2015年11月に起こったパリでのテロ事件以降，ヨーロッパ全体にわたり，難民受け入れに強硬な体制がとられている。スウェーデンでも2016年1月4日より国境での身分証明の義務付けによる難民取り締まりが行われるようになり，2016年1月末時点で難民申請者数が激減している。スウェーデン政府はデンマークとスウェーデン間の身分証明の提示期間を2016年11月4日まで延長することを決定した。身分証明のコントロールの効果については労働，経済，観光産業などの面からも検証されることになる。難民申請が認定された際には，ほぼ永住権を与えられてきたのだが，スウェーデン政府の新政策案が国会で可決されれば，2016年4月以降の3年間は，期限付きでのスウェーデン居住権が付与されることになった。これに関しては2015年11月以前に難民申請をした子ども連れの家族，保護者を同伴しない難民児童（ensamkommande flyktingbarn)，国連難民高等弁務官事務局（UNHCR）が実施する第三国定住プログラムで難民認定を受けた者（kvotflyktingar）は期限付きにはあたらず，としている（Migrationsverket, b）。期限付き居住権を付与されることにより，家族（伴侶，18歳未満の子ども，18歳未満の児童の両親）を呼び寄せられる権利（rätt till familjeråterförening）が厳しく制限されることになる。

2　難民受け入れ対策と傾向

　スウェーデン移民局は1年に4回スウェーデンへの移民予測（Verksamhetsoch utgiftsprognos）を政府に提出している。ここには主にスウェーデンへの難民申請者予測数，スウェーデンでの労働移住権申請者の認定予測数，親族を頼ってのスウェーデンへの移住申請者数などが示され，この予測を元に政府は難民政策を議論，決定している。2016年2月4日に提出された移民予測によると，2015年10月の前回予測時と同様に難民危機の状況は依然として峠を越していないとしている。UNHCRは2016年には約100万人がヨーロッパに流入するとし，この難民数を踏まえてEUからスウェーデンへの圧力は昨年以上に強くなると予測される。さらにトルコ経由でヨーロッパ入りの国境管理を強化したとしても，すでにヨーロッパ入りし，まだ難民申請をしていない難民が60万人いる。どのぐらいの難民がスウェーデンに難民申請するかは分からず，見通しは立っていない（Smålänningen, 2016, 02, 05）。

移民局は2016年2月時点の予測レポートで3通りの予測を立てている。

1）年間10万人（うち保護者同伴でない児童は1万8000人）の難民申請の場合，難民関係の社会組織を計画，実行でき，スウェーデンが十分に受け入れ，対応できる限界である。

2）年間7万人（うち保護者同伴でない児童は1万2000人）の難民申請者の場合，EU国境管理の強化に成果が現れ，また2016年5月以降に難民申請者数の増加を見て検討を要す。

3）年間14万人（うち保護者同伴でない児童は2万7000人）の難民申請者の場合，トルコやEU各国の国境管理が2016年初めには効果をなしているが，のちに管理が行き届かなくなっている。

移民局が抱える大きな問題の一つには難民の住居がある。2016年から2017年の2年間で難民認定を受けた者やその親族が約16万人で，スウェーデンの各自治体で彼らの住居が必要とされる。さらに現時点で難民申請している約18万人のうち，その3分の1が18歳未満の児童で，各自治体では彼らの就学先確保が重要な課題となってくる（Migrationsverket, c）。

3　難民受け入れの表面化

スウェーデン国内では2015年以降，難民危機と言われる状況下で難民受け入

れについての賛否が社会問題として表面化し，緊張状態が続いている。

（1） 難民滞在施設の放火事件

2015年から2016年初頭にかけて難民滞在施設や難民滞在予定の建物を狙った放火や放火未遂事件が多発している。これらの事件について捜査を進めている，スウェーデン警察の一部門である国家機密機関（Nationalla Operativa Avdelningen, NOA）によると，2015年7月から12月までにスウェーデン全土にわたり難民滞在施設や難民滞在予定の建物の放火，放火未遂が43件あった。このうち10月には事件数が13件と最多で，12月には8件起こっている。事件の因果関係について，どのケースについても出火につながる特定人物や証言人は見つかっていない。これらの事件の3分の1は，施設内での事故と報告されている。しかし，放火のあった難民滞在施設でガソリンが撒かれたのが見つかっていたり，手榴弾が投げ込まれたり，窓ガラスが割られた上に人種差別主義のシンボルが見つかったりと捜査は困難を極めているのが現状である（Göteborg Posten），（Krisinformation）。

（2） 人種差別主義の暴力事件

2016年10月22日，スウェーデン南西部の町，トロルヘッタン（Trollhättan）の小中学校で惨事は起こった。黒いマスクにマント，大きな剣を手にして扮装した，一人の青年が学校に侵入した。学校にいた児童，生徒たちはハロウィン風の仮装に面白おかしくその青年と一緒に写真を撮ったりもしていた。その青年はそのまま校内を進み続け，標的に向かって次々に切りつけていった。42歳の数学教師，17歳の学校生徒と20歳の生徒アシスタントが刺殺され，生徒2人が重傷を負う悲惨な事件となった。駆けつけた警察の発砲により，仮装した21歳の犯人は搬送先の病院で死亡した。この事件は連日にわたり大きくメディアによって取り上げられ，スウェーデン中が悲しみに包まれた。その後の警察の取り調べにより，この殺人事件は人種差別的動機が犯人の記述されたものなどから明らかになっている（Göteborg Posten, 2015.12.04, 2015.12.21）。

（3） 難民滞在施設内の暴力

　スウェーデンへの難民が増加するに伴い，難民や難民に従事する人々を取り巻く環境は安全ではなくなってきている。スウェーデン移民局の報告によると，難民滞在施設での脅迫事件，暴力事件の件数が2014年には114件だったのに対して2015年には332件となり，1年で2倍以上に増加した。事件増加には，さまざまな要因が関係している。2015年には難民申請者が急増し，以前よりも窮屈な環境で滞在せざるを得なくなったこと，審査の時間が以前よりも長くなっていることや，より安全性の認識が高まっていることが関係している（Migrationsverket, d）。これらの暴力沙汰の事件は個々の難民申請者間での争い，難民申請者のグループ間の争い，または難民滞在施設の職員と難民申請者間で起きている。2016年1月25日，難民滞在施設で凶悪な事件がヨーテボリ郊外のメルンダール（Mölndal）で起きた。18歳未満の難民申請児童が住んでいる施設（HVB-hem, Hem för Vård eller boende）で22歳の女性職員が15歳の男子児童によってナイフで刺され，搬送先の病院で亡くなった。事件当時，職員は夜勤から朝方勤務をしており，勤務交代をする矢先だった。社会保障に関わる施設を監視する機関，IVO（Institutionen för vård och omsorg）によると，この施設においては約1年間で3回の視察調査を行ったが，特に目立った指摘点はなかったとしている。逮捕保護された15歳児童は，さらに施設に滞在していたもう一人の男子児童の刺殺未遂でも起訴されている。スウェーデン移民局の事件後の年齢決定の検査（ålderbestämning）で，この男子児童は15歳ではなく18歳以上であることが確認された。さらに事件当時の状態から重大な精神的障害があるとして精神鑑定を進めている（Göteborg Posten, 2016.01.25, 2016.02.18）。

　難民や人種差別に関する際立った事件をここに3件挙げたが，メルンダールでの女性職員刺殺事件以後，数日間ほぼ毎日のように各地に点在する難民滞在施設や難民児童の滞在施設（HVB-hem）での騒ぎがメディアで取り上げられるようになった。スウェーデン南部のエッマボーダ（Emmaboda）のHVB-hem では，一人の男子児童が菓子をめぐり施設職員に腹を立て，これがきっかけとなり施設に住むほかの児童を集めて施設内で乱闘騒ぎを起こし，職員は身を守るために職員室に逃げこもった，という事件も全国ニュースで取り上げられた。のちの取り調べで，施設の大半の児童は狭すぎる部屋や滞在環境

に不満を抱いていることがわかった。(Göteborg Posten, 2016.01.28, SVT Nyheter Småland, 2016.01.29)。

　短期間に多数の難民申請者を受け入れて，社会が十分に対応できていないがゆえに，その歪みが難民申請者の精神的な負担となっている。難民に対してのネガティブな側面が誤った形でマスコミによって取り上げられていることもある。スウェーデン社会には難民受け入れに消極的または否定的なグループも存在し，難民についての知識不足やそれから生じる恐怖も存在する。ある意味，半日常的に起きている些細なことさえもメディアが取り上げるようになって，社会が難民を受け入れることの治安，警備，安全性に対して敏感になってきていることがうかがえる。

4　保護者を同伴しない難民児童（Ensamkommande flyktingbarn）

（1）　統計と傾向

　保護者を伴わないで難民申請のためにスウェーデンに来た18歳未満の児童は，スウェーデンではエンサムコムマンデ・フリクティングバーン（ensamkommande flyktingbarn）と言われる。スウェーデン移民局の統計によると2006年以降，年々保護者を同伴しない18歳未満の児童がスウェーデンに来て難民申請するケースが増加している。移民局はほぼ毎月，児童難民の情報誌「Aktuellt om...」を発行し，児童の難民申請数，彼らの永住権取得数，難民申請にかかる日数や政府の難民に関わる決定事項などを公表している。2016年2月末時点で823人の保護者を同伴しない児童が難民申請し，うち104人は女子で，全体の13％を占めている。3万3112人が児童難民として登録されている（図11-3）。

　512人の保護者を同伴しない児童難民が永住権を取得し，その人数は難民審査された件数の52％にあたる。さらにダブリン規約や難民申請取り下げを除くと82％の申請者が永住権を取得した。そして，永住権を取得した難民児童にかかった難民申請の審査日数は平均して317日であった。

　2015年の国別の難民申請数を見るとアフガニスタンからの申請者が一番多く2万3480人，二番目はシリアで3777人，三番目はソマリアの2058人で，以下はエリトレア，イラク，エチオピアと続く（図11-4）。自国を離れる理由として

第**11**章　スウェーデン社会と難民

図11-3　難民児童数2004年〜2016年10月

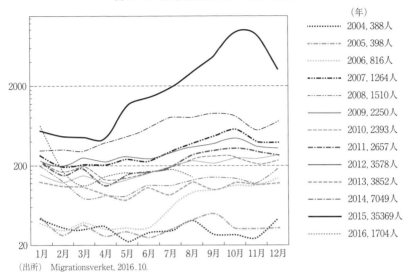

（出所）Migrationsverket, 2016.10.

図11-4　主要国別難民児童数（2015年）

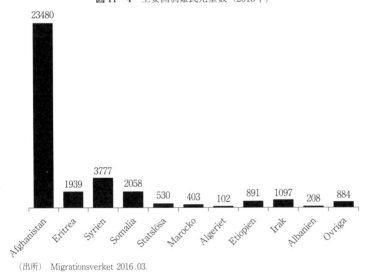

（出所）Migrationsverket 2016.03.

は子供への迫害——正規・非正規軍への強制動員，強制労働，売春や性的搾取のための人身売買が挙げられる。スウェーデンに来る難民児童の多くは困難な軍事闘争が行われるイラク，ソマリア，アフガニスタンやシリアからの男子児童である。多くの場合は戦争や武力紛争で子ども兵士になる危険があるがため，彼らの家族によって安全な国や地域に送り出される。一部の児童は両親が殺されたり，投獄されたりして自国に保護者がいない（Elmeroth E., Häge J., 2009, p. 83）。

（2） 多数のアフガニスタン難民児童

　アフガニスタンからの難民児童が難民児童全体の半数以上を占めている理由として，移民局は次のような見解を示している。アフガニスタンでは治安や経済が徐々に悪化し，アフガニスタン政府の力が弱いことが将来への失望につながっている。アフガニスタンからの難民児童の半数強はアフガニスタンから来たというが，残りの半数はイランに住んでいた，という。この言い方の背後には意味がある。難民児童の大多数はアフガニスタンでもイスラム少数派のシーア派でモンゴル系部族のハザラであり，アフガニスタンでも歴史的に迫害を受けてきて，タリバン政権時代の1996～2001年には特にひどい迫害を受けていた。そのイランに居住するアフガニスタン人の多くは難民や労働移民のハザラ族である。

　2015年にはアフガニスタン南部にてイスラム国（IS）によるハザラ族7人斬首惨殺，タリバン勢力が一地方都市を2週間にわたる占拠，という不安につながる事件が起こり，これらのことが多くの難民児童を生み出す要因となった。また，スウェーデンは難民児童受け入れ国として，ヨーロッパ諸国のなかでも魅力的という見方が強く，アフガニスタンからの大多数の難民申請者が居住権を取得していること，教育を受けられる機会が得られることが，ハザラ族やその他アフガニスタンの部族のスウェーデンに来る大きな要因となっている。スウェーデンは長期にわたってアフガニスタンから難民を受け入れてきたこともあり，現在では国内に多くのアフガニスタン人が居住している。アフガニスタン人の社会的なネットワークも確立，広がっているので，このことがスウェーデンに来て難民申請する安心感につながっている（Migrationsverket, f）。

（3） 難民児童の受け入れ態勢

①受け入れ先コミューン

　難民児童は難民申請期間中やその後も社会的機関の援助を受けながら，後々にはスウェーデン社会で自立できるように保護される。難民児童は住居，学校，健康や社会支援，保護を含め，有意義な生活を送る権利がある。スウェーデンは国連の児童の権利に関する条約を批准している一国として児童の権利の実現や権利の享受のために多くの措置を取っている。移民局は難民児童を受け入れ，難民申請の審査，年齢決定や保護者を見つけ出す責任がある。そして，児童を受け入れるスウェーデン全国のコミューンと契約を結び，協力しながら上記の責任を遂行している（Elmeroth, Häge, pp. 83-84）。コミューンは難民児童の良好な受け入れ，児童に必要でかつ児童が受ける権利のあるサポートを提供することに大きな責任を負っている。各難民児童に適切な滞在施設，教育やヘルスケアを提供することなどはその一例である。難民児童受け入れのために，コミューンは移民局から補償金を受け取っており，その金額は2016年3月時点で難民児童一人あたり，1日1900クローネとなっている（Migrationsverket, g）。

　難民児童がスウェーデンに来て難民申請すると，その到着したコミューンで一時的な宿泊施設が提供される。その後，移民局と各コミューンの合意の下で割り当てられた難民申請者向けと居住権を得た者向けの各居住定員数に従い，コミューンが開示した施設の定員空き状況によって難民児童が割り振られる。2016年4月1日以降，難民児童の移住先コミューンの決定にあたっては新規定が適用されている。これによりコミューンの人口，難民児童受け入れ定員数や定員空き状況，難民児童受け入れ実績などによりランク付けされ，ランクが高いコミューンほど優先的に難民児童を受け入れることとなった（Migrationsverket, l）。

②難民児童の滞在先

　スウェーデン移民局の責任の一つとして，難民児童が滞在施設を提供できるコミューンに受け入れられるように働きかけることがある。難民児童が一コミューンに受け入れられた後は，そのコミューンの社会福祉審議会（socialnämnden）が彼らに必要で適切な滞在施設やサポートに関する責任を負うことになる。滞在先には以下3つのタイプがあり，難民児童の必要に応じて決定される。

・宿泊滞在とケアのための家（Hem för Vård eller Boende-HVB）
・一時的な里親の家（Jourhem）
・里親の家（familjehem）

　一般的に15歳未満の難民児童は里親の家に滞在することになるが，15歳以上の難民児童は稀にではあるが男女混合のグループ型施設（HVB）に滞在する。難民の多くは重度のトラウマを抱えていることが多く，それぞれの社会的なバックグラウンドが違っているので慎重に滞在先を決めることが重要になる。難民児童が18歳になった時点でこれらのタイプの滞在先を離れ，コミューンからの支援を受けながら21歳まで滞在できる自立型アパートへ移住する。また難民申請中に18歳になった場合や，年齢鑑定で18歳以上と結果が出た者は移民局が管理する成人向け難民滞在の住居に移ることになる。また，2016年1月より新たなタイプの滞在施設が運営可能となった。この支援施設（Stödboende）は最小限の補償額で難民児童をケアする権利がコミューンに与えられる。先に挙げた滞在タイプのうちの簡易版 HVB という位置づけで，難民児童一人につき一日あたり1000クローナで施設を運営することになる[3]（Migrationsverket, h）。

③難民申請プロセス

　2015年の大量の難民申請者受け入れによって，2016年3月時点で難民申請の審査期間は大幅に長期化している。スウェーデン移民局の指標では申請から審査決定まで3か月としているのにもかかわらず，現時点では申請から審査のためのインタビューまでにかかる期間が明確に言えない，としている。2016年3月時点では，難民児童が定住権の許可を得るまでにかかった平均日数は317日であった（Migrationsverket, h, i）。難民申請審査に要する時間は，難民申請者の数や個々人の抱える難民申請をする理由や用件が複雑であれば，より長期化する。審査決定を待っている間，難民申請者は LMA-KORT（Lagen om Mottagande av Asylsökande，難民申請者として受理されたことで，その法律の下に置かれた立場にあることを示すカード）を受け取る。この LMA カードは身分証明書のような効力はなく，移民局受理部門に登録されていて，難民申請者にある権利，たとえばスウェーデン語教育，住居，医療サービスなどが享受できることを提示するのに使われる。さらに18歳未満の難民児童の場合は個人の自由な発言が尊重されて聞き入れられ，歯科を含む医療サービス，教育などスウェ

ーデン社会の同年の児童と同様の権利が与えられる。スウェーデン移民局は難民児童向けに，難民申請から審査決定とその後までのプロセスを分かりやすく説明したパンフレットを多言語に翻訳して難民児童をはじめ，各関係機関に配布している。そこには難民児童がスウェーデン社会の各機関からの多くの人々に関わりながら難民申請期間を過ごすことなど記載されている（Migrationverket, j）。各機関の役割を簡単にまとめると以下のようになる。

移民局
　・難民申請の調査，審査決定
　・公共弁護士の指定
　・経済的支援
　・年齢審査
　・両親の探し出し
　・居住先に関して各コミューンと契約
　・住居を提供

コミューン
　・児童に必要な援助を調査し，その支援の実行や適切な施設へ居住させることを決定
　・保育園，学校など教育機関を提供
　・法的に認められた後見人（god man）を提供
　・社会サービス法（socialtjänstlagen）に基づき，ソーシャルワーカーとの対話によって決められるヘルスケアの提供

医療機関
　・歯科を含む医療サービスの提供

④ God man：後見人の役割

　移民局の決定により難民児童がコミューンの滞在居住地に移ると，上記の社会機関からの多くの職員や社会的役割を持つ人々に会うことになる。どの役割も重要であるが，特に後見人（God man）は18歳未満の難民児童の親代わりとして密接に関わることになる。スウェーデンでは18歳未満は未成年であり，当

然ながら親が必要な存在とされる。難民児童の滞在先コミューンが決まると同時に，そのコミューンの後見人管理者（överförmyndaren）によって各難民児童のGod manが決められる。God manは後見人と保護者の両方の役割を果たし，個人的，経済的そして法的な業務に責任を負う。難民児童がコミューンが運営する施設に滞在するとGod manは多くの手続きを難民児童とともに行うことになる。たとえば，難民児童が16歳未満の場合は移民局から支払われる日割りの補助金の申請手続き，（16歳以上は本人が申請手続きを出来るがGod manが代わって行うことが多い）衣類，防寒着，そのほか必要に応じて眼鏡，薬などそのほかの補助金申請を行う。そしてその金銭を難民児童に代わって管理する。難民児童が諸学校に通い始める際には保護者代わりとして，あらゆるタイプの書類や同意書に本人の同意の上でサインをし，個人面談などに出向き各学校と連絡を取り合う。必要に応じて医療診療所，歯科医，児童精神科などの医療機関に同伴し，診察の予約をする。移民局，税務署，ソーシャルサービスなどの諸機関と連絡を取り合う。難民申請後の補助や審査過程にある移民局での面接に付き添うなど，難民児童の親や親族が行うように精神面，生活面でもサポートする役割を果たす。

⑤ソーシャルワーカー

スウェーデンの各コミューンには社会サービス法に基づき難民児童の滞在先からソーシャルケアを決定，プランニングするソーシャルサービスが存在する。ソーシャルサービスに携わるソーシャルワーカーが難民児童との対話により難民申請期間の滞在先を決定し，各難民児童に必要ケアサービスを計画し，監視，遂行することになる。滞在地の決定は難民児童が選択できないとしたうえで，スウェーデン国内に同居できる親族がいる場合にはソーシャルサービスの許可によりその親族のもとに滞在する。そのような親族がいない場合は里子を受け入れる家族，または難民児童を受け入れる施設に滞在することになる。難民児童があるコミューンに滞在することになると初日から数か月にかけてはソーシャルワーカーと難民児童が頻繁にミーティングを重ねてケアサービス計画を立てる。これらはスウェーデン社会で不安なく生活，成長して過ごせるように個々人に必要な援助，家庭や環境，環境に対応できる能力など，児童の最善の利益を中心にしたソーシャルサービスのシステム（Barnens Bästa i Centrum,

第11章　スウェーデン社会と難民

図11-5　BBIC-三角形〜ケアサービス補助指標

（出所）Socialstyrelsen, 2015.

BBIC）に基づいて計画される（図11-5）。この際，God man は保護者としてミーティングに出席し計画に参加する。ケアサービス計画が難民児童の成長過程に見合うか，別の必要が生じたかなどは定期的なミーティングにより決定される。ソーシャルサービスは難民児童とスウェーデン社会に関わる機関や人々との架け橋的，監視的役割を果たしており，難民児童が安心して日常生活が送れるよう，その責任を果たしている（socialstyrelsen）。

（4）難民児童のメンタルヘルス

　難民児童の多くは，母国の内戦や政情不安ゆえに生命の危機に直面しており，そこから逃れてスウェーデンにたどり着いて難民申請する。スウェーデンまでの道のりはさまざまで，数か月から数年に及ぶこともある。危機的な状況下で体験したことは後にトラウマ（心的外傷）として精神的な苦痛や病の原因になることが多く，その症状に苦しむ難民児童が多いのは事実である。死に直面したこと，重症を負ったこと，脅迫や強度の恐怖や無力感に襲われる出来事などは，精神的危機状態に陥る引き金になる。何者かに追跡されたり，投獄，懲役を科せられたり，拷問を受けたり，また性的暴力をうける，などはその一例である。難民児童の場合は両親のトラウマ的体験が影響することもある。母国を離れてからスウェーデンまでの道のり，難民申請後，その審査結果を待つ期間

を含めて，すべての過程における脅威の体験が強度のストレスの原因となり，トラウマの引き金となり得る（Elmeroth, Häge, pp. 88-89）。

　Cullberg, J と Franzén, E がそれぞれに執筆したトラウマ危機の4段階過程は発達過程にある難民児童にも顕著に現れる危機状態である。それぞれの段階は一進一退しながら過ぎていき，個人差も大きい。大多数の難民はトラウマ危機の4段階過程（ショック段階，リアクション段階，更生段階，環境適応段階）を段階的に，人によっては交錯しながら，心理的な傷から徐々に解放される。一方でトラウマから心的外傷後ストレス障害（PTSD）を抱えることになる難民も少なからず存在する。

①ショック段階

　この段階は高速過渡的で，瞬間，数時間または数日にとどまる段階である。おもな行動自体はトラウマが元で反応しているのと引き続き同様である。トラウマとなっている出来事の詳細を異常なほど認識し，思い返し，記憶に残す。大多数の人は不意の出来事でこのショック段階に陥る。トラウマから引き起こされる精神生理学的な障害のため，ショック段階では感覚が欠如する。この段階では感情などは表に出さないで，表面上は平静を保っているが内心は空虚感でいっぱいである。現実とは向き合わず，すべてにおいて効率的に反応，行動する。それは自分の身に起きた出来事があまりにも困難なことだったために自分のなかで受け入れて消化できないからである。その出来事から感情的な距離を置いていることから，被害者としてそれらの感情から遠ざかっている（Cullberg, J., 2003, p. 146）。

　Franzén（2001）はショック段階の難民の心理的危機状態を具体的な経過を追って説明している。緊急事態の脅威から逃れて来て，庇護を受けられるべくたどり着いた国では，危機から逃れられたことに彼らはたいていの場合は感謝している。そこでは観光客に似たような感覚を得たりもする。興味深く新たな国を見わたし，体験する。たどり着くまでに起きた悲惨な感覚的な反応は遠ざかり大体の体験はポジティブに捉えられる。しかし，日常の些細な体験，たとえば，物事を判断，決定する際に母国での経験や常識が通用しないことなどが，最終的にこのショック段階にたどり着くこととなる。

②リアクション段階

この段階では感情が込みあげてきて体のさまざまな器官に影響するようになる。児童の場合，はじめのリアクションは今まで失ってきたもの，友人，親族，親しんできた物などを失った悲しみである。多くの児童は不用意に難民への道を強いられ，スウェーデンまでの道中では身の回りの事柄，家族を含んだ将来への計画を口止めされている。彼らの悲しみや郷愁の思いは，強制的に今までの生活から離れなければならなかった，という怒りと混ざり合うようになる。この怒りは学校などで叫んだり，凶暴になったり，幼い児童の場合には赤ちゃん帰りのような行動として現れる。一方で，内向的になって人との接触を避けるようになり，不安や憂鬱になる。そして，ショック段階での防御的な圧力は弱まり，変わって獲たものからの喪失感に襲われる。難民としての道のりで喪失した自己制御，安心感，自己像，順応力が喪失感につながっている。またこれは，新しい国，スウェーデンで要求されることが，母国のようには通用しなく，批判や無理解にさらされているがゆえに，以前の母国での暮らしが美化されるのである。身体は過度な精神的圧力に反応する。難民がさらされてきたような精神的な緊張に身体は反応し，筋肉痛，頭痛，腹痛，嘔吐や発汗は一般的な症状である（Cullberg, pp.155-157）。

③回復段階

この段階はトラウマになる出来事の後から数か月から一年の間に起こる段階である。思考が常に過去に体験した悲惨な出来事に向き合い，それらを対処することに占められる。一般的に情報を受け入れることが困難になり，記憶力や集中力に影響を及ぼすようになる。また，新たな社会での役割や立場を受け入れ始めることが出来るようになってくる。不眠症状に陥ることもよくある。就寝時になると辺りが静まり，記憶に残っているイメージが思い出される。そして，多くの人は夢の中で再び悲惨な出来事を詳細に体験することになり，それで目が覚める。この夢は回復への前進として内面的に働きかけている兆候であり，その一方で，繰り返される夢は回復過程が停止したことをも示している。また，生き残ったことへの罪の意識にとらわれるのもこの段階に起こる。家族や親族が死に至り，困難な状況にあるなか，自分だけが生き残っているという罪の意識を感じるようにもなる。このためにまた，日常生活に支障をきたし，

集中することが困難となる (Cullberg, pp. 155-157), (Elmeroth, Häge, pp. 92-93)。

④環境適応段階

ここまでくると,多くの難民は体験した惨事を認め,そのことをこれからの人生の障害にしないと決心するようになる。そして,将来を見据えて計画を立てるようになる。人々は可能であれば以前住んでいた母国への帰国を希望する。または,帰国への望みがないと認めざるを得ない者も多くいる。そうなると,スウェーデンでの将来を計画し始め,スウェーデンの慣習や社会を肯定的に捉えるようになる。一方,スウェーデンで職に就いて,社会で役割を果たすようになるなどの,いわゆる普通の生活に戻るのは非常に困難であるという現実にも直面する (Cullberg, p157)。ある研究調査によれば,現在置かれた社会的状況と以前のトラウマ的体験を区別することが難しいことが示されている。特に難民児童においては,出生がスウェーデンの児童(家族など安定した関係のもとで生活している少数民族も含む)と比べて行動や感情の問題が起こることがよくある。難民児童のメンタルヘルスが以前のトラウマと関係しているとしても,新たな国で順応していくこと,家族と離れ離れになったこと,言語習得が困難であるという事実がある (Brynnberg, E., Borg, R-M. & Fridström, C., 2011, p. 102)。これらのことがストレスとなって難民申請時から審査結果が知らされるまで,またその後のスウェーデンでの生活に影響してくる。しかし,リアクション段階であったときには不可能と信じていたような,喜びや生命力を体感できるようになる。環境適応段階とは生涯にわたっての段階となる (Franzén, E. C., 2001, p. 72)。

5 難民児童受け入れ,滞在施設での生活

(1) 難民児童の滞在施設

現在,保護者なしでスウェーデンに難民申請に来る18歳未満の児童はHVBや里子家庭に受け入れられる。HVBとは前述したように「Hem för Vård eller Boende」の省略語であり,滞在施設でのケアや治療を必要とする人々を受け入れている社会サービス活動の施設である。HVBが難民児童を受け入れる場合,おもな社会活動は児童のケア,支援,訓練・教育となる。2016年2月の時

表11-1　HVB施設数と難民児童受入数

調査時点	HVB施設合計	全HVB施設受け入れ総数	各施設受入数 平均値	各施設受入数 中央値
2010/12/31	118	1,670	14.2	12
2011/12/31	228	3,440	15.1	12
2012/12/31	306	4,623	15.1	12
2013/12/31	355	5,281	14.9	12
2014/12/31	506	7,367	14.7	12
2015/12/31	988	16,341	16.8	13

（出所）Inspektionen för vård och omsorg 2016.03.

点でスウェーデン全国には1220戸のHVB滞在施設と2016年はじめから始まった支援施設（stödboende，16歳から20歳までの難民児童，青年向けの独立生活型の滞在施設で必要に応じて援助が得られる）が19戸点在している。統計のある2010年から2015年までの6年間でHVB施設数は約9倍になり，2014年から2015年にかけてはHVB施設の数はほぼ倍増している（表11-1）。受入数の中央値は各施設で受け入れられている児童数をより正確に示す値として公表されている（IVO）。一戸の施設には12～13人の児童が滞在しているのが大半である。施設によっては中央値の倍以上の児童を受け入れてもいる。

（2）　スウェーデンでの生活：難民申請時から自立まで

　スウェーデン南部の中規模のコミューンにある難民児童向けHVB施設での生活について，一人の難民児童（仮にAとする）を中心に述べてみる。このHVB施設は，2012年の開設時には収容定員数は14人でそのうち4人は常に難民申請者向けに場所を確保しておくこととなっていた。ここに受け入れられた難民児童の一人がAであった。Aはイランで生まれ育ったアフガニスタンの難民である。家族は両親と数人の姉妹兄弟がいる。家族の生活を支えるために学校には行かずに働いていた。イランでの生活は過酷であり，幼少期に親族に暴力を振るわれたために後遺症が残っている。さらに集団性的暴行も受けていた。13歳の時に自身で逃避行を決断し，山を越え海を渡りトルコからギリシアに渡った。ギリシアでは不法難民として一時期投獄されたのち，路上生活を送った。ギリシアからは単独で列車をあらゆる手段で乗り継いでスウェーデン，マルメ市にやってきた。その時は16歳であった。その後，自分で難民申請をして到着

第Ⅱ部　「国民の家」をめざしたスウェーデン社会

図11-6　HVB施設に来た当日に難民児童Aが描いた絵

（注）　スウェーデンとアフガニスタンの国旗が絵の少年の頭上に描かれている。

コミューンであったマルメ市のトランジット施設に滞在した後，受け入れ先コミューンのソーシャルワーカーによってHVB施設での滞在が決まった。Aは難民申請時，所持品はほぼ何もなく，身分を証明できる物もなかった。アフガニスタンからの難民児童の多くは出生日が不明な場合が多く，難民申請日が出生日となる。出生年については自己申告の場合が多いが，移民局の判断により，年齢検査により年齢が判断されることも多くある（図11-6）。

HVB施設での初日は歓迎ミーティングが行われ，施設長，職員（担当職員），後見人が同席したうえで，施設での生活，規則について一通りの説明が通訳を仲介してなされる。施設の職員は難民児童に最善を尽くすべく，児童に関する法律，権利の視点からメンタルケア，ヘルスケア，社会的，医療的にそれぞれが相互に関連づけながらスウェーデン社会の先導人として職務に着く（Brynnberg, Borg, Fridström, 2011, p. 73）。Aがスウェーデンでの生活を始めたばかりの数週間はとてもうれしそうで，将来への希望に満ちていた。学校に通ってまずはスウェーデン語を習得し，自由時間はサッカーに多くの時間を費やし，プロのサッカー選手になる夢を持っていた。難民児童の多くはサッカーやスポーツジムでのトレーニング，ほかには母国で行っていた格闘競技などのアクティビティーに興味があり，積極的に行っている。個人的なアクティビティーに対して施設は経済的な支援をし，職員はスムーズにアクティビティーが行

えるように支援する。アクティビティーのなかに児童たちは生き方を学び，自身の経験や感情と向き合って解決に結びつける。またアクティビティーを行っている時には，しばらくの間は悲惨なできごとを忘れることができたり，普通の生活を思い描くことができる（Elmeroth, Häge, p. 120）。一方で，母国で過酷な生活を強いられている家族や親族のことを思い，アクティビティーにかかる費用を仕送りしようとし，あえてアクティビティーに後ろめたさを感じて，避けようとする者もいる。Aの場合，施設での生活が始まって学校に通うようになるまでは段取りよく手続きが済み，スウェーデンでの高校にあたるギムナジウムのコースで学ぶ前の準備コース，イントロダクションコースでスウェーデン語を学ぶことになった。当初Aは学校に通ったことがないために読み書きができなかった。学校からは宿題が1週間ごとに課せられ，施設の職員の補助などで初日数週間は学んだ。学校からは学習用に生徒全員にノートパソコンが無償で貸し出される。アルファベットから学ばなければならないので困難であったが，習得は早かった。何よりも学校に行くのが新鮮で楽しい様子で友人も多くできていった。

　施設には児童が使えるデスクパソコンがあり，15歳以下の児童で小中学校のイントロダクションプログラムに通っている者は，時間を決めてパソコンを使用する。通信手段は難民児童にとって母国，スウェーデン国内や他国に存在する家族，親族，友人知人を探す重要な手段である。Aの場合と同様にフェイスブックなどのソーシャルネットワーキングサービスから再び家族と連絡が取れるようになるケースも多くある。

　難民児童の多くはムスリムであることもあり，日常生活に宗教が溶け込んでいる。施設では職員が食事を調理しているが，食文化もスウェーデンのとは大きく異なり，自ら調理することを望む児童も多い。

　Aはシーア派のムスリムで，行事のあるごとにアフガニスタンの伝統料理やイラン料理を調理して，滞在者や職員に振る舞うことが度々あった。児童の多くは自国で家族の手伝い，または親に代わる役割を果たしていたために，調理には慣れている。ムスリムのラマダン（断食月）の時は施設でも食生活が大きく変わる。ラマダンはスンニ派とシーア派で食事開始の時間が違うこともあり，それぞれのグループで調理を行って食事をしている。ラマダン中の食事の時間

は日々変わるがだいたい毎晩10時ぐらいから深夜2時ぐらいまでとなる。その間に断食を行っている者は食事を準備し，済ませる。断食を行わない者や他宗教を信仰している者もいるので，職員は通常に調理を行う。

　難民児童は施設に滞在するようになって早い時期に診療所にて健康診断を受ける。医療機関でも施設でと同様に通訳や電話通訳が欠かせない。検査には血液検査や検便，生い立ちや健康状態についての尋問も含まれる。伝染病に備えて施設職員はTBCや肝炎の予防接種もしている。それ以外の感染病や寄生虫などにかかっている児童はかなりの時間が経ってから検査で分かる場合もある。歯科検診も必要に応じて行われる。多くの難民児童は施設に来て数週間経ってから不眠や頭痛，腹痛を訴え，そのために薬も処方される。これらの症状は多くの場合は難民申請の審査中に続くもので，メンタルヘルスに関わるものである。

　Aは施設に滞在して数か月後，些細なことからふさぎ込むようになった。学校も休みがちになり，不眠が続き，突発的に起こるアグレッシブな行動が見られるようになった。そして自室にこもり，同施設での同郷の友人と時間をともにすることが多くなった。ある晩，自身で自分の腕にシンボルとして自傷行為を行ったりもした。のちすぐにメンタルケアが施され，児童青年精神科（Barn-och ungdomspsykiatrin, BUP）のPTSDの傾向が見られると診断され，対話と投薬の両方による治療が行われることになった。施設職員はAと定期的に面談をして日常の様子やAの意見などを聞く機会をつくっていた。各難民児童には担当職員がいて，定期的に会話をすることになっている。難民児童の様子を見ることもそうだが，施設や日常生活の希望や個人的な意見を聞いたりする機会でもある。難民児童がスウェーデン語をある程度習得するまでは，通訳を介して，この機会にしか会話で正確に理解できるコミュニケーションができない。Aはダリ語が母国語でペルシア語もできるので，ペルシア語の現地通訳または電話通訳で面談が行われる。難民児童がスウェーデン語が理解でき，話せるようになるまでは生活のいろんな場面で誤解も多く，コミュニケーションもうまくとれないこともあり，これがフラストレーションになる場面も多い。

　難民申請から約6か月後，審査結果が伝えられ，Aは永住権（Permanent Uppehållstillstånd, PUT）が得られることになった。当時，移民局は難民申請結

果が出るのは3か月以内、と伝えていたので、延長されていたその間のフラストレーション、ストレスも精神状態に大きく影響していた。1年近く、またそれ以上審査結果を待つ難民児童の精神状態は、プロフェッショナルなメンタルケアが必要になることも少なからずある。Aとほぼ同時期に施設に来た難民児童（仮にBとする）は移民局からの年齢検査を受け、申請から10か月後に難民認定されず、年齢検査結果から実年齢19歳と言い渡された。Bはストレスから緊張状態が続き、精神的にも不安定でアグレッシブな行動をとるようになり、一時的な強制施設への滞在が認められた。しかし申請の結果を受けると、永住権が得られなくても審査結果が受けられて気が楽になった、と落ち着いた様子で以前の平静を取り戻していた。彼は再申請を行うために、さらにスウェーデンでの滞在が可能だが、年齢が18歳以上であるために成人向けの難民施設に移動することになった。

　Aは18歳になる数か月前に自立練習の一環として、自立練習用アパートに移った。この時点でメンタルヘルスも快方に向かい、投薬と会話による治療も必要ではなくなった。自炊や生活費などの経済感覚を身に着けるとともに、アルバイトやサッカークラブでの練習も学校生活と同時に行っている。21歳まではHVB施設の援助を得られるので、必要に応じて職員の援助を得て一進一退しながらも確実にスウェーデン社会のなかで成長している。

　スウェーデンのソーシャルサービスが決めた児童に必要なサービスのほかに、難民児童の生活は児童の権利、児童の参加や児童の自立がより強調、重視されている。両親との死別、離別または両親が自身の子どもを守るために子どもを母国に残すべきではないとの判断など、さまざまな理由により、難民児童はスウェーデンにやってくる。彼らはまた、両親の代わりに家族のなかで親のような役割を果たすべく、スウェーデンでの社会サービスのために親のような立場にもなっている。スウェーデンでは児童であるが、家族のなかでは親の立場であり、そのジレンマで精神的にも重圧がかかっている。また、難民児童の安心の基盤となる感情や幸福感のためには国境を越えても母国の文化で接触できるネットワークや母国で得た知識が重要な役割を果たす。多くの難民児童は国境を越えて家族の知人や親族を探し、そのつながりから社会に溶け込み、引き続きスウェーデンにとどまる。これは彼らにはとても重要な社会関係である

(Brynnberg, E., Borg, R-M. & Fridström, C., p. 119)。

　HVB施設の職員は難民児童の身近で彼らのサポートをしている。精神的や肉体的にも傷を負った児童が多いなか，児童の権利や利益を中心に難民児童がスウェーデン社会で成長し，自立するために，彼らを動機付け，話に耳を傾け，どの児童も同様の権利が得られているか，など多くの角度から児童を見つめて，児童のために最善を尽くしている。

注
(1) 2016年6月21日にスウェーデン国会にて採決された法により，難民申請者が定住権を得る可能性や家族をスウェーデンに呼び寄せる可能性が制限されることになった。この法律は2016年7月20日から先3年にわたり施行される（Migrationsverket, k）。
(2) 難民申請者がダブリン規約加盟国（ほかのEU国，ノルウェー，アイスランドやスイス）にて，すでに難民申請をしている場合や難民児童の両親や保護者代わりになる親族がほかのダブリン規約加盟国に存在している場合は，その国が難民審査の責任を持つことになっている。つまり，スウェーデンでの難民申請者がすでにほかのダブリン規約加盟国で滞在ビザや永住権を得ている場合はほかの規約加盟国で難民申請はできないことになっている（Migrationsverket, g）。
(3) スウェーデン政府は難民児童にかかる費用削減を決定し，2017年7月から施行する旨を発表した。18歳未満の難民申請中の児童，永住権を得た児童に対しては1日あたり1350クローネ支払われ，18歳から20歳までの永住者には1日あたり750クローネが支払われる。難民申請中に18歳になった者は，通常の場合，成人向け難民施設または自身で見つけた住居に移り，成人難民申請者と同様の社会サービスを受ける。政府が意図することは，規制の枠組みを簡素化し，管理にかかるコストを軽減し，増え続けてきたコストを削減できるところにある。
(4) このシステムはスウェーデンのソーシャルサービスが児童の必要に応じてケアを提供するために取り入れられている。基本モデルはBBIC-Triangelnという三角形の図で示され，ケアサービス計画作成やフォローアップ時の補助指標として使われる。子どもの成長，変化への対応能力，家庭と環境の三辺に審査項目が記されていて，これらを軸にして短期的目標，長期的目標が児童の成長過程によって決められ，指導や観察がなされる。

【参考文献】
Brynnberg, E., Borg, R-M. & Fridström, C. (2011) *Ensamkommande barn: en forskningsöversikt*, Lund: Studentlitteratur.
Cullberg, J. (2003) *Kris och utveckling*, Natur och Kultur.

Elmeroth, E., Häge, J.（2009）*Flyktens barn*, Kalmar: Studentlitteratur.
Franzén, E. C.（2001）*Att bryta upp och byta land*, Natur och Kultur
［新聞記事］
Göteborg Posten，2015年12月20日付，2016年1月25日付，2016年1月28日付2016年2月18日付．
Smålänningen，2016年2月5日付．

【電子文献】

ダブリン www.iom.int（参照2016.02.07）
UNHCR *Global Trends Forced Displacement in 2014*. www.unhcr.org（参照2016.02.06）
Migrationsverket, a, http://www.migrationsverket.se/download/18.7c00d8e6143101d166d1aab/1451894593595/Inkomna+ans%C3%B6kningar+om+asyl+2015+-+Applications+for+asylum+received+2015.pdf（参照2016.02.06）
Migrationsverket, b, http://www.migrationsverket.se/Om-Migrationsverket/Den-aktuella-flyktingsituationen/Fragor-och-svar.html（参照2016.02.06）
Migrationsverket, c, *Verksamhets- och utgiftsprognos Februari*. http://www.migrationsverket.se/download/18.2d998ffc151ac3871592a8b/1454583524333/Migrationsverkets+februariprognos+2016+%28P2-16%29.pdf（参照2016.02.06）
Migrationsverket, d, *Säkerhetsarbete och incidenter*. http://www.migrationsverket.se/Om-Migrationsverket/Pressrum/Fokusomraden/Sakerhetsarbete-och-incidenter.html（参照2016.02.18）
Migrationsverket, e, *Ett gemensamt ansver för ensamkommande barn och ungdomar*. http://www.migrationsverket.se/download/18.b70e31914e4e8c297f39d/1436275891075/Rapport_ensamkommande+barn_maj+2015_webb.pdf（参照2016.03.10）
Migrationsverket, f, *Därför så många ensamkommande afghanska barn sökt asyl i Sverige*. http://www.migrationsverket.se/Om-Migrationsverket/Nyhetsarkiv/Nyhetsarkiv-2016/2016-01-21-Darfor-har-sa-manga-ensamkommande-afghanska-barn-sokt-asyl-i-Sverige.html（参照2016.03.12）
Migrationsverket, g, http://www.migrationsverket.se/Andra-aktorer/Kommuner/Statlig-ersattning/Sok-ersattning-for-asylsokande/Ersattning/Ensamkommande-barn-i-hem-for-vard-och-boende-HVB.html（参照2016.03.12）
Migrationsverket, h, http://www.migrationsverket.se/download/18.2d998ffc151ac3871595467/1457533437936/Aktuellt+om+ensamkommande+barn+mars+2016.pdf（参照2016.03.19）
Migrationsverket, i, http://www.migrationsverket.se/Privatpersoner/Skydd-och-asyl-i-Sverige/Nyheter/2016-03-01-Vantetider-for-asylutredning.html（参照2016.03.28）
Migrationsverket, j, http://www.migrationsverket.se/download/18.5e83388f141c129ba

6313880/1381926445657/safungerardetensam_sv.pdf（参照2016.03.29）
Migrationsverket, k, *aktuellt om oktober 2016*. http://www.migrationsverket.se/download/18.2d998ffc151ac38715915be4/1474031920048/10+Aktuellt+om+oktober+2016.pdf（参照20016.10.08）
Migrationsverket, l, http://www.migrationsverket.se/download/18.2d998ffc151ac38715914721/1475475469593/M%C3%A5luppfyllelse+anvisningar.pdf（参照2016.10.08）
Göteborg Posten, 2015, 12, 04 http://www.gp.se/nyheter/sverige/skola-i-sorg-efter-nytt-d%C3%B6dsbud-1.172528（参照2016.02.05）
Krisinformation https://www.Kriminalinformation.se/faqer/flyktingsitiationen#faq-13139（参照2016.01.23）
Socialstyrelsen http://www.socialstyrelsen.se/Lists/Artikelkatalog/Attachments/19928/2015-10-7.pdf（参照2016.04.03）
ダブリン規約 http://www.unicef-porthos-production.s3.amazonawa.com（参照2016.04.20）
Inspektionen för vård och omsorg (IVO). http://www.ivo.se/globalassets/dokument/om-ivo/statistik/2016-t1/ekb-statistik-160419.pdf（参照2016.04.20）
SVT Nyheter Småland http://www.svt.se/nyheter/lokalt/smaland/brak-pa-boende-i-emmaboda（参照2016.02.05）

【付記】　スウェーデンと日本の難民に対する姿勢を見ると，あまりの違いに驚かされる。日本への難民申請は増える一方だが政府は難民をまったくと言ってよいほど受け入れていない。

　日系ブラジル人や中国人・ベトナム人などの外国人労働者にしても，日本政府は単なる「労働力」としてしか見ていない。現在，医療・介護への外国人労働力の導入といっても，現在のように，入れてやる，低賃金で使ってやるという姿勢では，いずれ見向きもされなくなるであろう。

　スウェーデンは人口比で見るとEUで一番多くの難民を受け入れており，対策に苦慮している。大量の難民移入によって社会的混乱が見られるとはいえ，これは前向きの姿勢と言ってよいだろう。これに反して，日本は集団的自衛権の行使を容認し，「積極的平和主義」と言いつつ戦争難民の受け入れにきわめて消極的である。これを後ろ向きの姿勢と呼んでも間違いではないだろう。

　また，日本は外国人に対しても，差別的なことは以前から指摘してきたが，それは現在でも変わらない。たとえば，トヨタは，長い間，日本国内では，外国人は一部のホワイトカラー労働者しか採用してこなかった。現場では外国人を直接には受け入れていない。しかし，間接的には，下請企業の非正規労働者などで膨大な外国人労働者に依存し続けてきたと言ってよい。基本的には利用できるだけ利用するという姿勢できている。

ただ，労働力不足ということもあって，トヨタやトヨタ関連下請企業では従業員や日系ブラジル人の期間工から本工への登用や派遣から直接工（期間工）への切り替えなどが見られるのが最近の特徴である。技能実習生の利用も行われているが，中国人は中国国内労働市場の改善ということもあり激減し，ベトナム人が増えている。

　これは安倍政権の政治難民などの外国人の受け入れへの姿勢と共通している。これまで，ごく一部の特別な技能を身につけた外国人や日系ブラジル人，技能実習生以外は受け入れに極端に消極的であった。帰化を申請しても受け入れられることは稀である。現在，シリアなどからの戦争難民問題が深刻化しており，多くの難民が日本への受け入れを申請しているが，政府はまったくと言ってよいほど受け入れていない。2015年の難民受け入れは全体で11人で，シリア難民に限るとわずか3人である。日本も，今後，移民・難民の受け入れを労働力としての利用という観点からのみではなく，人道主義や平和への国際貢献の観点から，さらには日本の将来を担う人的資源の活用の観点からも，スウェーデンに学んで考えてみるべきなのではないだろうか。

【参考文献】

アニタ・ローベル（小島希里訳）（2002）『きれいな絵なんかなかった─子どもの日々，戦争の日々─』ポプラ社。この本は，ナチスの強制収容所に入れられるも，生き延びたユダヤ人の子が，戦後，スウェーデンの療養所に送られて過ごす日々のことが描かれており，本著の児童難民の事実と重ねて読まれることをおすすめしたい。

ウルバン・ダールレーフ（1992）「人口構造の変革と移民問題─近時の特別な関心事─」スウェーデン社会研究所編『新版　スウェーデンハンドブック』早大出版。

岡澤憲芙（2002）『ストックホルムストーリー』早大出版。

岡澤憲芙（2009）「国際連帯：在住外国人環境」同著『スウェーデンの政治』東大出版。

訓覇法子（1998）「移民・難民─積極的に開かれた移民・難民政策─」（中村優一・一番ケ瀬康子編集委員会代表『世界の社会福祉─スウェーデン・フィンランド─』旬報社）。

佐藤似久子（2001）「北欧の動向─スウェーデンの庇護法─」難民問題研究フォーラム編『難民と人権─新世紀の視座─』現代人文社。

猿田淑子（2005）「移民」猿田正機編著『日本におけるスウェーデン研究』ミネルヴァ書房。

篠田武司（2015）「スウェーデンにみる移民と社会的包摂・統合」『北ヨーロッパ研究　第11巻　2014年度』北ヨーロッパ学会。

清水由香（2016）「スウェーデンの在住外国人環境」岡澤憲芙・斉藤弥生『スウェーデン・モデル─グローバリゼーション・揺らぎ・挑戦─』彩流社。

竹﨑孜（1994）「移民政策と社会保障」岡澤憲芙・奥島孝康編『スウェーデンの経済』早大出版。

第Ⅱ部 「国民の家」をめざしたスウェーデン社会

竹崎孜（2002）「移民とその子孫たち」同著『スウェーデンはなぜ少子国家にならなかったのか』あけび書房。
東野真（2003）『緒方貞子―難民支援の現場から―』集英社新書。
入管問題調査会＝編（2001）『入管収容施設―スウェーデン，オーストリア，連合王国，そして日本―』現代人文社。
藤岡純一（2012）「スウェーデンにおける移民政策の現状と課題」（『関西福祉大学社会福祉学部研究紀要　第15巻第2号』）。

あとがき

　長い間，経営学部に所属し，経営や人事・労使関係，とりわけトヨタや関連企業の生産・労働や教育の分析に力を注いできたこともあって，政治・経済や社会・労働政策を含めたホリスティックな議論を展開することには，多くの困難が伴った。しかし，広い視野から社会を見ることは，もともと好きであったこともあり，スウェーデンと日本・トヨタの全体像を比較・整理する作業は非常に楽しいものでもあった。

　日本の現状を見ていると，安倍首相が第一のアベノミクス，第二のアベノミクスと騒ぐほどには社会の状況は良くなっていない。むしろ，雇用が不安定化し，所得格差が拡大するなかで，過労死・過労自死が相変わらず続いており，若者がブラック企業やブラックバイトでうつ病になったりしている。高齢者は老後を安心して住める場所すらなかなか見つからないのが現実である。さらに，安保関連法案が通過したことにより，若者が戦場へ出る可能性が著しく高まった。戦場とはいえ，人を殺したり殺されたりした場合の本人や家族の心境はいかばかりであろうか。その後の日本の社会不安の深刻化も心配である。

　労災死・自死の裁判などに関わっていると，海外の戦場ではなく，身近な職場で死亡しても，その理由すら明らかになり難いのが日本の現状であることを痛感する。また，若者がアルバイト先で人知れず人間性を傷つけられたり，老人がベッドに縛り付けられたりと，仮に，老人ホームで亡くなってもその理由すら曖昧にされたまま埋葬されたりしているのを知ることは悲しいことである。

　両国を比較して明らかなことは，日本の経済力は，現在はどんどん低下しているが，以前は決して低くはなかったということ，それを有効に使うことによって「福祉国家・社会」の実現は可能だったということ，しかし，それを担うべき主体としての政党・労働運動や市民が育ってこなかったということであろう。立憲政治が破壊されつつある現在，目指すべきは日本の民主化であり，国民が安心して生活できる「福祉国家」である。遅きに失した感はあるが，日本

の各政党もそのためにはどうしたらよいのかを，北欧などに学んで，真剣に考えるべき時であろう。

　現時点での，日本の社会変革の難しさは，たとえば，「企業社会」を担う中心的存在であるトヨタをトヨタ労組がしっかり支え，しかも，そのトヨタ労組が加盟するナショナルセンターの連合が民進党を支持し，その民進党が職場とは遊離した形で「福祉国家」を主張するという，きわめて分かりにくい構造になっていることである。これでは国民には，未来の福祉国家の道筋が見えてこない。

　アベノミクスの成功が声高に叫ばれるなかで，一人あたり GDP の世界順位がどんどん下がっている。国民生活の改善のためには，よほど慎重な政治・経済運営が必要とされよう。さもなくば社会福祉・保障の改善もおぼつかない。企業が世界と競争しているのに，労働組合は世界の労働・社会運動からほとんど学んでいない。労働者や市民のために，国際的な連帯や協働を通して体質を改善しようとしていないことは，寂しくまた悲しいものである。

　本書執筆にあたっては，多くのスウェーデン研究者・北ヨーロッパ学会の仲間やスウェーデンに在住して活躍する日本人の皆さんの業績のお世話になった。記して感謝の意を表したいと思う。そして，何よりも，パートナーである妻・淑子の支えなくしては本書はなかったと思われる。心から感謝したい。

　以前だと，こういう本を書く気にはならなかったであろう。日本におけるスウェーデン研究も，やっと全体を総括し，日本と比較しつつ日本社会の改革・改善に役立てていくべき本格的な段階に一歩を踏み出せる時代に来たかに筆者には思われる。スウェーデンと日本を行き来しつつ，そこで浮かんだイメージをもとに各研究者の業績を読み，参考にさせていただいた。まだまだ不十分にしか吸収できていないが，実に学ぶことの多い日々であった。

　当初は，「はしがき」に掲げた項目を，一冊ですべてを論ずる予定であった。しかし，実力不足からできなかったことは残念であるが，他日を期したい。

　本著は，スウェーデン在住の若い友人，ヨンソン鈴木真紀子さんの協力をいただいた。現在，難民児童施設で働いている真紀子さんには難民施設の資料・原稿を依頼したところ，こころよく承諾をいただいた。本書が生き生きとした内容になったのは，すべて彼女のおかげである。心からお礼を述べたい。ここ

で，第11章の協力者であるヨンソン鈴木真紀子（Makiko Suzuki Jonsson）さんを簡単に紹介しておきたい。1970年に愛知県名古屋市に生まれ，1994年に東京女子大学文理学部史学科卒業し，1994年～2002年にシステム開発会社，携帯電話通信事業会社で勤務したのち，2003年にスウェーデンに移住している。その後，2010年にスウェーデン農業大学の庭園エンジニア栽培科を修了し，現在はスウェーデン人の伴侶と2人の子どもとスウェーデン南部，スモーランドの田舎（Stepeledl, 34193 Bolmsö）に暮らしている。有機野菜の栽培と販売をしつつ，難民児童の滞在施設（HVB-Hem）の正規職員として勤務している。

　最後になったが，今回もお世話になったミネルヴァ書房の梶谷修さんにも心からお礼を言いたい。また，中村理聖さんには全文を丁寧に読んでいただき細かいチェックをしていただいた。記して感謝の意を称したい。

2017年2月28日

東郷町の自宅にて　猿田正機

人名索引

あ 行

アージリス,クリス 91
アーネ,ユーラン 122, 135
アールト,マーリット 268
青木慧 40
秋朝礼恵 184, 185, 195
浅野由子 193
穴見明 92
アブラハムソン,ブリット＝ルイーズ 227
石原俊時 178, 209, 212, 237, 245
泉千勢 183, 186
伊藤正純 202, 208, 216, 217
井上誠一 92, 311
今井希 67
ウィルヘルムソン,オルガ 226
ウールソン,オスカル 212
ウェステル,ヤン 266
宇野幹雄 196
エスピン＝アンデルセン,G. 113, 136, 171
エリクソン,ケント 226
遠藤公嗣 141
大岡頼光 122, 126, 175
大滝昌之 269, 284
大瀧雅之 78
太田美幸 178, 209
大野歩 181, 183
大野耐一 3
岡澤憲芙 2, 62, 99, 107, 209, 219, 258, 261, 314-316
岡本祥浩 224
奥田碩 30, 42
奥林康司 56
奥村芳孝 226, 248

オスターグレン,トーマス 196
小野寺信 99
小野寺百合子 99

か 行

加藤彰彦 265, 272
河東田博 vi, 226, 291
兼松麻紀子 226
鎌田慧 3, 39
釜野さおり 130
神谷麻由 ii
川上邦夫 196
川口弘 118
河本佳子 149, 150, 196, 202, 266-268, 270, 279, 280
カンガス,フィール,アニータ 226
カンプラード,イングヴァル 65
北岡孝義 65, 68
木下武男 57
木下康仁 226
木下淑恵 151
木村陽子 299, 300, 305, 307
木本喜美子 3
グスタフソン,アンデシュ 270, 288, 290
楠野透子 226
熊沢誠 33
訓覇法子 84, 124, 125, 170, 172, 226, 231, 254, 255
ケイ,エレン 99
小泉純一郎 42
伍賀一道 85
古関-ダール瑞穂 226
児玉千晶 ii

さ 行

斉藤弥生　249, 257, 260
佐藤年明　118
佐藤桃子　152
澤田康幸　41
Sandberg, Å.　61, 63, 64
篠田武司　141-143, 203, 205, 208
神野直彦　76-78
スローター，ジェイン　33
スンドシュトレム，ジェルト　139, 227

た 行

高島昌二　122
高島進　225
高須優子　25
高橋たかこ　165, 169, 173
高橋美恵子　112, 114, 129, 137, 153
竹崎孜　135, 164, 226
竹田昌次　121
田澤あけみ　170, 172
多田葉子　299, 308, 309, 313
張富士夫　vii
坪井珍彦　26
ティーグマン，マグヌス　286, 288, 290
テッセブロー，ヤン　265, 268, 270, 286, 288, 290
デューレンダール，ギューリ　270
外山義　225, 226
ドラッカー，P. F.　90

な 行

永井暁子　158
長岡延孝　61
中嶋博　178
中間真一　180, 219
中山庸子　99
ニィリエ，ベンクト　291
西下彰俊　226, 258, 259

新田輝一　264
二文字理明　217, 218, 270

は 行

パーカー，マイク　33
ハーシュマン，A. O.　249
バウチャー，レオン　178, 181, 210, 212
パルメ，O.　112
ハンセン，P. A.　2
ハンソン友子　226, 227
ハンソン，ペール＝アルビン　2, 65, 237, 238
日比野茜　226
ビヤネール多美子　226
広井良典　141
ファルム，シャシュティン　278
フェーゲンフェルト，カースティン　118, 174
福地潮人　277
藤井威　242, 243
ブルセーン，ペーテル　268
古橋エツ子　159
ブルメー，ペール　227, 237, 245
ベストフ，ビクター．A.　249
ペーション，ヨーラン　184
ヘルリッツ，イリス　81, 181
朴木佳緒留　107
本所恵　178, 198, 199

ま 行

マグレガー，ダグラス　91
マズロー，A. H.　60, 91
丸尾直美　99
三上芙美子　227
嶺学　56
みゆきポワチャ　144
ミュルダール，アルヴァ　238, 239
ミュルダール，グンナル　238, 239
メッレル，グスタフ　237
モベリ，エヴァ　99
森岡孝二　4

森口秀志　197

や行

山井和則　226, 260
山崎順子　227
湯浅誠　33
ユーレンハンマー, P.G.　56
湯元健治　9, 179
吉岡洋子　152
善積京子　122, 131, 137, 138, 142
ヨハンソン, イーヴァルロー　226
ヨハンソン, オーケ・バッティル　281, 285
ヨンソン鈴木真紀子　v, 318, 346
ヨンソン, ピルッコ　227, 237, 245

ら行

ライカー, ジェフリー・K.　vi, 18-20
リッカート, R.　91
リュツキンス, アリス　99, 107, 108, 110, 111
リンドクウィスト, アーネ　266
レイラ, A.　143
レグランド, カール　99, 115, 117, 119, 145
レグランド塚口淑子　79, 81, 85, 99, 104, 111, 112, 115, 117, 119, 122, 123, 125, 126, 133, 145, 146, 154, 155
レスリスバーガー, F.J.　91
ロー＝ヨハンソン, イーヴァル　226, 239, 240
ロマーン, クリスティーン　122, 135

わ行

ワーデンショー, エスキル　312, 313
渡辺治　3
渡辺博明　226

事項索引

あ行

IF Metall 63
IL プロジェクト 268
愛知製鋼／三菱・偽装請負事件 46
ID カード 7
IT 教育 220
愛労連 30
秋葉原無差別殺人事件 41
新しい家族 123
アフガニスタン難民児童 326
アングロサクソン・モデル 258
暗黒の時代 266
安心して教育が受けられる国，受けられない国 1
安心住居 234-236
安心・安全欲求 60，83
安全・健康問題 39
安全配慮義務違反 41
アンペイド・ワーク（無給労働） 100，116
EU 加盟 73，244
EU 指令 256
育児一時休暇 308
育児期間中の年金権 308，310
育児休業制度 137
育児休業制度における父親への割当制度 113
育児参加 158
育児用勤務時間短縮制度 154
イケアバリュー 66，67
異質の価値観 51
いじめ 165，167，168，200，201
いじめ防止対策推進法 201
衣・食・住 283
一時看護休業 154
一時看護手当 137
一時的両親手当 195
一日派遣村 25
「いつでも」学ぶことを自己決定できる 206
イノベーション 92
イブン・シルド 213
移民家族の離婚 136
移民の子ども 160
意欲あるトヨタマンの育成 26，28
医療費 164
医療保障 163
インクルード（包括的） 280
インセンティブ 60，90
インターナル・ジョブ・マーケット 70
インターナル・ジョブ・マーケットシステム 71
インテグレーション（統合教育） 269，280
インテグレーション政策 213
内野過労死裁判 40
うつ病問題 42
ウデバラ工場 101
ウデバラシステム 61
永住権 319，324，338
HVB 施設 335，336，339，340
エーデル改革 235，237，242，243，246，266，271
エッテクルッパ 237
エッテステューパ 237
FUB 285
M字型曲線 99
エリア設定型 252，253
エリア設定型＋選択自由型 252，253
エリクソン 87
LO 63，100
L字型人材 28

エンサムコムマンデ・フリクティングバーン 324
応援要員 43
欧州化 184
オープンイケア＝社内公募制 67
オープン型保育所 162
オープン・セックス 133
オープン・ユニバーシティ法 204
夫の家事育児参加 112
親協同組合就学前学校 192
親子共倒れ 229
オリエンテーリング科 218,219

か 行

外国出身者家庭 194
外国人労働者 42
介護サービスの民営化と市場化 256
介護つき住居（特別住宅）242,247
介護保険 139
介護離職 225
開放型就学前学校 186
海陽学園 46
書きことば 279
学位 209
学園生版トヨタウェイ 20
学士号 204
学習協会 210
学習サークル 210,212
学習社会 214
学習プラン（学習指導要綱）165
鶴城丘高校 46
学生給付金 316
確定給付型（制）298,301
確定拠出年金制度 312
学童教員資格者 190
学童クラブ 186
学童保育 169
学童保育所（学童余暇センター）162
学童保育と義務教育学校との統合 187

学費の無償化 206
家計の経済水準（可処分所得額）194
家事援助 232
家事家賃制度 257
家事労賃控除 250,257
家事労働 238
家族介護 138,139
家族形成 125
家族サービス重視モデル 171
家族政策 137,138,150,153
家族モデル 143
「勝ち組」「負け組」意識 47
学校デモクラシー 174
カップル関係 125
カップル・共同生活 125
カップル単位 125
家庭教育 185
仮定収入換算方式 308
家庭福祉 152
ガバナンス 206
寡婦年金 157
カルマル工場 101
過労死・過労自死 42,179
過労死・過労自死のある国とない国 1
過労自死裁判 40
変わり者 240
変わり者の時代 239
「考える人間」づくり 27
環境経営 61
環境適応段階 334
管理教育 36,38,46,47,90,178,197
管理手法 48
期間工 23,45
期間工の「動機づけ」38
期間従業員 22,43
起業家教育 62,220
企業社会 3,6,93
企業人意識 28
企業戦略 65,69,72

企業中心社会　vi, 3, 7
企業内保育園　55
「企業人間＝トヨタマン」づくり　27
企業年金　158, 302
企業の成長　64
企業福祉　55
企業別組合　32
企業別労使関係　54
企業立学童保育園　55
期限付き雇用　231
基礎額　304
基礎学校教育資格者　190
基礎教育　196
基礎年金（AFP）　305
基礎保障　300
機能障害者を対象とする援助およびサービスに関する法律　272
逆U字型曲線　99, 100
キャリアパス　70
キャンパスライフ　203
QCサークル　16, 17, 35, 40
旧年金制度　298
救貧院　237
教育改革　198
教育環境　101, 197
教育休暇制度　205
教育休暇法　215
教育システムの根本理念　179
教育的ケア　186
教育における平等　205
教育の無料化　62
教育は公共の責任　180
教育費　195
教育法　165
教員管理　48
教員養成課程の見直し　192
教会　210
教会婚　123
供給多元化　252

教職員管理　48
強靱な社会　240, 241
強制の禁止　274
競争・差別　73
競争・選別システム　179
共同生活　133
共同養育権　134
協約年金　302
居住環境の整備　224
巨大な公的部門　258
均一給付　301
均一拠出　301
緊急アラーム　234
緊急収益改善委員会　42
禁酒運動　210
近親者介護手当て　146
勤務時間短縮制度　140
勤労意欲　78
クウォーター制　100
国づくりは人づくり　179
グループ8　111
グループホーム　242, 248, 290
車いす　264
グローバリゼーション　184, 244
軍隊の服務　307
経営者福祉負担金　62
経営従属的労使関係　89
ゲイカップル　129
経済成長戦略　64
経済調整指数　306
経済的自立　126
経済的欲求　60
経済民主主義政策　56
継続的改善　26, 32, 45
継続的サービス　249
結婚後の苗字　124
健康診断　338
研修生・実習生　22
建築労賃控除（ROT-avdrag）　257

合意形成　316
合意形成政治　315
合意形成の正当性　316
高学費と高金利の奨学金　178
公共責任の国　225
後見人（god man・グードマン・管財後見人）　289, 329
後見人管理者　330
後見人制度　289
高校入試　198
工場労働　109
校則　47, 173, 196
拘束着　266
高卒者の非進学理由　201
公的奨学金制度　214
公的年金改革　301
公的年金制度　301, 302
高等教育改革　180
高等教育法の改正　204, 206
高度情報化　184
公認学習協会　211
考慮期間（6か月）前提離婚制度　132
高齢者ケアのスウェーデン・モデル　259
高齢者政策に関する国家行動計画　243-245
高齢者の孤独感　234, 236
高齢者福祉政策　139
高齢者福祉の問題　245
語学教育　220
国際性や多様性の欠如　178
国内送迎サービス法　272
国民運動　213
国民健康保険　164
国民成人教育協会　211
国民早期退職年金（旧障害年金）　165
国民に開かれた大学　205
国民年金　238
国民年金法　301
国民の家　2, 65, 238, 265
国立大学　203

個人　125
個人アシスタント　279, 291, 292
個人主義的な価値観　89
個人単位社会　8, 123, 126
個人別納税方式　102
個人を大切にしようとする教育　150
個性重視　179
個性重視型共生社会　218
個性の尊重　65
個性発揮　68
個性を軽視する教育　178
護送船団方式　72
子育て・介護の社会化　112
子育て格差　175
子育て支援　224
国家機密機関　322
国家財政の弱体化　289
国庫補助金　210
子どもオンブズマン（BO）　167, 168
子どもオンブズマン法　167
子どもケアと学校教育行政の統合化　183
子ども中心モデル　173
子ども連れの家族　319
子どもの権利に関する条約　151, 170, 172
子どもの最善の利益　138, 151
子どもの視点　113
子どもの人権条約　152
子どもの貧困　219
子ども保護モデル　171
個の尊厳　145
コミューン自治　250
コミューンの社会福祉審議会　327
コミューンの補助金　210
雇用保護法（LAS）　315
雇用・労働力のポートフォリオ　31
婚外児　124
婚外子出生率　134
「根性と実行力のある人間」づくり　27
コンセンサス・ポリティックス　314

さ 行

サービス・介護つき住居　247
サービス選択自由化法　256
サービスハウス（ケアつき住宅）　248
財源調達方式　252
財政システム　251
在宅ケア　234, 246
最低保障年金（制度）　231, 245
先払養育手当　107
作業所　284
サスティナブル社会　61
里親の家　328
里子　330
里子家庭　334
差別・選別意識　47
サポーテッド・エンプロイメント・プログラム　277
サムハル　277
サムボ　124, 125
参画意識　28
参加者の授業料　210
3家族保育所　162
産業別労働組合　57
三種の神器　54, 141
散発的サービス　249
残余・選別主義　5, 225, 226
CSR　68
JMITU　46
JMIU　44
自営業　313
ジェイテクト（旧光洋精工）田中解雇撤回裁判　46
ジェンダー平等　60, 90, 103, 105, 119, 143
ジェンダーフリーポット　255
ジェンダー・レジーム　113
資格の取得　178
自我欲求　84
事業主による両親保険への上乗せ制度　137

自己形成の教育　150
自己決定　227, 288
自己決定権と自立　5, 181
自己実現　79, 126
自己実現欲求　84
自己責任　315
自己選択　315
仕事給　57
仕事の内容＝おもしろさ　89
自己の可能性の追求　84
自己の人格的発展　213
自己負担額の上限額設定　310, 311
自殺　41
自主財源　250
自主性の欠如　178
施設化　282
施設解体　269, 288
施設ケア　233
施設収容の「黄金時代」　266
施設の大規模化　237
施設変革と自己決定　283
持続可能な社会　204
下請企業管理　29
下請労働者管理　31
実験企業　iv, 2
実験国家　iv, 2
疾病保険　237
私的年金制度　302
自働化　16
児童ケア改革パッケージ　190
児童ケア補助金　191
児童権利に関する宣言　151
児童手当金　107
児童手当の多子加算　191
児童保護のモデル　170
児童養育補助金　155
シニア期間工制　38
シニア住宅　248
市民婚　123

事項索引

事務系女子労働者　110
社会　68
社会協同組合プロジェクト　277
社会サービス　270, 339
社会サービス法（socialtjänstlagen）　152, 227, 237, 241, 272, 310, 329
社会サービス法改正　311
社会参加　227
社会政策　286
社会的企業　55
社会的障害者　266
社会的責任　67, 68
社会的入院　243
社会的排除　219
社会的欲求　60, 83
社会的連帯意識　62
社会投資国家　171
社会保険方式　252
社会保障にかかわる施設を監視する機関, IVO（Institutionen för vård och omsorg）　323
社会民主主義福祉レジーム　171
社会民主労働党（社民党）　302
ジャスト・イン・タイム（JIT）　31, 35, 49
社民党政権　80
社民によるリーダーシップ　260
就学先確保　321
就学準備教育　183
就学前学校　161, 183-187, 189, 190, 192, 196
就学前学校教師　190
就学前教育　169, 196
就学前教育予算　169
就活　178
就業状態別人口比率　118
住居改革　242
住居福祉　264
修士号　204
就社（メンバーシップ型）　7, 10, 91
従順　282
就職（ジョブ型）　7, 91

終身雇用　54
修正賦課方式　298
住宅改修費　292
住宅改造　264
住宅手当（金）　107, 155
18歳選挙権　85
18歳未満の保護者を同伴しない児童　319
就労意識　254
就労インセンティブ　60
受験競争　178, 298
受験極楽　202
主査制度　16
出産育児休暇　308
出生率の低下　238
準看護師　255
順番制度「女男交互リスト」　100
生涯教育システム　215
障がい者　265
「障害者政策に関する1989年委員会」　271
「障害者福祉改革」　271
障がい者福祉サービス基本法「LSS法」　266
障がい者法（LSS）　278
生涯就労所得　300
「障がい児を普通学校に」　197
奨学金制度　62, 208
昇格　140
昇格・昇進・昇給管理　33, 36
昇格・昇進・昇給競争　35
少子化問題　64
少子高齢化　308
小集団管理　73
少人化　35, 89
昇進　140
少数派労働組合　46
情緒的な支え　232
傷病手当制度　157
ショートケア／ショートステイ　234
職域年金　313
職業教育　84

職業教育訓練 60,85
職業訓練プログラム 104
職業資格 205
職種別賃金 58
職能資格制度 73,89
職場内教育訓練 117
職場復帰後の仕事と育児の両立 140
職務拡大・充実 89
職務基準雇用慣行 141
職務評価 141
女性哀話 107
女性解放運動 103,111
女性環境 102,104,107
女性差別大国 90,99
女性職員刺殺事件 323
女性の経済的自立 123
所得再分配 56,299
所得保障 308
序列主義 46
自立 179
自律 179
自立型アパート 328
私立の保育所 163
自立練習用アパート 339
新援護法 269
侵害特別行為 166
新規採用 79
シングルペアレンツ家族 146
シングルマザー 59
人権侵害 283
人口問題 136,238
人口問題審議会 239
人事管理制度 267
人事考課 298
人事評価 140
人種別主義の暴力事件 322
人種別的動機 322
人生転換 86
人生の中のワークシェアリング 141

人生を変える支援教育 86
身体看護 138
身体障がい者手帳 50
人的資源育成機能 185
人的資源育成策 184
人的資源管理 61
新日本的経営 73
新年金制度 296,299,312,314
新労使宣言 32
スウェーデン・モデル vii,4,144,249,250,259
スウェーデン一般図書館協会（SAB）211
スウェーデン家族 131
スウェーデン型学習社会 213
スウェーデン型福祉社会 316
スウェーデン国民高等学校教員組合（SFHL）211
スウェーデン社会庁勧告 292
スウェーデン的経営 56,57
スカンディナビア 117
スタンダード保障 300
スタンドイン（リリーフマン）制度 217
ステークホルダーの参加 206
ストなし 57
ストレスによる管理（MBS）33
スピードプレミアム制度 137
「すべての子どもに就学前学校を」152
住む・仕事・余暇 284
生活環境 102
生活重視の価値観 89
生活水準研究（法）286,287
生活保護世帯数 50
性教育 174
政策機関への参加 56
生産方式 61
政治的安定度 315
政治的民主主義 56
政治への信頼 214
成人学校 104

事項索引

成人教育　209
精神的サポート　138
成績表　47
成績評価　79
政党間競合　315
政党間協力　313
生徒・学生の参加　174
生徒管理　46
税による連帯システムへのロイヤリティ　250
税・年金の個人単位化　102
性別職務分離　99
性別役割意識　138
性別役割分業　99, 112, 118, 116, 131
税方式　252
税方式の供給独占　252
生理的欲求　83
政労使の「社会対話」　90
セーフティー・ネット　88, 184, 195, 308
世界人権宣言　151
責任の下での自立と信頼関係　115
世代間扶養の原則　300
積極的活動　227
積極的労働市場政策　60
積極的労働力政策　57, 64
セックスと同棲　275
セメスター制　204
0年生　193
1994年度学習プラン（LPO94）　165
専業主婦論争　99, 131
選挙制度改革　102
全国障害者団体連合（HSO）　277
全国生徒会連合　200
戦争をしない国，する国　1
選択自由型　252, 253
選択の可能性　142, 205
選択の自由の理念　241
全トヨタ労組　45
先任権制度　57
創意くふう提案制度　35

総活躍社会　54, 119
早期退職者　312
送迎サービス法　272
総合制高等学校　180
総合的視点　227
相互監視体制　36
相互信頼・相互責任　18, 31
ソーシアル・シティズンシップの新たな概念　144
ソーシアル・ネットワークの喪失不安　133
ソーシャルエンタープライズ　249
ソーシャルサービス　330, 331, 339
ソーシャルワーカー　330
即戦力の育成　178

た　行

ダーグヘム／就学前学校　187
大学　205
大学検定制度　208
大学卒業資格が職業資格　86
大学入学者選抜方法の変更　208
大家族　237
滞在環境　323
第三国定住プログラム　319
第三の道　55
退職金制度　158
代替要員の確保　141
代替労働者雇用制度　205
ダイバーシティ・ウェルフェア・マネジメント　v, 256-258
体罰　47, 181, 197
タイムバンク制　63
高い有給休暇取得率　140
脱施設化　288
脱商品化　63
多能工　17
タバコ　196
多発性硬化症　291
多品種少量生産　16

多様な家族構造　141
多様なライフスタイル　256
男女間生涯所得格差　316
男女間賃金格差　117
男女共同参画　114
男女雇用機会のためのオンブズマン　112
男女平等政策　104, 107
男性稼ぎ主モデル　4, 8, 59, 81
男性事務員　117
男性社会の論理　100
単独親権　129
地域のリズム　49
知識国家　183, 184
知識社会　76, 204
知識社会化　209
父親月　154
父親手当　137
知的障がい者　266, 268
「知的障害者施設」　281
「知的障害者の権利宣言」　273
知能程度　283
知の共同体　206
地方自治　243
茶髪　173
中核的労働者群　22
中高生の「模擬選挙」　201
中道左派政権　63
中途採用　79
長期安定賃金　64
長期療養施設（ナーシングホーム）　242
長寿国　230
直接民主主義　254, 255
賃金・所得の社会化　58
賃金補助金プログラム　277
賃金・労働条件の格差構造　23
提案制度　73
TCO　63
T字型人材　28
ディーセント・ワーク　56, 90, 101, 158

TPSの家　20
デイサービス　234
デイセンター　269, 284
できちゃった結婚　175
デモクラシーの実験国家　315
テレワーク　140
デンソー・トヨタ「うつ病」裁判　41
伝統的な家族　64
同一価値労働同一賃金（制）　59, 63, 141, 231
同一労働差別賃金　59
同一労働同一賃金　119
動機づけ管理　35
統合化　290
統合第一世代　290
同質的な価値尺度　178
同棲（事実婚）　126, 132, 134, 137
同性カップル　146
統治憲章（RF）第2条　217
特別教育補助金制度　131
特別な住居　234, 235
特別養護老人ホーム　50, 232
年越し派遣村　44
徒弟制　199
トヨタウェイ　vii, 18, 21, 26, 45
トヨタカレンダー　49
トヨタ基本理念　32
トヨタ工業学園　20
トヨタシステム　vii, 39
トヨタ生産システム（TPS）　3, 16
トヨタ生産方式　iv, 3, 16, 61
トヨタ的経営　17
トヨタ的労務管理　48
トヨタの「人づくり」　15
トヨタの労使関係　16, 18, 31
豊田法律事務所　39
トヨタマン　28, 51, 60
「トヨタマン」づくり　61
トヨタマンによる「妻子（4人）殺人事件」　39

事項索引

トヨタ労組　44
トラウマ（心的外傷）　328,331-333
トラウマ危機の4段階過程　332

な 行

ナーシングホーム　248
内申書　47
ナチュラルワーク　61
難民児童　325,327
難民児童施設　318
難民申請期間　328,329
難民申請者　320,321
難民申請審査　328
難民滞在施設　323
難民滞在施設の放火事件　322
難民取り締まり　319
難民認定申請者　318,319
25：5ルール　205
25：4ルール　106,181,202,205
二重の解放　113
24時間対応の巡回型ホームヘルプ　258
2011年の高校改革　198
2025年問題　225
日常生活における自然隔離　288
日経連　73
日中独居　230
日本的経営　16,17,50,55,73,88,93,141,298
日本的な「ワーク・ライフ・バランス」政策　142
日本の年金制度　296
入居費　248
ニューパブリックマネジメント（論）　62,256
人間関係　287
人間かんばん方式　42
人間共存教育　174
『人間主義の経営』　56
人間（性）尊重　18,26,45,91
人間として同等の価値　283
人間としての尊厳　272

人間平等の価値観　89
人間らしい働き方　92
妊娠手当　137
認知症　234
認知制度　129
NUMMI　34
『寝たきり老人のいる国，いない国』　1
年金基礎額（PGB）　308
年金ポイント　304
年金保険法　301
年功賃金　54
年次有給休暇　217
年齢階級別女性労働力率　100
能力開発　28
能力開発主義　27
能力主義　46
ノースプラス・ジュニア　194
ノーマライゼーション（ノーマリゼーション）　164,227,241,242,269,270,280,285,290,291

は 行

パート　50
パートタイム（雇用，制度，労働）　119,216,231,308,313
敗者復活　179
博士号　204
派遣切り　23,31,41,44
派遣村　25,63,230
働き方改革　119
破綻主義　132
バックパッカー制度　67
発言メカニズム　249
鼻ピアス　173
母親月　154
母親のひとり親家庭　194
パブリック・セクター　131
パラレル・フローライン　61
バリアフリー　279

361

ヒエラルキー　70
非正規雇用　228
非正規労働者　50
人づくり　21, 26, 47, 51, 61, 94, 149, 179, 181
人づくり（「トヨタマン」づくり）　18
一人親家族　136
一人親の会　136
一人家族　124, 126
批判的読書　213
非法律婚　129
評価制度　204, 206
平等・公正・連帯　73, 122, 179, 218
平等主義的な福祉国家　64
平等ボーナス制度　113
貧困の再生産　59
ファッション・コンセプト　68
ファミリー保育所　162
フィリピン・トヨタの労働組合つぶし　29
夫婦合算方式　134
フォード・システム　16, 17, 37
付加年金（ATP）法　301, 304
賦課方式　301
複合家族　125
複合選抜入試制度（管理された競争）　47
福祉国家の目的　290
福祉コミューン　270, 289
福祉社会　6
福祉トライアングル　55
福祉の市町村化（コミュナリセーリング）　242
福祉ミックス論　256
父権確定制度　129
ふたり親家族　129
二人納税者　112
物価基礎額（prisbasbelopp）　311, 312
普遍型福祉国家　256
普遍主義　5, 225, 265
普遍主義型福祉　62
普遍主義システム　214
普遍主義的教育　60

普遍主義的社会福祉　246
普遍主義モデル　250
普遍・平等主義　226
プライバシー　9, 10, 268, 274
フラストレーション　338
フリーイヤー（サバティカル休業）　103, 216
フリー・セックス　133
フリーター　59
フリータイム　284
フレキシブルワーク　141
フレックスタイム制度　140
フレドリク・ラインフェルト保守中道連立政権　256
プロ人材　28
文化の政治　214
へそピアス　173
別居親　129
ヘルスケア　329
保育　185
保育園　239
保育士　190
保育所問題　119
保育の民営化　192
保育料　188
報酬比例型年金　307
豊養会　32
法律婚カップル　128
暴力事件　323
ホームヘルパー（社会福祉介護士）　255
ホームヘルプ　257
北欧福祉国家の批判　85
保護雇用（プログラム）　277, 287
保護者を同伴しない難民児童　319
母子世帯　50
保守主義福祉レジーム　171
保守中道政権　220
保守党政権　302
保障基礎年金　302, 307
補助器具のレンタル代　292

ホモセクシュアル 137
ホリスティック（全体論的） 90
ホリスティック・ラーニング 61
ポルノ広告 111
ポルノ産業 111
ボルボ 155

ま 行

マイ・ナンバー 7
マイノリティ 265
貧しきスウェーデン 237,238
マックス・タクサ（制度） 188,191,308,310
学びたい場所で学べる制度 206
ミーンズテスト（資産調査） 157,301
見える政治 8
看取り休暇制度 237
民営化 254
民衆教育 209,213,214
民主主義と連帯 5,181
無在庫方式 33
虫歯の予防実験 266
無償労働 115,116
ムスリム 337
無料の学校給食 239
無料の学校送迎バス 239
無料の教科書 239
無料の妊婦ケア 239
メンタルケア 339
メンタルヘルス 331,338
目標による管理（方式） 84,206,209
モチベーション 60,81,88-90,93
モノづくり 149,179
模範囚 282
モラール・モチベーション管理 33,38
問題解決能力 179

や 行

夜間（昼夜）保育所 161
家賃補助 163

雇い止め 23,31,38,41
有給休暇 154,155
有給労働 100
有償労働 115,116
UDトラックス 71
有料老人ホーム 232
ユニバーサルモデル 250
良い生活 286,287
養育権 125
養育手当制度 114
養成工 32
幼稚園 239
ヨーテボリ女性民衆大学 213
欲求段階 83

ら 行

ライフステージ 296
ラマダン（断食月） 337
リーン（トヨタ）生産システム 3,35
リカレント教育 60,181,205,215
離婚 125,135
リザーブドアマウント 236,308,310,311
リザーブドアマウントの下限額 310,311
理事会 206
流動的労働者群 21
両親休暇 130
両親共同保育所 163
両親手当 154
両親保険（制度） 131,137,153
両性平等社会 142
臨時教員 48
臨時契約社員 140
レイオフ 306
歴史的妥協 64
レズビアンカップル 129
レフレンスグループ 285
連帯感 315
連帯感の条件 316
連帯雇用 63

連帯賃金（制） 57, 63, 64
連帯賃金政策 117
ロインテナントゴーデン 236
老後親子破産 59
労使協調 62
労使宣言 31, 64
労使中央交渉による協定 56
老人ホーム 237, 248
労働運動 210
労働観 81
労働環境 101
労働環境法 165
労働経験加算点 208
労働経験大学生制度 106
労働時間 110
労働市場訓練就学補助 214
労働者派遣法 73
労働者保護委員会 166

労働の柔軟性 16, 36
労働の人間化 56, 101
老齢年金 157, 300
老齢年金改革法案 302
ローンマザー 127
ローンマザー・ファミリー 127
6歳児活動 193

わ　行

ワーキングプア 228
ワーク・ファミリー・バランス 81, 140, 142, 170
ワーク・ライフ・バランス 60, 63, 81, 112, 114, 133, 140, 141
ワークシェアリング 141
分かりやすい政治 8
割当選抜制 202
ワンペアレント・ファミリー 128

〈著者紹介〉

猿田正機（さるた・まさき）

1944年　北海道三笠市幾春別町生まれ。
1978年　慶應義塾大学経済学研究科博士課程修了。
1979年　中京大学商学部専任講師，助教授，経営学部教授を経て，
現　在　中京大学名誉教授。
主　著　『トヨタシステムと労務管理』税務経理協会，1995年。
　　　　『福祉国家・スウェーデンの労使関係』ミネルヴァ書房，2003年。
　　　　『日本におけるスウェーデン研究』（編著）ミネルヴァ書房，2005年。
　　　　『トヨタウェイと人事管理・労使関係』税務経理協会，2007年（労務理論学会学術賞受賞）。
　　　　『トヨタ企業集団と格差社会──賃金・労働条件にみる格差創造の構図──』（編著）ミネルヴァ書房，2008年。
　　　　『日本的労使関係と「福祉国家」──労務管理と労働政策を中心として──』税務経理協会，2013年。

　　　　　　　　　MINERVA 人文・社会科学叢書㊿
　　　　　　トヨタ研究からみえてくる福祉国家スウェーデンの社会政策

　　　　　2017年3月31日　初版第1刷発行　　　　　〈検印省略〉

　　　　　　　　　　　　　　　　　　　　　　　　定価はカバーに
　　　　　　　　　　　　　　　　　　　　　　　　表示しています

　　　　　　　　　　　著　　者　　猿　田　正　機
　　　　　　　　　　　発行者　　杉　田　啓　三
　　　　　　　　　　　印刷者　　田　中　雅　博

　　　　　　　　　　　発行所　株式会社　ミネルヴァ書房
　　　　　　　　　607-8494　京都市山科区日ノ岡堤谷町1
　　　　　　　　　　　　　　電話代表　(075)581-5191
　　　　　　　　　　　　　　振替口座　01020-0-8076

　　　　　　©猿田正機，2017　　　　　創栄図書印刷・新生製本

　　　　　　　　　　ISBN978-4-623-07945-2
　　　　　　　　　　　Printed in Japan

日本におけるスウェーデン研究
猿田正機 編著　Ａ５判　328頁　本体4200円

専門分野別に実態を詳解し，日本におけるスウェーデン研究を総合的に把握することをめざす。

スウェーデンにみる「超高齢社会」の行方
ビヤネール多美子 著　Ａ５判　316頁　本体2800円

●義母の看取りからみえてきた福祉　スウェーデンの文化や社会的な話題も盛り込み，専門家のインタビューもまじえ，これからの課題と展望を考察。

スウェーデンの家族・福祉・国家
高島昌二 著　Ａ５判　276頁　本体3800円

著者の眼と90年代の資料に基づき諸課題を分析し，福祉国家とその政策をトータルにとらえる。

スウェーデンの賃金決定システム
西村 純 著　Ａ５判　280頁　本体6500円

●賃金交渉の実態と労使関係の特徴　システム形成の動力や労使関係の知られざる特徴を丁寧に描き出す。

「緑の成長」の社会的ガバナンス
長岡延孝 著　Ａ５判　416頁　本体6000円

●北欧と日本における地域・企業の挑戦　環境保護と経済をつなぐ社会発展とは。現地調査を踏まえた論考。

社会的包摂の政治学
宮本太郎 著　Ａ５判　296頁　本体3800円

●自立と承認をめぐる政治対抗　改革議論を主導した著者による包括的分析。

―― ミネルヴァ書房 ――
http://www.minervashobo.co.jp/